THINK LIKE A MONK モンク思考

TRAIN YOUR MIND for PEACE and PURPOSE EVERY DAY

自分に集中する技術

ジェイ・シェティ
Jay Shetty〔著〕
浦谷計子〔訳〕

東洋経済新報社

はじめに 15

パート
1

手放す

第1章 アイデンティティー——自分だと思っているもの 36

第2章 ネガティビティ——邪悪な王様は空腹を満たせない 67

第3章 恐怖——「この世」という名のホテルへようこそ 112

パート 2

成長する

第7章 心《マインド》

第8章 エゴ

視覚化瞑想

パート
3
与える

第9章 感謝——世界最強の薬 384

はじめに

新しい考えがほしければ、
古い本を読め。

――イワン・パブロフ（出典は諸説あり）

ロンドン大学シティ校のキャス・ビジネス・スクールの1年目、18歳のある日、友人の一人に僧侶の講演を聞きに行こうと誘われた。

でも、僕は拒否反応を示した。「あのさぁ、この僕が坊さんの話を聞きたいと思うか？」

企業のトップやセレブといった成功者の講義はよく聞きに行っていた。でも、僧侶にはまるで興味がない。話を聞くなら、現実の世界で何ごとかを「成し遂げた」人の話を聞きたかった。

それでも友人に粘られて、とうとう僕は折れた。「じゃあ、講演が終わったら飲みに行こう。それが条件だ」。ふつう、「恋に落ちる」という表現は恋愛に使うものだが、その夜、僧侶の経験談を聞くうちに、僕はすっかり恋に落ちてしまった。壇上に現れたのは30代のインド人男性だった。つるつるに剃った頭。サフラン色の僧衣。知的で雄弁でカリスマ性にあふれている。話のテーマは「無私の犠牲とは何か」だった。人は自分のために木陰をつくろうなどとは思わずに木を植えるべきだという話に、僕は、それまで味わったことのないほどぞくっときた。

とくに驚いたのは、彼が以前はインド工科大学（ＩＩＴ）ムンバイ校の学生だったことだ。ＩＩＴはインド版マサチューセッツ工科大学（ＭＩＴ）とも言われ、ＭＩＴと同じくらいの超難関校だ。ところが彼はそんなエリートの道を捨てて僧侶になった。つまり、僕や僕の友人たちが追い求めているものすべてに背を向けたわけだ。頭がおかしくなったか、何かすごいことを嗅ぎつけたかのどちらかに違いない。

それまで僕が魅力を感じていたのは、いわば無から有になったような人たちばかりだった。無一文から大金持ちになったという成功物語に憧れていた僕は、わざわざその逆のシナリオをたどった人物になど、ついぞお目にかかったことがなかった。ところが今、目の前には、世間の誰もがうらやみそうな人生を放り出してしまった人物がいる。さぞかしみじめな落伍者のようかと思いきや、とんでもない。喜びと自信に満ちあふれ、しかも穏やかそのものだ。それどころか、今まで出会った誰よりも幸せそうに見える。18歳にして、僕はリッチな人たちには山ほど出会っていた。有名な人、強い人、格好いい人、その三つの要素をすべて兼ね備えた人……。でも、ほんとうに幸せそうな人には出会ったことがなかった。

講演後、僕は、人混みをかき分けて僧侶のところへ行くと、心の底から感動したことを伝えた。そして次の瞬間にはもう、「どうすれば、あなたの話をもっと聞けますか？」と尋ねていた。僕が今いっしょにいるべきなのは、自分が求めている価値観を体現している人であって、僕がほしいと思っている物を所有している人ではない。

僧侶は、その週、イギリス各地を回って講演会を開いていた。よければきみも聞きにいらっしゃい、と言う。だから僕はそのとおりにした。

瞑想のもつ魔法の力

「ゴーランガ・ダス」という名前のその僧侶は何か正しいことをやっているに違いない、それが僕の第一印象だった。しかも、後になって、それが科学的に正しいことを知った。2002年、チベット仏教の僧、ヨンゲイ・ミンゲール・リンポチェは、ネパールのカトマンズ郊外から、遠路はるばるアメリカのウィスコンシン大学マディソン校へ赴いた。大学では科学者たちがリンポチェの瞑想中の脳を観察しようと待ち構えていた。リンポチェの頭には、細いコードを250本以上も張り巡らせたシャワーキャップ状の装置（脳波計）がかぶせられた。それぞれのコードの先端にはセンサーがあって、それが頭皮のあちこちに貼りつけられている。この実験が行われた時点で、リンポチェはのべ6万2000時間以上もの瞑想を実践していた。

科学者たち——その中には瞑想経験が豊富な研究者もいた——がコントロールルームで見守る中、リンポチェは用意された瞑想プロトコールにとりかかった。それは1分間の慈悲の瞑想と30秒間の休息を交互に行うというものだ。通訳の合図に従って、リンポチェはこのサイクルを難なく4回繰り返した。科学者たちが唖然としたのは、リンポチェが瞑想を開始した途端に、脳波のレベルが突如として跳ね上がったことだ。科学者たちは、被験者が姿勢を変えたり、身体を動かしたりしたなら、そこまで急激な増大が起きてもおかしくないと思った。ところが、いくら目を凝らしても、リンポチェは微動だにしない。

リンポチェの脳の活動は驚くほど一貫していた。彼の意識状態は瞑想に入ると「オン」になり、休息に入ると「オフ」になる。でも、それだけではない。彼の脳は「ウォームアップ」の時間をまったく必要としなかった。少しでも瞑想を実践したことのある人、もしくは、実践しようとしたことのある人は分かるだろうが、心には集中の妨げになる考えが次々と浮かんでくるものだ。それを静めるにはある程度時間がかかる。ところが、リンポチェには、そういう準備の時間が必要ないらしく、パワフルな意識状態への切り替えが、まるでスイッチをオン・オフするみたいに瞬時にできてしまう。この初期の研究から10年以上が経過し、リンポチェが41歳になったとき、脳のスキャンが行われた。すると他の僧侶たちに比べて、彼の脳には老化の兆候が少ないことが分かった。10歳も若い人の脳のようだ、と科学者たちは述べている。

仏教僧マチウ・リカールの脳をスキャンした研究者たちは、彼を「世界で一番幸せな人」と呼んだ。集中、記憶、学習、幸福感に関連するガンマ波がこれまでに科学的に記録された中で、最高の値を示したからだ。ぶっちぎりの数値を叩き出したのが一人なら、特異な例と言えなくもない。でもそれはリカールだけではなかった。多様な瞑想プラクティス中に21人の僧侶の脳をスキャンしたところ、彼らのガンマ波が、非瞑想者よりも大きく跳ね上がり、しかも、その状態が長く（寝入ってからでさえも）持続することが分かった。

誰でも僧侶になれる

僕らにも、僧侶のような意識状態《マインド》が必要じゃないだろうか？　たとえばきみがバスケ・コートの支配者になりたければ、マイケル・ジョーダンを見習うだろうし、イノベーションが必要なら、イーロン・マスクを研究するだろう。パフォーマーになりたければ、ビヨンセに学ぶかもしれない。じゃあ、心《マインド》を鍛えて平安と落ち着きを手に入れ、人生の目的を見つけたければ、どうするか？　僧侶に聞きに行こう。その道の専門家だから。ちなみに、カトリックのベネディクト会修道士であり、感謝に満ちた生き方の普及活動を行うA Network for Grateful

Living の共同創始者でもあるデヴィッド・スタインドル＝ラストは、こう書いている。「在俗の人であっても、つねに今この瞬間を生きようと意識しているなら、聖職者なのです」

僧侶は誘惑に耐え、批判を慎み、苦しみや不安と向き合い、エゴを鎮めて、目的と意味のある生き方を実践する。地球上で最も心穏やかで、幸せで、最も明確な目的意識をもって生きている彼らに、僕らは学ぶべきではないか？　でも、僧侶が心穏やかで、安らかで、くつろいでいられるのは当たり前だろう、って？　たしかに彼らは俗世を離れ、静かな環境に身を置いている。仕事や恋人や配偶者に煩わされることもないし、通勤時間の交通渋滞に巻き込まれることもない。なんだかきみの心の声が聞こえてきそうだ。「こっちは現代社会に生きているんだ。僧侶の心を育てて、いったい何になる？」

まず言っておきたいのは、僧侶だって初めから僧侶だったわけではない、ということだ。生まれも育ちもさまざまだが、みんな、自分を変えたくて僧侶の道を選んだ。「世界で一番幸せな人」こと、マチウ・リカールはもともと生物学者だし、瞑想アプリ Headspace の共同開発者、アンディ・プディコムは、昔、芸術学校でサーカスを学んでいた。僕の知っている僧侶には、金融の世界で働いていた人やロックバンド出身の人もいる。僧侶になる人たちもきみと同じような街で育ち、似たような学校に通ってきた。

僧侶をめざすためには、ふだんから家でキャンドルを灯すとか、裸足で外を歩き回るとか、山のてっぺんでヨーガの木のポーズをとってSNSに写真をアップするとか、そういうことをやっている必要はない。僧侶になるとは、心のもちようを意味するのであって、それは誰でも実践できることだ。

僕がたどった僧侶への道

現代の僧侶がほとんどそうであるように、僕もアシュラム〔訳注　共同生活を送りながら宗教的・精神的な修行に励む施設、僧院〕で育ったわけじゃない。子ども時代はおよそ僧侶的なものとは無縁だったし、14歳までは聞き分けのいい子だった。ロンドン北部の街に暮らし、家族は両親と妹。中流階級のインド人家庭のご多分に漏れず、僕の両親も教育熱心だったから、息子に好ましい将来を用意してやろうと、さまざまなチャンスを与えてくれた。僕は僕でトラブルを起こさず、学校ではよい成績を上げ、いつもみんなを喜ばせようと頑張っていた。

ところが中学校に入ってから方向転換が始まった。それまでずっと肥満気味で、いじめを受けていた僕は、痩せ始めるとサッカーやラグビーをやるようになった。勉強では、美術、デザイン、哲学が好きになった。インドの伝統を重んじる親たちが好まない科目ばかりだ。それだけならまだしも、よからぬ連中たちとの付き合いも始まった。悪いことを山ほどやった。ドラッグも試した。ケンカもした。酒も飲みまくった。でも、そんなことをしていて、うまくいくわけがない。案の定、3度の停学処分を食らい、しまいには、退学を言い渡されてしまった。

「生き方を変えます」と僕は約束した。「どうかこのまま学校にいさせてください。絶対に変わってみせますから」。結局、学校がとどまらせてくれたおかげで、僕は自分の行いを正すことができた。

そんな僕が大学に入ってから、ようやく気づいた。人生のゴールを追求するには、勤勉さ、自己犠牲、自制心、粘り強さが欠かせない。でも、残念ながら、当時の僕にはこれといった目標がなかった。将来はいい仕事に就こうとか、いずれは結婚して、子どもをつくろうといったふつうのこと以上は考えていなかった。人生にはもっと深い意味があるんじゃないか、と感じてはいたが、それが何かは分からなかった。

ゴーランガ・ダス先生が大学にやってきたのは、僕の中で、新しい考え方、新しい生き方を探ってみたいという気持ちが高まっていたときだ。僕は、みんなが（そして自分自身が）思っている既定の路線から外れてみたくなっていた。人間として成長したい。謙虚さ、慈悲、共感を抽象的な概念としてではなくて、実感として味わいたい。規律とか、品性とか、高潔さといったものを単なる知識で終わらせずに実践したい、と思った。

それからの4年間は二つの世界を行き来しながら過ごした。バーやステーキハウスに出入りする生活と、瞑想に浸り、床で寝起きする生活を器用にこなしていた。ロンドンでは、行動科学を中心にマネージメントを学び、大手のコンサルティング会社でインターンとして働き、友人や家族との時間も大切にした。一方、ムンバイのアシュラムでは、ヒンドゥー教の古い聖典を学び、クリスマスも夏休みもほとんど僧侶たちと過ごした。そんなことをしているうちに僕の価値観は少しずつ変わっていった。もっと僧侶たちのそばにいたい。いや、僧侶の意識《モンク・マインド》にどっぷり浸っていたい。そう感じる一方で、インターンとして働くことの魅力はどんどん失われていった。誰にもポジティブな影響を与えられないような仕事を続けていて、いったい何の意味があるだろう？

　大学を卒業すると、ビジネススーツを僧衣に着替え、アシュラムに入った。そこでは他の僧侶たちと床で寝起きし、必要最低限の持ち物だけで日々を送った。インドとイギリスとヨーロッパのあちこちを回っては、行く先々で生活するということもした。来る日も来る日も、瞑想と古代の聖典の学習に励んだ。当時、ムンバイ郊外のアシュラムを環境に優しい宗教リトリート（ゴーヴァルダン・ビレッジ）〔訳注　リトリートとは「退去、避難所」の意。ふだんいる場所を離れて、自然の中でリラックスしたり、瞑想などで自分を見つめ直す時間をつくったりすること〕に改修するための工事があって、僕は仲間の僧侶たちとそれを手伝ったり、毎日１００万食を子どもたちに提供している食糧支援プロジェクト（アンナムリタ）でボランティアをしたりもした。

　こんな僕にモンク・マインドが手に入るなら、誰でもできるはずだ。

『バガヴァッド・ギーター』の教え

僕が師と仰ぐヒンドゥー教の僧侶たちは、『ヴェーダ』を根本聖典としている（「ヴェーダ」とは「知識」を意味するサンスクリット語だ。サンスクリット語は古代から伝わる言語で、現在、南アジアで使われている言語の大半はサンスクリット語から派生している）。哲学はこの古代の聖典集とともに生まれたと言っていいだろう。これらの聖典は、今のパキスタンの一部からインド北西部に及ぶ地域で誕生し、その歴史は少なくとも3000年前までさかのぼる。『ヴェーダ』はヒンドゥー文化の根幹をなしている。

ホメロスの叙事詩のように、『ヴェーダ』も最初は口から口へ伝えられていたが、やがて書き記されるようになった。ただし、使う材料がもろすぎた（ヤシの葉とか木の皮だから無理もない）。現存する文献の大半は古くても数百年前のものだ。『ヴェーダ』には、聖歌、歴史物語、詩、祈り、マントラ、祭祀の手順、日常生活へのアドバイスなどが含まれている。

僕は日常でも、この本でも、しょっちゅう『バガヴァッド・ギーター』（「神の歌」を意味する）を引き合いに出す。『バガヴァッド・ギーター』は、大まかに紀元前800〜紀元前400年前の哲学書『ウパニシャッド』をもとにした物語だ。ある種の生き方の指南書と見なされていて、どんな人にも、どんな時代でも、普遍的に通用する。僧侶をめぐる話でもないし、僧侶のための話でもない。たまたま弓の名手として生まれついた既婚の男に語りかけるかたちで展開する物語は、特定の宗教や地域にだけでなく、人類全体に役立つ内容になっている。瞑想指導者でインドの聖典を数多く翻訳した著述家エクナット・イーシュワランは、『バガヴァッド・ギーター』を翻訳した際に「インドから世界へ贈られた最も重要な贈り物」と呼んだほどだ。

愛読者の一人だった、アメリカの詩人ラルフ・ウォルドー・エマソンは、1845年の日記にこんなことを書いている。「わたし——いや、友人〔訳注　思想家ヘンリー・デイヴィッド・ソロー〕とわたし——は、『バガヴァッド・ギーター』のおかげですばらしい1日を送った。『バガヴァッド・ギーター』はあまたある書物の中でも最初に生まれた書物だ。広大な帝国が眼前に迫るかのような語り口には、些末さや卑小さは微塵もない。あくまでも壮大かつ静謐で、一貫している。古の知性が沈思黙考の末、今、時空を超えてわたしたちに語りかける。それは、まさにわたしたちを悩ませている問いへの答えなのだ」。そんな『バガヴァッド・ギーター』には、他のどの聖典よりも多くの注釈書や解説書が存在すると言われる。

僕がこの本を書いた目的の一つは、『バガヴァッド・ギーター』を始めとする古代の教えを読者に実感してもらうことにある。時を超えて長く伝えられてきた知恵は、僧侶としての僕の学びの根幹だっただけではなく、現代人が直面するさまざまな問題に大きな意味をもっているからだ。

僧侶の心《モンク・マインド》を生かす

僕が僧侶に必要な哲学を学んでいるうちに驚いたのは、この3000年の間に人間は基本的に変わっていないということだった。たしかに平均身長と寿命は延びた。でも僧侶の教えがテーマにしていることは昔も今も変わらない。寛容さ、活力、意図、生きがいといったトピックとその内容は、書かれた当時にそうであったように現代の僕らの心にも響くものばかりだ。

さらに僕が驚いたのは、古代の知恵の多くが現代科学でも証明しうることだった。だから、そういう話もこの本のあちこちでしていこうと思う。何千年も前から僧侶たちは、瞑想とマインドフルネスが有益であること、感謝が人のためになること、奉仕が幸福度を上げることを知っていた。そういう僧侶の知恵は本書で紹介することのほんの一部にすぎない。しかも、僧侶たちは、科学的に証明されるはるか以前から、それらの知恵を実践にとり入れていた。

アルバート・アインシュタインは「何かをシンプルに説明できないとすれば、理解が足りていないということだ」と言った。なるほど、僕には自分の学んでいる教えが現代社会に重要な意味をもつと分かってはいたが、それを他の人たちに十分伝えるためには、まず自分がどっぷりつかる必要があったわけだ。

その思いを胸にムンバイで修行を積むこと3年、ある日、僕は、ゴーランガ・ダス先生にそろそろアシュラムを去る頃だと言われた。アシュラムにとどまるより、今まで学んだことを世間に伝えていくほうが、より大きな価値があるし、人の役に立つはずだ、と。僧侶としての3年間は、僕にとって、その先の人生を歩むための学校だった。僧侶になるのも大変だったが、僧侶をやめた後のほうがもっと大変だった。アシュラムで学んだ人生の知恵を外の世界に応用することは、僕にとって最大の難問、つまり、最終試験だった。今の僕は、修行で培った僧侶の心《モンク・マインド》を生かすべき場面に毎日のように遭遇している。古代の知恵がこんなにも現代に通用するとはショッキングだけれど、だからこそ、この本を書いている。

今でも僕は自分を僧侶だと思っている。ただし、自己紹介では「元僧侶」と言うことにしている。僧侶には妻帯が許されないが、僕は結婚しているからだ。住んでいる場所はロサンゼルス。人は、ロサンゼルスを世界一の物欲と見栄とファンタジーの都だとか、全体的に危うさに包まれているとか言う。もっとスピリチュアルな土地に住めばいいじゃないかって？　でも、僕は世間とかかわりながら、そして、この本を通じて、自分が今まで生きて学んだことをシェアしたい。安心してほしい。この本は特定の宗教や宗派とはいっさい関係がないし、巧妙に改宗を誘うためのものでもない。そして、もう一つ約束しておこう。この本で紹介するさまざまなアイデアにきみが本気で取り組むなら、人生のほんとうの意味と情熱と目的は必ず見つかるだろう。

「モンク・マインド」と「モンキー・マインド」

現代社会では、かつてないほど多くの人が不満を抱えながら生きている。不満がない人でも、たいていは「幸福」を追いかけることに躍起になっている。社会もメディアも、何かを成し遂げた人や、成功した人をもち上げては、僕らにこうなるべきだ、こう生きるべきだというイメージやコンセプトを押しつけてくる。でも、名声、お金、華やかさ、セックスは、どれも僕らを満足させてはくれない。むしろ、僕らは欲望を募らせ、いらだち、幻滅、不満、不幸、消耗という悪循環に陥っていく。

ここで、「モンク・マインド」といわゆる「モンキー・マインド」と呼ばれるものが、どれだけ違うかを話しておこう。心は使い方次第で人を気高くもすれば、卑しくもする。心にはそういう力がある。僕らはとかく、ものごとを考えすぎたり、先延ばしにしたり、不安に悩まされたりするが、そういうときはモンキー・マインドに陥っている。モンキー・マインドは、こっちの考えからあっちの考え、この問題から別の問題へと、せわしなく飛び回るだけで、何一つ解決しない心の状態を指す。でも、そんなモンキー・マインドをモンク・マインドに育て上げることは不可能じゃない。自分が求めているものの根っこの部分を掘り下げて、成長するために実行可能なステップを見つければいい。モンク・マインドは僕らを混乱と注意散漫の沼から引き上げ、ものごとを見きわめる明晰さと、人生の意味と方向性を教えてくれる。

モンキー・マインド

ものごとの枝葉末節にとらわれている
人生という車の助手席に乗っていて、
自分では運転していない
愚痴をこぼす、比較する、批判する
考えすぎる、先延ばしにする
こまごましたことに気をとられている
目先の満足を重視する
注文が多く、特権意識がある
きまぐれ
ネガティブな感情や恐怖を増幅させる
自己中心的で思い込みが強い
マルチタスキング
（一度に複数のタスクをこなそうとする）
怒り、悩み、恐怖に支配されている

モンク・マインド

ものごとの根っこの部分を見据えている
意図と自覚をもって生きている

優しくて、思いやりがあり、協力的
分析する、明確に説明できる
整然としている
先々の利益を考える
熱心、決心が固い、根気がある
使命感、ビジョン、目標をもって取り組む
ネガティブな感情や恐怖を分析する
他者の役に立つために自分を大事にする
シングルタスキング
（一度に一つのタスクに専念する）
エネルギーをコントロールし、賢く使う

楽しければ何でもする
快楽を求める
一時的にしのげればよしとする

自制心を働かせようとする
意味を求める
根本的な解決策を探す

「モンク・マインド」は、僕らに、今とは違う人生観、違う生き方を見せてくれる。その新しい生き方では、反骨心、無執着、再発見、目的、集中力、自制心、奉仕が鍵を握る。モンク・マインドがめざすのは、エゴ、嫉妬、欲望、不安、怒り、不満、悩みから自由になることだ。僕に言わせれば、モンク・マインドは入手可能なだけではない。必要不可欠なものだ。他に選択肢はない。僕らは落ち着きと静けさと安らぎを必要としている。

ものごとの根っこの部分に目を向ける

僧侶の学校で初日に経験したことは今も鮮明に記憶に残る。僕は、剃髪を済ませただけで、僧衣はまだまとっていなかったから、今しがたロンドンから来ました、という風情だった。そのとき、一人の子どもの僧の姿が目に入った。せいぜい10歳くらいだったろう。そんな子が5歳児の一団に何かを教えていた。すばらしいオーラを漂わせ、大人顔負けの落ち着きと自信にあふれている。

「何をしているんだい?」と僕は尋ねた。

「初日の勉強を終えたところだよ」そう言うと、その子は質問を返してきた。「あなたは学校に入ったとき、1日目に何を勉強したの?」

「最初はアルファベットと数の数え方だったな。きみが教えている子たちは何を勉強したの?」

「ここでは最初に呼吸の仕方を学ぶんだ」

「どうして?」

「だって、生まれた瞬間から死ぬ瞬間まで、ずっと自分のそばにいてくれるのは、呼吸だけじゃないか。友だちや家族とはいつか離れ離れになるかもしれない。住んでいる国にずっといられるとも限らない。でも呼吸だけはいつもそばにいるよね」

10歳の僧侶は続けた。「ストレスを感じたとき、何が変わる? 呼吸だよね。怒りを感じたとき、何が変わる? やっぱり呼吸だよね。呼吸の変化とともに僕らはいろいろな感情を経験する。だから、呼吸を正しい方向に導けるようになれば、どんな状況にも対応できるでしょう」

このとき、僕にとって一番重要なレッスンがすでに始まっていたわけだ。ものごとを見るときは、葉っぱ(表に現れたもの)ではなく、根っこの部分(原因)に目を向けなくてはならないと、僕は知った。それに、誰でも僧侶になれることも分かった。5歳だろうと10歳だろうと関係ない。現に目の前にいるのだから。

生まれたての赤ん坊は何よりも先に呼吸をする。ところが、成長につれて、人生はどんどんややこしくなり、ただ静かに座って呼吸するだけのことが、なぜか難しくなってしまう。だからこそ、この本で僕は伝えたい。僧侶のように、ものごとの根っこに目を向け、自分自身を見つめるにはどうすればいいのか。なぜなら、そうした好奇心と思考と努力と気づきを経た先にのみ、心の平安と落ち着き、人生の目的は待っているからだ。僕は、アシュラムの先生たちから授かった知恵を使って、その旅の案内役を務めたいと思う。

モンク・マインドに至るための三つのステージ

この本では、モンク・マインドに至る旅を三つのステージに分けて案内する。第1のステージは「手放す」。これは、僕らの成長を押しとどめている外的要因、自分の内側にある障害物、恐怖などをそぎ落としていく段階だ。大掃除のようなものだと思ってほしい。成長するためには、まず手足を伸ばすスペースをつくる必要がある。第2のステージは「成長する」。きみが人生でさまざまな決定を下すときに、意図、目的、自信をもって行えるように、生活を見直していこう。第3のステージは「与える」。自分自身という枠を超えて世界に目を向ける、感謝の気持ちを広げ、分かち合い、人間関係を深めていく段階だ。僕らは、ギフトと愛を他者と共有したとき、奉仕することのほんとうの喜びと驚くべきメリットに気づく。

この旅の道すがら、まったくタイプの異なる3種類の瞑想法も紹介していくので、ぜひ実践してほしい。呼吸法、視覚化、音（チャンティング）をベースにした、三つの瞑想法には、それぞれにメリットがある。ごく簡単に違いを説明するなら、呼吸法には身体的メリット（落ち着きとバランスを身につける）、視覚化には心理的メリット（過去のトラウマを癒し、未来に備える）、チャンティングには霊的メリット（真の浄化を実現するために、自己の本質と宇宙につながる）がある。

瞑想抜きでも、この本がきみの役に立たないわけじゃない。でも、瞑想の実践は、僕が紹介するさまざまなツールの効果をさらに高めてくれる。というか、むしろ、この本そのものが丸ごと瞑想と言ってもいい。この本を読めば、きみは自分の信念、価値観、意図を問い直すことになるだろう。はたして自分は自分をどう見ているのか、どんなふうにものごとを決めているのか、どうすれば心を鍛えられるか、どんな人間関係を選択し育てていくべきか……。そうやって自分自身への気づきを深めることこそ、瞑想の目的であり、ご褒美なのだ。

こんなとき僧侶ならどう考えるだろう？——という発想は、今のきみにはないかもしれない。たぶん皆無だろう。でも、この本を読み終える頃には、きっと自分に問いかけるようになる。

「こんなとき僧侶ならどう考えるだろう？」

パート
1

手放す

第1章

アイデンティティー

――自分だと思っているもの

他人の人生を完璧に模倣して生きるより、
自分の運命を不完全に生きるほうがよい。

――『バガヴァッド・ギーター』第3章35節

1902年に社会学者のチャールズ・ホートン・クーリーはこう書いている。「わたしは自分が思っているような人間ではない。あなたが思っているような人間でもない。わたしはあなたにこうだと思われていると思っている人間である」

まさかって？

でも、実際、僕らのアイデンティティーは他人の考えでできている。もっと正確に言うなら、他人にこう思われているだろうという自分の考えでできている。ミュージカル『ウエスト・サイド物語』の主人公マリアは、ある若者に愛されていると知ったとき、こう歌っている。「わたし、きれいになったみたい」〔訳注　楽曲名は「素敵な気持ち（I Feel Pretty）」〕。

他人の評価を気にするという心の働きは、自己像の形成につながっているだけではない。人が自分を磨くためにあれこれ努力をするときも、たいていは、頭の中につくり上げた理想に近づこうとしているにすぎない。憧れの誰かが富を成功の印だと見なしていると思えば、その人に感心してもらいたくて、自分も富を追いかける。友人に外見で判断されていると思えば、見た目をよくしようとする。

人はみな期待される役柄を演じている

ダニエル・デイ=ルイスは、アカデミー主演男優賞を3度も受賞した唯一の俳優だ（この本の執筆時点でのデータ）が、1998年以降に出演した映画は6作品しかない。原因は、毎回、役作りを徹底することにある。マーティン・スコセッシ監督の『ギャング・オブ・ニューヨーク』でギャング団のリーダー、ビル・ザ・ブッチャーを演じるに当たって、デイ=ルイスは、肉屋《ブッチャー》の技術を習得し、サーカスの曲芸師を雇って、ナイフ投げを習いもした。でも、そんなのは序の口だ。撮影地のローマでは、ふだんから本物の19世紀の服を着込んで、役柄そのままに街を歩き回り、通行人と口論やケンカを始めたりもした。たぶんその服装のせいで、肺炎にまでなっている。

デイ=ルイスが実践していたのはメソッド演技法といって、役柄になりきるために、日頃から、できるだけその人物のつもりで生活するというテクニックだ。驚くべきプロの業《わざ》だが、メソッド演技法を実践する俳優の多くは、役柄に没頭するあまり、本番以外でもその人物が乗り移ったようになる。デイ=ルイスは、のちに『インディペンデント』紙でこんな告白をしている。

「当時は頭がおかしくなっていたよね。完全にいかれていた。(ビル・ザ・ブッチャーの役は)心と身体、どっちの健康にもあまりよくなかったよ」

俳優だけでなく、人はみな、程度の差こそあれ、無意識にメソッド演技をしているようなものだ。ネットの世界で演じる役柄、職場や友人の前で演じる役柄、家庭で演じる役柄……というように、顔《ペルソナ》を使い分けている。もちろん、それにはそれなりのメリットがある。その役柄を演じるからこそ、生活費を稼ぐことができるし、居心地のよくない職場でも仕事を続けられる。たとえ、いけ好かないと思う相手でも、付き合わなければならない相手なら、付き合っていける。でも、そういう役柄を幾重にもまとっていると、そのうち、ほんとうの自分が埋もれてしまう、なんてことが起きる。もっとも、ほんとうの自分が何だったかを知っていればの話だ。僕らはみな、職場での役柄を家庭にもち帰ったり、恋愛関係に友人の役柄をもち込んだりしているが、自覚や意図をもってやっているわけじゃない。しかも、その役柄をどんなにうまく演じたところで、結局は満足できずに、気が滅入り、自信をなくし、みじめな気分を味わっている。僕らが「自分」と呼んでいるものの姿は、ただでさえちっぽけで傷つきやすいうえに、ゆがんでいるからだ。

僕らは、他人にそう思われていると思っている自分の姿に忠実であろうとするあまり、自分の価値観さえも犠牲にしてしまう。

ほんとうの自分とは何だろう

いや、そもそも自覚や意図をもって、自分の価値観どおりに生きたことが一度でもあるだろうか？　僕らは他人の目に映る自分を見て、それが自分かもしれないと思っている。しかも、その屈折した自己像をもとに人生の決断を下していることに、たいして疑問も抱かない。社会学者のクーリーは、そうやって形成される自己像を「鏡に映った自己」と呼んだ。

僕らは、他人の感じていることを感じとり、それが自分だと思って生きているうちに、ほんとうの自分を見失ってしまった。他人の夢を自分の夢だと思い込んで追いかけていたら、自分がほんとうは何者で、何に生きがいを感じるかなんて、どうして分かるだろう？

僧侶《モンク》になるという話をすると、きみは、さぞかし大変だろうと思うかもしれない。楽しいことをあれこれあきらめなくてはならないからだ。パーティーも、セックスも、テレビを観ることも、物を所有することも、ベッドと呼べる代物で眠ることも許されない（たしかに、ベッドで寝られないのはつらかった）。でも、僕の場合は、その手前に、まず乗り越えなければならないハードルがあった。それは、自分がどんな「キャリア」を選択しようとしているか両親に打ち明けることだった。

僧侶になるという僕の決意

大学を卒業する頃には、ほんとうに進みたい道を心に決めていたから、いくつか届いていた就職の話は断るつもりだと両親に告げた。冗談みたいだが、うちの両親が考える息子の将来の選択肢は、三つしかなかった。医者か、弁護士か、さもなければ、落伍者か。そういう親に「あなた方が息子のためにやってきたことはすべて無駄でした」と言いたければ、僧侶になるのが一番かもしれない。

我が子の将来に夢を描くのはどこの親も同じだろう。でも少なくとも僕の場合は、「もしかすると僧侶になるかもしれない」という気配をじわじわと漂わせながら、親を慣らしていったつもりだ。18歳のときから毎年、夏休みにロンドンで金融会社のインターンとして働く一方で、別の時期にはインドのムンバイにあるアシュラムで修行を積んでいた。だから、僕が心を固める頃、母の一番の気がかりは、いかにも世の母親が息子に対して心配しそうなこと、つまり「元気にやっていけるのか」程度になっていた。病気のときは医療サービスが受けられるのか、とか、「悟りを求める」なんて言うと聞こえはいいが、要するに「1日中座ったまま、ぼーっとしている」だけで、身体によくないんじゃないか、とか。

むしろ母にとって厄介だったのは、友人や家族にあれこれ言われたことだ。いずれも「医師か弁護士以外は負け犬」という成功哲学の持ち主ばかりだったから黙っていない。母の友人たちは、過激な道に進もうとしている息子のうわさを聞きつけるや、「あの子の教育にどれだけ投資してきたか分かっているのか?」「きっと洗脳されているに違いない」「一生を棒に振らせるつもりか」と言い出した。僕の友人たちも似たようなもので、「金輪際、就職できないぞ」とか「一生、自分で生計を立てられないだろう」とか言って、僕のことをもう落伍者扱いだった。

ほんとうの自分を生きようとすれば、人間関係が危うくなることもあるだろう。でも、そのリスクを負うだけの価値はあるし、自分らしく生きつつ、その人たちとの関係も維持しようとすることは、やりがいのある挑戦だ。

幸運にも、僕の中にはすでに僧侶の心《モンク・マインド》が育ち始めていた。だから決意を固めるうえで、両親やその友人たちの意見はあまり判断材料にせず、自分の経験を頼りにした。18歳から毎年、二つの生き方を試しているうちに分かったことがある。金融系企業のインターンシップから帰宅したときには、空腹くらいしか感じなかったのに、インドのアシュラムを離れるときは、いつも「ああ、すばらしい。人生で最高の時間だった」と思わずにいられなかった。まったく異なる二つの世界の価値観と信念体系に触れるうちに、自分がどんな人間かという理解が深まっていった。

「こうあるべき」であるというプレッシャー

僧侶になると宣言した僕に周囲が示した反応は、僕ら若者が日頃から受けているプレッシャーの典型例だ。家族や友人、社会やメディアは、「人はこうあるべきだ」とか「こうするべきだ」というメッセージをさかんに発している。

彼らは意見と期待と義務を声高に叫ぶ。高校を終えたら一流大学へ入れ。金になる仕事を見つけろ。結婚しろ。マイホームを買え。子どもをつくれ。出世しろ。世間には世間なりの標準が存在するものだし、幸福な人生とはこんなものかもしれない、という社会的モデルがあってもおかしくはない。ただし、そのモデルを無条件に自分の目標にしてしまうと、現実に達成できないとき、訳が分からなくなる。なぜ今の自分はマイホームを買えないのか、なぜ今いる場所で幸せではないのか、なぜ今の仕事に虚しさを覚えるのか。いや、そもそもほんとうに結婚したいのか。それどころか、めざしているゴールはほんとうに自分が望んでいるものなのか。

本格的にアシュラムに入るという僕の決断は、周囲を騒然とさせたが、その種の雑音に心を惑わされずに済んだのも、やはりアシュラムで経験を積んでいたからだ。問題の原因と解決策がいっしょだったわけだ。周囲の人間が、正常で、無難で、現実的で、最高だとする人生の定義に、僕は振り回されなくなっていた。自分を愛してくれる人たちと縁を切ったわけではない。どの人も大切だったし、心配してほしくはなかった。でも、だからといって、彼らの定義に合わせようとは思わなかった。人生で最も難しい決断は正しい決断だった。

両親、友人、学校、メディアは、ああだ、こうだと言って、自分たちの信念や価値観を若者に植えつけようとする。社会が言う幸せな人生の定義は、誰にでも当てはまるように見えて、じつは誰のものでもない。ほんとうに自分らしい人生を送りたければ、周囲の雑音にフィルターをかけて、自分の内面を見つめるしか道はない。それが「モンク・マインド」を育てるための旅の第一歩だ。

僕らは、僧侶のように邪魔なものをそぎ落とすことから、この旅を始めよう。まずは、僕らを翻弄し、大切なものを見えなくしているプレッシャーに目を向ける。そして、今の生き方のベースになっている価値観の棚卸しをして、その価値観が、ほんとうになりたい自分、ほんとうに生きたい人生と合致しているかどうか考えよう。

INTERNET
TV
SCHOOL
FAMILY
MOM
MEDIA
SOCIAL MEDIA
FRIENDS
DAD
NEWS
MAGAZINES
LIFE

インターネット
テレビ
学校
家族
母親
メディア
SNS
友人
父親
ニュース
雑誌
人生

自分自身ではなくて埃を見ている？

あるときゴーランガ・ダス先生は、見事な比喩を使って、外的要因がほんとうの自分を見えにくくすることを教えてくれた。

今、僕は先生とアシュラムの倉庫にいる。未使用の本とか、工芸品の詰まった箱が雑然と置かれた倉庫は、アシュラムの大半の場所とは対照的だ。整理整頓と掃除が行き届いている場所とは違って、ここは埃が目立ち、あちこちから蜘蛛の巣が垂れ下がっている。先生は僕を鏡の前に連れていくと「何が見える？」と聞く。

でも、鏡は分厚い埃に覆われていて、僕には自分の姿が見えない。僕がそう答えると、先生はうなずき、僧衣の袖で鏡を拭き始める。埃が僕の顔まで舞い上がって、目がちくちくする。喉が苦しい。

先生は言う。「きみが自分だと思っているもの、きみのそのアイデンティティーは、埃をかぶった鏡のようなものだ。そういう鏡を覗いても、自分の真の姿や真の価値観はぼやけたままで見えない。鏡をきれいにするのは楽じゃないだろうが、埃を落とさない限り、ほんとうの自分の姿は見えないんだよ」

この一件には、16世紀にベンガル地方で活躍したヒンドゥー教の聖者チャイタンニャの教えがよく現れている。チャイタンニャはこういう状況を「チェートー・ダルパナ・マールジャナン（不浄な心の鏡を掃除する）」と表現した。

僧院であれ修道院であれ、実質的にあらゆる修行生活の基本となるのは、自分にとって一番重要なものを見えにくくしている妨げを取り除くことだ。つまり、人生の真の目的を見つけるために、身体的、精神的な欲求を克服しようとするわけだ。ある宗教的伝統ではしゃべることを放棄し、別の伝統ではセックスを放棄し、また別の伝統では所有を放棄する。その三つの放棄をすべて実践する伝統もある。

僕のいたアシュラムの僧侶たちは必要最低限のものだけで暮らしていた。そういう生活をしていると、手放すことで気づくものがあるという実感が得られる。必要不可欠でないものに埋もれていれば、ほんとうに大切なことを見失ってしまう。もちろん、僕は、今挙げたようなものをきみにも放棄するように勧めているわけではない。本書がめざしているのは、きみが外的な雑音に気づき、その雑音を絞れるように手助けすることだ。心の鏡から埃を落としたとき、そこに映った姿がほんとうのきみかどうか見てみよう。

基本的価値観とは、その人にとって最も重要な原則、つまり、これが人生の指針だと感じられるものを意味する。価値観は、自分はどんな人間になりたいのか、自分自身や他者とどう接するか、ということの決め手になる。たいていの場合、自由、平等、思いやり、正直さなどの概念を表す単語で表現されるから、抽象的で理想主義的なものに聞こえるかもしれない。でも、価値観はむしろ現実的なものだ。人生という行路を進むうえで、道徳的なGPSになってくれる。自分の価値観が分かっていれば、進むべき方向も——どんな人間と付き合い、どんな行動をとり、どんな習慣を定着させるべきかも分かる。

新しいアイデアを試すとき、自分の価値観が分からなければ、あてもなくさまようことになるだろう。曲がる角を間違え、迷子になり、立ち往生するかもしれない。ところが、価値観が分かっていれば、ほんとうに付き合うべき人たちのいる環境に身を置くようになるし、人からたとえ反対されても、自分の進むべきキャリアを決断できるようになる。今より有効に時間を使いこなし、重要なことに集中できるようにもなる。自分の価値観が分からないままでは、どうでもいいものに気をとられて、流されてしまう。

価値観はどこからくるのか

価値観は寝ている間にやってくるものじゃない。僕らは価値観を意識的に自分に問うことをしていないし、それどころか、言葉で表すことすらめったにしないからだ。とはいっても、価値観は存在しないものでもない。人の価値観は生まれついた環境と経験に左右される。厳しい環境に生まれたか、恵まれた環境に生まれたか。褒められて育ったか、そうでないか。たいていの親（もしくは養育者）は、子どもにとって一番にぎやかなファンであると同時に、一番口うるさい批評家でもある。子どもというのは、10代の反抗期は別としても、親という権威者に従わざるを得ないように感じて、親を喜ばせようとか、親を模範にしようとするものだ。

きみも、自分が子どもの頃に親とどんなふうに過ごしていたか振り返ってみるといい。親といっしょに遊んだり、会話を楽しんだり、何かをつくったりしただろうか。親から一番重要なことは何だと教えられただろうか。それは親自身の一番重要な価値観からきているのではないか。親はきみにどんな人間になってほしいと思っていたか。何を成し遂げてほしいと思っていたか。どんなふるまいを期待していたか。そういう親の理想を、きみは自分のものとして引き受けたのではないか。それで幸せになれただろうか。

そもそも、教育もまた僕らにとって絶大な影響力の一つだ。どんな科目をどんな文化的視点で教わるか。どう学ぶように期待されているか。事実《ファクト》中心のカリキュラムでは創造性が育ちにくい。文化的に視野の狭いアプローチでは、バックグラウンドや出身地の異なる人に対する寛容さが養われない。それに、たとえ幼い頃から自分のやりたいことが何か分かっていても、その情熱をとことん追求できるような機会も限られている。僕は学校が人生の役に立たないと言っているわけではない。それに、教育システムと言っても、多種多様だし、比較的自由なシステムもあるだろう。それでも、自分が学校で身につけた価値観について、ちょっと考えてみても損はないと思う。きみは、学校で身につけたまま自分のものだと思ってきた価値観に、違和感を覚えていないだろうか？

メディアが心に与える影響

僧侶の修行を始めて最初に気づいたのは、僕らの価値観は心（意識）に入り込むものによって左右されるということだ。心は僕らの道具であって、僕らの本質ではない。僕らはマインドという道具を使って、どんなものでハートをときめかせるかを決めている。僕らが日頃楽しんでいる映画、音楽、本、テレビ番組、ネットの内外でフォローしている人間――そういうものはすべて心に影響を与える。きみのニュースフィードに表示されるニュースは、きみの心に文字どおり養分を与えて《フィードして》いる。セレブのゴシップ、成功者の物語、暴力的なビデオゲーム、ネガティブなニュースを吸収すればするほど、僕らの価値観は、妬み、決めつけ、競争心、不満に汚されていく。

やってみよう――自分の価値観がどこからきているのかを問う

自分が日常的に外部から受けている影響を感知するのは難しいかもしれない。価値観は抽象的でとらえどころがないし、現代社会は、僕らが何を求めるべきか、どう生きるべきか、自分自身をどうとらえるべきかといったことを、明に暗に刷り込んでくるからだ。

今のきみの生き方を形づくっている価値観を書き出してみよう。そして、項目ごとに、出所（どこから来た価値観か）を記す。心から納得している価値観には、出所の下に☑を入れよう。

〈例〉

価値観	**出所**	**ほんとうに重要だと思っている**
優しさ	親	☑
外見	メディア	考え方が違う
裕福さ	親	全然重要じゃない
よい成績	学校	ほんとうの学びの妨げになっている
知識	学校	☑
家族	伝統	家族は重要。伝統ではなくて。

一方、観察して見きわめることによってモンク・マインドは育つ。そして、観察と見きわめは、ゆとりと静けさから始まる。僧侶の場合、外からの雑音を絞るために、まず、物質の所有を放棄する。アシュラムでの3回の短期滞在を経て、大学卒業後に本格的に僧侶の道を選んだ僕は、まず、ロンドン北部の田園地帯にあるバクティヴェーダンタ・マナーという寺院で数カ

月間トレーニングを受け、その後、2010年9月初旬、インドのアシュラムに入った。愛用のおしゃれな服はすべて手放し、手持ちの衣類は2枚の僧衣だけになった（1着は着るため、もう1着は洗い替え）。スタイリッシュな髪型もやめた、というか、もはや髪型そのものがなくなった。つるつるに剃ったからだ。そのうえ、自分の外見をチェックするチャンスさえ、ほぼ完全にもぎ取られた。アシュラムには鏡が存在しない。後日、倉庫で見せられた、あの埃だらけの鏡を除けば1枚もない。そうやって僕たち僧侶は外見へのこだわりをもたないようにされた。ほとんど毎日同じ質素な食事をとり、床に敷いた薄いマットの上で眠る。耳にする音楽は、瞑想や祭祀にときどき挟まれる詠唱やベルの音だけだ。映画もテレビも観ない。ニュースやメールも、共同スペースにあるデスクトップ・コンピュータで、ごくたまにチェックするのみ。

集中の妨げになる原因がなくなった後にやってきたのは、ゆとりと落ち着きと静けさだけだった。**周囲から聞かされる意見や期待や義務といった雑音のボリュームを絞ったとき、自分自身の声が聞こえてくる。**静けさの中で、僕は、外界の雑音と自分の声が違うことに気づいた。他人の考えという埃を拭い去れば、自分の核となる信念が見えてくるのだ。

きみにも頭を丸めて僧衣をまとうように勧めるつもりはない。でも、典型的な現代人の生活パターンを続けていたら、モンク・マインドに必要なゆとりや落ち着きや静けさを、どうして生み出せるだろう？　僕らの大多数は、腰を落ち着けて、自分の価値観を考えることをしない。自分自身と向き合うのを好まない。静けさを避けようとする。いつも頭を働かせて、何かをしていないといられない。

バージニア大学とハーバード大学が行った一連の実験では、被験者たちを一人ずつ部屋に入れて、最初の6～15分間だけ、スマートフォンも、筆記用具も、読み物もない状態で考えごとに徹してもらい、その後、音楽やスマートフォンを解禁した。その結果、考えごとより、スマートフォンをいじったり、音楽を聴いたりして過ごす時間を好むことが分かった。さらに、被験者たちに、考えごとだけをするか電気ショックのボタンを押すかの選択肢を与えたところ、みずからボタンを押す人が多かった。たとえば、きみが、毎日のように人脈づくりの集まりに出かけていって、自分はどんな仕事をしているのか話して回らずにいられないとしたら、「自分＝肩書」という単純な思考パターンから脱するのは難しい。しかも、その種の表層的な見方は他者にも向かうだろう。毎晩、リアリティ番組『*The Real Housewives*（セレブな奥様方の日常生活）』を見ているうちに、グラスに入ったワインを友人の顔に浴びせるなんてことがありふれた行為だと思うようになる。日々のスケジュールをアクティビティでぎっしり埋めるのに、ものを考える時間はつくらないとしたら、そういうアクティビティがおのずときみの価値観になる。

自分と向き合うための三つの方法

他のことに気をとられているうちは、自分の考えと向き合って、心の状態を探ることはできない。かといって、自宅でただ漫然と座っているだけで何かを学べるわけでもない。そこで、僕は三つの方法を提案したい。この方法で自分と向き合う時間を積極的につくってみてはどうだろう。第1の方法は、毎日、その日を振り返る時間をつくること。どんな1日だったか、自分が何を感じたかを考える。第2の方法は、月に1回、知らない場所に行ってみること。そうすれば、僕がアシュラムに入ったときのような変化を疑似体験できる。新しい環境に身を置いたとき、自分に何が起きるかを探ってみよう。まだ行ったことのない公園や図書館に足を運ぶとか、見知らぬ土地を旅するといいだろう。第3の方法は自分にとって意味のある活動に取り組むこと。趣味でも、慈善活動でも、政治運動でもいい。

そして、もう一つ、こんな方法もある。その時間ができたら、どんなふうに使いたいかあらかじめ考えてみることだ。そして、その選択が自分のほんとうの価値観を反映しているかどうかも検討する。

日常の行動を見直す

頭の中でどんなに自分の価値観だと考えていても、現実は行動に現れる。その人の時間の使い方は、その人の価値観を物語っている。たとえば、「家族と過ごすこと」を価値観の筆頭に挙げているとしよう。でも、実際は、暇さえあれば、家族そっちのけでゴルフに出かけているとしたら、行動と価値観が一致していない。そういう場合は見直しが必要だ。

時間

まず、睡眠と仕事を除いた残りの時間をどう過ごしているか考えてみよう。研究によれば、人間は一生のうちに平均して33年間を睡眠に（そのうち7年間は眠るための努力に）費やし、1年4カ月を運動に、3年以上を休暇に費やす。女性は一生のうち136日を身支度に費やすが、男性の場合は、ぐんと減って46日だ。もちろん、これらの数字は概算にすぎない。日頃の生活習慣で数字は増えも減りもするだろう。

やってみよう――時間の使い方を見直す

1週間、自分の時間の使い方を追跡してみよう。家族、友人、健康、自分自身に、きみはどれだけの時間を使っているだろう（睡眠と食事と仕事以外の時間に注目することがポイントだ。職種によっては、仕事とそれ以外の時間の区別をつけにくい場合もあるだろう。そういう人は、自分で「正規の」勤務時間の定義をつくって、「時間外の」勤務は別建てで考えてみよう）。本来、一番多くの時間を費やしていることと、一番大切に思っている価値観は一致するものだ。でも、価値観の順位に比べて、あまりにも多くの時間を仕事にとられているとしたら、よく考える必要がある。重要と感じられないものに、なぜそれだけの時間を費やしているのか。その選択の裏には、どんな価値観があるのか。その仕事で得た報酬が、究極的に、きみの価値観の役に立つからだろうか?

メディア

自分の生活を見直してみると、かなりの時間をメディアの利用に費やしていることが分かるだろう。ある研究によれば、現代人は、なんと、一生のうち平均11年間もテレビとSNSに費やすことになるという。自分では何気なくメディアを選んでいるつもりでも、それに、費やしている時間にきみの価値観が現れている。

メディアといっても今はいろいろなものがある。映画、テレビ、雑誌に関しては、僕ら現代人の大半は度を越した時間の使い方をしているわけじゃない。問題は各種のデバイスのほうだ。便利なことに、iPhoneには利用時間を報告してくれる機能がある。設定画面の「スクリーンタイム」で「週間レポート」を選択すれば、先週、自分がSNS、ゲーム、メール、インターネットを何時間使ったかは一目瞭然だ。使いすぎていると思ったら、利用可能時間の上限を設定することもできる。Android端末の場合、設定画面で「アプリと通知」の「利用時間」を選択する。あるいは、時間管理用アプリをダウンロードするといいだろう。

お金

時間と同様に、お金の使い方にも価値観が現れる。ここでは、住居費、家族の扶養にかかる費用、自動車の維持費、水道光熱費、食費、借金といった必要経費は除外する。そのうえで、自分が自由に使っている支出を見てみよう。今月は何に一番お金を使ったか。ふだんから、どんなことに一番お金がかかっているか。その支出は自分が最も重視している価値観と一致しているか。一度、支出の全体像を眺めてみると、不思議な気持ちになるかもしれない。今まで「お金をかけて当然」と思っていたものが、じつはそうではなかったことが分かるからだ。あるとき、子どもの習い事にお金がかかりすぎると言う女性がいた。ところが、僕がアドバイスすると、彼女は、子どもたちの音楽教室より、自分の靴に多くのお金を使っていることに気づいた。

SNSの投稿には、時間とお金の使い方やそれをめぐるコメントがたくさんあって、現代人の価値観がじつによく現れている。

テレビの特別番組を60分間観る（「もう終わっちゃったのか！」）

両親と60分間の昼食をとる（「いつになったら終わるんだ！」）

毎日コーヒーを飲む（費用は1日当たり4ドルとして、年間約1500ドル）（「絶対に欠かせない」）

時間とお金の使い方
（と価値観）

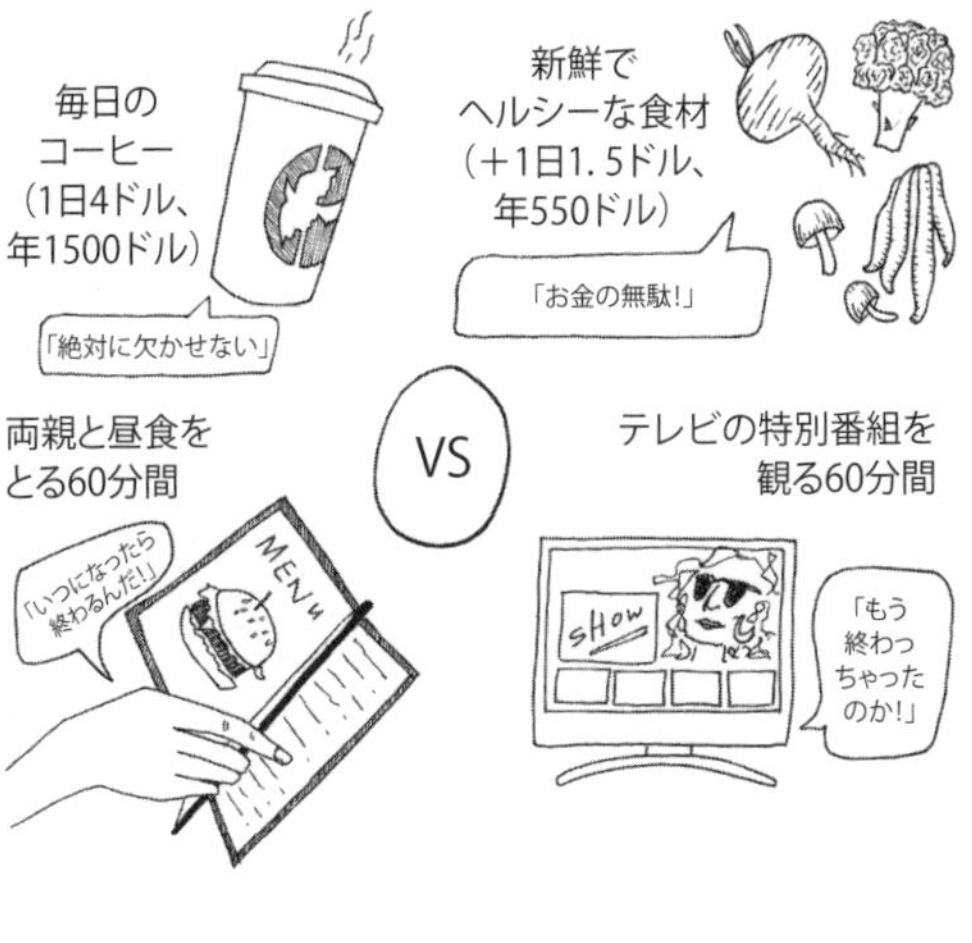

新鮮でヘルシーな食材を選ぶ（追加費用は1日当たり1・5ドル、年間550ドル）（「お金の無駄！」）

SNSのチェックに15分かける（「主人公でいられる時間！」）

瞑想に15分かける（「そんな暇はない！」）

ものごとの価値は見方次第だ。1カ月の支出状況を見て、自由裁量で使っているお金が、長期的な投資なのか、短期的な投資なのか考えてみよう。1回の豪勢な外食にかけるお金と1回のダンスレッスンにかけるお金はどう違うだろう？ 気晴らしのための支出か、気づきのための支出か。自分のためなのか、自分以外の誰かのためなのか。もしきみが、スポーツジムの会費を払っているのに、月に1度しか利用していなくて、お酒にはもっとお金をかけているとしたら、支出の見直しが必要だろう。

高次の価値観と低次の価値観

時間やお金の使い方を見直していると、さまざまな価値観にいつのまにか日常生活を支配されていることに気づくはずだ。それに気づいたら、次は、自分のほんとうの価値観は何か、そして今の時間とお金の使い方がその価値観と一致しているかを見きわめる段階だ。僧侶の価値観がヒントになるかもしれない。アシュラムの先輩僧たちの教えによれば、価値観には高い性質のものと低い性質のものがある。高次の価値観は、人を幸福、充実、意味ある生き方へと導き、低次の価値観は、不安、抑うつ、苦しみの底に引きずり込む。『バガヴァッド・ギーター』が高次の価値観とするのは、恐怖のないこと、心の清らかさ、感謝、奉仕と慈善、受容、神への献身、深い学び、苦行、率直さ、非暴力、誠実さ、怒りのないこと、手放すこと、広い視野、中傷しないこと、生類への憐憫、満足、温和、高潔、意志の強さだ。

(「幸福」と「成功」がこれらの価値観に入っていないことに注目してほしい。この二つは価値観ではなく、報酬、つまり結果だからだ。詳しくは第4章で話すことにしよう)

一方、『バガヴァッド・ギーター』は、貪欲、欲情、怒り、うぬぼれ、妄想、妬みの六つを低次の価値観・性質として挙げている。まずいことに、ちょっと気を許した途端、僕らは低次の価値観に乗っ取られてしまう。でも、幸いにも、低次の価値観は高次の価値観に比べて数がずっと少ない。ゴーランガ・ダス先生の言葉を借りるなら、自分を下落させるより、向上させる道のほうが多い、ということだ。

借り物の価値観を手放す

どこからともなく価値観を手に入れて、一夜にして大変身を遂げる、なんてことは不可能だから、まずは、生活を占領している借り物の価値観を手放していくところから始めよう。アシュラムでは自然を観察する機会があって、先生たちの導きで、僕ら修行僧はさまざまな生命の循環に目を向けた。草木は芽吹き、成長し、やがては散っていく。トカゲは皮を脱ぎ、鳥は羽を、動物は被毛を落とす。手放すことは自然のリズムの大きな部分を占めている。再生することが自然の一部であるように。ところが人間はつねに何かを手放さずにいる。その何かとは人間関係だったり、考えだったり、物だったり、もしかすると近藤麻理恵の断捨離の本だったりする。捨てることは不自然だと思って、しがみついている。でも、手放せば、その先にはゆとり《スペース》と落ち着きが待っている。だから、僕らも、日々の生活を占領している人間関係や考えから自分を――物理的には無理だとしても、心理的に――切り離してみよう。そして、自然観察の時間をつくって、本来、自分がどんなことに魅力を感じ、何に突き動かされる人間かということを、観察してみよう。

選択の機会は毎日のようにやってくる。ならば、僕らはそこに価値観を織り込むことにしよう。何かを選択するとき、たとえ、それが結婚のような一大事だろうと、友人との口ゲンカのような些細なことだろうと、僕らは価値観に突き動かされて選択している。その価値観は質が高い場合もあれば、低い場合もあるだろう。選択の結果が満足のいくものなら、僕らの価値観と行動は一致しているということだし、うまくいかなければ、決断に至った動機を見直す必要がある。

やってみよう――過去の選択を振り返る

今までに行った最良の選択と最悪の選択をそれぞれ三つずつ選んで、振り返ってみよう。なぜきみはそれを選択したのか。その経験で何を学んだか。別の選択をしていたら、どう行動していたか。

この「やってみよう」で出した答えをよく見てほしい。そこにはきみの価値観が隠れているはずだ。何かを選択したときの理由を考えてみよう。たとえば、いっしょにいるのにふさわしい人を選んだときも、間違った相手を選んだときも、同じ一つの理由、つまり「愛」という価値観のためだったかもしれない。あるいは、変化を求めて遠くへ引っ越したのは、心のどこかに「挑戦」という価値観があったからかもしれない。それと同じように、今度は、未来の選択についても考えてみよう。きみが掲げている人生最大の目標は、それをめざすべきだとする他人の意見や伝統、メディアの考えに影響されてはいないだろうか?

やってみよう――価値観に照らして選択する

これからの1週間、生活必需品以外にお金を使うときや、暇つぶしに何かしようというときは、行動に移る前に立ち止まって考えよう。その選択の背後にはどんな価値観があるだろうか。ほんの一瞬、考えてみるだけでいい。いったん止まって考えることが習慣になれば、自分にとって重要なものは何か、そのことにどれだけのエネルギーを注ぐか、意識的に選択できるようになる。

雑音にはブロックではなくフィルターをかける

他人から聞かされる意見、期待、義務といった雑音にいったんフィルターをかけると、世界が違って見えてくる。そうなったら、次は他者をもう一度招き入れる段階だ。僕は外的要因をそぎ落とせと言ったけれど、それは、外界からやってくる音を何から何まで遮断してしまえという意味ではない。きみの中に育ち始めたモンク・マインドは、他者から学ぶことができるし、他者から学ばなければならない。ただし、意識的に学ぶことが重要だ。そのためには、自分へのシンプルな問いかけが必要になる。きみが家族、友人、同僚に求める性質とは何か。その人たちのどんなところがすぐれているか。たとえば、信頼性、自信、意志の強さ、正直さだろうか。それがどんな性質であっても、自分の価値観とほんとうに一致しているだろうか。つまり、自分の人生の指針にすべきものかどうか、ということだ。

価値観のしっくりくる人たちと付き合おう。自分もこんな人間になりたいと思うような人たちの集まりを探すといい。つまり、未来の自分を重ね合わせることができるような人たちのそばにいよう、ということだ。すでに話したとおり、僕が大学の最後の年、本格的にアシュラムに入ろうとしたとき、周囲に反対されて苦労した。今もロンドンにいるときは苦労する。昔の仲間と接していると、彼らの生き方につられそうになるからだ。朝は遅くまで寝ているとか、うわさ話に興じるとか、人の悪口を言うとか……。そんな僕に自分を見つめ直すきっかけをくれたのが、まったく異なる文化との出会いだった。その後、自分の道を歩き続けることができたのも、また別の異文化との出会いがあったからだ。

住む場所や仕事を変えるとき、新たな人間関係を始めるときは、自分をつくり直す絶好のチャンスだ。しかも、いくつもの研究が示しているように、人と人のかかわりには感染力がある。マサチューセッツ州のある町の住民を対象にした20年にわたる調査では、幸福と抑うつはどちらも身近な人たちの間に広がることが分かった。半径1マイル（約1・6キロメートル）以内に住むきみの友人の幸福度が増すと、きみの幸福度も25％増す。その友人がすぐ隣に住んでいる人なら、感染力はさらに跳ね上がる。

きみの周囲にいる人たちは、きみが自分の価値観を守りながら目標に向かって歩き続けるうえで助けになる。その人たちもきみといることで成長する。もしきみがマラソンを2時間45分で走りたいなら、4時間45分で走る人たちとトレーニングしてはいけない。今よりスピリチュアルな生き方がしたければ、スピリチュアルな人たちといっしょにプラクティスを実践すべきだ。きみがビジネスの拡張をねらっているなら、地元の商工会議所の会員になるなり、自分と似たような成功をめざしている事業主のオンライングループに加わるなりしよう。もしきみがオーバーワーク気味で、我が子との時間を優先できずに悩んでいるとすれば、子どもを優先にしている別の親たちとつながって、サポートやアドバイスを求めてみよう。いや、いっそのこと、複数の条件をいっきに満たしてくれる人たちを探してみてはどうだろう。家庭生活を大切にしていて、スピリチュアルで、マラソンをやっている実業家の集団……。冗談はさておき、今ほど人と人がつながる方法が豊富な時代はない。LinkedInやMeetupといった人的交流プラットフォーム、FacebookのようなSNSツールは、きみにふさわしい仲間を見つけやすくしてくれる。新たな恋を求めているなら、きみの価値観に合った場所で探してみよう。たとえば、ボランティア団体、フィットネスやスポーツのサークル、きみが関心を寄せているトピックを扱っている講座などはどうだろう。

なりたい自分に近づいているか？

きみが今、自分の価値観に合う人たちと付き合っているかどうか自信がないなら、考えてみてほしい。その人（その人たち）と時間を過ごしているとき、きみは、なりたい自分に近づいているように感じるか？　それとも遠ざかっているように感じるか？　考えるまでもなく、サッカーのビデオゲームを4時間も続けるような（僕はやったことがないけれど）付き合いは、きみの生き方の質を上げてくれるとは言えない。一方、はっきり答えが出せない付き合いもあるだろう。その人たちと過ごした後は、なんとなくイラついたり、もやもやしたりする程度かもしれない。でも、もし自分の価値観にふさわしい人たちと付き合っているとすれば、本来、心地よいはずだ。きみの支えにならない人たち、悪い習慣を助長するような人たちといても、そうはならない。

やってみよう——付き合いを見直す

ここからの1週間、きみが、一番多くの時間を過ごしている人たちをリストアップしていこう。その一人ひとりとどんな価値観を共有しているかもチェックする。きみは、自分の価値観に最も近い人たちと一番多くの時間を過ごしているだろうか？

きみが話す相手、きみが観る番組、きみが使う時間やお金は、すべて価値観と信念の供給源だ。自分のほんとうの価値観が何か考えもしないで日々の生活を送っているとすれば、自分以外の誰か——家族もそうだし、わんさかいるマーケティングのプロたちもそうだ——の考えに振り回されてもおかしくはない。僕はアシュラムの倉庫で経験したあの瞬間のことをいつも思い出すようにしている。何かの考えが浮かんできたら、必ず自分に尋ねる。「この考えは僕の価値観を映し出しているのか、それとも、誰かが僕のために選んだ価値観を映し出しているのか？　今、僕は鏡に積もった埃を見ているのか、それとも自分自身を見ているのか？」

日常生活の送り方にゆとりと静けさがもたらされると、心という鏡を覆っていた埃が落ちていく。そのとき、他人の目を通した自分ではなく、ほんとうの自分の姿が見えてくる。自分の価値観が何かを知って、それを人生の指針にすれば、きみを振り回している外的要因にフィルターをかけられるようになる。次章では、それと同じ方法で、自分にとってためにならない心的態度や感情にフィルターをかけていくことにしよう。

第2章

ネガティビティ

——邪悪な王様は空腹を満たせない

他人の不幸のうえに
自分の幸福を築くことはしない。

——池田大作

大学の3年目が終わり、夏休みに入った。アシュラムで1カ月を過ごした後、ロンドンに戻った僕は、金融会社でインターンとして働いている。今はランチの時間だ。サンドイッチを買って、数人の同僚たちと、ビルの前にあるコンクリートだらけの庭にやってきた。縦横に走る低い塀に仕切られたその場所で、ビジネススーツ姿の若者たちがあわただしくランチをほおばる。キンキンに冷房の効いたオフィスに戻るまでのひととき、冷えた身体を夏の日差しで解凍しようというのだ。でもアシュラム帰りの僕は水から上がった魚の心境だった。

友人の一人が、あたりもはばからず大声で話し始める。「ゲイブのことはもう聞いてる？　ビジネスパートナーにプレゼンをこき下ろされたんだぜ」

別の友人が頭を横に振る。「あいつ、もう落ち目かよ」

その瞬間、僕の脳裏にはゴーランガ・ダス先生の授業がよみがえってきた。授業のテーマは「心が患う三つの病――比較する、愚痴を言う、あら探しをする」だった。僕ら修行僧はネガティブな思考習慣について話し合った。うわさ話もネガティブな思考習慣の一つだ。先生は僕らに課題を与えた。日頃、自分が話したり、考えたりしている他人のあらを残らず書き出していく。そうやって書き出したら、今度は、その人のよいところを10個ずつ書く。

つらいエクササイズだった。狭い空間で共同生活を送っている僕らは、ちょっとしたことにも目くじらを立てる。たとえばシャワーの時間がそうだ。僕らがシャワーに使える時間は均等に割ると一人当たり4分しかない。だから、シャワールームに列ができると、今日は誰が時間を超過しそうかという話でもちきりだった。誰もが予想屋に変身するわけだ（といっても、僧侶だから賭けごとをしたわけじゃない）。誰かのいびきがひどいと判明するや、僕らはそいつを同じような連中のいる部屋に追放した。新手のいびき屋が現れると、音量をバイクにたとえたものだ。あいつのはベスパ、こいつのはハーレーダビッドソン……。

僕は与えられた課題に一生懸命取り組んだ。自分がうっかりしゃべったり、考えたりしてきた悪口を一つひとつ書き出すと、続いて、その隣にポジティブな性質を10個ずつ書いていく。エクササイズの意味はすぐにピンときた。どんな人にも悪いところより、よいところのほうが多い。それを分からせようというのだろう。でも、こうして文字にしてみると、改めてその比率が浮き彫りになる。そのうえ自分の欠点に対する見方も変わってくる。僕には、自分の過ちには目を向ける割に、長所を考えようとしない傾向があった。だから、自分を批判している自分に気づいたら、そのたびにポジティブな性質にも目を向けるようにした。すると他者に気づいたのと同じことを発見した。なんだ、僕だって悪いところより、よいところのほうが多いじゃないか……。こうした気づきの循環について、僕らは授業で話し合った。他人のあらを探していると、自分のあらを探していることにも気づく。ところが、他人のよいところに目を向けると、自分の最良の部分が見えてくる。

コンクリートの広場で隣に座っている同僚が僕を現実に引き戻した。「あいつ、この先もやっていけると思うか?」

僕には何の話だか分からなくなっていた。「あいつって?」

「だからさ、ゲイブだよ。あんなやつ、そもそも採用されるべきじゃなかったんだ。そう思わないか?」

「いや、どうかな」

うわさ話をやめた理由

アシュラムでの生活を経験した僕はうわさ話にはとても敏感だった。会話をするときは、ポジティブなエネルギーを話題にすることが習慣になっていたからだ。俗世間に戻ってきた途端、無口にならずにいられなかった。説教臭いことは言いたくないし、かといって、うわさ話に加わりたくもない。ブッダも言っているじゃないか。「他人のしたこと、しなかったことを見るな。自分のしたこと、しなかったことを見よ」(『ダンマパダ(法句経)』第4章50番)。そこで僕が思いついたのは、「うーん、よく分からないな」とか「いや、僕は何も聞いていないけど」と答えることだった。その後、会話をこんなふうにもっとポジティブな方向にもっていく。「ところで、マックスは正式採用をオファーされたんだってね。こっちまでうれしくなるよ」。時と場合によってはうわさ話にも価値はある。うわさ話は、社会的に許容される行動とは何かを知る手がかりになるからだ。実際、人がうわさ話を始めるときは、他人の行動をめぐる自分の考えと価値観に、会話の相手が賛同してくれるかどうか確かめたくてする場合が多い。でも、自分の考えが受け入れられるかどうかという疑問を解消したければ、もっと穏やかな方法があるはずだ。それに、うわさ話というのは、他人を見下すためにやることのほうがむしろ多い。そうすることで、優越感に浸り、集団内での自分の地位を高めようとする。

やがて、友人や同僚の何人かは、僕にうわさ話をするのはやめて、ほんとうの会話をするようになった。以前より僕を信用するようになった人たちもいる。自分たちのうわさ話に加わらない人間は、自分たちのこともうわさ話にしないだろう、と気づいたわけだ。人は僕を退屈なやつだと思うかもしれない。でも僕はそんな人を悪く言うつもりはない。

ネガティビティは日常にあふれている

朝起きる。髪がめちゃくちゃで目も当てられない。おまけにコーヒーが切れていて、パートナーに文句を言われる。通勤の車中、携帯をいじっているよそのドライバーが気になって、信号を見落としてしまった。ラジオをつければ、昨日よりひどいニュースを聞かされ、会社につけば、同僚に耳打ちされる。「キャンディスのやつ、また休んでいるけど、どうせ仮病だよな」。毎日毎日、僕らはネガティビティ(ネガティブな思考・感情・行動)の襲撃をひっきりなしに受ける。当然ながら、受け取ったものは、誰かに分配せずにいられない。そうやって僕らが報告するのは、その日、見つけた小さな喜びよりも、つらいことや苦しいことばかりだ。自分と隣人を比較する。パートナーの愚痴をこぼす。本人には面と向かって言えないようなことを、いないところで言う。SNSで人の悪口を言う。言い争う。嘘をつく。怒りをぶちまけさえする。

この種のネガティブなおしゃべりは、「よい1日」と思えそうな日にさえ発生する。しかも、その日の予定表のどこにも書いていないというのに、だ。僕の経験からすると、朝起きて、こんなふうに考える人はいない。「さて、今日はどんなふうに他人の悪口を言ってやろうか?」「他人をどう貶めれば、自分の気分が上がるだろう?」それなのに、なぜか、自分の内側からネガティビティが湧いてくる。人には核となる三つの感情的ニーズがあって、僕はそれを「平和、愛、理解」と呼んでいる(ニック・ロウとエルヴィス・コステロよ、ありがとう)〔訳注 ニック・ロウの作詞・作曲でヒットし、のちにエルヴィス・コステロもカバーした楽曲「ピース、ラヴ・アンド・アンダースタンディング」のこと〕。そして、ネガティビティ――ネガティブな会話、感情、行動――というのは、その三つのニーズが脅かされたときに発生しやすい。つまり、何か悪いことが起きるのではないかという恐怖(平和が脅かされている状態)、自分が愛されないことへの恐怖(愛が脅かされている状態)、自分が軽んじられることへの恐怖(理解が脅かされている状態)に陥ったとき、ネガティビティに走る。しかもこの種の恐怖は他のあらゆる感情の生みの親でもある。敗北感、不安、傷ついたという思い、対抗意識、渇望、などなど。さらには、このネガティブな感情からは、愚痴をこぼす、自分と他人を比べる、悪口を言うといった、ネガティブな行動が発生する。SNS上には、特定の誰かに対する悪意に満ちた投稿を繰り返す荒らし《トロール》がいるけれど、彼らには、おそらく、自分をリスペクトしてもらえないという恐怖があるのだろう。自分の存在価値を感じたくて、荒らし行為に走っている。あるいは、政治的な信念から、自分の住む世界が安全ではないという恐怖を抱えているのかもしれない（もしくは、ただ、フォロワーを増やすためにやっているのかもしれない。世界にごまんといる荒らしたちの動機は恐怖だけとは限らない）。

別の例を考えてみよう。近況報告のはずの電話を、たちまち不満のはけ口に変えてしまう、そういう友人が、きみにもいないだろうか。彼らは仕事やパートナーや家族の愚痴を延々と話し続ける。誰それは間違っている、あれは不公平だ、いっこうによくならない……云々。彼らに言わせれば、何一つまともなものはないらしい。その種のおしゃべりをすることで、彼らは、悪いことが起きやしないかという恐怖を表現しているのかもしれない。平和と安全という彼らの基本的ニーズが脅かされているわけだ。

悪いことはたしかに起きる。僕らはみな、人生のどこかで何かしら被害を——人種差別だったり、車の割り込みだったりと、程度に差はあるにしても——受ける。問題は、自分は被害者だという意識を根づかせてしまうと、ある種の特権意識が芽生えて、利己的な行動につながりがちなことだ。

スタンフォード大学の心理学者は104人の被験者たちを二つのグループに分け、それぞれに異なる課題を与えた。一方のグループは、退屈だと感じたときの経験を短いエッセイにするように指示され、もう一方のグループは、人生が不公平に感じられたときの経験、あるいは「誰かから不当な扱いを受けた、軽んじられた」と感じたときの経験を書くように指示された。

それが終わると、すべての被験者が、簡単な作業への協力を依頼された。すると、不当な扱いについて書いた被験者たちのほうが、作業に協力しようという割合が26％も低かった。似たような別の研究でも、被害者意識の強い被験者ほど、課題を終えた後に利己的な態度を見せやすく、しかも、ごみを片付けずに帰ったり、実験に使ったペンをもち帰ったりする割合が高かった！

ネガティビティは伝染する

人間は社会的な生き物だ。必要なもの——平和、愛、理解——の大半は、自分が属している集団から手に入れる。だから人間の脳は自動的に調和と不和の両方に適応するようにできている。すでに話したとおり、人には、無意識のうちに他者を喜ばせようとする傾向がある。でもそれだけじゃない。相手に同調しようとする傾向もある。研究によれば、大部分の人間は社会への適応を重視するあまり、自分の感覚に逆らってでも、集団の意見に同調しようとする。しかも、集団の意見が間違いだと分かっている場合でさえも、合わせようとする。

1950年代に心理学者ソロモン・アッシュは、大学生をいくつかのグループに分けて「視覚検査」を行った。じつはこのとき、各グループの大学生は一人を除いて全員がサクラだった。これはグループ内の一人を対象にした実験だった。

アッシュは、学生たちに、まず「標準」となる直線が1本だけ描かれたカードを見せ、続いて、長さの異なる3本の直線が描かれたカードを見せる。3本のうちの1本は明らかに標準線と同じ長さになっている。正解を選ぶように指示されると、サクラたちはときには正解を出し、ときにはわざと不正解を出した。毎回、本物の被験者の答える順番はグループで最後だった。すると、どう見ても正解は明らかだったにもかかわらず、被験者の75％近くがサクラたちの判断に引きずられて、少なくとも1回は、彼らの不正解に自分の答えを合わせた。この現象は「集団思考バイアス」と呼ばれるようになった。

人間は他者に合わせるように生まれついている。脳は衝突や議論を好まない。似たような思考の持ち主たちに囲まれているほうが落ち着く。周りにいるのが僧侶たちなら、それも悪くないだろう。でも、うわさ話、対立、ネガティビティに囲まれていたら、自分も世界をそういう目で見るようになる。アッシュの実験で、自分の目に映るものを否定してまで、集団に従った被験者と同じように。

人に合わせようとする本能は大きな圧力となって僕らの生活にのしかかる。僕らが不平不満合戦に加わりやすい理由の一つはそこにある。

それに、ネガティビティに囲まれているほど、自分もネガティブになる。愚痴はガス抜きになると思われがちだが、とんでもない。不満をぶちまけた被験者は、気分がすっきりしたと答えたにもかかわらず、不満を口にしなかった被験者より、さらに攻撃的になることが確認され

THE ASCH EXPERIMENT
CARD 1
HAS A LINE OF A SPECIFIC LENGTH ON IT
CARD 2
HAS 3 LINES, ONE BEING THE EXACT SAME AS THE ONE ABOVE
* GROUPTHINK IS THE PRACTICE OF THINKING OR DECISION-MAKING IN A WAY THAT DISCOURAGES INDIVIDUAL RESPONSIBILITY

アッシュの実験

カード1

特定の長さの
直線が1本
描かれている

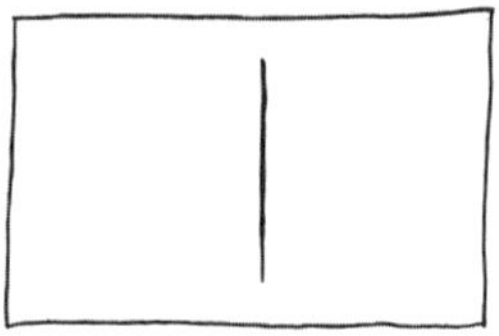

カード2

3本の直線が描かれ、
そのうちの1本がカード1と
同じ長さになっている

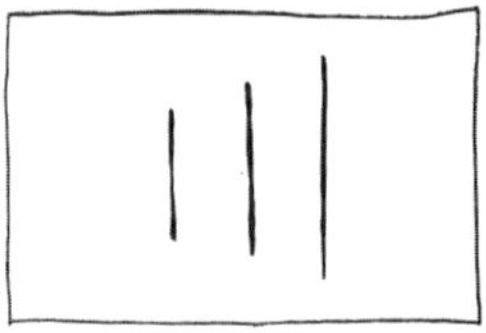

＊集団思考とは、個人に責任を意識させにくくする
思考や意思決定のプロセス。

ている。

ロンドン郊外のバクティヴェーダンタ・マナーにいたとき、一人の僧侶に僕は毎度イラついていた。毎朝、僕が挨拶するたびに、彼は、昨日は誰それのせいで眠れなかったという話を始める。食事がまずいとか、少なすぎるとか、文句たらたらだ。ネガティブな言葉の垂れ流しが延々と続くので、そのうち彼には近寄りたくなくなった。

ところが、やがて、その僧侶のことを他の僧侶たちに愚痴っている自分に気がついた。何のことはない、自分自身が嫌だと思っているものになっていた。愚痴には感染力がある。僕はくだんの僧侶からしっかりその病を頂戴していたわけだ。

これは研究結果が示していることだが、僕がかかったようなネガティブな傾向は、何の関係もない人たちに無差別に向けられやすく、そして、今、ネガティブな態度の人は、将来もネガティブになりやすい。不平不満ばかり漏らしていると、長期的なストレスになる。すると、脳の海馬が縮小することも分かっている。海馬というのは認知や記憶に関係する領域だ。ストレスホルモンのコルチゾールは、その海馬に打撃を与えるだけでなく、免疫力も弱める（それ以外にもコルチゾールの悪影響は山ほどある）。病気の原因を何でもかんでもネガティビティに押しつけるつもりはない。でも、ポジティブに過ごしていると冬の風邪を1回でも減らせるなら、それだけで僕は万々歳だと思う。

ネガティブな人のタイプ

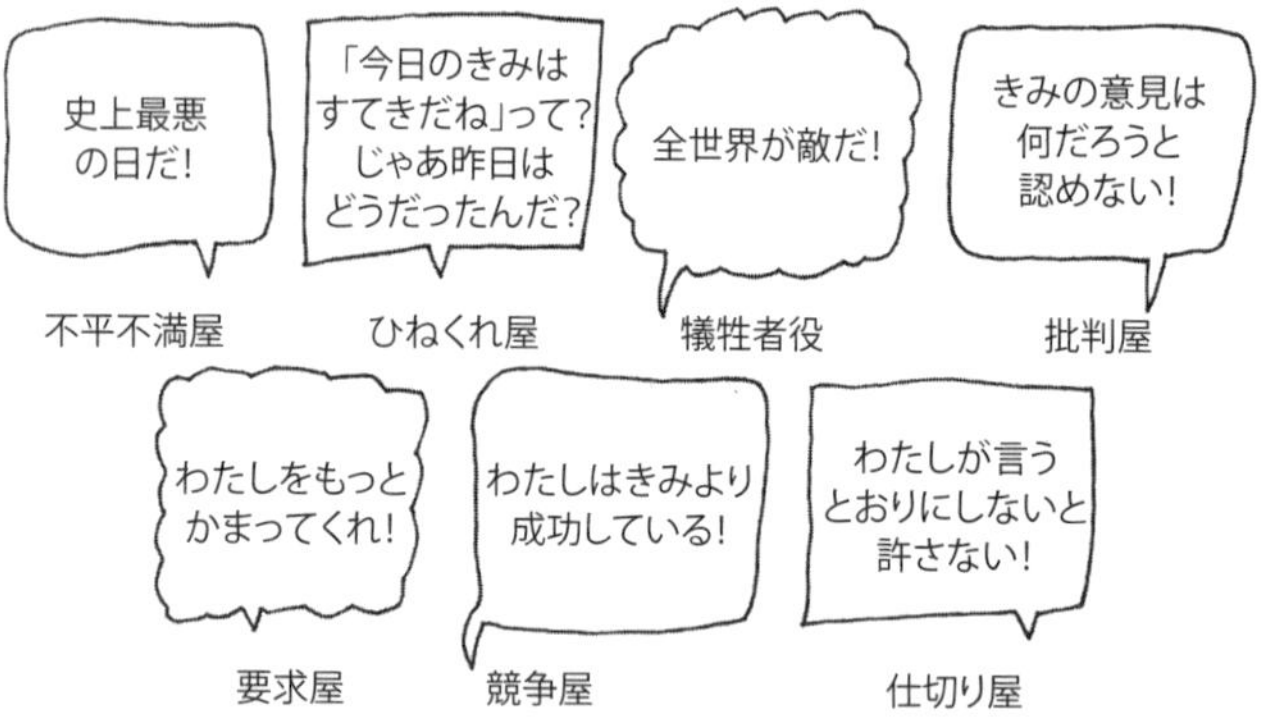

ネガティブな人のタイプ

たえずネガティブな思考や態度に囲まれていると、そういう思考パターンが当たり前になってしまう。でも、改めて考えてみてほしい。きみの周りに次のような人たちはいないだろうか。

- 不平不満屋——電話で愚痴をこぼす先述の友人みたいに、延々と不満をぶちまけるだけで、とくに解決策を探すわけではない。そういう人にとって、人生は、解決不能とまではいかないにしても、難しい問題に見えてくる。
- ひねくれ屋——褒め言葉を曲解する。「今日はすてきだね」と言われると、「じゃあ、昨日はすてきじゃなかったのか?」と考える。
- 犠牲者役——全世界が自分の敵だと考えていて、何でも他人のせいにする。
- 批判屋——自分とは意見が異なる人を批判し、その人が意見をもたなければもたないで、また批判する。相手が何かを選択すると、自分ならそんなことをしないと言って、ともかく批判する。
- 要求屋——自分の限界や欠点を棚に上げて、他者には期待をかける。自分も忙しくしているくせに、「きみはわたしをかまってくれない」と言う。

・競争屋――自分と他人を比べたがる。自分のことや自分の選択をよく見せたくて、人をコントロールしたり、操ったりする。自分が苦しい思いをしているから、相手を引きずり落とそうとする。そういう人の前では、こちらの成功話は控えめにしなければならない。どうせ評価してはくれないからだ。

・仕切り屋――友人やパートナーの行動を監視しては、誰とどんなふうに時間を使うべきか、どんな選択をすべきか、指示せずにはいられない。

このリストを見ていると、それぞれに当てはまる人が浮かんできて、楽しめるかもしれない。でもリストのほんとうのねらいは他にある。こうしたネガティブな行動パターンのそれぞれの特徴を知っておけば、実際に直面したとき、「ああ、このタイプだな」と気づけるようになる、それがねらいだ。ネガティブな人たちをひとくくりにして（「ウザい連中だ！」と片付けて）いるだけでは、それぞれに合った対処法は分からない。

僕と他の6人の新米僧侶は、イギリスからインドに渡ってアシュラムに入った日、新たな住まいを病院だと思うように言われた。そこでは誰もが患者だった。俗世を離れて僧侶になったからといって、まだ何も成し遂げてはいない。単に、魂の病を癒すための場所に入る用意が整ったというだけだ。僕らはみな魂の病にかかって衰弱していた。

病院では、ご存じのとおり、医者でさえも病気にかかる。免疫のある者は一人もいない。先輩僧たちは僕らに念を押した。アシュラムにいる者はそれぞれが異なる病にかかっていて、それぞれが学びの途中にいる。僕らはそのことを忘れてはならない。そして、他人の健康問題に首を突っ込まないのと同じように、僕らは他人が背負った重荷に関してもどうこう言うべきではない。それと同じアドバイスを、ゴーランガ・ダス先生はこんなふうにまとめてくれた。「自分とは異なる病にかかっている誰かを批判してはならない。誰に対しても完璧さを期待するな。自分は完璧だと思うな」。僕ら修行僧はこの先生の言葉をしょっちゅう思い出しては、ネガティブな思考を抱かないようにした。

僕らは、他人のネガティブなふるまいを批判するより、その気持ちを和らげる努力をすべきだ。いや、いっそのことポジティブなものに逆転させよう。たとえば相手が解決策など求めていない不平不満屋だとしよう。そうと分かれば、こちらがもう解決策を見つけてあげる必要はない。要求屋に「あなたは忙しすぎて、わたしと会う時間がない」と言われたなら、「お互いに都合のいい時間をいっしょに見つけよう」と答えればいい。

外からくるネガティビティに対処する

ネガティビティのカテゴリーを理解しておくと、そういう人と出会ったときに、適切な距離をとりやすくなる。そして、自分がどうふるまうべきかを冷静に判断できるようにもなる。僕らは僧侶のつもりで、ものごとを根っこの部分まで掘り下げ、観察し、明らかにしよう。そうすれば、自分が置かれた状況をシンプルに説明できるようになる。では、このアプローチを使って、どんなふうにネガティブな人たちに対処すればいいか、具体的に考えてみよう。

観察者になる

僧侶は気づきとともに先を行く人たちだ。ネガティビティに対して僕らがとるべきアプローチ――じつのところ、これはどんなタイプの対立的状況にも当てはまる――は、その瞬間に生じる感情の高ぶりから自分自身を切り離すことだ。

カトリック修道士のトマス・キーティング神父のこんな言葉がある。「他人にどう扱われようと、動転しなければならないという掟はありません。わたしたちが動転するのは、『誰かにひどい扱いを受けたら、気分がいいはずがない』という感情的な思い込みがあるからです。そういうときは反射的にやり返すのではなく、自分は何ものにも惑わされない自由な存在であることを思い出しましょう。そして動転することを拒否するのです」

つまり、物理的にではなく心理的に一歩引くことで、まるでその渦中の人ではないみたいに、外から状況を眺めればいい。そうやって心理的な距離を置くことは「無執着」と呼ばれている。詳しい話は次章に回すが、ここで重要なのは、自分の置かれた状況と心理的に距離を置けば、一方的な決めつけ抜きで状況を理解できるようになる、ということだ。

ネガティビティは一つの特性であって、その人自身ではない。人の本質はときに雲に隠れて見えにくくなるが、見えなくても、太陽のようにつねにそこに存在していることに変わりはない。人は誰でも、雲に覆い尽くされるときがあり、僕やきみもその例外ではない。ネガティブなエネルギーを吐き出している人を前にしたとき、僕らはそのことを理解しておく必要がある。

最悪の状態のとき、それが自分の本質であるかのように決めつけられたくはない。ならば、僕らも他人を決めつけてはならない。誰かがきみを傷つけに来るのは、その人が傷ついているからだ。自分の心の膿をまき散らして、助けを求めている人——そういう人に出会ったら、ダライ・ラマ14世が言うように、「相手を助けられるときは助ける。助けられないときは、少なくとも、傷つけないようにする」のが得策だ。

じわじわ離れる

本質を理解できるような位置に立てば、僕らはネガティブなエネルギーに対処しやすくなる。そのポジショニングを実現する一番シンプルな方法は「じわじわ離れる」という方法だろう。前章では、自分の価値観を邪魔している要因を手放すことを学んだ。それと同じように、僕らの目を曇らせているネガティビティを少しずつ取り除いていこう。

マインドフルネスの父と呼ばれる仏僧ティク・ナット・ハンは、著書『*The Heart of the Buddha's Teaching*（ブッダの教え）』でこう書いている。「手放せばわたしたちは自由になる。

自由は幸福の唯一の条件なのです。怒りであれ、不安であれ、物欲であれ、心の中で何かにしがみついていては自由になれません」。そこで僕がお勧めしたいのは、ネガティブな考えや感情の引き金になる物を処分したり、場所を回避したりすることだ。たとえば、元カレや元カノからもらったスウェットシャツは捨てる。気まずい友人としょっちゅう鉢合わせしているカフェには、もう行かない。物理的に手放せないものは、心理的にも手放せないと思っていい。

でも、相手が家族や友人や同僚だったりすると、物理的に距離を置くのは、たいていは不可能だし、僕らも第1選択肢にはしたくないものだ。そういうときのために別の方法がある。

25対75の法則

身近なところにいるネガティブ人間一人につき、ポジティブ人間3人と付き合うようにする。僕の場合、自分より先を行っているなと思う人たちのそばにいるようにしている。つまり、僕より幸せで、僕よりスピリチュアルな人たちということだ。

人生は、スポーツみたいに、自分よりうまい選手とプレーすると成長が早い。だからといって、きみの友人一人ひとりにネガティブか、ポジティブかというレッテルを貼って、分類してほしいわけではない。きみの時間の少なくとも75％は、気持ちを落ち込ませるような人たちとではなく、自分の励みになるような人たちと過ごすようにしよう、ということだ。そして、きみはきみで相手の励みになるような付き合い方をする。大好きな人たちとただ時間を過ごすのではなくて、ともに成長しよう。何かの講座に参加するとか、本を読むとか、ワークショップを開くとか。サンスクリット語で「コミュニティー」を意味する「サンガ」という言葉には、集う人同士で奉仕し合い、励まし合う避難所のような意味合いがある。

時間配分を決める

身の回りから完全には排除できないネガティビティを少しでも減らしたいなら、これくらいなら付き合えるという時間の配分を決めておくといいだろう。相手のエネルギーに見合っただけの時間を割り当てよう。

こちらが厄介な思いをするのは、相手にそれを許しているからだ。相手によっては、きみが許容しうる時間は1カ月に1時間だけかもしれない。1カ月に1日か1週間かもしれない。その人に対して、何時間割り当てるのがきみにとってベストだろう。上限を見きわめて、それを超えないようにしよう。

救助者になろうとしない

相手が話を聞いてほしいだけなら、こちらはたいしてエネルギーを使わずに耳を傾ければいいだけだ。ところが、問題解決請負人になろうとした途端、相手にアドバイスを受け入れてもらえないといらいらする。誰かを救いたいという欲望はエゴからきている。だが、自分のニーズを満たすために、相手への対応を決めてはいけない。ユダヤ教には、「他人の口の中で歯を数えるな」という古くからの教えがある。必要なスキルもないまま、問題を解決しようとしてはならない。

ネガティブなエネルギーを振りまく友人は、溺れかけている人だと思おう。きみが、並はずれて泳ぎが得意だとか、きちんと訓練を受けたライフガードだというなら、溺れている人を助けるだけの体力も気力も十分だろう。それと同じことで、相手を助けるために必要な時間と心のゆとりがあるなら、大いに助ければいい。でも、泳ぎがそこそこうまいというだけで、相手の救助に向かえば、深みに引きずり込まれる可能性が高い。そういう場合は、自分で助けようとするより、ライフガードを呼びに行くだろう。

もしきみに友人を助けるのに必要なエネルギーと経験がないなら、助けになりそうな人やアイデアを紹介してあげるほうがいい。救助活動に適しているのは、きみではない他の誰かだろう。

内なるネガティビティに対処する

不要なものを取り除いていく作業は、外側から内側へというのが自然な流れだ。外側からくるネガティブなエネルギーに気づいて、その影響力を和らげる努力を始めると、自分の中にあるネガティブな傾向にも気づいて、その威力を和らげるのがうまくなる。

ときに、人は、自分がネガティブなエネルギーをまき散らしていても認めたがらない。でも、ネガティビティはいつも他人からやってくるとは限らない。分かりやすいものばかりでもない。妬み、不平不満、怒りに出会ったとき、ネガティブなカルチャーをつくっている他人のせいにするのは簡単だ。でも、自分自身の思考を浄化すれば、外からくるネガティブなエネルギーからも自分を守ることができる。

アシュラムで、僕ら修行僧の清浄であろうとする意識はとても高くて、「執着を手放す」競争が始まったほどだ（「自分はあの僧より食べていない」「自分は誰よりも長く瞑想した」）。でも、瞑想の最後に「やった！　みんなに勝ったぞ！」と思うとしたら、僧侶としては自分を笑うしかない。執着を手放すためなのに、それでは瞑想をやった意味がないではないか。

ハンナ・ウォードとジェニファー・ワイルドがさまざまな金言を1冊にまとめた『*The Monastic Way*（修道）』という本に、修道女クリスティーン・ヴラディミーロフのこんな言葉がある。「修道院で許される唯一の競争は、誰が一番多くの愛と尊敬を示せるかだけです」

競争心は妬みの温床になる。インド神話『マハーバーラタ』に出てくる一人の邪悪な戦士は、いとこを妬んで、財産をすべて破壊しようとし、敗北する。嫉妬という炎はやがて自分自身の身体を焼いてしまう。妬みは自分自身の敵ということだ。

妬みには意地悪ないとこがいて、その名を「シャーデンフロイデ」という。「シャーデンフロイデ」は「他人の苦しみを喜ぶ」という意味だ。他人の過ちから喜びを得ている人は、相手の欠点や不運を土台に家を築いて得意がっているのに等しい。とてもじゃないが安定した土台とは言えない。むしろ、他者を批判している自分に気づいたら、注意が必要だ。心が仕掛けてくるトリックのせいで、自分は前進していると思っているが、そのじつ、立ち往生しているにすぎない。たとえば、昨日は僕がきみよりたくさんのリンゴを売り、今日はきみのほうが多く売ったとして、僕がリンゴ売りとしてすぐれているかどうかなんて判断できない。**他人を基準に自分を定義しようとすればするほど、僕らは自分を見失っていく。**

不要なものを手放す

妬み、そねみ、欲望、渇望、怒り、うぬぼれ、妄想を自分の中から完全に取り除くことはできないかもしれない。でも、だからといって、努力をやめるべきではない。サンスクリット語では「不要なもの」を「アナルタ」と言い、「アナルタ・ニヴリッティ」は「不要なものを取り除くこと」を意味する。とかく僕らは、言いたいことを言えて、好きなものを好きなように追い求められることを自由だと思っている。でも、ほんとうの自由とは、不要なものを手放すこと、つまり、不要な結果しかもたらさない野放し状態の欲望を手放すことだ。

「手放す」と言っても、ネガティブな思考、感情、観念を完全に払しょくするという意味ではない。ネガティブな考えや感情はたえず生じてくるものだが、問題はそれをどう扱うかにある。

お隣の犬が吠えていてうるさい、気が散って仕方がない、というなら、そう感じている自分の心をどう導いてやるかが重要だ。ほんとうの自由を手に入れる鍵は、自分自身に気づくことにある。

内なるネガティビティに気づくには、自分のちょっとした言動にも注意が必要だ。きみが他人のネガティビティを敏感に察知するようになったとしよう。でも、「彼女はいつも愚痴ってるよな」と言った瞬間、自分自身もネガティブになっている。アシュラムで、僕たち僧侶は蚊帳の中で寝るようにしていた。毎晩、僕は、懐中電灯で蚊帳の隅々を照らして、蚊が残っていないか念入りにチェックしたものだ。ところが、ある朝、目覚めてみると、蚊帳の中に蚊が1匹だけ残っていて、全身を10カ所も刺されていた。僕はダライ・ラマ14世の言葉を思い出した。「自分はちっぽけな存在だから、たいしたことができないと思っているなら、1匹の蚊といっしょに寝てごらんなさい」。些細でもネガティブな考えや言葉は蚊みたいなものだ。どんなに小さくても僕らの平安を乱すことができる。

ネガティブな思考を見つける、止まる、切り替える

僕が1匹の蚊を見落としていたように、大半の人間は自分のネガティブな思考に気づかずにいる。思考を浄化するためのプロセスを、僧侶たちは、気づきと取り組みと修正と言うが、僕は覚えやすいように「見つける、止まる、切り替える」と呼びたい。まず、今この瞬間に自分

の中に生じている思考なり、問題点なりに気づく——見つける。次に、一時停止して、問題の正体や原因について考える——止まる。最後に、反応の仕方を修正する——つまり、問題の処理方法を切り替える。**見つける、止まる、切り替える。**

見つける

ネガティビティに気づくということは、身近なところにある有害な衝動を見つけられるようになることだ。アシュラムで僕ら修行僧は、自分自身のネガティビティと向き合うために、こんな指導を受けた。1週間、愚痴を言わず、比較せず、あら探しをしないように努めること、そして、それに失敗した回数を記録し、その回数が日ごとに減っていくかどうか見ること。自分の傾向に気づけば気づくほど、その傾向から自分を解放できるかもしれないからだ。

自分の中にあるネガティブな思考やコメントをリストアップしていくと、その出所も分かってくる。友人の外見を批判しているとき、自分の外見に対しても同じくらい辛らつになっていないだろうか？　自分の働きを振り返りもせずに、仕事に対して文句ばかり言ってはいないか？　友人の病気を話題にしているのは、自分の思いやりの深さをアピールしたいからか、それとも、友人のために必要なサポートを募ろうとしているからか？

SPOT
STOP
SWAP
SPOT a feeling OR issue
STOP to UNDERSTAND WHAT it is
SWAP IN A NEW WAY of PROCESSING

見つける

止まる

切り替える

感情や問題点を見つける
一時停止して、見つけたものの正体を理解する
感情や思考の処理の仕方を切り替える

やってみよう――自分がどれだけネガティブなコメントを発しているか観察する

1週間、ネガティブなコメントを発するたびに記録する。日ごとに回数が減っていくだろうか。発生回数ゼロをめざそう。

起きたことに対してネガティブな反応を示すのとは別に、起きるかもしれないことに対してネガティブな考えをもつときがある。つまり疑念を抱くわけだ。邪悪な王様と善良な王様にまつわるたとえ話をしよう。あるとき、邪悪な王は善良な王の食事に招かれた。料理が目の前に運ばれると、邪悪な王は善良な王の皿と交換するように要求した。善良な王が理由を尋ねると、邪悪な王は答えた。「もしや、わたしの料理に毒など盛られてはいまいか」

それを聞いて善良な王は笑った。

すると、邪悪な王はますます心配になり、二重の罠かもしれないと思って、もう一度料理を善良な王のものと交換させた。善良な王は頭を横に振っただけで、目の前に置かれた料理を口に運んだ。その晩、邪悪な王は何も食べずじまいだった。

他人に対する批判、妬み、疑念は、自分自身の心の闇を知る手がかりになる。邪悪な王は、結局、自分自身に対する嫌悪感を善良な王に投影していただけだ。それと同じように、僕らが他人に対して妬み、いらだち、疑念を抱くとき、そこには、自分自身をどう見ているかが映し出されている。ネガティブな投影や疑念は、自分自身の不安の表れであって、行動の妨げにもなる。たとえば、自分は上司に嫌われていると思えば、感情面に影響が出る。意気消沈して仕事に身が入らなくなり——さらに現実的な面で言うなら——本来あっていいはずの昇給を要求しようという意欲まで失うかもしれない。どちらにしても、邪悪な王様のように、いつまでもきみは空腹を満たせない！

止まる

自分のネガティビティの根っこにあるものが見えてきたら、その解決に取り組む段階だ。ネガティビティという頭の中の無駄話をいったん黙らせてみよう。そして、きみの頭を占領し、消耗させてきたものに代わって、人生のためになるような思考や行動が生まれるだけのスペースをつくろう。呼吸から始めるといい。ストレスを受けたとき、人は息をひそめたり、歯を食いしばったりする。挫折感にうなだれたり、負けるものかと肩をいからせたりもする。試しにきみも、朝から晩まで自分の身体の様子を観察してみるといい。奥歯を噛みしめたり、眉間にしわを寄せていたりしていないだろうか？　もしそうだとすれば、ちゃんと息ができるように、身体と心を緩めてやる必要がある。

『バガヴァッド・ギーター』は言葉の修行について、「真実だけを話さなければならない。誰にとっても有益な言葉、心地よい言葉を語り、他人の心を乱すような言葉は使ってはならない」（第17章15節）と説いている。古い仏典にも「正語《しょうご》」という教えがあって、言葉の正しい使い方をこんなふうに説いている。「ふさわしいときに、真実を、熱心に、有益に、よい意図をもって語りなさい」（『アングッタラ・ニカーヤ（増支部）』）

覚えておこう。自分の言いたいことを、言いたいときに、言いたいように言うのは自由ではない。ほんとうの自由とは、好き放題に言いたいという気持ちから解放されることだ。

ネガティブな言葉を慎んでいると、言うべきことがどんどん少なくなって、もしかすると、口を開くことすら、はばかられるようになるかもしれない。誰もが沈黙は気まずいものだと恐れているが、ネガティビティから自分を解放したければ、沈黙には価値があると知ろう。

誰かの勤務態度を批判したところで、自分が勤勉になるわけではない。自分と他人の結婚生活を比較しても、深い考えや前向きな気持ちがない限り、自分の結婚生活がよくなりはしない。批判はある種の幻想を生む。たとえば、「批判できるほどものごとがよく見えているんだから、自分のほうがすぐれている」とか、「相手がつまずいているということは、自分は前進しているに違いない」とか。でも、僕らを前進させるのは、注意深くて思慮に富む観察だ。

「止まる」と言っても、単にネガティブな衝動を断ち切ることではない。「近づいて、よく見てみる」ことだ。オーストラリアでコミュニティー・ワーカーを務めるニール・バリンガムの名言を借りるなら、「自分で水を撒いたところの芝生から青くなる」。考えてみてほしい。きみがやっかみ半分でお隣の芝生を見ているとしたら、具体的に何がきみにネガティブな気持ちを起こさせているのか？　隣人はきみより時間に余裕があるように見えるから？　いい仕事に就いていて、余暇も充実しているように見えるから？　そうやってきみに、ネガティブな気持ちの原因を突き止めるように勧めるのは、次の「切り替える」段階に移るためだ。

そろそろ、他人の芝生に水を撒くのはやめにして、自分の庭に隣人と同じ芝生の苗を植えて青々と茂らせるべきときだ。たとえば、隣人のにぎやかな交友関係がうらやましいなら、それをヒントに、自分もパーティーを開けばいい。昔の友人と交流を復活させるとか、仕事の後の飲み会を企画するという方法もある。他人をうらやんでいても、自分を充実させることはできない。自分を充実させられるのは自分だけだ。

切り替える

自分の感情、思考、言葉の中にネガティビティを見つけて、その流れをいったん止めたら、いよいよネガティビティを修正する段階に入る。アシュラムで、僕たち修行僧は1週間、愚痴も比較もあら探しもするなと言われたが、結局その習性を100％なくすことはできなかった。だから、きみもこの悪習から完全に抜け出そうなんて考えなくていい。ただし、研究によれば、幸せな人ほど、不満を口にするときに気づきをもって《マインドフルに》するという。漫然と不平不満を垂れ流していると、かえって気分がふさぐものだけれど、頭にきたときの出来事を日記にしたため、自分の思考と感情に注意を向けるということをすれば、精神的にも肉体的にも成長できるし、心の傷も癒される。

ネガティビティへの気づきを高めるには、具体性を心がけるといい。僕らは挨拶代わりに調子を聞かれたとき、たいていは「いいよ」「まあまあかな」「元気だよ」「よくないんだ」程度の答えで済ませる。本音や詳細な答えを期待されていないと知っているからだ。でも、愚痴をこぼすときも、それと同じくらいあいまいになりがちなのはまずい。誰かにひどいことを言われたり、失望させられたりしたら、きみは、怒っているとか悲しいと言うかもしれない。でも、もっと適切な言葉を選んで表現すれば、自分の感情との付き合いがうまくなる。

雑誌『ハーバード・ビジネス・レビュー』は、怒り／悲しみ／不安／傷ついていた／困惑／不幸という言葉を使うより、それらの感情をより具体的に表現できる九つの言葉をリストアップしている。たとえば、「怒っている」というより、「悩まされている」「むきになっている」「恨んでいる」という言葉のほうが自分の感情に近いのかもしれない。僧侶が物静かだと言われるのは、言葉を慎重に選ぶように訓練されていて、時間がかかるからだ。僧侶を見習って、僕らも慎重に言葉を選び、意識的に使うことにしよう。

お粗末なコミュニケーションをとることで、あまりにも多くのものが失われている。たとえば、僕らは、パートナーの帰りがいつも遅いことを友人に愚痴ったりするけれど、そんなことを聞かされても友人には解決のしようがない。そういうことは、パートナー本人に直接、気づきをもって伝えるべきことだからだ。たとえば、「最近、仕事が大変そうだね。でも、聞いていた時間より帰りが遅いと、すごく心配になるんだ。遅くなりそうなときはメールをくれないか」

と言ったらどうだろう。自分が何に不満を感じているかを理解し、相手にも理解されたとき、単なる愚痴だったものが建設的な性質を帯びてくる。

建設的どころか、ネガティブをポジティブに変えることだって可能だ。その方法の一つが、すでに話したとおり、ネガティビティ——たとえば妬み——をきっかけに、自分が何を求めているかを知ることだ。さらには、今までになかった感情を育てるという方法もある。英語には、他者の苦しみを感じる能力を表す「empathy（共感）」や「compassion（思いやり）」という言葉はあるが、他者の喜びを我がことのように喜ぶ気持ちを表す言葉がない。それは、つまり、そういう気持ちを育てる必要があるということだろう。**サンスクリット語には他者の幸運を心から純粋に喜ぶことを意味する「ムディター」という言葉がある**〔訳注　ムディターは仏教の四無量心「慈悲喜捨」という概念の「喜」のこと〕。

僕が自分の成功だけに喜びを感じているとしたら、みずから喜びに制限をかけているに等しい。一方、自分だけじゃなくて友人や家族の成功にも喜びを感じたなら——対象者は10人、20人、いや50人はいるから——僕の幸せと喜びの大きさは、なんと50倍にもなる！　喜びは大きいほうがよくないだろうか？

物質社会に生きている僕らは、通う価値のある大学の数も、いい仕事の数も、幸運に恵まれる人の数もわずかだと思わされてきた。そういう有限な世界では、成功も幸福の数が限られていて、誰かが成功や幸福という席に着くたび、自分が座れるチャンスは減っていくと考える。

でも、僧侶の考え方は違う。幸福と喜びに関しては、きみの名前がついた座席がちゃんと用意されている。つまり、誰かに席を取られるのを心配する必要がない。幸福劇場の座席数は無限大だ。「ムディター（喜）」を実践したい人は誰でも入場できる。座席に制限がないから、座り損ねる恐れもない。

ラダナート・スワミは僕の精神的指導者で、『*The Journey Home*（帰郷）』を始めとする本も何冊か書いている。その彼に僕は、ネガティビティだらけの世の中で心を安らかに保ち、ポジティブでいるにはどうすればいいか尋ねたことがある。すると先生は言った。「わたしたちの周りには毒があふれている。自然環境にも、政治的な空気にもね。でも、もともと、その毒は人々の心からくるものだ。自分の心という環境をきれいにし、人にも同じ行動を起こさせない限り、わたしたちは環境汚染の原因になってしまう。けれども、自分の心をきれいにすれば、その清らかさを周囲に広げていくことができるのだ」

やってみよう――妬みに対処する

自分にとって、大切な友人であると同時に競争意識を感じている人を5人選ぼう。それぞれの人に対して、きみがうらやましいと感じている理由を少なくとも一つ考えてほしい。友人が何かを成し遂げたからか、何かがきみより上手だからか、それとも、何かに関して運がいいからだろうか？　友人が何かを成し遂げたことで、きみは何かを失っただろうか？　次に、その友人がどんな成果を得たか考えてみよう。その人が手に入れた利得を一つひとつ具体的に思い浮かべていく。きみはそれが自分のものにはならないと分かっていても、相手から奪いたいと思うだろうか？　もしそうだとすれば、妬みのせいで、きみは喜びを奪われていることになる。妬みがきみに及ぼす破壊力は、友人が成し遂げたものよりも大きい。妬みを別の感情に生まれ変わらせることにエネルギーを使おう。

許しは怒りを変容させる

ここまでは、日常にあふれている、愚痴や比較やうわさ話といったネガティビティとどう向き合い、どう減らすかという方法を話してきた。でも、その種のネガティビティはまだ扱いやすい部類に入る。むしろ、手ごわいのは苦悩や怒りのようなネガティブ感情だ。人は誰でも何かしら怒りを抱えている。過去の出来事への怒りだったり、現在もきみの人生の大きな部分を占めている人への怒りだったりする。あるいは、不運に対する怒りもあれば、生きている人への怒りや死んだ人への怒り、そして、自分自身に向けられた怒りもある。

人は深く傷ついたとき、その反応の一つとして怒りを覚えることが多い。怒りというネガティブな感情は、燃え盛る巨大な球のようなものだ。僕らがどうしても手放せずにいると、怒りは勝手に暴れ回る。そして甚大な被害を及ぼす。ここでは、他人への怒りにどう対処すればいいかにテーマを絞って話すことにしよう。

サンスクリット語の「クシャマー」は「許すこと」を意味する言葉だ。他者とかかわる際には忍耐と寛容が大切だということを示している。僕らはあまりにも深く傷つけられたとき、とても相手を許すことなんてできないと思い込む。でも、じつのところ、「許す」という行為は相手に対してというより、おもに自分の内面でするものだ。ときには、相手と直接コンタクトしないほうがいい場合（そのほうが安全で健全な場合）もあるし、相手がもうそばにいない場合だってあるだろう。でも、そういう事情は許しの妨げにはならない。なぜなら、許しは自分の内面ですることだからだ。そして、許したとき、きみは怒りから解放される。

あるときクライアントの一人がこんな話をしてくれた。「わたしには、自分は愛されていない、価値のない人間なんだ、という感情があって、その原因を探っていくと、子ども時代にたどりつきました。そもそものきっかけは祖母だったんです。祖母のわたしに対する扱いが違ったのは、わたしの母を嫌っていたからです。そう気づいたとき祖母はすでに亡くなっていましたが、それでもわたしは許すことにしました。自分は、どんなときも価値のある、愛される人間だということに気づいたからです。問題を抱えていたのは祖母のほうでした。わたしではなくて」

『バガヴァッド・ギーター』はあらゆる生命の性質を「グナ」と呼び、「タマス（無知）」「ラジャス（衝動性）」「サットヴァ（善良さ）」の三つに分けて説いている〔訳注　それぞれ暗質、激質、純質とも言う」。この三つの性質はどんな行動にも当てはまる。たとえば、対立的状況に置かれたとき、一歩下がって、何が起きているのか理解したければ、ラジャス（衝動性や激情）からサットヴァ（善良さ、ポジティビティ、心の平安）へ重心を移すことが、ものすごく重要だ。この三つの性質は、僕が勧める許しのアプローチの土台になっている。

人生に変容をもたらす許し

許すという道が見つからないとき、僕らは怒りで立ち往生している。それどころか、道を引き返して復讐しようとするときさえある。やられた分だけ、相手にやり返してやろう、目には目を、というわけだ。でも、復讐は無知の状態、タマスに他ならない。誰かを傷つけても自分の傷は治せないのに、それが分かっていないということだ。一方、僧侶は自分の選択や感情を誰かの行動のせいにしたりしない。きみは、仕返しで相手に痛い思いをさせれば、溜飲が下がると思っているかもしれない。でも、きみが殴り返したつもりでも、相手は痛くもかゆくもないとしたら、どうなるか？　きみだけが痛い思いをする。復讐は自分で自分を殴るようなものだ。

復讐心を乗り越えたとき、人は許しのプロセスにとりかかることができる。こういうとき、単純な二者択一方式で考えようとすると、誰かを許すか、許さないかのどちらかしかないと思いがちだ。でも（この後も何度か話すように）許すことにはいくつかの段階がある。段階があるということは、今いる場所でタイミングを計りながら、自分のペースで行けるところまで行けばいいということだ。許しの進み具合を表す第1段階は、「まったく許さない」つまり「許す気ゼロ」の状態だ。（復讐はマイナスだから、それよりはマシだが）この段階では、「何があってもあいつを許さない。やり返すつもりはないが、許すつもりもない」と思っている。まだ怒りにとらわれていて、解決策を見つけられずにいる。居心地のいい状態ではないのは容易に想像がつくだろう。

次にくるのが「条件付きの許し」の段階。「相手が謝ってくれるなら、まあ、よしとしよう。相手が二度とやらないと約束するなら、許すつもりだ」と思っている。この交換条件付きの許しはラジャス（衝動性）からきている。つまり、自分の感情的ニーズに突き動かされている状態だ。ルーサー大学の研究結果からは、謝られる（または謝る）と、許しが成立しやすいように見える。でも僕はきみに、この条件付きの許しの段階にとどまっていてほしいわけではない。さらに上をめざしてほしい。

そこで、次にくるのが、人生を劇的に変える「変容をもたらす許し」だ。この段階はサットヴァ（善良さ）の状態にあることを示す。つまり、謝罪もいかなる償いも期待せずに許すことができる強さと平静さを備えているということだ。

許しにはもう一段上の「無条件の許し」の段階がある。親は子どもに対してこういう寛容さをもっているもので、子どもが何をしても、何をしようとしても、すでに許しているという場合がよくある。ただし、きみにも、そういう高みをめざせと言うつもりはない。僕がめざすべきだと思うのは、人生に変容をもたらしてくれる許しだ。

心の平安

許しは心に平安をもたらす。許すことはエネルギーの節約でもある。変容型の許しを実践すると、さまざまな健康問題の改善につながることが分かっている。実際に、薬の量が減る、睡眠の質がよくなる、身体症状（腰痛、頭痛、吐き気、疲労）が緩和される、といったことが報告されている。許しはストレスを和らげる。なぜなら怒りの堂々巡りを断ち切るからだ。そもそも、自覚のあるなしにかかわらず心に渦巻いていた怒りこそがストレスの原因だったのだから。

しかも、互いを許し合うことができる親密なパートナー同士ほど感情的な緊張が少なく、そのことが身体的な健康につながるという科学的なデータがある。専門誌『個人的人間関係』の2012年6月号では、68組の夫婦に対して行ったインタビューの結果が発表された。配偶者のどちらか一方が夫婦の「ルールを破った」という最近の出来事を選んで、各夫婦に8分間ずつ語ってもらった後、夫婦別々にそのインタビューの録画を見せて血圧を測ったところ、「ルー

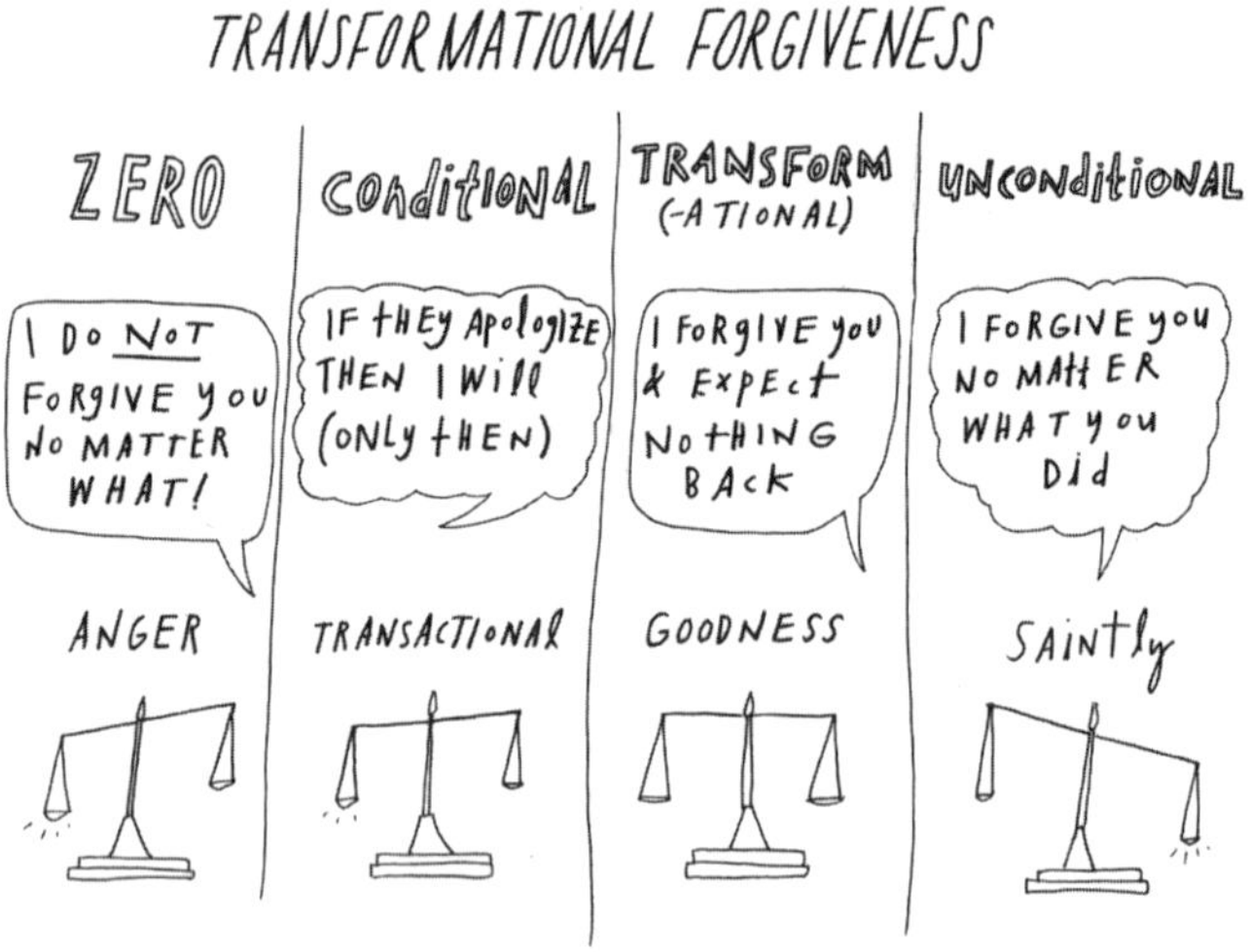
TRANSFORMATIONAL FORGIVENESS
ZERO
I DO NOT FORGIVE YOU NO MATTER WHAT!
ANGER
CONDITIONAL
IF THEY APOLOGIZE THEN I WILL (ONLY THEN)
TRANSACTIONAL
TRANSFORM (-ATIONAL)
I FORGIVE YOU & EXPECT NOTHING BACK
GOODNESS
UNCONDITIONAL
I FORGIVE YOU NO MATTER WHAT YOU DID
SAINTLY

段階別の許し

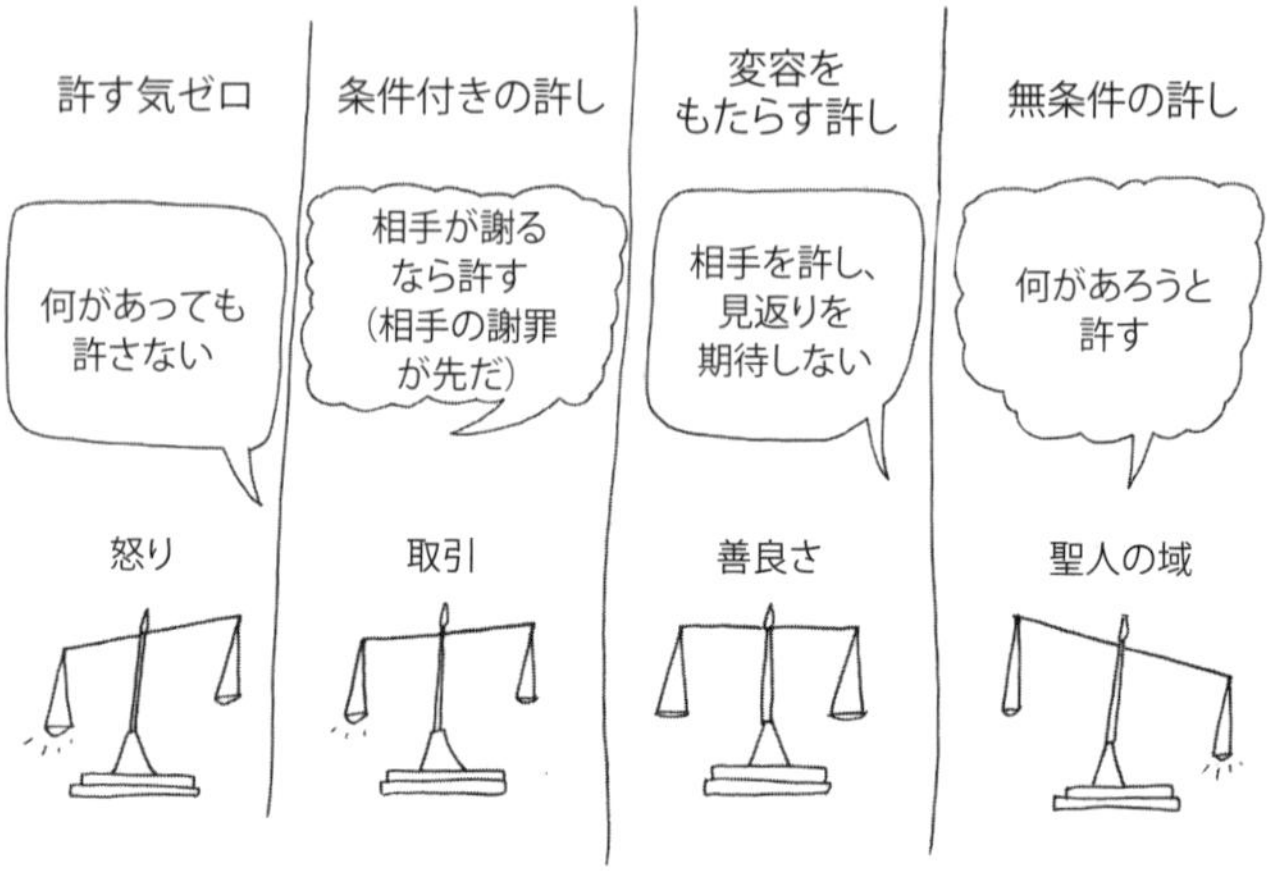
許す気ゼロ
何があっても許さない
怒り
条件付きの許し
相手が謝るなら許す（相手の謝罪が先だ）
取引
変容をもたらす許し
相手を許し、見返りを期待しない
善良さ
無条件の許し
何があろうと許す
聖人の域

ルを破られた」側の配偶者が相手を許しているカップルは、そうでないカップルに比べて、夫婦ともに血圧が低いという結果が出た。つまり、許しは当事者双方のためになるということだ。

許すこと、許されることは、どちらも健康にいい。「許し」をスピリチュアルな習慣の一部として実践していると、親しい人との関係も俄然うまくいくようになる。わだかまりを捨てれば、修羅場も減る。

やってみよう――許せよ、さらば癒されん

このエクササイズの目的は、相手との対立から生じた心の痛みや怒りをほどいていくことにある。きみがその人との関係をやり直したいと思っているか、いないかに関係なく、きみが怒りを手放して、心の平安を見つけられるようにするために行うものだ。

まず、自分が相手になったと仮定しよう。相手の心の痛みを認め、なぜきみを傷つけるのかを理解しようとするわけだ。

次に許しの手紙を書く。

1. 相手の言動のどんなことに、どんなふうに傷つけられたかをすべて書き出す。正直かつ具体的に許すことは、関係性の修復に役立つからだ。嫌だったことを一つ挙げるごとに「わたしはあなたが○○したことを許します」と書いて、それを出し尽くすまで繰り返す。この手紙は実際に相手に送るわけじゃないから、傷つけられたことを思い出すたびに、同じように手紙を書けばいい。言いたかったのに言えなかったことはすべて書く。実際にはまだ許す気になれなくても構わない。書くことは、自分の心の痛みをより具体的に理解することにつながる。そこから、少しずつ痛みを手放せるようになる。

2. 自分の至らなかったところを認める。その出来事または対立的状況で、自分はどんな役割（あるとすれば）を果たしたかを考える。自分が悪かったと思うことを一つひとつ挙げながら、「わたしが○○したことを許してほしい」と書く。過去をなかったことにはできないが、自分の責任を認めれば、自分自身と相手に対する怒りを理解し、手放せるようになる。

3. 手紙を書き終えたら、読み上げて録音する（たいていのスマートフォンでできるはずだ）。録音したものを再生して、オブザーバーになったつもりで耳を傾けよう。きみが被った痛みはきみのものではなくて、相手の痛みだということを忘れないでほしい。オレンジを搾れば果汁が得られる。痛みを抱えた人を追い詰めれば、きみは痛みを手に入れることになる。その痛みを吸収するでもなく、突き返すわけでもなく、許してあげれば、結局、痛みを散らすことにつながる。

お互い様

許しは当事者双方から生じるものであるべきだ。たしかに、こちらに何の落ち度もないという場合もあるだろう。でも完全無欠な人間はいない。たいていの場合はお互い様だ。自分と相手が互いを傷つけ合っているときは、二人の気持ちがこんがらがって渾然一体となっている。そんなとき、こちらから相手を許すことができれば、自分の痛みを相手の痛みから切り離して、心の傷を癒すことができる。それなら、両者が互いを許し合えば、こんがらがった気持ちは同時にほどけるはずだ。もちろん、実際には言うほど簡単なことではない。相手の落ち度を見つけ出して、それを許していくほうが、よっぽど楽だろう。僕らはみな、自分の落ち度を認めて責任をとるということに慣れていないからだ。

自分自身を許す

ときおり、過去の自分の言動が恥ずかしくなったり、後ろめたさを感じたりすることがある。それは、過去の価値観と今の価値観が合致しなくなっているからだ。当時の自分を振り返ると、今では考えられないような決断を下していたように思えてくる。でも、そんな気持ちになるのは明るい兆しでもある。過去の自分を悔やんでいるということは、進歩している証拠だ。当時は当時の最善を尽くしていたが、今はさらにその上を行けるようになっている。前進より望ましいことなんて、他にあるだろうか。僕らはすでに勝ったのも同然、いや圧勝していると言ってもいい。

過去はやり直せないという事実を理解したとき、僕らは自分の不完全さと過ちを受け入れ、自分を許せるようになる。そして、そうやって心を開いてこそ、僕らが求めている癒しは始まる。

やってみよう――自分を許す

105ページの手紙のエクササイズは自分自身を許すために行ってもいい。自分に対して怒りや失望を感じていることをすべて挙げたら、その一つひとつについて、「わたしは自分が○○したことを許します」と書き、さらに怒りや失望の理由を挙げていく。手紙を書き終えたら、読み上げて録音し、再生する。客観的な観察者になって自分を理解しよう。そして心の痛みを手放していこう。

許すこと、寛容であることの最高峰、つまり真のサットヴァとは、自分を傷つけた相手の幸福を願うことだ。

向上する

「夫を憎んでいたので、わたしは仏教徒になりました」という話は、めったに聞かないかもしれない。でも、チベット仏教の尼僧で『*When Things Fall Apart*（人生最悪のとき）』を書いたペマ・チョドロンの場合、これは冗談みたいなほんとうの話だ。チョドロンは、夫の浮気を知って離婚した後、ネガティビティのスパイラルに陥り、元夫に復讐することばかりを考えていた。そんなときに出会ったのが、チョギャム・トゥルンパ・リンポチェの本だった。リンポチェは、コロラド州ボールダーにナローパ大学というチベット仏教系の大学を設立した瞑想指導者だ。チョドロンは彼の著作を読むうちに、自分と夫との関係性がとうに悪性細胞化していたことに気づいた。だから別れた後も、夫に対する怒りや、夫を責める気持ちはなくなるどころか、ネガティブ感情を広げる原因になった。「自分は岩ではなくて川になる」そう心に決めたとき、チョドロンは別れた夫を許し、前に進むことができた。今の彼女は、元夫を、自分にとって最も偉大な教師の一人と呼んでいる。

自分と誰かとの間にあるネガティビティを解消したいなら、きみも、自分と相手の両方が癒されるように願うべきだ。直接相手に言う必要はない。相手の幸せを願う気持ちを風に乗せて送り出してみよう。最高に自由で安らかな気分になるとしたら、ほんとうにネガティビティを手放すことができたからだ。

ネガティビティは人間につきものだ。人は、他人の弱さをからかい、おちょくり、表現し、共通の価値観や恐怖を通じて、他者とのつながりを感じる。ネガティブな人間観察をベースにしていないコメディーなんて、見つけるのが難しいくらいだ。ただし、ネガティビティにも、人生に役立つネガティビティと、毒をまき散らすだけのネガティビティがある。たとえば、よその家の子どもが薬物依存に陥っているといううわさ話をするのは、我が子も同じようになったらどうしようという不安や、そうなってほしくないという思いがあってのことかもしれない。一方、同じうわさ話をするのでも、その子の家庭を非難することで、自分のところはマシだと思いたい場合もあるだろう。

そうした違いをコメディアンのエレン・デジェネレスははっきり指摘する。彼女は、雑誌『パレード』の対談で、人を物笑いの種にするのは笑えないことだと答えている。「世の中はネガティビティであふれていますよね。でも、皆さんには、わたしを見たとき、こう思ってほしいんです。『なんだか元気が出てきた。よし、自分も誰かを元気にしよう』って」

このことは僧侶たちが楽しむときの精神にも通じる。僧侶は遊び心と笑いにあふれている。

肩に力が入っている新米僧侶（僕もそうだったからよく分かる）がいると、先輩僧が茶目っ気たっぷりに釘を刺す。「まあまあ落ち着いて。初日にエネルギーを使い果たすつもりかい？」祭司がお供物のお下がりをもってきてくれると――僕らがふだん食べている質素な食べ物より甘くておいしいものだから――若い僧たちは、わざとレスリングごっこを始めて、勝った者から先に手に入れようとした。瞑想の途中で誰かがいびきをかき始めると、僕らは、気が散っていることを隠そうともせずに目配せし合ったものだ。

思考や言葉を100％キラキラのポジティブなものに変える必要はない。でも、ネガティビティの根っこを掘り下げて、自分や身近な人たちのどこからきているものなのかを理解する努力は怠ってはいけない。そして、そのネガティブなエネルギーに対処するとき、つねに気づきをもって、意識的に対処できるようにする。見つけて、止まって、切り替える――観察し、考え、ネガティビティに代わる新たな習慣を身につける。自制心とほんとうの幸福を手に入れるために。他者の不幸に好奇の目を向けるより、他者の成功を喜べるようになったとき、きみの心の傷は確実に癒されるだろう。

他人に注目する時間が短くなるほど、自分に注目する時間が増える。

すでに話したとおり、たいていのネガティビティは恐怖から生じる。次章ではその恐怖について考えてみよう。どんなとき恐怖は人生の妨げになり、どんなとき人生の役に立つのだろう。

第3章

恐怖

――「この世」という名のホテルへようこそ

恐怖は死を防ぐのではない。
生を防ぐのだ。

――ブッダ

『マハーバーラタ』の戦いは今まさに始まろうとしていた。あたりにはむっとするような緊張感がみなぎっている。何千、何万という戦士たちが剣の柄に手をかけると、馬たちは鼻息も荒く、前足で地面をかきならす。だが、主人公の英雄アルジュナは恐怖におののいていた。敵味方の両軍には何人もの親類縁者や友人がいる。彼らの多くは命を落とすに違いない。この国で最も勇猛な戦士として知られるアルジュナは、手にした弓を放り出した。

『バガヴァッド・ギーター』は、一人の戦士が戦闘を前に震え上がる場面で始まる。アルジュナはその国で最高の弓の名手でありながら、恐怖ですっかり戦意を喪失してしまう。アルジュナの身に起きたことは、僕らの誰にでも起きることだ。僕らは世の中の役に立つ能力をいくつも備えているのに、恐怖や不安のせいで、その力を発揮できずにいる。子どもの頃から、恐怖は「ネガティブな」ものだと刷り込まれてきた。親からは、何かにつけ「恐がるな」と言われ、ちょっとでもひるめば、友人に「弱虫」とからかわれた。恐怖は恥ずべき不名誉であり、無視したり、隠したりするのが当たり前になった。けれども、恐怖というコインには裏面がある。

俳優トム・ハンクスはエール大学の卒業式に招かれてスピーチした際、「皆さんのように優秀な人たちは、恐怖にぎゃふんと言わせてください」と言ったが、実際のところ、人が恐怖と不安をいっさい感じずに生きていくことは不可能だ。僕らが経済、社会、政治から対立や不確実さを排除できるようになることは絶対ないだろう。もちろん日常的な人間関係においてもそうだ。でもそれで構わない。恐怖は悪いことばかりじゃないからだ。恐怖は、あくまでも警告の旗であり、「これはまずい。何かがおかしいぞ」という心のシグナルにすぎない。問題はそのシグナルに僕らがどう応じるかにある。気候変動に対する恐怖を原動力に、具体的な解決策を編み出そうとするのか、それとも、その恐怖に圧倒されて、絶望し、結局、何もせずにいるのか。

ときには、恐怖のおかげで、命の危険を回避できる場合もある。でも、僕らがふだん感じている不安は、お金、仕事、人間関係といった日常的な問題にかかわるものばかりだ。しかも僕らが恐怖を手放せずにいればいるほど、恐怖は発酵熟成して、やがて毒へと変質していく。

僕は、20人ほどの僧侶仲間といっしょに、アシュラムのひんやりした地下室の床であぐらを組んでいる。ここへ来てまだ数カ月しか経っていない。ゴーランガ・ダス先生は『バガヴァッド・ギーター』の主人公アルジュナが恐怖に打ちのめされる場面を話してくれた。突撃の直前、アルジュナは恐怖に襲われて二の足を踏む。愛する人たちの多くが死んでいくかと思うと、身体が動かないのだ。恐怖と悲しみに打ちのめされたアルジュナは、みずからの行為に初めて疑問を抱く。人として守るべき道、人間の霊的本質、人生とは何かについて、御者クリシュナとの長い対話が始まる。

講義の締めくくりに、先生は僕らに目を閉じさせると、過去から引きずっている恐怖を再現するように指示する。昔の出来事をただ回想するのではない。身体じゅうで——視覚、聴覚、嗅覚を働かせて、追体験するのだ。学校に入学した日や、初めて泳げるようになったこと（それがほんとうに恐ろしい経験であれば別だが）のように小さな出来事ではなくて、重要な意味をもつ出来事を選ばなければならない。心の奥底にしまっていた恐怖を露わにし、それを受け入れ、新たな関係を築けるようにするためだ。

でも僕らは冗談を飛ばし始める。昔、散歩の途中で蛇の抜け殻を見つけて震え上がったという僕の話に、誰かが大げさだと言って笑う。先生は、僕らの悪ふざけを予想していたかのようにうなずく。「この取り組みを正しく実践したければ、そうやっておもしろがっている自分の心を乗り越えなければならない。茶化すというのは、問題と向き合わないようにするための心の防衛機能だ。恐怖を前にしたとき人はそんなふうにふるまう。自分で自分の目を恐怖からそらさせようとする。だからあなたたちはそれを乗り越える必要がある」。笑い声が次第に収まり、誰もが背筋を伸ばす。

僕は目を閉じて、心が静まるのを待つ。だが、まだたいした変化は起きない。「全然、恐怖が湧いてこない」と思う。そこで、頭の中の雑音とおしゃべりの向こう側へと歩みを進める。そして自分に問いかける。「僕がほんとうに恐れているものとは何だろう?」すると、ちらちらと真実の光が点滅し始める。試験を恐れていた子どもの頃がよみがえってくる。今思えばたいした恐怖ではないかもしれない。試験が好きな子なんて、どこにいるだろう? ただ、当時の僕にとって試験は最大級の不安だった。こうして瞑想を続けていれば、その恐怖の向こう側にあるものが明らかになるかもしれない。もう一度、自分に問いかける。「僕がほんとうに恐れているものとは何か?」僕が恐れていたのは、試験の点数を両親や友人にどう思われるか、そして自分をどう評価されるか、だった。親戚の人たちに何と言われるか。いとこたちとどう比べられるか。そして、当然、他の子たちともどう比較されるか。

その恐怖が単に頭に浮かぶだけでなく、身体の感覚としてよみがえってくる。まるで当時に戻ったかのように、胸が締めつけられ、奥歯に力が入る。「僕がほんとうに恐れているものとは何か？」そう自問しながら、学校でトラブルを起こしていた頃の恐怖の正体を探り始める。今にも停学処分か退学処分になりそうだった頃、僕は両親に何と言われるか、先生たちにどう思われるか恐くて仕方なかった。

じゃあ、その恐怖を掘り下げてみよう。「僕がほんとうに恐れているものとは何か？」すると両親をめぐって感じていた恐怖がよみがえる。関係がうまくいっていなかった父と母のこと、そして、子どもながらに僕が二人の仲をとりもとうとしていたこと。「どうすれば父さんと母さんは喜ぶだろう？　どうすれば機嫌を直してくれるだろう？」そんなふうに考えていた幼い日の自分。

そうか、これが僕の恐怖の根っこだったのか。「僕がほんとうに恐れているものとは何か？」それは、両親を幸せにできないかもしれないということだ。他のすべての恐怖の奥底にあったほんとうの恐怖。そう気づいた瞬間、僕は全身で「なるほど！」と納得する。水の底へ向かって潜っていくと、水圧で胸が締めつけられて、息がどんどん苦しくなる。気づきを得た瞬間は、まるで水面から勢いよく顔を出して、大きく空気を吸い込んだかのようだった。

30分ほど前までは、自分が何を恐れているかよく分からなかったのに、ある瞬間を境に、僕は、心の奥底の恐怖や不安を次々と再発見していった。長い間、巧妙に隠し続けてきたものを明らかにできたのは、静かに、根気よく、自分の恐れの正体を心に問い続けたからだ。心が逃げ出すのを僕は許さなかった。人間の脳というのは、居心地の悪い状態を避けるのがじつに上手だ。でも、同じ言葉を使って質問を繰り返していると、脳を追い込むことができる。と言っても、自分自身に攻撃的になれという話ではない。これは取り調べではなくて、自分との対話だ。誠意をもって自分に問いかけるのであって、無理やり答えさせるわけではない。

試験結果をめぐる僕の恐怖は、たとえるなら樹木の枝葉のようなものだ。自分と対話するためには、枝葉（最初に思い当たる恐怖）と根っこ（根本的な恐怖）を区別する必要がある。試験をめぐる僕の恐怖とそれに連なる恐怖は枝葉の部分だった。それらをたどっていくと、根っこの部分にある、両親を幸せにできないのではないか、という恐怖に突き当たった。

恐怖は恐くない

僧侶としての3年間、僕は恐怖に対する恐怖を手放すことを学んだ。そのおかげで、罰への恐怖、屈辱への恐怖、失敗への恐怖――それらに伴うネガティブな思考や感情――に突き動かされて誤った自己防衛に走る、ということがなくなった。今の僕は、恐怖はチャンスだと思っている。自分のためにならない思考や行動のパターンを知る手がかりになるからだ。

人はつい恐怖の言いなりになりがちだ。でも、恐怖そのものはじつは恐くない。ほんとうに恐いのは、僕らが恐れ方を間違うことだ。恐怖が差し出しているチャンスを見逃すことのほうが、よっぽど恐い。世界有数の防犯コンサルタントのギャヴィン・ディー・ベッカーは、著書『暴力を知らせる直感の力』（武者圭子訳、パンローリング、2017年）で、「恐怖は心の中の頼れる守護神なのだ。危機が迫ると直ちに警告を発し、リスクを回避できるように導いてくれる」と書いている。僕らは恐怖の警告に気づいていながら、そのアドバイスを無視してしまうことが多い。でも恐怖を通じて自分の本質や価値観を学ぶことができるなら、人生の大きな意味や目的を見つけるための道具として役立てられる。恐怖を案内役にして、自分の最良の部分にたどりつくことができる。

恐怖の有効利用

数十年前、アリゾナ州の砂漠に鉄とガラスの巨大な密閉空間「バイオスフィア2」を建てて実験が行われた。空気は浄化され、清らかな水が流れ、土壌は栄養分豊富で、さんさんと自然光が降り注ぐ、そんなバイオスフィア2は動植物にとって理想的な環境になるはずだった。ところが、実験はいくつかの点で成功を収めながら、ある一点に関しては完全な失敗だった。樹木がある高さまで育つと倒れてしまう。繰り返される現象に困惑していた科学者たちは、やがて、樹木の健康に必要な要素が欠けていることに気づいた。自然環境では樹木はつねに風にさらされ揺さぶられている。その風圧や揺れに耐えようとするからこそ、樹皮は丈夫になり、根は地中に深く広がって安定感を増す。

僕らは、自作のバイオスフィア2の中でいつまでも快適に過ごしていられるように時間と労力をかける。なるべくストレスを感じたくないし、生き方を変えたくないからだ。でも、ストレスや変化への挑戦には、樹木に吹く風のように、ほんとうは僕らを強くする力がある。

2017年、ロッククライマーのアレックス・オノルドは、ロープや安全装具をいっさい使わずに一人で「フリーライダー」を登りきって世界をあっと言わせた。「フリーライダー」は、カリフォルニア州ヨセミテ国立公園の象徴とされる、高さ1000メートルの絶壁「エル・キャピタン」のクライミング・ルートの一つだ。オノルドが偉業を成し遂げる様子は、受賞作となったドキュメンタリー映画『フリーソロ』にも収められている。映画の中でオノルドは、登りきるか、さもなければ死ぬかの二択しかないという事実とどう向き合うかと尋ねられて、こう答える。「みんなはいかに恐怖を抑え込むかっていう話をするよね。でも僕は違う。ムーブ〔訳注　身体の動かし方、コントロールテクニック〕を繰り返し練習して、安心感を大きくしていくんだ。もう恐くないぞというところまで、恐怖と徹底的に付き合う」

恐怖はオノルドを訓練に打ち込ませ、やがてはロープ無しで単独《フリーソロ》のクライミングへの挑戦を可能にした。恐怖の有効利用は、オノルドのトレーニングに欠かせない一部になっている。恐怖を使いこなせるからこそ、彼はクライミング競技界と山々の頂点に登り詰めることができた。僕らもオノルドを見習って、ストレスやそれに伴う恐怖をネガティブなものと見なすのをやめてはどうだろう。ストレスや恐怖も使いようによっては役に立つ。そう思えば恐怖との付き合い方が変わってくるはずだ。

ストレスへの反応の仕方を変えよう

問題を重要度別に仕分けするうえで、ストレスは役に立たないという話をしよう。最近、あるVR（バーチャル・リアリティ）デバイスを試したときのこと、仮想現実の山を登っている途中で、僕は岩棚に足を踏み出した。その途端、ほんとうに高さ2500メートルの断崖絶壁の上に立っているような恐怖感に襲われた。脳が「恐い！」と非常事態を宣言すると、それが現実の脅威だろうと想像上の脅威だろうと――生命の危機に直面していようと、税金のことを考えているだけだろうと――身体は区別しない。恐怖のシグナルが発せられた瞬間、ストレスホルモンの働きで、身体は「闘うか、逃げるか」もしくは「その場で動かずにいるか」の体勢を整える〔訳注　「闘争―逃走―凍結反応」と呼ばれる〕。そうした警報が頻繁に発令されていると、ストレスホルモンの影響で、健康状態は下り坂になる。免疫系も、睡眠も、回復力も損なわれてしまう。

ただし、ときおり出合うストレス要因――仕事で大きなプロジェクトを手がけるとか、新居へ引っ越すとか――に対しては、風圧に耐えて強くなる樹木のように、真正面から受けて立つというアプローチのほうが、むしろ健康のためになるし、より大きな達成感や幸福感にもつながる。そのことは研究で証明されている。

恐怖や困難と向き合うと、自分が案外、強かったことに気づく。すると、ものの見方が変わって、たとえ次に悪いことが起きても、対処できるという自信が生まれる。ものごとを客観視する力が育てば、実際に恐れるべき危険とそうでないものを区別できるようになる。

瞑想を通じて自分の中の恐怖を明らかにしたことで、僕は、恐怖に対する感情的な反応には4種類あることに気づいた。パニックになるか、凍りつくか、逃げ出すか、もしくは、僕が両親をめぐる不安にフタをしていたように、覆い隠すか。最初の二つの反応は短期的な戦略、残りの二つの反応は長期的な戦略だが、どれも現実から僕らの目をそらさせ、恐怖の有効利用を妨げるという点では同じだ。

恐怖との関係を変えるためには、恐怖のとらえ方を変える必要がある。恐怖の価値に気づいて、反応の仕方を変えようというわけだ。この再プログラミングに欠かせないのは、恐怖を感じたときの自分の反応パターンを知ることだ。

恐怖と付き合う

すでに話したとおり、モンク・マインドの第1歩は気づくことだ。僕らは、ネガティビティに直面したときと同じく、恐怖に対しても同じアプローチをとることにしよう。恐怖と自分を切り離して、客観的に観察するわけだ。

恐怖との付き合い方を学ぶといっても、ちょっとばかりエクササイズをやれば、万事うまくいくというわけじゃない。恐怖に対する姿勢を変える必要がある。まず恐怖はチャンスでもあることを理解する。次に、恐怖が生じるたびに目をそらしていた自分の癖を知り、その癖から抜け出すように努力する。

恐怖に対する四つの反応――パニック、凍りつく、逃げ出す、覆い隠す――は、「恐怖を受け入れようとしない」という同じ一つの行動、いや、無行動のバージョン違いにすぎない。だから、恐怖をネガティブからポジティブに生まれ変わらせるために、まず「受け入れる」ことから始めよう。

恐怖を受け入れる

恐怖と親しくなるためには、恐怖の存在を認めてやる必要がある。「自分の痛みを認めなさい」とゴーランガ・ダス先生は言った。そして、僕ら修行僧に座ったまま深呼吸をさせると、自分の痛みに向かって「わたしはあなたを見ている」と心の中で語りかけるように促した。こうして恐怖と自分との関係性を認めるという、僕らのプロセスが始まった。息を吸って、語りかける。「痛みよ、わたしはあなたを見ている。恐怖よ、わたしはあなたを見ている」。息を吐いて、また語りかける。「わたしはあなたを見ている。あなたといっしょにここにいる。わたしはあなたを見ている。あなたのためにここにいる」

痛みは僕らの注目を求めている。それは当たり前のことだ。だから、僕らは「あなたを見ている」と語りかけることで、痛みの求めに応じよう。痛みは、泣いている赤ん坊のように「こっちを向いてくれ。構ってくれ」と叫んでいる。

ゴーランガ・ダス先生に言われたとおり、僕はゆったりと呼吸を繰り返した。すると、恐怖の存在を認めつつも、心と身体の反応が静まってきた。自分の恐怖に歩み寄る。恐怖をよく知る。そうやって僕らは恐怖と全面的に向き合うべきだ。たとえば、就寝中に火災報知器が鳴り響けば、取るものもとりあえず家を飛び出す。やがて落ち着いてから、初めて、火事の原因や火元を考えたり、保険会社に電話したりするものだ。落ち着いたからこそ、事態を把握できるようになる。恐怖の存在を認めて、向き合っている状態というのは、まさにそれだ。

やってみよう――恐怖に点数をつける

直線の一方の端をゼロ、もう一方の端を10としよう。きみにとって想像しうる最悪の出来事とは何だろう？　ケガで身体が麻痺することや、愛する人を失うことかもしれない。その恐怖を10としたとき、現実問題としてきみが感じている恐怖は何点になるだろう。そんなふうに考えていると、ものの見方が変わってくるはずだ。恐怖を感じたら点数をつける。最悪の恐怖と比べたら、この恐怖は何点だろう、と考えてみよう。

恐怖のパターンを知る

僕らは恐怖の存在を認めて受け入れると同時に、恐怖の個性を知らなければならない。どんな状況で、その恐怖が生じやすいかを把握する必要がある。恐怖に向かって決定的な質問をしよう（今回も、優しく、誠実に、そして必要ならば何回でも問いかけよう）。「どんなときにわたしはあなたを感じるのだろう？」と。

恐怖と向き合うための最初の瞑想で、僕は、自分がいつ、どこで、どんな状況で恐怖を感じたか、次々と明らかにしていった。試験の結果を気にしていたときも、両親の仲を心配していたときも、学校での行状やトラブルに悩んでいたときも、その恐怖のもとには、つねに同じ一つの関心事があった。僕は自分に対する他者の評価をひどく気にしていた。自分は他人にどう思われるかという根本的な恐怖は、僕の意思決定にも影響を与えていた。そう気づいてからというもの、何か重要なことを決めようというとき、立ち止まって考えるようになった。「誰かの評価を気にして、決めようとしているんじゃないか？」と自分に問いかけるわけだ。自分の恐怖に気づき、その特徴を知っているからこそ、その恐怖を道具に、自分の価値観と目的に合った決定を下すことができる。

自分の恐怖の特徴は、行動で分かる場合もあれば、行動しないことで分かる場合もある。僕のクライアントの一人で敏腕弁護士だった女性は、あるとき、法律家の仕事に嫌気が差して、別のことを始めたくなった。ところが恐怖のせいでなかなか行動に移せない。それで僕のところへ相談にやってきた。「思いきって飛び移ったとして、向こう側に何もなかったらどうしましょう？」と彼女は聞く。でもそれは枝葉末節の問題だろう。そこで僕は掘り下げることにした。「あなたがほんとうに恐れているものは何ですか？」僕が何度も何度も同じ質問を優しく繰り返していると、ようやく彼女はため息混じりに言った。「このキャリアを築くために、どれだけ努力したか、どれだけエネルギーを費やしたか知れない。それを全部、無駄にしようとしているんじゃないかしら」。そこで僕がもう一度、同じ質問を投げかけると、ついに恐怖の根っこが見えてきた。彼女は失敗を恐れていただけではなかった。失敗すれば、知的で能力のある人間と他人に見てもらえない、自分自身もそう思えなくなる、そのことを恐れていた。でも、恐怖の正体と本質が分かれば、恐怖の役割を変えてやることもできる。ただし、その前にまず恐怖と親しくなって、堂々と向き合わなければならない。

二人で問題点を明らかにしていくうちに、彼女にはロールモデルがないことが分かった。知り合いの弁護士の大半は現役バリバリの人たちだ。彼女がやりたいと思っているような、弁護士とは別の分野で成功した人はいない。そこで僕が彼女に勧めたのは、引退後に好きな仕事を始めた元弁護士を探してみることだった。現に、そういう人と知り合ううちに、彼女は、自分も夢の実現が可能だということを知った。さらにうれしいことに、弁護士業で培ったスキルを今も役立てている人が多く、彼女も、今までの努力を無駄にしないで済みそうだった。さらに僕に促されて、今後の選択肢となりうる仕事をリサーチしてみると、弁護士として成功するために修得したコミュニケーション能力、チームワーク、問題解決能力といった「ソフトスキル」の多くが別の職種でも大いに求められるスキルであることが判明した。恐怖と親しくなる――自分が何を恐れているかじっくり調べる――という努力を続けるうちに、彼女のもとには情報が集まってきた。すると自信が深まって、転職をより前向きにとらえられるようになった。

恐怖に目を向けないようにする習慣は子どもの頃に育つ。心の中に深く根を下ろしているだけに、掘り起こすには時間もかかるし、努力も必要だ。でも、自分の恐怖のパターンが分かれば、恐怖の根っこを探しやすくなる。そこまでたどりついたら、今感じている恐怖が緊急性の高いものか否かを見分けられるし、その恐怖を手がかりに、自分の価値観、情熱、目的にふさわしい生き方を模索することもできる。

執着は恐怖をもたらし、無執着は恐怖を和らげる

僕らは、恐怖と親しくなりはするが、あくまでも、自分自身とは別個のものとして切り離して見なければならない。感情を語るとき、ふつう僕らは自分がその感情と一体化しているかのように表現する。わたしは怒っている。わたしは悲しんでいる。わたしは恐れている。でも、恐怖に向かって語りかければ、自分を恐怖から切り離すことができる。そして、自分は恐怖と一体ではなく、単に恐怖を経験しているにすぎないことが分かってくる。

僕らはネガティブな人に出会うと、相手のネガティブさを感じとる。でも、感じとったネガティブなエネルギーと自分が一体化するとは思わない。自分の感情に対しても同じことだ。感情は自分が感じているものであって、その感情イコール自分自身ではない。だから「わたしは怒っている」ではなくて、「わたしは怒りを感じている」と言おう。「わたしは悲しみを感じている」「わたしは恐れを感じている」にシフトしよう。このシフトはシンプルだが、絶大な効果

を発揮する。感情をいるべき場所に収めることになるからだ。この新たな視点は、性急な反応に突っ走らないように僕らを抑えてくれるし、今、生じている感情（ここでは恐怖）の正体や置かれた状況を客観的に見つめる余裕を与えてくれる。

恐怖の根源をたどっていくと、たいていの場合は、執着との深いつながりが見えてくる。何かを所有したい、何かをコントロールしたいという欲求は、なかなか手放せないものだ。自分はこうだという考えや、自分らしさの象徴だと思っている所有物と生活水準、あるいは、現実にはそうでないのに、これが理想だと思っている人間関係、そういうものに僕らはしがみついている。一方、モンク・マインドは無執着を実践する。何もかも――家だろうと家族だろうと――すべては借り物だと気づいている。

僕らが一時的なものにしがみついていると、そのしがみついているものが僕らを支配し始めて、痛みと恐怖の原因になる。一方、僕らが、この世のすべてははかないものだということを受け入れれば、一時的にでもその恩恵に与《あずか》れていることのありがたみが実感できるようになる。世界一の大金持ちや強大な権力者の財産が、たとえ永久不変なものに見えるとしても、その人たちだって、永遠に所有できはしない。それは僕ら全員も同じことだ。しかも、その命の無常性にこそ、多くの人間――ほとんどの人間――は大きな恐怖を感じている。でも、アシュラムで僕が学んだように、恐怖は、何ものにもとらわれない解放感にまで高めることが可能だ。

アシュラムの指導僧たちは有益な恐怖と有害な恐怖の区別を、こんなふうに教えてくれた。

努力次第で改善が可能な状況を知らせてくれる恐怖は有益な恐怖だ。たとえば、食生活のせいで健康が悪化していると医者に言われて、障害や病気のことが恐くなるとしたら、食生活を変えればいい。だからそれは有益な恐怖と言える。その結果、健康になれば、恐怖は消えるだろう。一方、親がいつか亡くなると思うと恐くてたまらないというのは、有害な恐怖だ。人が死ぬという自然の摂理はコントロールしようがない。そういう場合、自分でコントロールできるものに視点を移して、有害な恐怖を有益な恐怖に生まれ変わらせればいい。親が死ぬことは止められない。それなら、親と過ごす時間をもっと大切にすればいい。

7世紀の仏僧シャーンティデーヴァは、「外界の事象をすべて制することはできない。だが、ひたすら己の心を制するならば、他に何を制する必要があろうか」(『入菩薩行論』)という言葉を残している。ものごとに対する心の反応を自分と切り離し――気づき《モンク・マインド》をもって――観察しながら、明確な視点で決断を下すこと、それが無執着だ。

無執着に対する誤解

無執着は別のものと勘違いされやすいので、ここで誤解を解いておきたい。無執着のことを、物も人も出来事もすべてはかないものだとして、この世を冷めた目で見ることだと思っている人がいる。そんなふうに何ごとにも無関心でいたら、生きている喜びを味わえなくなるだろうって？　でも、それは無執着とは違う。考えてみてほしい。きみが今、豪華なレンタカーを運転しているとしたら、その車を自分の所有物だと思い込むだろうか？　思い込まないはずだ。一時的に借りているだけだと分かっているし、だからこそ楽しみは格別なものになる。太平洋岸のハイウェイをオープンカーでぶっ飛ばせるなんて最高だ。なぜなら永遠に続けられるわけではないからだ。さてドライブを終えて、きみはAirbnbで借りた最高に美しい宿にチェックインしたとしよう。豪華な浴槽から、一流シェフの料理、オーシャンビューまで、何もかもがすばらしくて刺激的だ。そんなとき、きみは1週間後のチェックアウト予定など気にせずに、今という瞬間を楽しむだろう。今恵まれているさまざまな幸運は、すべておしゃれなレンタカーや豪華な宿のようなものだと気づいていれば、失うことをつねに恐れながら生きるより、思う存分、その恩恵を味わうようになる。僕らはみな、「この世」という名のホテルにやってきたラッキーな宿泊客だ。

無執着は恐怖を最小限に抑えるための究極の練習法と言っていい。僕は、両親を失望させることの不安に気づいた途端、その不安への執着を手放すことができた。そのとき、自分の人生には自分が責任をもたなければならないと悟った。両親は動転するかもしれないし、しないかもしれない。でもそれは僕にどうにかできることではない。僕にできるのは、自分の価値観に従って決断することだけだ。

やってみよう――自分の中の執着を知る

「わたしが失いたくないものとは何か?」と自分に問いかけてみてほしい。まず外的なものから考える。たとえば、車、家、自分の外見というように、思いついたものをすべて書き出す。次に内的なものを考える。評判、地位、帰属感〔訳注 何らかの集団に所属しているという意識〕というように、すべて書き出す。そうやって書き出したものは、きみが感じている苦痛の最大の原因である可能性が高い――失うことはきみにとって恐怖だからだ。

では、その執着を和らげるために、心理的な向き合い方を変えてみよう。ただし、無執着を実践するからといって、パートナーや子どもへの愛情が失われるわけではないし、家やお金が好きでなくなるわけでもない。無執着というのは、この世のすべてが一時的なものであって、僕らがほんとうに所有したり、コントロールしたりできるものは何もないという真理を理解し、受け入れることだ。その気づきがあれば、僕らはものごとの真価を味わえるようになるし、不満や恐怖の原因だったものを、人生を豊かにするための源泉に変えられる。

たとえばきみが子をもつ親だとすれば、子どもはいずれ家を離れて独立するものだ。それでも毎週電話をよこしてくれるなら、なんて自分はラッキーなんだ、くらいに思って、やきもきせずにいるのが一番じゃないだろうか。

無執着は一生かかって練習するものだ。自分がほんとうに所有できるもの、コントロールできるものが何もないということを、素直に認められるようになると、人間関係にしろ、物や出来事にしろ、その出会いを心から楽しみ、味わっている自分に気づく。そして、自分の人生に迎え入れるべき人間関係、物、出来事を慎重に考えるようにもなる。

短期的な恐怖反応を解決する

恐怖と自分を切り離せば恐怖と向き合えるようになる。何年か前に僕の友人の一人が仕事を失った。仕事は安心のベースだから、当然ながら、どうやって食べていくかという考えには誰もが執着する。僕の友人はパニック・モードに陥った。「いったい、どこでどうやって金を稼げばいいんだ？　もうどこにも雇ってもらえないかもしれないんだぞ。かけもちでいくつかバイトでもしない限り、さっそく家計は火の車だ！」そのうち友人は、未来に対して悲惨な予想を立ててるだけでなく、過去まで問題視し始めた。「もっと成果を上げられたはずだ。もっと頑張って、もっと残業すればよかった。それなのに、なぜ俺はそうしなかったんだ！」

パニックに陥ると、人は、まだ起きてもいないことをあれこれ考え始める。恐怖に駆られて、僕らはフィクション作家に早変わりする。「もしも○○が起きたら……」という前提、考え、恐怖から、下向きのスパイラルに乗って、未来のシナリオを描き始める。起きてもいないことを不安に思っているときの僕らは、恐怖という足かせをはめられて、自分でつくった想像の世界に閉じ込められた囚人のようなものだ。古代ローマのストア派哲学者セネカはいみじくもこう言っている。「人は危険よりも多くの恐怖を感じ、現実よりも自分の想像に苦しめられる」

でも、急性のストレスには、即刻、無執着で応じるのが得策だ。老荘思想の古い寓話に、飼い馬に逃げられた農夫の話がある。農夫のきょうだいは「なんと不吉なことか!」と嘆くが、農夫は「吉と出るか、凶と出るかは、誰にも分からない」と答える。1週間後、逃げた馬が農夫のもとに帰ってきた。見れば、美しい野生の雌馬を連れているではないか。きょうだいはうらやましげに雌馬を見ながら「これは吉兆に違いない!」と感嘆する。でも、農夫はいたって冷静に「吉と出るか、凶と出るかは、誰にも分からない」と答える。数日後、農夫の息子が雌馬を手なずけようとしたところ、馬が大暴れを始めた。結局、息子は振り落とされて、足を骨折してしまった。農夫のきょうだいは「なんと不吉なことか!」と言いながら、どこか満足げだ。でも農夫は相変わらず動じない。「吉と出るか、凶と出るかは、誰にも分からない」。翌日、村の若者たちが兵隊にとられてしまう。ところが農夫の息子だけは骨折を理由に徴兵を免れた。農夫のきょうだいはこれほどの幸運はなかろうと言う。けれども農夫の答えは変わらない。「吉と出るか、凶と出るかは、誰にも分からない」。結局、この農夫は「起きるかもしれないこと」に一喜一憂せず、「現に起きたこと」を淡々と受け止めていた。修行中、僕ら新米僧侶はこう教えられたものだ。「ものごとを性急に判断するな」

僕が失業中の相談者に伝えたのも同じアドバイスだった。何かが起きたときは、まず、その状況を受け止める。そして、自分にコントロールできることに集中したうえで、どんな結果になろうと、やはり受け止める、それが重要なのだ、と。僕と相談者が最初に取り組んだのは、心を落ち着かせて、ありのままの事実を認めることだった。仕事を失った――これは動かせない事実だ。でもその事実にどう反応するかは選択できる。パニックになるか、凍りついて動けなくなるか、それとも、この際、恐怖という道具を使いこなせるように努力するか。恐怖は自分のほんとうの価値観を知る手がかりになるし、そこから、新たなチャンスが見えてくるかもしれない。

一番恐れているものは何かと僕が尋ねると、彼は、家族を養えなくなることが恐いと言う。もっと具体的に話すように僕がやんわり催促すると、彼はお金のことが心配なのだと答えた。では、お金以外でも家族を支える方法を考えてみてはどうだろう。そんなことを話しているうちに、結局、彼の妻も働いていることが分かった。奥さんの収入があるから、明日にでも一家が路頭に迷うわけではない。すると彼は「時間はある」と言う。「子どもたちの学校の送り迎えをしたり、宿題を手伝ったりする時間ができた。それに、子どもたちが学校に行っている間に、ゆっくり職探しもできる。前よりいい仕事が見つかるかもしれない」

そうやって心身を落ち着かせ、恐怖を受け入れ、周りの状況をしっかり把握したから、彼はパニックから脱して、恐怖をチャンスとしてとらえることができた。時間はそれ自体が財産だ。

彼は仕事を失ったが、その代わりにかけがえのないものを手に入れた。時間に余裕ができたから、子どもたちの人生に前よりも大きな影響力を与えられるようになった。しかも結局は、前よりもいい仕事を手に入れることになった。自分が置かれた状況を別の視点からとらえ直したとき、貴重なエネルギーをネガティブな方向に浪費するのをやめて、ポジティブな方向に向けることが可能になったというわけだ。

とはいっても、得体の知れない未来への不安に身も心も翻弄されている場合には、性急な判断を下さず、チャンスに対してオープンであり続けるなんてことは、簡単ではないかもしれない。パニックも凍りつきも、あっという間の反応だから、判断に待ったをかけるのは難しい。でもパニックと恐怖をかわす手立ては、まったくないわけでもない。

恐怖をかわす

幸いにも、パニック反応を回避するためのシンプルで効果的な方法がある。それは呼吸法だ。僕はトーク番組に出演するとき、ステージ脇でプロフィール紹介に耳を傾けている最中に、もう胸がドキドキしてきて、手に汗をかき始める。でも珍しい話ではない。僕がこれまでにコーチングを行ってきた相手は、満員のアリーナでパフォーマンスを行ったり、毎日のように重要な会議に出席したりしている人たちばかりだ。そんな人たちでさえ、全身、恐怖に襲われるという点では僕らと変わらない。

パフォーマンス不安にせよ、就職面接やパーティーを前にしたときの対人恐怖にせよ、たいていの恐怖は身体に現れる。そういう身体症状は、僕らが恐怖に乗っ取られかけているときの最初の合図でもある。パニックと凍りつきは身体と心のつながりが断たれている状態を示している。一方は、身体が厳戒態勢に入って、精神機能が置き去りになっている状態、もう一方は、心が目まぐるしく働きすぎて、身体機能がシャットダウンを始めている状態だ。修行中、僕は、シンプルな呼吸法によって身体と心のつながりを取り戻し、恐怖からくる機能停止に陥らないようにすることを学んだ。その呼吸法は今でも活用している。とくに大勢の前で話すときや、ストレスフルな会議に参加するとき、知らない人ばかりの部屋に入っていくとき、効果を発揮する。

パニック無用！――呼吸法で心身のつながりを取り戻す

心身を落ち着かせリラックスするための呼吸瞑想（185ページ参照）

1. 4カウントでゆっくり鼻から息を吸う。
2. 4カウント、息を止める。
3. 4カウントかそれ以上かけて、ゆっくり口から息を吐く。
4. この呼吸を、心臓の鼓動が落ち着いてくるまで繰り返す。

たったのこれだけ。深くゆっくり呼吸すると、迷走神経〔訳注　脳神経の一つで、心臓と消化器官から脳へ向かう身体意識の経路。大部分は副交感神経線維からなる〕が活性化されて、全身のリラックス反応が促進される。呼吸をコントロールするというシンプルな行為は自律神経系に対してスイッチのように働き、「闘争―逃走―凍結反応」を引き起こす交感神経優位の状態から、「休息―消化反応」を引き起こす副交感神経優位の状態へシフトさせる。こうして、ばらばらになっていた心と身体の働きに調和がもたらされる。

全体像を見る

呼吸法が即効性をもつのはたしかだが、ときには呼吸法だけでは解消できない恐怖反応もある。ストレスフルな状態で人が抱く先行きへの不安がそうだ。たとえば、テストや就職の面接を受けると、結果が恐くなる。それは、視野が狭くなって、全体像が見えなくなっているからだ。それでいて、ストレスフルな時期が過ぎてしまうと、その時期を振り返りもしない。だから経験から学ぶこともない。人生は脈絡のない出来事の寄せ集めなどではなく、過去と未来にまたがる一つの物語だというのに、それを忘れてしまう。

人間はみな生まれながらのストーリーテラーだ。その資質を好ましくない方向に使って、未来の出来事をホラーに仕立て上げたりもする。人生は互いに関係のないいくつもの短編小説ではなくて、連綿と語り継がれる1本の長編小説だと思ったほうがいい。たとえば、念願の会社に就職できたとしたら、そこに至るまでにどれだけの仕事を失い、どれだけの面接に失敗したか、振り返ってみるべきだ。どれも勝利に必要な試練だったとは思えないだろうか。これまでに経験したことや過ごした時期をばらばらにとらえるのをやめて、一つの大きな物語を構成する場面や幕と見なそう。広い視野を獲得したとき、僕らは、恐怖と上手に向き合えるようになる。

やってみよう――瞬間を広げる

これまでに経験したすばらしい出来事を思い浮かべてほしい。子どもが生まれたことでもいいし、念願かなって就職したことでもいい。そのときの喜びをもう一度噛みしめてみよう。次に、その出来事の直前まで時計を巻き戻す。子どもが誕生する前、あるいは採用通知が届く前、きみの人生はどんな状態だっただろうか？　何カ月も子どもができずに悩んでいたかもしれない。あるいは、三つの会社からことごとく不採用通知を受けていたかもしれない。さて、今、振り返ったすべての出来事を一つの物語――不幸から幸へと展開する物語――としてとらえ直そう。つらい出来事が今の喜びに至る道を切り開いてくれたように思えないだろうか。試練があったからこそ、その後の喜びがいっそう大きくなったのではないか。過去の試練に対して感謝を覚えたら、その出来事を人生の物語の一部として織り込んでいこう。

試練を思いきり喜べるのは、過ぎ去ったことだからだ。渦中にあるときは、「いずれは好転するから」なんて自分に言い聞かせるのは難しい。だからこそ、渦中を脱した今、バックミラー越しに過去を見て、つらさの中に喜びを見つけて感謝することには意味がある。それを習慣にしていると、プログラミングが変わり始める。苦しみと喜びのギャップがどんどん小さくなって、つらかった出来事に対する恐怖が薄れていくわけだ。

長期的な恐怖反応を解決する

パニックと凍りつきは呼吸法とリフレーミング（別の視点から状況をとらえ直すこと）で解決できる。ただし、それはパニックと凍りつきという短期的な恐怖反応での話だ。恐怖から目をそらすための二つの長期的な反応、「覆い隠す」か「逃げ出す」は、短期的な反応よりコントロールがはるかに難しい。これらの二つの長期的戦略は火事になった家にたとえると分かりやすいだろう。真夜中に煙探知機のアラームが鳴り響いて、きみは飛び起きたとしよう。当然、恐怖に襲われる。恐怖はきみの注意を引くためのシグナルだから、立派にその役目を果たしているることになる。煙を嗅ぎつけたきみは、家族とペットを起こして、急いで屋外に避難する、というのが自然な流れだろう。これが恐怖の最善の使い方だ。

アラームに起こされた直後、すみやかに状況を判断して論理的な行動をとる代わりに、煙探知機のところへ飛んで行って、バッテリーを外してベッドに戻る、なんてことをしたら、どうだろう？　問題を大きくしているとしか思えないはずだ。でも、恐怖に対して僕らはしょっちゅうそんなことをやっている。すみやかな状況判断と適切な反応ではなくて、状況を否定したり、放置したりしている。この種の回避という「解決策」をとりがちな分野の代表格は恋愛だ。たとえば、きみがガールフレンドと大ゲンカしたとしよう。彼女とじっくり問題を話し合う（消火する）でもなく、別れたほうが互いのためだと判断する（安全に落ち着いて全員を避難させる）でもなく、きみは万事うまくいっているかのようにふるまう（燃え広がる火事を放っておく）。これが回避だ。

恐怖を否定するほど、僕らは問題に追いかけられる。それどころか、問題はどんどん大きくなって、ついに僕らが対処しないわけにいかないほどの何かが起きたりする。他のことには目をつむっていられても、苦痛に対してはそうはいかない。恐怖というシグナルが問題を指摘してくれているときに、しっかり受け止めないでいたばかりに、結局、その問題の結末を突きつけられて、よっぽど痛い目に遭う。でも、恐怖と向き合うなら、つまり火事に対処するなり、つらくても彼女と話し合うなりするなら、その結果、僕らは前よりも強くなれるだろう。

『バガヴァッド・ギーター』が示す第1の教訓とはまさに恐怖の扱い方そのものだ。戦闘を前にして恐怖に襲われたアルジュナは、結局、恐怖から逃げ出さず、恐怖を覆い隠さず、向き合うことを選んだ。勇敢で有能な戦士とされてきたアルジュナは、恐怖によって、初めて深く考えさせられることになった。よく言われるように、変わらずにいることの恐怖が、変わることの恐怖より大きくなったとき、人は変わる。洞察と理解というかたちで助けを求めたアルジュナは、恐怖による支配を脱して、恐怖を理解し始める。小説『ファイト・クラブ』(池田真紀子訳、早川書房、2015年)で知られる作家チャック・パラニュークは、『*Invisible Monsters Remix*(インヴィジブル・モンスターズ・リミックス)』にこう書いている。「きみが逃げ出そうとするものほど、きみから離れなくなる。いっそのこと、一番恐れているもののところへ行って、いっしょに暮らしてやれ」

あの日、アシュラムの地下室で瞑想しながら、僕は心の奥底にしまい込んでいた両親をめぐる恐怖と向き合った。パニックや凍りつきをほとんど経験したことがないからといって、僕の中に恐怖がまったくないわけじゃなかった。見えないように押しやっていたにすぎない。ゴーランガ・ダス先生の言葉を借りるなら、「恐怖を覆い隠すことは、それにしがみつくことに等しい。手放そうとしないから、その重みでいっそう苦しくなる」。恐怖を覆い隠しても、恐怖から逃げ出しても、結局、恐怖と問題はきみのそばを離れない――そして、その影響はじわじわと蓄積していく。

ひと昔前まで、僕らは環境問題も考えず、ごみは埋立地に捨てておしまいだった。そうすればもう自分には見えないし、臭わないし、誰かが何とかしてくれるだろうくらいに思っていた。

でも、規制ができる頃には、とっくに埋立地周辺の水質は汚染されていた。アメリカのごみの埋立地は、今でも、人工的なメタンガスの最大の発生源になっている。それと同じように、埋めて隠した恐怖は、心という内面環境に見えない被害を及ぼす。

やってみよう——恐怖という深みを潜る

アシュラムで僕がやったように、恐怖という深みを潜ってみよう。最初は表面的な恐怖が一つ、二つ浮かんでくるだろう。「わたしがほんとうに恐れているのは何だろう?」と自分に問いかけながら、根気よく潜り続けていると、もっと大きな、深い恐怖が姿を現すはずだ。すぐに何から何まで明らかにならないかもしれない。心のいくつもの層を通り抜けて、一番底にある恐怖にたどりつくには時間がかかるものだ。答えが現れるのを気長に待とう。瞑想やその他の集中的セッションの最中に答えにたどりつかなくても、ある日、買い物の途中にふと浮かんできたりする。そういうものだ。

自分の中の恐怖の存在を認め、恐怖への反応パターンを観察し、そのパターンを修正していくと、ネガティブなものでしかないと思っていた恐怖が、単なるシグナルに、あるいは、新たな可能性の前触れにさえ見えてくる。恐怖を分類し直すことで、妄想という煙の向こう側の現実が見えてきて、僕らを満たし、力づけてくれる深遠な、意味のある真実が明らかになる。執着が生み出す恐怖に気づいて、無執着を育てていけば、大いなる自由と喜びを感じながら生きていける。そして、恐怖にエネルギーを費やすより、そのエネルギーを奉仕に向けるようにすれば、あれがない、これがないという恐怖は影をひそめ、より幸せに、より充実して、より強く人とのつながりを感じながら生きることができる。

恐怖はモチベーションになる。ときには、恐怖に後押しされて、僕らは目標に向かって歩き出す。でも、その一方で、ともすると恐怖によって、僕らは安全地帯だと思っている場所に自分を押し込める。だから注意が必要だ。

次章では、僕らのためになるおもなモチベーションとは何か（恐怖は四つのうちの一つ）、そして、充実した人生を切り開くために、それらをどう利用すればいいかについて考えよう。

第4章

意図

——金《ゴールド》に目をくらませるな

意識《マインド》と心《ハート》と意図が調和したとき、
不可能なものは何もない。

——『リグ・ヴェーダ』の注釈書

僕らの頭の中には理想とする人生がある。どんな人と付き合い、どんなふうに仕事と私生活に時間を使い、どんなことを達成したいかという理想図だ。たとえ外的要因に惑わされなくても、僕らは、特定の目標へのこだわりをもち、その目標を達成できるように人生を設計する。なぜなら、達成すれば幸福になれると思っているからだ。でもここで少し考えてみよう。なぜ僕らはそれほど熱心に追求するのか。目標にたどりつけばほんとうに幸福になれるのか。そして、そもそも幸福はめざすべきものなのか。

「転生《サムサーラ》」についての講義が終わり、外に出た。僕は先輩僧侶や他の学問僧たちと静かなアシュラムの道を歩いている。アシュラムは2カ所に分かれていて、ムンバイの寺院の他に、今、僕がいる、パルガル地区に近い郊外の施設がある。この場所はいずれゴーヴァルダン・エコヴィレッジという美しいリトリートに生まれ変わることになっているが、今はまだ、開墾されていない土地に簡素で何の特徴もない建物がいくつか建っているだけだ。乾いた土の小道が芝生を区切るように走り、そこここに僧侶たちが座っている。ござの上で本を読む者もいれば、勉強する者もいる。開け放しのメインの建物からは、内部で働く僧侶たちの姿が見える。彼らのそばを通り過ぎるたびに、僕の隣を歩く先輩僧は、それぞれの僧が何を達成したかを教えてくれる。彼が指さした一人の僧侶は8時間休まずに瞑想できるそうだ。しばらくすると、先輩僧はまた別の僧を指さして「あの人は7日間ぶっ続けで断食をする」と言う。別の場所にさしかかると、「あそこの木の下に座っている僧侶は聖典をすべて暗唱できる」と言う。

すっかり感心した僕は「自分も同じことができたら、どんなにいいだろう」と口走る。

すると先輩僧は立ち止まって、僕の顔を見つめる。「きみは同じことができたらいいと願っているのか、それとも、同じことができるように学べたらいいと願っているのか」

「どういう意味でしょう?」そう尋ねながら、僕は内心、待ってました、と言いたいくらいだった。重要な教えは教室の中より外で学ぶことのほうが多い。

先輩僧は言う。「自分の動機について考えてみるといい。聖典をすべて暗記したいというのは、すばらしい業績を残せるからか、それとも勉強がしたいからか。前者だとすれば、きみは結果だけを求めている。後者だとすれば、暗記するプロセスで何を学べるかに関心があるということだ」

まったく新しいコンセプトに、目からうろこが落ちる思いがした。それまで、僕にとって、結果を求めることは当たり前だったからだ。ところが、先輩僧は、結果を手に入れるために必要なことをする動機を問題にしていた。

四つの動機

どんなに雑然とした暮らしをしていようと、プランをもたない人はいない。僕らはみな、その日のうちに何をしなければならないか分かっているし、今年が自分にとってどんな年か、今年は何をしたいかを考えているものだ。誰もが将来に対して夢を描き、その考えの一つひとつには動機がある。家賃を支払うためだったり、世界を旅行したいからだったり、動機はピンからキリまでだとしても、だ。ヒンドゥー教の哲学者バクティヴィノーダ・タークルは、人間の基本的な動機を次の四つに分類している。

1．恐怖――タークルいわく「病気、貧困、地獄に対する恐怖、死に対する恐怖」
2．欲望――成功、富、快楽によって自分を満足させようとすること
3．使命感――感謝、責任感、そして正しいことをしたいという気持ち
4．愛――他者への思いやり、他者を助けたいという気持ち

あらゆる行動の裏にはこの四つの動機がある。僕らが何かを選択するとき、たとえば、それは失業するのが恐いからであったり、友人から賞賛されたいからであったり、両親の期待に応えるためだったり、誰かの人生がよりよいものになるよう手助けしたいからだったりする。では、一つひとつの動機をもう少し掘り下げて考えてみよう。選択との関係を理解しやすくなると思う。

恐怖は持続可能性が低い

前章で恐怖について話したので、ここでは手短にまとめておこう。要するに、恐怖に突き動かされて何かをするときは、手に入れようとしている対象――昇進だろうと、恋愛だろうと、

マイホームだろうと――が安心と安全をもたらしてくれると思っているからだ。

恐怖は警告であると同時に着火剤でもある。恐怖という警告の炎は使いようによっては役に立つ。すでに述べたとおり、恐怖は問題点を指摘してくれるばかりか、ときには僕らのお尻を叩いてさえくれる。たとえば、クビになるのが恐ければ、ちゃんと仕事をするようになるかもしれない。

恐怖の欠点は持続可能性が低いことにある。恐怖に支配されたまま、長期的に能力をフルに発揮することは不可能だ。最悪の結果を恐れるから、結局、仕事が手につかなくなる。死に物狂いになるか、そうでなければ感覚が麻痺してきて、客観的な状況判断や思いきった行動ができなくなる。

成功という幻想

二つ目の動機は欲望。個人的な満足のために何かを選択するということ。冒険、快楽、快適さを追求する場合、物質的な目標をめざすようになる。「100万ドルの家がほしい」「好きなだけ使えるお金がほしい」「豪華な結婚式を挙げたい」などなど。僕はいろいろな人に目標を書き出してもらうが、たいていの人は世間で成功と見なされているものを答えに挙げる。

僕らは成功イコール幸福だと考えているが、その考えは幻想にすぎない。サンスクリット語では幻想を「マーヤー」と言って、現実でないものを現実と思い込むことだ。業績や物を人生の目標にするのは、世間的な成功の定義によって幸せかどうかが決まるという幻想があるからだ。ところが、そうやって求めているものを成し遂げ、成功を手に入れても、人はたいてい幸福でないことに気づく。

俳優のジム・キャリーはこんなことを言っている。「みんな金持ちの有名人になって、やりたかったことを全部やってみるといいよ。探していた答えじゃないってことが分かるから」

成功幻想には、収入をアップすることや、物を所有することだけでなく、功績を残すことも含まれる。医者になるとか、出世するとか、もちろん、聖典を丸ごと暗記するとか。さっきの僕のエピソード——聖典をすべて暗唱できるようになりたい——は僧侶版の物欲を示している。さまざまな欲望がそうであるように、僕の欲望の中心には、かたちとなって現れる成果へのこだわりがあった。つまり、あの木陰の僧侶と同じくらい博識な人間として感心されたかったわけだ。

アメリカのスピリチュアル・リーダーの一人で、インサイト・メディテーション・コミュニティー・オブ・ワシントンＤＣ（ＩＭＣＷ）の創設者であるタラ・ブラックは、こう書いている。「外的な事象に幸福を求めている限り、いつまでたっても待ちぼうけです。なぜなら事象はつねに変化し続けるものだからです」

修行中、僕は南インドの三大聖地の一つとされるシュリーランガムの寺院を訪れた。建物の内部では、ちょうど一人の作業員が高い足場に乗って、天井の細工に金粉を塗っているところだった。初めて見る光景に僕は思わず足を止めた。すると、金粉がぱらぱらと降ってきて目に入ってしまった。急いで外に出て、目を洗い、中に戻ると、今度は安全なところで作業を見守った。一連の出来事に、僕は、まるで聖典の1ページのように教訓めいたものを感じた。

「金《ゴールド》は美しい。だが、近づきすぎれば目がくらむ」

寺院に使われている金箔は、純金ではなくて、溶剤で薄めてある。ご存じのとおり、それを石に塗って純金のように見せている。つまり「幻想《マーヤー》」だ。それと同じようにお金と名声はうわべにすぎない。僕らは「物」それ自体を求めているというより、その物がある種の感情を満たしてくれると思っている。しかも「すべてを手に入れた」かに見えるお金持ちや有名人も、人間関係に恵まれなかったり、うつ病に苦しんでいたりする。どう考えても、成功が幸福をもたらしていないのは明らかだ。それは金持ちでも有名人でもない僕らにも言える。

今使っているスマートフォンにたちまち飽きて、新しいモデルがほしくなる。ボーナスが支給されても、ワクワクするのはほんのつかの間だ。生活はあまりよくならなかったと言って、あっという間に冷めてしまう。新しいスマートフォンや、今より大きな家を手に入れれば、気分が上がるんじゃないか——かっこよくなれそうだとか、充実できるとか——思っているが、結局は、もっとほしいという気持ちになるだけだ。

物質的満足はうわべにすぎない。幸福は自分の内側にある。僧侶が幸福について話すとき、よく引き合いに出すジャコウジカの話がある。15世紀のインドの神秘主義者で詩人のカビールの作品をもとにした話だ。ジャコウジカは得も言われぬ匂いを嗅ぎつけて、どこからくるのか突き止めようとする。じつは匂いのもとは自分の腹の中〔訳注　香嚢という分泌腺〕にあるのだが、そうとも知らず、シカは一生、あてもなく森をさまよい歩く。それと同じように、僕らが幸福を見つけられずにいるのは、外側に追い求めているからだ。幸福は自分の中にあるというのに。

幸福と充実は、心を制御し、魂とつながることによってのみ得られる。物や功績からは得られない。成功は幸福を保証するものではないし、幸福は成功を必要としない。二つが互いの糧になる場合や、二つを同時に手に入れる場合はあるとしても、両者は密接に絡み合ってはいない。

幸福に関するギャラップ世論調査を解析したプリンストン大学は、基本的ニーズやそれ以外のいくつかのニーズが満たされれば、収入は幸福の必須条件にはならないと正式に結論づけている。お金が多い人ほど、人生の全体的な満足度は上がるものの、年収が7万5000ドルを超えると、満足度は横ばい状態になる。つまり、お金が人生の質的評価に与える影響は、中流アメリカ人でも、総資産1000億ドル以上のジェフ・ベゾスでも、たいして変わらないということだ。

成功が、お金を稼ぐこと、仕事で尊敬されること、プロジェクトを順調に遂行すること、賞賛されることだとすれば、幸福は、自分自身を肯定すること、人と深い絆を結ぶこと、世界をよりよい場所にすることだ。大衆文化では、かつてないほど成功の追求がもてはやされている。

若者向けのテレビ番組はイメージ、お金、名声にフォーカスしたものばかりだし、流行の歌からベストセラー本まで、人と人とのつながりや交流、自分を受け入れることよりも、個人的な功績を奨励する言葉であふれている。1970年代以降、アメリカの成人の幸福度が下降の一途をたどっているのも当然だろう。

しかも、これは収入だけの問題じゃない。持続的開発センター所長で国連『世界幸福度報告』の編集に携わったジェフリー・サックスは、『ワシントン・ポスト』紙のインタビューでこう指摘している。「平均収入が幸福度に影響を与えているのはたしかですが、それだけでは説明がつきません。個人のレベルでも社会のレベルでも、収入以外のファクターが幸福度の決定要因なのです」。2005年以降、アメリカ人の収入は増加傾向にあるにもかかわらず、幸福度は下がっているとサックスは言う。その理由として挙げられるのが、政府に対する信頼とアメリカ人同士の信頼が低下していること、そして社会的に人と人のつながりが弱くなっていることだ。

使命感と愛

恐怖は動機としては長持ちしない。成功は満足をもたらさない。となると、使命感と愛にはもっと期待できそうな気がしてこないだろうか？　人生の目標は人それぞれだとしても、結局、誰もが喜びと意味のある生き方を求めている。ただし、僧侶について言うなら、喜びは動機にならない。幸福や快楽を求めているわけではないからだ。むしろ、いかに意味のある人生を生きるかに重きを置く。幸福は逃げ足が速いし、喜びは高水準での維持が難しい。でも、意味を感じることは、自分の行動に目的があると知ることだ。目的をもった行動は価値ある結果につながる。自分はポジティブな足跡を残していると確信できる。重要な行動をとる自分の重要性にも気づく。

人生には不運な出来事がつきものだし、億劫でもやらねばならない用事もある。けっして晴れの日ばかりじゃない。たとえば、愛する人を失って落ち込んでいるとき、誰かに、人生のポジティブな面に目を向けろ、ハッピーになれなんて言われたら、たぶん、相手にパンチをお見舞いしたくなるだろう。でも、喪失の経験に意味を見出すことができるなら、最悪の悲劇さえ乗り越えられるかもしれない。たとえば、愛する人の遺志を継いでコミュニティーに貢献するのもいいだろう。命のありがたみを知ったのを機に、今まで支えてくれた人に恩返しするのでもいい。価値ある行動はやがては生きがいにもなる。『ヴェーダ』は、「お金と家だけが財産ではない。霊性という財産を蓄えよ。性格は財産であり、善行は財産であり、そして、霊的な知恵は財産である」と言っている。

ほんとうの満足をもたらすのは、成功ではなくて、目的と意味だということを理解したとき、使命感または愛、あるいはその両方を動機にすることの価値が見えてくる。使命感と愛から行動をとる人は、自分が価値を分け与えているということを知っているからだ。

利己的なニーズを満たすための行動から、奉仕と愛のための行動へとアップグレードすればするほど、得られるものは大きくなる。

心理学者ケリー・マクゴニガルは、著書『スタンフォードのストレスを力に変える教科書』(神崎朗子訳、大和書房、2019年)の中で、人は、自分にとって重要な目標や目的、大切な人のためだと思えば、たとえ楽なことでなくても引き受けやすい、と書いている。たとえば、子どもの誕生日パーティーを用意するためなら、夜遅くまでかかっても親は我慢するかもしれない。睡眠不足のつらさより、母親として愛情を示せることの満足感が勝る。でも、その同じ女性が夜遅くまで残業するとなると、嫌で、嫌で仕方がない。みじめな気持ちになる。

人は、成功すれば幸福になれるという誤った考えで行動するより、愛する誰かのため、信奉する何かのために行動するときのほうが、積極的になれる。重要なことだという確信があれば動けるが、理由がなければ動けない。でも、意図をもって――何が重要か、そしてなぜ重要かを明確に意識して――生きるなら、人生は意味と充実感に満ちたものになる。意図は車のガソリンなんだ。

「なぜ?」を問う

恐怖、欲望、使命感、愛は、あらゆる意図の根源にある。サンスクリット語で「意図」は「サンカルパ」と言う。僕は、サンカルパとは、人がゴールをめざすときの理由であり、その理由がどんな性質のものかは、本人の心と意識のありようで決まると思っている。つまり、根っこにある動機から意図が生まれ、それがその人の推進力になる。

目的をもって行動できるように、そして、有意義なことをしていると感じられるように、自分はどんな人間になろうとするか、それが意図だ。だから、もし僕の動機が恐怖だとすれば、僕は家族を守ることを意図するかもしれない。欲望が動機なら、世界的に有名になることを意図してもおかしくない。使命感が動機なら、どんなに忙しいときでも、友人を助けることを意図するかもしれない。愛を動機にするなら、僕が一番必要とされている場所で人の役に立つことを意図するかもしれない。

どの動機がどの意図に結びつくという一定の法則はないから、自分をよく見せるために（愛ではなくて欲望を動機として）人に奉仕する場合もあるだろう。恐怖ではなくて愛を動機として、家族を支えようとする場合もあれば、人の役に立ちたくて、お金持ちをめざすこともある。それに動機と意図が一つだけしかない人間はいない。重要なのは、大きな選択から小さな選択まで、明確な意図をもってできるようになることだ。永遠に登頂できない成功という名の山を登り続けるよりも、僕らは、谷に降りていって自分の本質を知り、誤った信念を摘み取らなければならない。

意図をもって生きるためには、欲求の奥底にある理由を掘り起こす必要がある。少しばかり立ち止まって、自分がなぜそれを欲しているか考えれば済む話ではない。自分はどんな人間か、

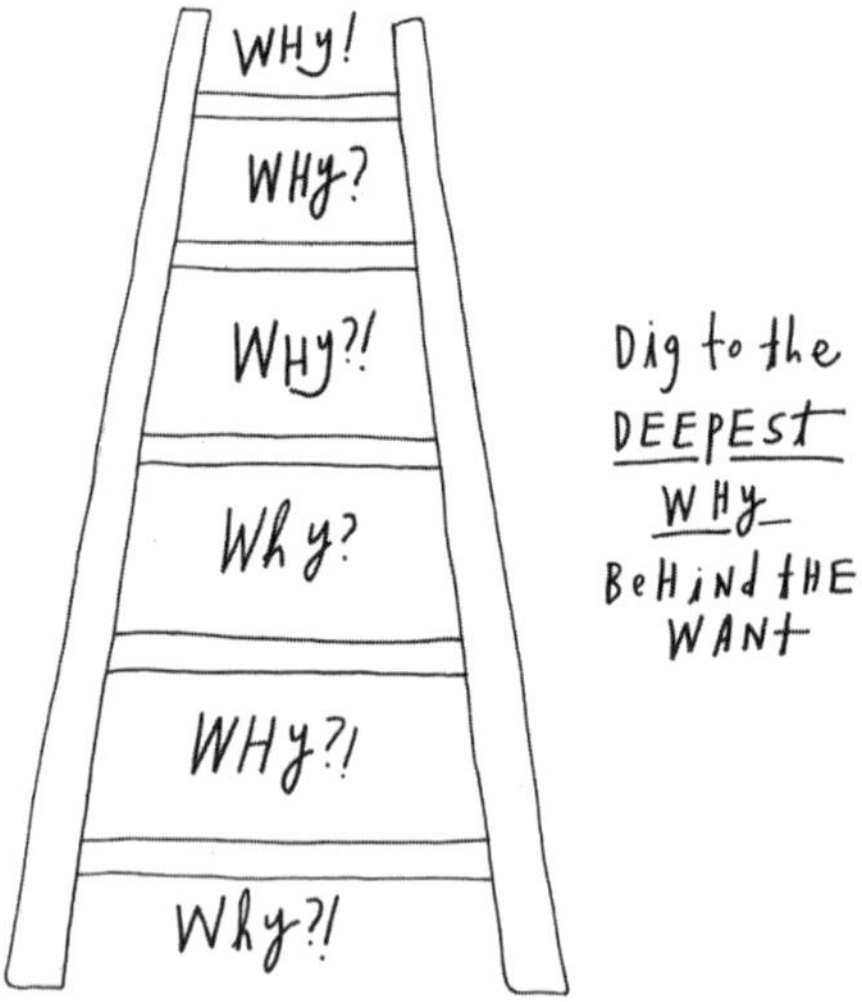

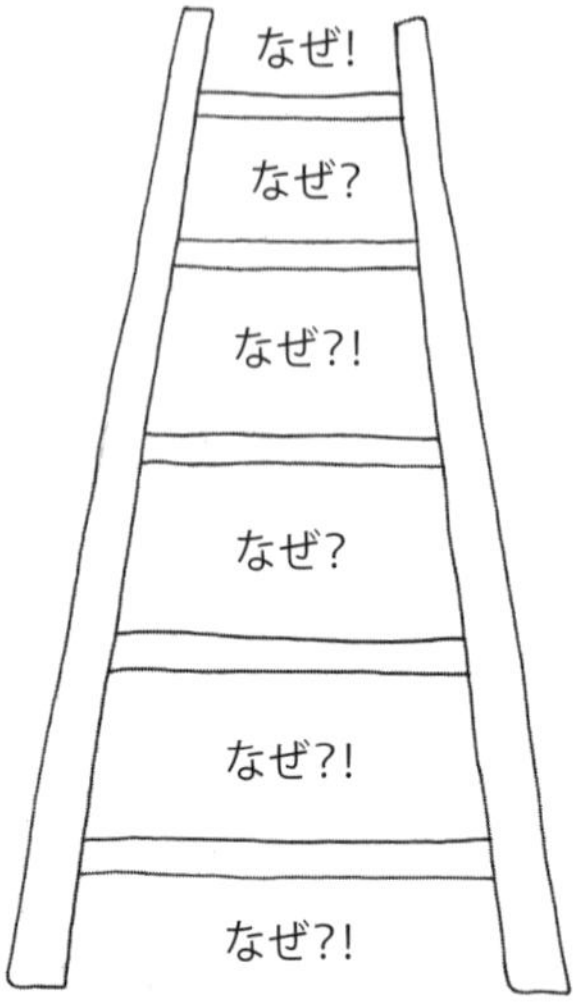

欲求の奥底にある
理由を掘り起こす

それを手に入れるためにはどんな人間になる必要があるか、そして、そういう人間になることにほんとうに魅力を感じるのかまで、考えなくてはならない。

たいていの人間は答え探しが習慣になっている。でも、僧侶はむしろ問うことを重視する。例の恐怖と向き合う瞑想で、僕は「自分が恐れているものとは何か?」を問い続けた。それと同じように、欲望の背後にあるものに近づくためには、まず「なぜ?」と問いかける必要がある。

この僧侶的なアプローチは、ごく世俗的な目標に関してでさえ、その裏側にある意図を探るときに応用できる。具体的に考えてみよう。アシュラムではけっして考えることのない、しかも、意図が明確ではない、こんな目標がきみにあるとしたらどうだろう。「僕の目標はヨットで単独世界一周を果たすことだ」

では、なぜヨットで世界一周したいのか?

その答えが、「楽しそうだから。いろんな場所に行けるし、すぐれたヨット操縦者と証明できる」だとすれば、きみは自分自身を満足させることを意図しているようだ。つまり欲望が動機だということ。

でも、答えが、「ヨットで世界を回るのは父の夢だった。だから、父の代わりに挑戦しようと思っている」だとすれば、きみの意図は父親の思いを尊重することであり、使命感と愛が動機になっている。

一方、「世界一周航海に出たいのは、自由になりたいからだ。他の誰かの責任を負わずに済むじゃないか。あれこれ背負わされている重荷を下ろしたい」と答える人は、逃避することを意図していて、恐怖に動かされていることになる。

お金がほしい本当の理由

では、もっとありふれた欲求について考えてみよう。

「僕が一番ほしいのはお金だ。でも、ジェイ（著者）は、優しく思いやりのある人間になれ、とアドバイスする気なんだろう。役に立たない本だな」

なるほど、お金のためにお金持ちになろうということなら、それもいいだろう。もっとも、それは物質的満足以外の何ものでもないから、内面的な充実感は期待できないというだけだ。とはいえ、物質的な豊かさは、誰もが、多かれ少なかれ人生に求めるものに違いない。だから、目標として掲げることを頭ごなしに否定するのではなくて、理由を探ってみよう。

お金を獲得することがきみの目標だとして、それはなぜだろう？

「お金で悩まないようになりたいからだ」

お金のことで悩んでいるのはなぜだろう？

「バカンスの夢を叶えたいのに、金銭的な余裕がない」

そのバカンスを夢見ているのはなぜだろう？

「SNSを見ていると、みんな海外旅行に出かけている。不公平じゃないか？」

みんなと同じことがしたいと思うのはなぜだろう？

「週末だって、みんな僕よりずっと楽しそうにしているよ」

なるほど！　欲望の根っこにたどりついたのかもしれない。きみの週末は充実していない。

じゃあ、何が欠けているんだろう？

「もっと刺激がほしい。ドキドキ、ワクワクしたい」

つまり、きみの意図はもっと刺激的な人生を送ることにある。出発点は「お金がほしい」だったのに、ずいぶん遠くへきたものだ。自分の欲望が動機であることに変わりはないが、二つのことが明らかになった。一つ目は、お金をかけなくても、今すぐ、ドキドキとワクワクは手に入るということ。二つ目は、それがほんとうに頑張って手に入れたいものかどうかを見きわめられるようになったこと。

もし誰かが、僕の師匠のところへ行って「金持ちになりたいんです」と言ったら、師匠は「それは人の役に立つためか？」と尋ねるだろう。欲望の根っこを掘り起こすためだ。

それに対する答えが、「いいえ、そうじゃありません。いい家に住みたいし、旅行にも行きたいし、ほしいものを手当たり次第に買いたいからです」だとすれば、その人の意図は、ぜいたくをするためのお金を得ることだ。

師匠はきっとこう言うだろう。「なるほど。正直でよろしい。どんどんおやりなさい。大儲けするといい。いずれは人の役に立ちたいと思うようになるから。5年先か10年先かは分からないが、結局、そこへたどりつくしかないのだよ」。モンク・マインドには先が見えている。富を築いたところで、人は満足できず、人生の意味を探し続けるようになる。そして、その答えはつねに奉仕にあるのだ、と。

自分の意図には、つねに正直でいよう。物質的成功を求めているのに、人の役に立とうとしているかのようにふるまうのは最悪だから。

そして、「なぜ？」の後を追いかけるときはひたすら問い続けること。一つ答えが見つかるたびに、さらに深い問いが生じてくるはずだ。もしかすると、1日、いや1週間くらいは、その問いを頭の片隅に置いたままにしておくといいかもしれない。問いの答えはふとした瞬間に浮かんできやすい。自分が究極的に求めているのは、ある感情（幸せ、安心、自信など）を心の底から味わうことだと気づくかもしれない。そうかと思えば、妬みの感情から行動している自分に気づくこともあるだろう。けっしてポジティブな感情とは言えないけれど、自分がどんなニーズを満たそうとしているかを知る手がかりになる。

見つけた感情に対して好奇心をもとう。なぜ自分は妬んでいるのかを問おう。そして、今のきみにすぐにでも始められること――冒険に出るとか――がないか考えてみよう。今できることから始めれば、きみが外側の世界に求めているものはとりあえず手に入るかもしれない。いつまでもそれを重要と思うかどうかは別として。

やってみよう――「なぜ？」の瞑想

欲望を一つ選んで、なぜそれを求めているのか自問しよう。根っこにある意図を掘り当てるまで、問い続けること。

すると、こんな答えに突き当たることが多い。

――自分をよく見せたい、自分に満足したい

――安心感を得たい

――人の役に立ちたい

――人として成長したい

見つけた答えが「望ましいもの」でなくても否定せずに、ありのままを受け止めよう。そして、愛や成長や知識を意図した行動でなければ、現実的なニーズは満たされても、心から有意義とは感じられないかもしれない、ということを覚えておこう。人間は、進歩や学び、達成感を感じられるときに、一番、満足するものだ。

種を蒔くか、雑草を生やすか

アシュラムの僧たちは、自分の意図をはっきり知るために、種と雑草のたとえ話を用いる。地面に蒔いた種は、いつか大木に成長し、人々に果実や木陰を提供するだろう。愛、思いやり、奉仕といった大きな意図がもたらすのは、まさにそういうものだ。それに、意図の純粋さは職種に左右されるものではない。同じ交通巡査という職業でも、スピード違反のチケットを切って自分の権力を誇示したい人もいれば、火遊びする子どもを諭す親のような思いやりから、危険なドライバーに注意を促す人もいる。銀行の窓口担当者でも、つねに温かい思いやりをもって単純な業務を遂行する人もいるだろう。一方、復讐心や利己的な意図をもって行動するのは、雑草を生やすようなものだ。そういう雑草は、一般に、エゴ、強欲、妬み、怒り、うぬぼれ、競争心、ストレスから生まれてくる。最初はふつうの植物のように見えるが、成長してもすばらしいものになることはない。

たとえば、きみが急にジムに通い始めたとしよう。じつは、別れたパートナーを後悔させるためのリベンジ・ボディづくりを意図したものだとすれば、きみは雑草を生やしていることになる。おそらく自分の本心が分かっていない（ほんとうは理解されたい、愛されたい、と思っている可能性が高い。そうであれば、まったく別のアプローチが必要になる）。もちろん、ワークアウトの恩恵として筋力や健康は手に入るだろう。でも、きみにとってジム通いの成否は、あくまでも外的要因に、つまり、別れた相手が悔しがるかどうかにかかっている。だから、もし相手に気づかれなかったり、関心をもたれなかったりすれば、フラストレーションがたまって、孤独感が増すだろう。一方、別れた後、純粋に丈夫になりたくてジムに通い始めるとか、最初はリベンジだったのが、鍛えているうちに、純粋な意図に重心が移っていくとすれば、身体の健康と同時に心の満足も得られる。

意図は望ましくても、ゴールが間違っている場合でも、雑草は生える。たとえば、自信をもつことが僕の意図だとしよう。そして、その意図を実現する最善の方法は出世することだという結論を出す。そこで、僕は必死に働き、ボスに気に入られ、着実に出世の階段を上り、ついに念願のポジションにたどりつく。ところが、まだ先に階段があることに気づいて、結局、自信なんてもてずにいるだろう。外側の目標物に内側の空虚は満たせない。どんなに立派な肩書も業績も僕にほんとうの自信を与えてくれはしない。自分の内側に探すべきものだからだ。この種の内面的な変化をどうもたらすかについては、パート2で話すことにしよう。

よきサマリア人

モンク・マインドは知っている。庭に美しい花を植えても、ほったらかしでは育たないように、人は、自分の人生の庭師になる必要がある。そして、よい意図という種を蒔いて水をやり、雑草が生えてきたら引っこ抜かなければならない。

1973年に「エルサレムからエリコへ」と題する実験が行われた。この実験では、神学校の学生たちが聖職者とは何かというテーマで短い講話を依頼された。そのうちの何人かは聖書に出てくる「よきサマリア人」の寓話を題材として与えられた。「よきサマリア人」というのは、エルサレムからエリコへ向かう途中でケガを負って弱り果てていた旅人を、通りがかりのサマリア人だけが見捨てずに助けた、という話だ（『新約聖書』ルカによる福音書第10章）。次に、学生は部屋を移動することになったと言われ、新しい会場へ向かわされる。すると、戸口のところで、うずくまっている男性（じつは役者が演じている）と遭遇する。はたして、学生がよきサマリア人の寓話について話す予定かどうかは、わざわざ立ち止まって男性を助けようとする傾向に影響するだろうか。結果は、実験者から移動を急がされた学生ほど、助けようとする傾向が低かった。そのうえ、「よきサマリア人の話をする予定だった学生の中にも、急がされた場合は、文字どおり、男性をまたいでいった者が何人かいた」

学生たちは目先のタスクにとらわれるあまり、本来の自分の意図を忘れてしまった。神学校で学んでいるからには、人に思いやりを示したい、人を助けたい、という意図をもっていただろう。ところが、遅れたらどうしようという不安からか、すばらしいスピーチをしたいという欲からか、本来の意図を実行することができなかった。ベネディクト会修道士のローレンス・

フリーマンは、著書『*Aspects of Love*（愛の様相）』にこう書いている。「1日のうちに、あなたはさまざまなことをします。顔を洗って、朝食をとる。会議に出る。職場まで車を運転する。家でテレビを観る。本を読む。何であれ、あなたのすることすべてが人生をつくっています。スピリチュアルな人生を送れるかどうかは、そういう日常的な行動をいかに意識的にとるかに、かかっています」

意図を実現する

もちろん、意図をもっているだけでは十分じゃない。意図という種がちゃんと育つように行動する必要がある。僕は「信じれば願いは叶う」的な願望実現の考え方を信じていない。意図があれば、ただ待っているだけで求めるものが勝手に転がり込んでくる、などと思わないほうがいい。いつか誰かが僕らを見つけてくれて、「なんて、すばらしい人なんだ。ぜひ、こちらの舞台へ」と導いてくれるわけではない。誰も僕らのために人生を用意してはくれない。マーティン・ルーサー・キング・ジュニア牧師は、「平和を愛する人々は、戦争を愛する人々と同じくらい段取りがよくなる必要がある」と語っている。僕のところに相談に来る人たちは、「ああだったらいいのに、こうだったらいいのに」と願望を口にする。「パートナーがもっと話を聞いてくれたらいいのに」「今と同じ仕事で、もっと収入がよければいいのに」「あの人との関係がもっと真面目なお付き合いに発展すればいいのに」

でもけっして、「わたしは、もっと手際のよさと集中力があって、ハードワークできたら、求めているものが手に入るだろうに」とは言わない。つまり、願望を実現するために、実際に何が必要かは口にしようとしない。つまり、「○○だったらいいのに」は、暗に**「今と違うことは絶対にやりたくない」と言っているにすぎないわけだ。**

嘘かまことか分からないが、ピカソにまつわる、こんな逸話がある。目標達成に要する努力と忍耐を、僕らがいかに見落としがちかを完璧に物語るエピソードだ。あるとき市場でピカソを見かけた女性が彼にこうもちかけた。「わたしのために何か描いてくださらないかしら？」

「いいでしょう」と答えるピカソ。30秒ほどで、小さいながら見事なスケッチを描き上げて差し出した。「3万ドルいただきます」

「あらまあ、ずいぶんふっかけるんですね。かかった時間はたったの30秒ですよ！」

「いいえ、マダム、こうなるまでに30年かかりました」

これは、どんな芸術作品にも、いや、芸術に限らず、あらゆる偉業に当てはまる話だ。ことを成し遂げるまでに要した努力は目に見えない。僕がアシュラムで見かけたあの僧侶だって、聖典を隅から隅まで暗記するには何年もかかったはずだ。同じようになりたいと口で言うのは簡単だが、その前に僕は、彼が費やした努力、それに要した時間や生き方を考えるべきだった。

「あなたはどういう人間か」と聞かれたとき、僕らはたいてい職業を答える。「会計士です」「弁護士です」「主婦／主夫です」「アスリートです」「教師です」。こういう答えは、初対面の相手との会話のきっかけとしては役に立つ。でも、自分という人間を定義するとき、業績よりも意図を基準にしたほうが、人生はもっと有意義なものになる。職業イコール自分という人が、その職業を失ったらどうなるだろう？　たとえば、アスリートがケガで引退を余儀なくされた場合、自分が何者か分からなくなったりする。職業を失った途端にアイデンティティーまで失うなんてことは、あるべきじゃない。でも、実際にはよくある。一方、明確な意図をもって生きていれば、何を成し遂げるかではなく、どんな人間でいるかに、目的と意味があることを忘れずにいられる。

きみの意図が人を助けることだとすれば、その意図を実現するために何が必要かを考えなければならない。それは、たとえば、つねに優しく率直で革新的な人間であり続けることかもしれないし、他者の強みを認め、弱点をカバーし、彼らに耳を傾け、成長を助け、相手に求められているものを察し、ニーズが変化すればそれにも気づくことかもしれない。

きみの意図が家族を養うことなら、必要なのは、寛大さ、相手に寄り添う気持ち、勤勉さ、段取りのよさかもしれない。あるいは、自分の情熱を追いかけることがきみの意図なら、本気で、精力的に、心の底から取り組む必要があるだろう（第1章では、外から入ってくる雑音にフィルターをかけ、自分の価値観をより明確にすることを学んだ。自分の意図を見きわめると、価値観も明らかになる。人を助ける、人の役に立つという意図は、きみが奉仕に価値を置いていることを示す。家族を養うという意図は、家族に価値を置いているという意味だ。もちろん、意図と価値観の間に厳格な法則があるわけじゃない。さまざまに表現しうるものだし、同義の言葉によって言い換えられもする。関連し合ったり、重複したりするものと思っていい）。

意図を実現するということは、ふるまいの隅々にまで、その意図を行き渡らせるということだ。たとえば、パートナーとの関係を改善することがきみの目標だとすれば、デートの計画を立てたり、相手にギフトを贈ったり、印象をよくするために髪を切ったりするだろう。財布は軽くなるけれど、おしゃれなヘアスタイルのおかげで、関係は改善するかもしれない。あるいは、改善しないかもしれない。でも、むしろ重要なのは、意図を実現するためにどんなふうに内面のふるまいを変化させるかだ。パートナーとの関係を改善するために、きみは、もっと落ち着きと思いやりを身につけ、相手に関心をもつように努力するかもしれない（ジムで身体を鍛える、髪を切りに行くという努力も並行してやればいい）。内面を変化させれば、前よりも自分が好きになるだろうし、よりよい人間になれる。たとえ関係が改善されなくても、失うより得るものが多いということだ。

実現のために努力する

欲求の裏側にある理由が判明したら、欲求の実現に必要な努力について考えてみよう。夢のマイホームや念願の新車を手に入れるためには、どんな努力が必要だろう？　きみはその努力を実行するつもりがあるだろうか？　たとえ成功しなくても、努力すること自体に充実感を覚えることができるだろうか？

すべての聖典を暗唱できるようになりたいと言った僕に、先輩僧は理由を尋ねた。それは、僕が超人的な僧侶の能力に魅せられて、虚栄心から、真似しようとする、なんてことになってほしくなかったからだ。僕に努力する覚悟があるのか、どういう生き方をし、どんな人間になるつもりか、聖典を学ぶプロセスにどんな意味を見出そうとしているかを、あの先輩僧は問うていた。僕が目を向けるべきなのは、プロセスであって、結果ではなかった。

やってみよう——やることリストだけでなく、なることリストをつくる

やることリストと同じく、なることリストをつくってみよう。やらなければならないことが増えるわけではないのでご安心を。☑印を付けたり、進捗具合を測ったりするものではないからだ。意図をもって目標達成をめざすことは、その推進力となる価値観に沿って生きることを意味する。このエクササイズはそれを忘れないようにするためのものだ。

例1

たとえば、きみの目標が「経済的に自由になること」だとすれば、やることリストには、次のような項目が挙げられるかもしれない。

・自分のスキルが生かせて、収入のよい仕事を探す
・履歴書をつくり直し、求人情報を得るためにアポイントメントをとる
・収入条件に合う求人があればすべて応募してみる

一方、目標を達成するために、どういう人間になる必要があるかを考えると、次のようなリストができるかもしれない。

・自制心のある人間になる
・集中力のある人間になる
・情熱のある人間になる

例2

「パートナーとの関係を充実させること」が目標だとすれば、きみのやることリストは、こんな感じになるだろう。

・デートの計画を立てる
・パートナーの喜ぶことをする
・外見に気を配る

一方、なることリストはというと、

・落ち着きのある人間になる
・思いやりのある人間になる
・パートナーの1日の出来事や気分にもっと関心を寄せられる人間になる

初期キリスト教の時代、中東の砂漠に隠棲し「荒野の教父」と呼ばれた修道士たちは、こんな言葉を残している。「自分がどれだけのことを為せるかも知らぬ人間に進歩はない。始めた仕事には興味を失い、努力もせずに、ただうまくやりたいとだけ願うとは」。プロセスに深い関心をもたなければ、全力で打ち込むことはできない。関心をもたないままでは、正しい理由のために行動しているとは言えない。たとえ、ゴールに達して、ほしいものをすべて手に入れ、誰もがうらやむような成功を実現したとしても、その人は相変わらず、迷子のような疎外感を覚えるだろう。一方、日々のプロセスを愛する人の仕事には、深みと信頼性があり、何がしかの影響を残そうという意気込みが感じられる。どちらの人も成功できるかもしれないが、しっかりと意図をもって歩むほうが、喜びは大きい。

それに、自分がこれまでに果たした歩みの一つひとつに明確な意識と自信をもっていれば、打たれ強くもなる。失敗は、きみが価値のないダメ人間であることを示しているわけではない。価値ある目標にたどりつけるよう、別のルートを模索する必要があることを示している。満足は自分の仕事の価値を信じることから生まれる。

ロールモデルを探す

意図を実現するために何が必要かを見きわめたければ、ロールモデルを探すのが最善の方法だろう。お金持ちになりたければ、自分が憧れているお金持ちを研究しよう（もちろんストーキングはせずに！）。人となりや行動を調べたり、どうやって今いるところにたどりついたかが書かれた本を読んだりするといい。とくに、今のきみと同じステージにいた頃、その人が何をし、どうやってそこから今の場所へたどりついたのかに興味をもとう。

起業家のオフィスを見学するなり、海外移住先で成功しているアボカド農園を訪ねるなりすれば、実際に、目の前にあるものが自分の望むものかどうかは確かめられる。でも、その人が現在に至るまでにどんな道を歩んできたかまでは分からないだろう。

たとえば、俳優というのは、単に映画や雑誌に登場するだけが仕事ではない。俳優には、監督がOKと言うまで、同じシーンを60回も演じるだけの忍耐力と創造力が要求される。あるいは、僧侶をめざすなら、瞑想する人にただ憧れているだけではなれない。毎朝、その人と同じ時間に起床し、その人の生活様式や、その人が示す性質を見習う必要がある。試しに1週間、その人のそばで一挙手一投足を真似てみるといい。具体的にどんなことが難しいか分かってくるし、自分にそれを引き受けるだけの覚悟があるかどうかも確かめられる。

そうやって誰かの仕事ぶりを観察する際には、覚えておこう。同じ意図を実現するためでも、道は一つではないということだ。地球環境を救おうと意図した人間が二人いるとしても、一方は、非営利団体アースジャスティスに所属して、法律の世界から環境問題に取り組むかもしれないし、もう一方は、植物原料からつくる人工皮革ヴィーガンレザーを広めたステラ・マッカートニーのように、ファッションの世界から取り組むかもしれない。ここでこんな話をするのは、意図をもって歩み始めた段階では、ゴールへのルートの選択肢を広げておいてほしいからだ。自分に最適な方法や職種を絞っていく段階については、次章で話すことにしよう。

さっき話したヨットで単独世界一周の例からも分かるとおり、行為は似ていても、人によって意図がまったく異なる場合がある。二人の人間が同じ慈善団体に大金を寄付したとしよう。一方は、その団体の事業に深い賛意を表すため、つまり、利他的な意図からの寄付、もう一方は、キャリアや社会的地位の向上に役立ちそうな人脈づくりのため、つまり、利己的な意図からの寄付だった。そして、どちらの寄付者も同じように感謝状を贈られる。すると、社会のために役立ちたいという思いで寄付した人は、自分の行為が有意義だったと知って幸せになる。一方、利己的な人脈づくりのために寄付した人は、もっぱら、自分の役に立ちそうな人と出会えるかどうかにしか興味がない。二人の意図の違いは慈善事業には何の影響も及ぼさないだろう。どちらも世の中の役に立つという意味では同じだからだ。でも、本人にとっての内面的な意味、自分は報われたという感情はまったく違ってくる。

もちろん100%純粋な意図なんてない。僕の慈善行為の88%は誰かを助けることを意図したもの、8%は自分を満足させるためのもの、4%は他の寄付仲間と仲良くするためのものかもしれない。意図がぼんやりしていたり、多面的であったりしても、それ自体は問題ではない。ただ、意図の純度が低ければ低いほど、その意図を首尾よく実現できた場合であっても、満足度は低くなりがちだ。そのことは覚えておくべきだろう。求めていたものを手に入れながら幸せでないとしたら、それは、意図が間違っていたということだ。

手放して成長する

自分という枠を超えた大きな意図は、人を利他的な行動に向かわせる原動力になる。子どもを養うためだと思えば親は残業をいとわない。ボランティアは自分が信じる主義主張のためなら、喜んで時間と労力を捧げる。労働者は顧客を喜ばせるために仕事に励む。僕らは出会う人々からそういう意図を感じとる。それは、きみに最適なヘアスタイルを探してくれる美容師かもしれないし、患者であるきみを気遣って、わざわざ様子を尋ねに来るホームドクターかもしれない。

寛大な意図はその人の内面からおのずとあふれ出す美しいものだ。何度も言うけれど、かたちとなって現れる結果を求めて何かをするとき、僕らは幸せにはならない。正しい意図、つまり人の役に立つという意図をもって行動してこそ、僕らは日々、意味と目的を感じることができる。

意図をもって生きることとは、成功という外面的な目標へのこだわりを手放し、内面に目を向けることを意味する。呼吸法をとり入れた瞑想は、そうした意図を自然に育ててくれる方法としてふさわしい。きみが自分の本質や価値観にそぐわない意見や考えをそぎ落としていく過程で、この呼吸法を実践すれば、自分なりのペースで進んでいるかどうかチェックできる。呼吸はきみに教えてくれるだろう。自分の人生は自分だけのもの、本来、そうあるべきものだということを。

呼吸瞑想

呼吸法はふだん頭に偏りがちな意識を身体に向かわせてくれる。呼吸には心を落ち着かせたり、すっきりさせたりする効果がある。実際やってみると簡単ではないかもしれない。でも、その難しさも呼吸法というプロセスの一部だ。

今、僕は坐っている。乾燥した牛の糞でできた土間は驚くほど冷たい。居心地は悪くないが、いいわけでもない。足首が痛いし、背中を伸ばしていられない。難しすぎて嫌になってくる。坐り始めて20分。頭の中はまだ雑念だらけだ。呼吸に注意を向けるはずが、ロンドンにいる友人たちのことばかり考えてしまう。隣の僧侶をちらっと見てみよう。おや、背筋が伸びて姿勢がいいぞ。瞑想がうまくいっているんだな。指導者の「自分の呼吸を見つけなさい」の言葉に、僕は息をする。ゆっくり、丁寧に、静かに。

おや、呼吸を意識できるようになってきた。
吸って……吐いて……。
そうだ。
いいじゃないか。
おもしろくなってきた。
その調子。
うまく……
いきそう……。
待てよ、背中がかゆくなってきた。
吸って……吐いて……。
静かに。

アシュラムでの最初の滞在は2週間だった。毎朝2時間、ゴーランガ・ダス先生による瞑想指導があって、実際にはそれ以上、長くなることもざらだった。そんなに長時間、坐り続けるのは楽ではない。疲れるし、ときには退屈してしまう。さらにまずいことに、余計な思考や感情が次々と浮かんでくる。僕は心配ばかりしていた。正しい姿勢になっていないんじゃないか、僧侶たちになんて思われるだろうか……。そんなふうに焦っていると、エゴが頭の中で大声を上げる。「よし、アシュラムで最優秀の瞑想者になって、周囲をあっと言わせてやろう」。まったくもって僧侶らしからぬ考えだ。瞑想は思っていたほどうまくいっていない。それどころか、瞑想するほど、どんどんダメな人間になっていくじゃないか！

ショックだった。正直言って、自分の中にある未解決のネガティビティをまざまざと見せつけられてがっかりした。エゴ、怒り、欲望、苦痛という、自分の嫌な部分を、瞑想は露わにしただけだ。つまり、瞑想がうまくいっていないということではないか？　それとも、これこそが瞑想なのだろうか？

僕は自分のやり方に問題がないか先生たちに尋ねてみた。すると一人の先生がこんな話をしてくれた。毎年、僧侶たちはインド南東部プリーのグンディチャー寺院を入念に清掃する。隅から隅まで掃除しながら、同時に自分の心もきれいになっていく様を思い描くという。ところが、掃除が終わる頃には、寺院はまた埃だらけになっている。瞑想もまさにそれと同じだとその先生は言った。終わることのない作業なのだ、と。

瞑想で僕はダメになったわけではなかった。見たくない現実にも、目を向けなければならなかった。瞑想という静けさに包まれているうちに、もともと僕の中にあったものが増幅されていたにすぎない。心の奥の暗がりに瞑想は明かりを灯していた。

きみが望む場所へたどりつけるように、瞑想は、見たくないものをきみに見せるだろう。

難しいとか楽しくないという理由で、瞑想から逃げ出す人が多い。初期仏教の経典『ダンマパダ（法句経）』（第3章34番）にブッダのこんな言葉がある。「水から釣り上げられ砂の上に置かれた魚のように、瞑想中、心はのたうち回る」〔訳注　煩悩から逃れようとしてもがく心の性質について述べた一節〕。ただし、瞑想で重要なのは、瞑想を難しくしているものを見きわめることだ。瞑想とは、単に1日に15分間、目を閉じて過ごすことじゃない。自分自身に熟考と評価の時間を与えてやることだ。

これまでに僕はさまざまなすばらしい瞑想を経験してきた。笑いもしたし、泣きもした。信じられないくらい、心が生き返ったように感じられる。それがやがては、静かで穏やかな至福へと変わっていく。瞑想は、得られる結果だけでなく、そこへ至る経過も喜びに満ちている。

身体と心のための呼吸法

きみもたぶん知っているだろうが、呼吸は感情によって変化する。たとえば、集中しているときは、一瞬、息を止めていたり、いらいらや不安を感じているときは、浅い呼吸をしていたりする。でもその種の反応は反射的に生じるものであって、息を止めると集中しやすくなるわけではない。浅い呼吸はむしろ不安を強めてしまう。一方、コントロールされた呼吸は即座に心を落ち着かせてくれる。呼吸は、せわしなく動き回るエネルギーを静かな状態へシフトさせるのに役立つ。

何千年も前から、ヨーガの行者たちは、自然治癒力を引き出し、エネルギーを高め、今この瞬間に意識を集中させるために呼吸法（プラーナヤーマ）を実践してきた。古代の聖典『リグ・ヴェーダ』にも、呼吸は自己の内奥にある意識につながる道として描かれ、「気息すなわち生命」（『リグ・ヴェーダ』第1巻66）と表現されている。アボット・ジョージ・バーク（スワミ・ニルマラナンダ・ギリ）は、呼吸とは「わたしたちの最奥にある生命の現れ」だと言う。一方、仏典『マハーサティパッターナ・スッタ（大念処経）』にも、悟りへ至る方法として、ブッダが説いたとされる「アーナパーナサティ」（大まかに言えば「呼吸への気づき」）が出てくる。呼吸法（プラーナヤーマ）がもたらすさまざまな効果は科学的に証明されていて、たとえば、心臓血管系の健康改善、全体的なストレスレベルの低下、さらには、学力テストの成績向上まで期待できる。この本で紹介する呼吸法は、世界中の心理セラピー、コーチング、さまざまな瞑想法に活用されている。

呼吸を整えれば、どんな感情にも翻弄されず、自分自身とつながっていられる。心身を落ち着かせ、自分の中心軸に戻って、ストレスを解消することができる。

僕がお勧めしたいのは、1日に1~2回、呼吸瞑想の時間をつくることだ。それ以外にも、呼吸が浅くなっているとか、息を詰めていることに気づいたときは、ぜひ呼吸瞑想を実践してほしい。落ち着きを取り戻したいとき、僕もよく活用している。特別なスペースを用意する必要はない（初心者はリラックスできる空間のほうがやりやすいのはたしかだけれど）。パーティー会場のトイレでも、飛行機の中でも、プレゼンテーションや知らない人と会う前でも、ちょっとした時間と場所を見つけて実践してほしい。

やってみよう——呼吸瞑想

僕が毎日実践している効果的な呼吸法を紹介しよう。集中力を高めたいときと、リラックスしたいときとでは方法が異なるので、必要に応じて選んでほしい。

準備

どちらのタイプの呼吸法でも、準備段階として、次の1~10の手順をとろう。

1. 楽な姿勢をとる――椅子に腰かけるか、クッションに坐るか、床に横になる。
2. 目を閉じる。
3. 視線を下げる。
4. 身体の余分な力を抜いてリラックスさせる。
5. 両肩をもち上げてから後ろに回し下ろす。
6. 心の中で次のように唱える。

落ち着き
調和
穏やかさ
静けさ
安らぎ

心が別のことを考え始めたら、そっと注意を戻そう。

落ち着き
調和
穏やかさ
静けさ
安らぎ

7．次に、今の自分の呼吸に注意を向ける。無理やり呼吸を変えるのではなくて、自然な呼吸パターンに気づくこと。
ここからは、アシュラムで教わった横隔膜呼吸法を試してみよう。一方の手を胃のあたりに、もう一方の手を胸に当てる。

息をゆっくり鼻から吸って、ゆっくり口から吐く。
吸う息で、胃が膨らむのを感じる（逆に胸はしぼむ）。
吐く息で、胃がしぼむのを感じる。
これを、自分のペースで、好きなだけ繰り返す。
吸う息で、ポジティブで有益なエネルギーが入ってくるのを感じる。

吐く息で、ネガティブで有害なエネルギーが出ていくのを感じる。

8. 吸う息で、首をゆっくり左肩の方向へ倒し、吐く息で、ゆっくりもとに戻す。

9. 吸う息で、首をゆっくり右肩の方向へ倒し、吐く息で、ゆっくりもとに戻す。

10. 自分の呼吸をじっくり味わう。急がず、のんびり、自分のペースで、好きなだけ時間をかける。

落ち着きとリラクゼーションをもたらす呼吸法

1～10の準備段階を終えてから、

ゆっくり4カウントで鼻から息を吸う。
4カウント、息を止める。
ゆっくり4カウントで口から息を吐く。

これを10回繰り返す。

活力と集中力をもたらす呼吸法（カパラバティ）

1～10の準備段階を終えたら、

4カウントで鼻から息を吸う。

勢いよく一瞬で鼻から息を吐く（蒸気機関車のようなイメージ）。

4カウントで鼻から息を吸う〔訳注　ヨーガの「カパラバティ」とは若干異なる〕。

これを10回繰り返す。

入眠のための呼吸法

4カウントで息を吸う。

4カウントよりも長くゆっくり息を吐く。

これを眠くなるまで繰り返す。

パート 2

成長する

第5章

目的

――サソリの性分

おまえがダルマを守れば、
ダルマはおまえを守る。

――『マヌ法典』第8章15節

僧侶になるということは、はた目には、基本的にすべてを手放していくことのように見える。実際、僕は髪の毛を手放した。着るものも数枚の僧衣だけになった。気を散らす原因もことごとく取り除かれた。でも、実際にやってみて分かったのは、禁欲は目的ではなくて目的を果たすための手段だということだ。手放すことで心は開かれていった。

僕ら修行僧が奉仕に時間を費やしたのも心を開くためだ。その際、重要だったのは、自分の好きなことを好きな方法で奉仕するのではなく、必要とされる場所、必要とされる方法で奉仕することだった。人の役に立とうという意欲と柔軟な対応力を示すためには、自分の得意分野だけを引き受けるより、さまざまな雑用や活動をまんべんなく交代で行う必要がある。僕らは、料理、掃除、庭の手入れ、牛の世話から、瞑想、学習、祈り、講義の時間の手伝いまで交代で行った。初めのうち、僕はそういう活動のすべてを平等に見ることができなかった。牛の糞の後始末をするより、研究や学習の手助けをするほうがずっと好きだからだ。でも僕ら修行僧はこんなふうに指導されていた。アシュラムを一つの身体だと思わなければならない。身体はさまざまな臓器で構成されていて、特定の臓器が他の臓器より重要ということはない。すべてが互いに協調しながら機能している。どれも同じように必要なものだ。

そうやって僕らは役割を公平に分担しながら共存共栄していた。でも、その一方で、一人ひとりに好き嫌いがあるのも、また事実だ。動物の世話が好きな僧もいれば（僕じゃない！）、料理が楽しくて仕方がない僧もいる（それも僕じゃない。グルメじゃないから）。そうかと思えば、庭仕事を愛する僧もいる。でも僕らは、自分の好きなことだけに没頭せず、多様な分野を引き受けるからこそ、自分の情熱のありかを観察し、確認することもできる。未経験のスキルに出会い、試行錯誤しながら上達していくとき、どんな気持ちになるかが分かる。自分は何が好きなのか。それを自然なことと感じられるか。充実感に満たされるか。それはなぜなのか。

僕は牛が汚した場所をきれいにするのが嫌だった。でも、そうやって何かに苦痛を感じたときは、顔をそむけずに、苦痛の根っこにある感情と向き合うようにした。すると、日常的な雑用に嫌悪感を抱くのは、エゴの問題だということがすぐに分かった。他のことを学べるはずの時間を雑用で無駄にしたくない――そう思っている自分に気づいてからは、牛の糞始末の仕事への向き合い方が変わった。何かしら学べるものがあるのではないか、と考えるようになった。モップがけの掃除からも何か学べるはずだ。畑でじゃがいもを植えつけながら、サンスクリット語の韻文を覚える練習ができるかもしれない。そんなふうに雑用をこなしながら観察しているうちに、新たな発見があった。モップのヘッドは柔軟に動くからこそ、広いスペースから入り組んだ場所まで拭くことができる。ほうきのようにカチッとしたものに、すべての掃除がこなせるわけではない。僕のモンク・マインドにとって、これは貴重な教訓だった。学びと成長を隅々まで行き渡らせるためには、柔軟性が必要だ。畑でリズミカルに種イモを植えてみたら、聖典の韻文を暗記するのにちょうどいいことが分かった。そうやって韻文をそらんじていると、植えつけ作業が楽しくなってきた。

自分のダルマを生きる

アシュラムという自制的な場所で、自分の強さと弱さを発見していく生活は、僕ら修行僧にとって、自分の「ダルマ」を知るいい機会になった。「ダルマ」という言葉は、他のサンスクリット語の多くがそうであるように、一つの単語に訳すことが難しい。「天職」に近いと言えなくもないが、僕は「ヴァルナ」と「セーヴァ」が合わさったものだと思っている。「ヴァルナ」（これも複雑な意味をもつ）は、その人にとって大好きであり得意でもあること、そして「セーヴァ」は世の中のニーズを理解し、無私の心で他者に奉仕することだと思ってほしい。きみが得意で好きなこと（ヴァルナ）が普遍的なニーズ（セーヴァ）と結びついて、人生の目的になったとき、きみは自分のダルマを生きていることになる。

ダルマに時間とエネルギーを費やしていると、自分の能力を最大限に発揮しつつ、しかも、世の中の役に立っているというダブルの満足感が得られる。**自分のダルマを生きることは、人生を充実させる確実な道だ。**

この本のパート1では、充実した人生の妨げになるような要因にいかに気づき、手放すかという話をした。ここからは、自分の核となる価値観と意図をもとに、生き方をどう仕切り直し、そこからどう成長していくかを見ていこう。きみのその成長はダルマから始まる。

あるとき二人の僧侶が川で足を洗っていた。一方の僧侶が、溺れかけている1匹のサソリに気づき、すぐにつまみ上げて川岸に置いてやった。素早く手を離したにもかかわらず、僧侶は刺されてしまった。それでも構わず、また足を洗い始める。するともう一方の僧侶が言った。「おや、あのサソリのやつ、また川に落ちたぞ」。すると最初の僧侶はまたサソリを救ってやり、また手を刺された。相棒が言った。「友よ、サソリは刺すのが生まれつきの性分だ。それが分かっていて、なぜきみは助けるんだ?」

「なぜって、助けるのがわたしの性分だからだ」

みずからの苦痛を顧みずにサソリの命を優先した僧侶を、謙虚さ（自己犠牲）の鑑《かがみ》と見ることもできるだろう。でも、この寓話のむしろ注目すべきところは、「命を救う」ことがこの僧侶の生まれながらの性質である、と述べている点だ。その生来の性質ゆえに、僧侶はサソリに刺されると分かっていても、救わずにいられないし、喜んで救おうとする。自分のダルマを信じているからこそ、そのダルマを果たすためなら、苦痛も受け入れようとする。

ダルマを見つける

アシュラムで過ごす最初の夏、すでに僕は、トイレ掃除と、じゃがいもカレーづくりと、キャベツの収穫を経験していた。自分の僧衣の手洗いもやっている。これが結構大変な作業だ。僧衣にはベッドシーツかと思うくらいたっぷり布地が使われているから、食べこぼしや草木の染みをごしごし落としていると、運動強度高めのワークアウト・メニューをこなしている気分になる。

ある日、僕が、いかにも見習い僧らしく、過剰なほどの熱心さで鍋洗いに励んでいると、先輩がやってきた。

「今週の授業でみんなの前で話をしてもらいたい。テーマは『バガヴァッド・ギーター』の一節だ。第3章21節の『すぐれた者が何かを行えば、平凡な者はそれを真似る。すぐれた者が見本を示せば、世界はそれに従う』という詩について話してほしい」

僕は依頼を引き受けると、また深鍋を洗う手を動かしながら、さて、何を話そうかと考える。詩の要旨は理解しているつもりだ。模範を示せということだろう。自分がどんな人間かは、言葉ではなく行いに現れる。そういえば、アッシジの聖フランチェスコはこんなことを言ったとされる。「つねに福音を宣《の》べ伝えなさい。必要であれば言葉を使いなさい」

僕を含め、ここにいる修行僧の多くは5歳でアシュラムに入ったわけではない。みんなふつうの学校に通い、ガールフレンドやボーイフレンドがいて、テレビや映画を観て育ってきた若者だ。詩の意味を理解するのには苦労しないだろう。でも、そんな彼らに、この詩を新鮮な気持ちで味わってもらうには、どう伝えればいいのか。アシュラムの外の世界で経験したことと結びつけて、詩の意味を実感してもらいたい。そんなことを考えていると、僕はもうワクワクしてくる。

図書室の年季の入ったパソコンはインターネットの接続速度がうんざりするほど遅い。しかもここはインドの田舎だから、画像を1枚ダウンロードするだけでも1時間はかかる。ふだん大学図書館の快速パソコンを使っていた僕にとって、この待ち時間は拷問に等しい。でも、キッチンでは仲間の僧侶たちが、お湯が沸くのを辛抱強く待っている。彼らを見習って僕もこのプロセスを大事にしよう。

調べものを続けるうちに、コミュニケーション心理学への興味が湧いてきた。アルバート・マレービアンの研究によれば、僕らのコミュニケーションのうち、55%はボディ・ランゲージ、38%は声の調子によるものであり、実際に発する言葉が占める割合はたったの7%にすぎない（これは一般的な指標であって、状況によってその割合は変化するが、やはり非言語的なコミュニケーションが大部分を占めるという）。僕は調査にのめり込む。人間は自分のメッセージや価値観をどう伝えているのだろう。世界中のさまざまな分野のリーダーたちは、どんなコミュニケーション・スタイルをとり、どんな人生を送ってきたのだろう。

とくに興味深いのは霊長類行動学者ジェーン・グドールのケースだ。グドールはリーダーになろうと思ってなったわけではない。1960年、初めてタンザニアのジャングルに入ったのは、チンパンジーを研究するためだった。ところが、彼女の研究結果とその後の活動は、種の保全の定義見直しに多大な影響を与えた。女性研究者の少なかった分野に多くの参入者を招き入れることにもなった。今も、世界各地でグドールの講演を聴いた若者たちが次々と自然保護活動に加わっている。

授業当日、修行僧たちは中規模の教室に集まった。僕は壇上のクッションに、生徒たちは床に置いたクッションに腰を下ろす。クッションの位置以外、僕は自分が彼らより上にいるとは思わない。僕らはすでに、誰もが生徒であると同時に先生でもあることを学んでいた。

今、僕は話を終えて満足している。調べてきた考えをみんなと共有することは、調べることと同じくらい楽しかった。みんなも喜んでいる。話が具体的だったから、古代の詩を身近に感じられたと言う。そうかと思えば、準備方法を尋ねてくる人もいる。こちらの苦労に気づいてくれたのだ。ありがたい。そんなふうに充実感と感謝の気持ちに浸っていると、自分のダルマが少しずつ見えてくる気がした。それは、調べること、知識の活用方法を試すこと、そして話すことだ。

人にはそれぞれ、その人が一番輝ける分野の決め手となる、精神的・身体的性質が生まれながらに備わっている。ダルマとは、その生来の傾向、得意分野、最大のポテンシャルを他者のために活用することだ。ダルマは、プロセス全体が楽しいうえ、巧みにこなすことができるから、情熱を感じずにいられない。それに、他者からポジティブな反応が返ってくるので、自分の情熱に目的を感じることもできる。そんなダルマを魔法の方程式にするとこうなる。

情熱 ＋ 専門的能力 ＋ 有用性 ＝ ダルマ

たとえば、誰かに褒められない限り自分の仕事にワクワクできないとすれば、その仕事に対して情熱がないということだ。一方、興味関心と能力はたっぷりでも、誰からも反応してもらえないとすれば、その情熱には有用性がない。どの要素が一つ欠けても、自分のダルマを生きていることにはならない。

とかく人は、何をやりたいとか、誰のようになりたいという夢を思い描く割に、それが自分のダルマかどうかは調べようとしないものだ。給料がいいから金融関係の仕事に就きたいとか、人から尊敬されるうえに有名になれるから医者になりたいと思うだけで、その職業が自分に合っているかどうかも分からないうちに、もうゴールをめざして歩き始めている。途中の道のりや環境が好きになれるか、必要とされるだけの努力ができるか、そもそも自分の得意なことかどうかさえ分かっていない場合が多い。

自分自身になる

僕らが大人になる過程でよく耳にする二つのセリフがある。一つは「人はどうせ何ものにもなれない」、もう一つは「人は何でもなりたいものになれる」。どちらが正解かというと、じつはどちらでもない。ほんとうはこう言うべきだ。

人は何でもなりたいものになれるわけではない。
だが自分自身になることはできる。

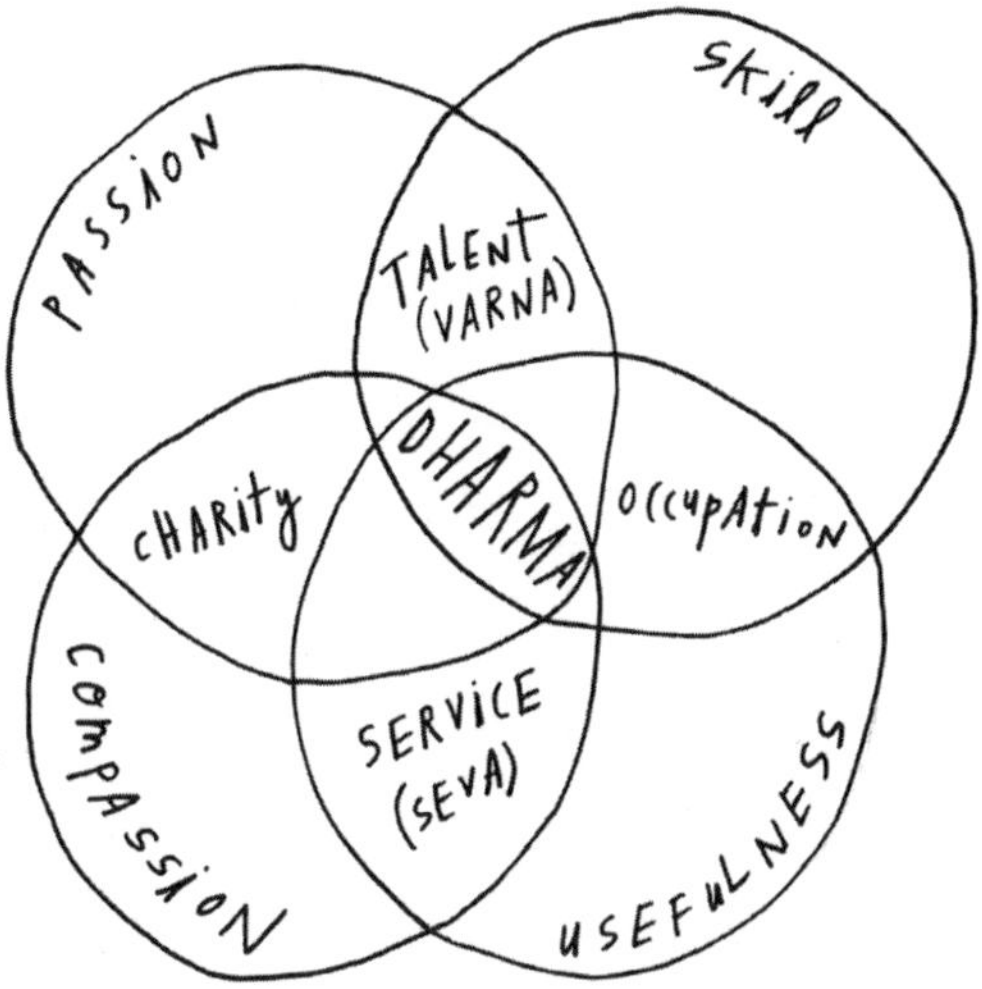
PASSION
SKILL
TALENT (VARNA)
DHARMA
CHARITY
OCCUPATION
COMPASSION
SERVICE (SEVA)
USEFULNESS

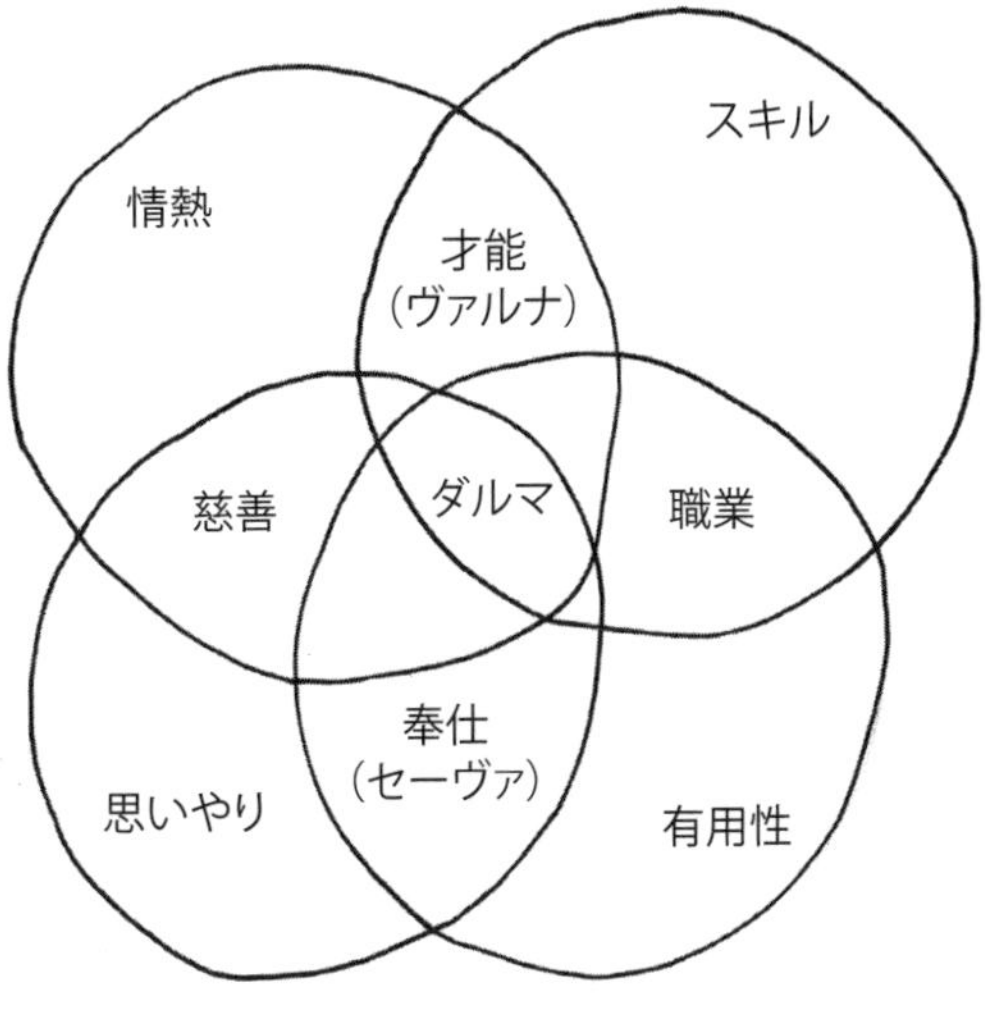
情熱
スキル
才能
（ヴァルナ）
慈善
ダルマ
職業
奉仕
（セーヴァ）
思いやり
有用性

僧侶は旅をする。旅といっても、それは、自分の内面に足を踏み入れて、自信と力にあふれた正真正銘の自己を探し出す旅だ。情熱と目的を探すために、わざわざ異国に移住する必要はない。情熱と目的は、遠くの国で発見されるのを待ちわびている財宝なんかじゃないからだ。きみのダルマはすでにきみの中にある。ずっと前から、きみ自身に織り込まれてそこにある。だから、きみが心を開いて、知ろうとすれば、ダルマは姿を現す。

ダルマは若くして見つかるとは限らない

とはいっても、ダルマを見つけるには何年もかかるかもしれない。現代の若者はさまざまなプレッシャーにさらされているが、中でも最大級のプレッシャーは、短期間で大物になれ、というものだ。Facebookを創設したマーク・ザッカーバーグ、スマートフォンの写真共有アプリSnapchatをつくり24歳にして世界最年少の億万長者になったエヴァン・シュピーゲル、グラミー賞を受賞したチャンス・ザ・ラッパー、モデルでタレントのベラ・ハディッドなど若くして成功を収めた人たちのおかげで、僕らの多くは、20代のうちに天職を見つけてその分野のトップにならなければ、人生は終わりみたいに感じている。

そんなふうに成功を急がされるのはストレスフルであるばかりか、じつのところ成功の妨げにさえなる。ビジネス誌『フォーブス』の発行人リッチ・カールガードが、著書『早期の成功者より、遅咲きの成功者は最高の生き方を手に入れる』（大野晶子訳、辰巳出版、2020年）で書いているように、大多数の人間は若くして大成することはない。

ところが、試験で高い点数を取って、「よい」とされる大学に入り、卒業もしないうちに人気アプリを開発して大成功を収めることが社会的にもてはやされている。その風潮のおかげで、24歳で世界の覇者にならなかった人はもちろんのこと、大きな足跡を残してきた人たちでさえ、深い不安と抑うつに陥っている。早咲きの成功者の多くは、成功を維持するためにとてつもないプレッシャーを感じている。

けれども、カールガードが指摘するように、遅咲きでもすばらしい成功を収めた人たちはたくさんいる。ノーベル賞作家トニ・モリスンがデビュー作『青い眼がほしい』（大社淑子訳、早川書房、1994年）を発表したのは39歳のときだ。大富豪ディートリヒ・マテシッツは、スキー・インストラクターの仕事で生活費を稼ぎながら10年かけて大学を卒業し、マーケティングの仕事を経たのち、ようやく40歳にしてエナジードリンク会社レッドブルを立ち上げて大成功を収めた。好奇心をもち、自分自身を知り、強みを伸ばす。そのとき進むべき道が見えてくる。そして自分のダルマが見つかったなら、ひたすら追求する。

他人のダルマに惑わされない

『バガヴァッド・ギーター』には、「他人のダルマを完璧に生きるより、自分のダルマを不完全に生きるほうがいい」という一節がある。スティーヴ・ジョブズも、2005年、スタンフォード大学の卒業式に招かれて、こう語っている。「皆さんの時間は限られています。他人の人生を生きて時間を無駄にするようなことはしないでください」

テニス・プレーヤーのアンドレ・アガシは、自伝の中で爆弾発言をして世界を唖然とさせた。かつて世界ランク1位を獲得し、四大大会に8回優勝してキャリア・グランドスラムを達成、さらにはオリンピックの金メダルまで手にしたというのに、なんとテニスが嫌いだと言う。テニスを始めたのは父親に強制されたからであって、驚異的に強かったのはたしかだが、テニスに対しては嫌悪感しかなかった。とてつもない成功を収めて巨万の富を築いたという事実も、本人にとってはどうでもよかった。要するにテニスはアガシのダルマではなかった。それでも彼は現役時代の成功をもとに、ほんとうの情熱に打ち込む道を見つけた。サーブを打つ代わりに、今では人に尽《サーブ》くしている。彼が設立したアンドレ・アガシ財団は、故郷ネバダ州の子どもたちに基本的な支援活動を行っているほか、経済的に恵まれない子どもたちに小中高一貫教育を行い、大学進学を準備させるチャータースクールを経営している。

僕らの社会は、長所をいかに伸ばすかより、短所をいかに補うかに重きを置いている。通知表のA評価が三つ、D評価が一つだったら、Dを改善することに全力を注ぐ。学業成績から、標準テスト、人事評価、はては自己啓発プログラムまでが、その人の足りない部分に照準を合わせ、改善を迫るものばかりだ。でも、そうやって指摘される短所がじつは本人の責任ではなくて、他人のダルマだったとしたら、どうだろう?

ベネディクト会修道女のジョアン・チティスターはこんなことを書いている。「自分の欠点や限界を信頼すればこそ、わたしたちは素直になれ、他者の才能を信頼すればこそ、安心できるというものです。そしてそのとき気づくのです。何から何まで自分で背負う必要はないし、背負えるものでもありません。わたしに不可能なことが、誰か他の人には可能であり、責任が負えることなのです。つまり、わたしの欠けた部分が、他の人にとっては、才能を発揮するためのスペースになるということです」。僕らは自分の短所に注目するのではなく、長所を頼りにしよう。そしてその長所を中心に据えて生きるにはどうすればいいかを探っていこう。

ただし注意事項が二つある。まず、自分のダルマを追求することは、フリーパスを手に入れることではない。スキルに関しては、長所を大いに頼りにしよう。でも、自分に足りないものが、たとえば、共感、思いやり、優しさ、寛大さといった感情的な性質のものであるとしたら、そういう短所を改善するための努力はけっして怠ってはならない。人の気持ちが分からないままテクノロジーの魔術師になっても、何の意味があるだろう。どれだけ専門技術にすぐれていようと、ジコチュウ呼ばわりされるとしたら、それなりの理由があると思ったほうがいい。

注意事項の二つ目は、学校では成績が悪くても、まるきりその科目をあきらめる必要はないということだ。経験不足と能力不足を取り違えないようにしよう。自分のダルマを知らないがために、ダルマ以外のことをしている人がいるけれど、選択肢を狭める前に、さまざまなことを試してみるべきだ。そして、その実験の大部分は学校にいる間や、若いうちにするものだ。

ダルマを知るための努力

僕はものすごく不快な経験を通して、自分のダルマに気づき始めた。あの日、アシュラムで修行僧たちに話をする日まで、人前で話すのが大嫌いだった。7歳か8歳の頃、学校の集会で自分の文化的な伝統を発表し合う時間があった。その日、母は僕にインドの王様みたいな格好をさせた。身体に合わないぶかぶかのサリー風の衣装を着せたところで、ぎこちない僕が急に堂々とするわけがない。ステージに登場した途端、会場からどっと笑い声が上がる。どんなに頑張っても、僕は歌がうまいほうではないから、案の定、サンスクリット語の祈りを歌い始めると、みんなはこらえきれなくなった。2分もしないうちに、生徒500人と先生全員が笑い転げていた。僕の頭からは歌詞が吹っ飛んでしまった。用意した紙に目をやるが、涙で読めない。担任が近づいてくる。先生に抱きかかえられるようにして僕が退場する間も、笑い声はやまなかった。なんという屈辱的体験だろう。ステージが大嫌いになった瞬間だった。
ところが14歳のとき、両親から強制的に、パブリック・スピーキング（演説法）と演劇を学ぶ放課後プログラムに参加させられた。週3回、計3時間の活動を4年間も続けたおかげで、ステージに立つスキルは身についた。でも、相変わらず、僕には人前で話したいこともなければ、話をする楽しさも分からなかった。当時も今も基本的にシャイな性格だが、そんな僕の人生が変わることになったのは、このパブリック・スピーキング講座のおかげだった。やがて人前で話すためのスキルがダルマと結びついたときから、僕はそのスキルといっしょに走り始めた。

アシュラムでの最初の夏を終えた時点では、まだフルタイムで僧侶になる道は選んでいなかった。大学に戻ってからは、人に何かを教えるという能力をもっと試してみることにした。そこで、立ち上げたのが「シンク・アウト・ラウド（考えごとを口に出す）」という課外サークルだ。毎週、集まった人たちの前で僕が哲学やスピリチュアリティや科学をテーマに話をし、その後、参加者たちに討論してもらうという算段だった。

最初のミーティングのテーマは「物質主義的社会が抱える問題点とスピリチュアルな解決法」。現代人はみな似たような課題と失敗と問題に直面しているけれど、スピリチュアリティはその解決法を見つける助けになる。そんなことを僕は話そうと思っていた。でも参加者は一人も現れず、小さな部屋はいつまでたってもがらんとしたままだった。「この状況から学べることがあるんじゃないか？」そう思った僕は、空っぽの部屋に向かって全力で話し始めた。そうするにふさわしい話題だからだ。以来、さまざまなメディアを通じて、僕は同じことをやり続けている。つまり、人間とは何か、そして日々直面する問題をどうすれば解決できるかを問いかけて、対話のきっかけにしてもらうことだ。

やがて、サークル2回目のミーティングに向けて事態を改善しようとチラシを配ったところ、当日は10人ほど集まってくれた。テーマは初回と同じく「物質主義的社会が抱える問題点とスピリチュアルな解決法」だったけれど、この日は最初に、コメディアンのクリス・ロックの短い動画を見せた。動画の中でロックは製薬企業の実態に鋭い突っ込みを入れている。いわく、製薬企業の真のねらいは、病気を治すことではなく、なるべく長期間薬を使わせることにある、と。このロックの指摘を、僕はディスカッションにつなげていった。僕らの社会には、人として成長するために必要な努力をするより、お手軽な方法に頼ろうとする傾向がないか、と疑問を投げかけたわけだ。そう、いつも僕は、こんなふうにユーモアのある題材や現代的な問題を例に取り上げるのが好きだ。僧侶の考え方を日常生活に落とし込むために具体例を挙げるようにしている。この日以来、「シンク・アウト・ラウド」は毎週開かれるようになり、3年間続いた。僕が卒業する頃には、参加者１００人規模の週3時間のワークショップにまで成長していた。

誰もが天賦の才能を内に秘めている。でも、目の前にぱっと道が開けて、自分の才能が姿を現してくれるとは限らない。分かりやすい道なんて、もしかするとないかもしれない。僕のダルマは、自分の大学で一般的とされるような職業の選択肢には含まれていなかった。でもその大学という場所で自分がサークルをつくったからこそ、ダルマが分かった。しかも、たまたまアシュラムで任された仕事にヒントを得たからだ。ダルマは隠れているわけではないが、僕らがダルマを知るためには、ときとして根気よく努力を重ねる必要がある。アンダース・エリクソンとロバート・プールも、著書『超一流になるのは才能か努力か?』(土方奈美訳、文藝春秋社、2016年)の中で、超一流になるためには「限界的練習」〔訳注 明確な目標、自分の能力の限界を少し超えるレベルの負荷、フィードバックなどを重視した練習法〕がかなり必要だと書いている。でもほんとうに好きなことなら、努力も長続きするというものだ。ピカソはさまざまな表現形態を試しながら、つねに絵画を活動の中心に据えていた。マイケル・ジョーダンは一時期、野球に転向したが、ほんとうに才能を発揮できたのはバスケットボールだ。きみも自分の得意な分野でとことんプレーすれば、人生には深みが加わり、意味と満足が見つかるに違いない。

自分の情熱とつながる

ダルマを見きわめるためには、どんな仕事に情熱を感じるかを知る必要がある。自分にとって、大好きであると同時に、自然にこなせてしまうものとは何か。「ポテンシャルの4区分」

（207ページ）を見れば分かるとおり、僕らが最も時間を費やすべきなのは、右上の区分2「得意であり、なおかつ好き」なことだ。ただし、人生はそう簡単にはいかないもので、むしろ、多くの人が区分1「得意だが好きではない」ことを職業にしていたりする。そして時間に余裕ができたときだけ、趣味や課外活動として区分4にいそしむ。たとえ上達するほどの時間はかけられなくても、楽しいからだ。一方、区分3には、誰もがなるべく時間を費やしたくないと思うだろう。好きでもなく得意でもないことを長く続けていたら、気が滅入ってしまう。そこで問題になるのが、どうすれば、より多くの時間とエネルギーを区分2「得意であり、なおかつ好き」なことにシフトできるかだ（ここから先は各区分を詳しく見ていこう。説明が区分の番号順ではないのにはわけがある。1と4はどちらも、ダルマたりうるために必要な条件の半分しか満たしていないから、その二つを先に話すことにしよう）。

区分1「得意だが好きではない」

区分1から区分2へシフトするのは案外難しい。区分1の仕事を嫌いだ、と言うのは簡単だけれど、誰もが、給料が奇跡的に高くて、しかも心から愛せるような仕事においそれとありつけるわけじゃないからだ。より現実的なアプローチは、今の仕事のまま、区分2にシフトする画期的な方法を見つけることだろう。今いるところで、自分のダルマを実現する方法はないか考えるということだ。

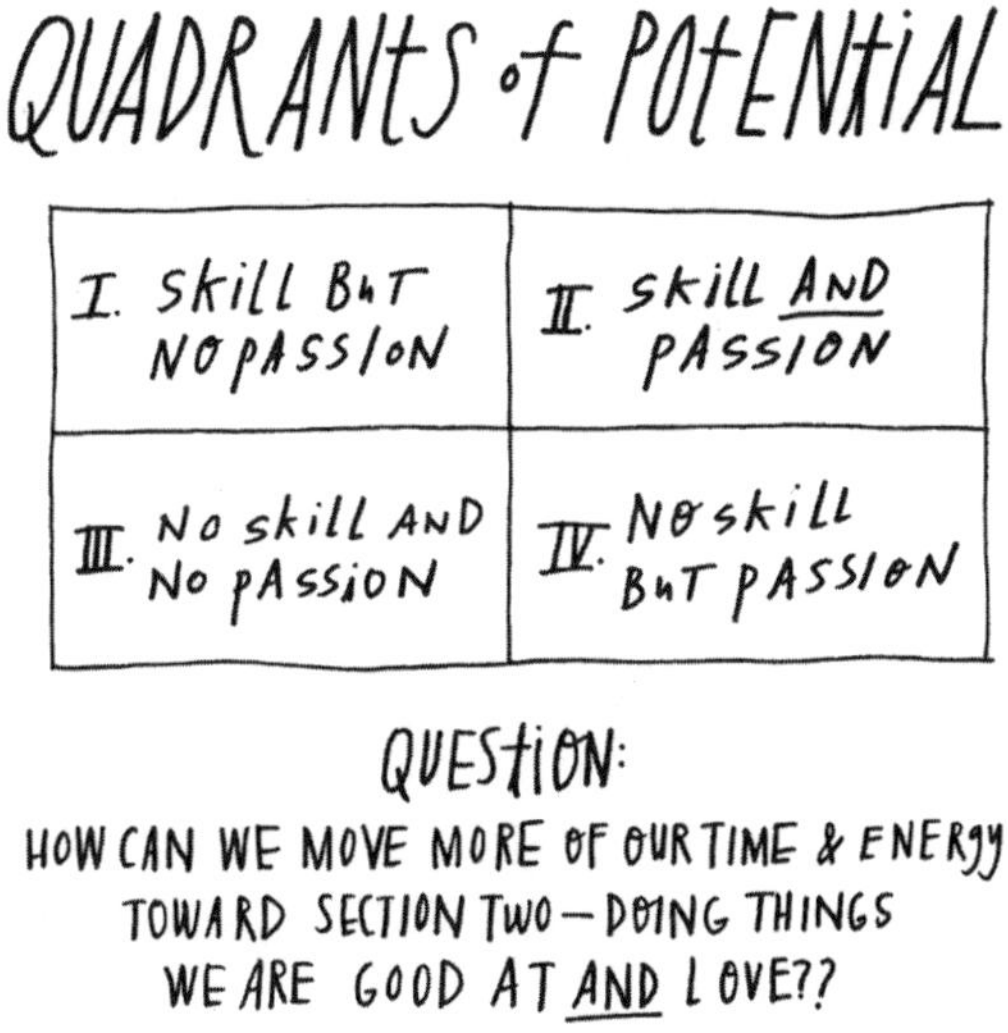
QUADRANTS of POTENTIAL
I. SKILL BUT NO PASSION
II. SKILL AND PASSION
III. NO SKILL AND NO PASSION
IV. NO SKILL BUT PASSION
QUESTION:
HOW CAN WE MOVE MORE OF OUR TIME & ENERGY TOWARD SECTION TWO — DOING THINGS WE ARE GOOD AT AND LOVE??

ポテンシャルの4区分

区分1　得意だが好きではない	区分2　得意であり、なおかつ好き
区分3　得意でもなく好きでもない	区分4　得意ではないが好き

問題：
どうすればより多くの時間とエネルギーを
区分２「得意であり、なおかつ好き」なことにシフトできるか？

3年間の修行を終えて、アシュラムを離れた後、僕は、世界的マネージメント企業のアクセンチュアでコンサルタントの仕事を始めた。アクセンチュアは、つねに数字、データ、財務諸表を扱っている会社だから、僕のポジションでもエクセルの能力は欠かせなかったが、僕はエクセルが好きじゃない。必要以上にうまくなろうとは思わなかった。興味が湧いてこないのだから仕方がない。牛小屋掃除のほうがまだマシとさえ思っていた。

そこで、できるだけのことはやりつつ、もう一方では、ほんとうに得意なことをアピールするための方法を考えた。僕は瞑想やマインドフルネスのような、人生に役立つ知恵とツールに情熱を感じていたから、ワーキンググループにマインドフルネスを教えることを提案してみた。すると、取締役がアイデアを気に入ってくれて、さっそくクラスを開催する運びとなった。しかも、これが好評を博したため、今度は、全社のアナリストとコンサルタントを対象にした夏のイベントでもマインドフルネスと瞑想の話を依頼された。見込まれる聴衆の数は1000人。会場は、ラグビーのイングランド代表の本拠地でもある聖地トゥイッケナム・スタジアムだった。

スタジアムに着くと、自分の出番が、アクセンチュアのCEOと、ラグビー界のレジェンド、ウィル・グリーンウッドに挟まれていることが分かった。観客席でプログラムの順番を聞きながら、「うわっ、きっと笑いものにされる。なんでこんな仕事、引き受けたんだろう?」と思っていた。僕以外のスピーカーはみんな、その道の権威だし、話術も巧みな人たちだ。僕は、予定していた話の中身と伝え方を変えようかとさえ考え始めていた。呼吸法で心を落ち着かせていると、いよいよ自分の番が回ってきた。ステージに踏み出す2秒前、腹をくくる。「よし、自分らしく行こう」。他人のダルマではなく、自分のダルマに100%打ち込んだ。その思いどおり、僕はステージ上で自分の務めを果たした。しかも終わってみると、反応は上々だった。イベントを計画した取締役から「コンサルタントやアナリストたちがあんなに静まりかえる姿を初めて見たわ。みんな真剣に聞き入っていたわね」と言われた。後日、彼女の発案で、僕はイギリス中のアクセンチュアの社員向けにマインドフルネスを教えるまでになった。

この一連の経験を通じて僕は確信した。3年間、アシュラムで学んだことは、世間に関係のない僧侶限定の奇妙な哲学なんかではなかった。その気になれば、自分のもてるスキルを世の中で存分に生かしていくことができる。自分のダルマを生きる道はこの現代社会にある。ただし、エクセル嫌いは今も克服できていない。

きみも、大々的なキャリアチェンジをめざす代わりに、僕みたいなアプローチを試してはどうだろう。今の生活を続けながら、大好きなことを実現するチャンスを探していると、思いもよらないことが起きるかもしれない。レオナルド・ディカプリオは俳優業とプロデューサー業を続けるかたわら、環境保護活動にも全力を注いでいる。それが自分のダルマだからだ。たとえば、ふだんは事務の仕事をしている人が、ボランティアでデザインの仕事を引き受けてみるのもいいし、バーテンダーが雑学コンテストを主宰してみるのもいい。

僕の知り合いの女性弁護士は、リアリティ番組『*The Great British Bake Off*（ブリティッシュ・ベイクオフ）』〔訳注　アマチュア料理家が与えられたテーマに沿ってパンやケーキを焼いて競い合うという人気番組〕に本気で出たいと思っていた。でも実現できそうにないと知るや、発想を転換して、同じ番組を愛する同僚たちと社内で「ベーキング・マンデー」と称する活動を始めた。その内容は、毎週月曜日にメンバーが交代でお手製のパンやケーキを持参して、休憩時間にシェアするというもの。彼女は弁護士として頑張っていたし、活躍してはいたが、少々、退屈し始めていた。そこで、日頃の情熱の対象を職場の休憩時間にもち込んだところ、チームの結束が強まったばかりか、彼女自身がいっそう仕事に打ち込めるようになった。

もしきみが二人の子持ちで、住宅ローンを抱えていて、今の仕事をやめられないとしたら、この弁護士のように、自分のダルマのエネルギーを職場に注入する方法を探してみてはどうだろう。そのエネルギーの注入先は、趣味のサークルや、家庭や、友人関係でもいい。

さらには、今やっていることが「得意だが好きではない」理由を考えてみよう。好きになれるような方法はないだろうか？　僕が出会う人たちの中には、ものすごく有能な企業人でありながら、自分の仕事には意味がないと感じている人が多い。今の経験に意味をプラスしたければ、その経験が今後の自分にどう役立つかを考えてみるのが一番だ。たとえばこんなふうに自分に語りかけてみる。「今、学んでいるのは、将来、グローバルな環境で働くためだ」「今、習得している予算編成スキルは、いつか自分でスケートショップを開業するときに役立つだろう」。

すると、今、携わっていることがたとえ第1希望ではなくても、情熱が湧いてこないだろうか。自分の中にある情熱を、学びと成長に結びつけて考えてみてほしい。

エール大学経営大学院の組織行動学教授エイミー・レズネスキーたちは、病院内の複数の清掃チームを対象に、自分たちの仕事をどうとらえているかを調査した。すると、最初の清掃チームは、自分たちの業務はとくに満足度が高くもなく、たいしたスキルも必要としない仕事だと答えた。そして、実際、どんな作業をするか説明してもらうと、まるで人事マニュアルの職務記述書を読み上げているかのようだった。

ところが研究者が別の清掃チームに同じ質問をすると、驚くべき回答が返ってきた。2番目のチームは仕事を楽しいと感じ、深い意味を見出していたし、高度な専門職と考えていた。作業内容を説明してもらうと、最初のチームと対照的である理由が明らかになった。2番目のチームは通常の清掃管理業務を説明するだけにとどまらず、患者への気配りについても話し始めた。とくに悲しそうにしている患者や、見舞いの少ない患者に気づいたら、話しかけるか、いつもより頻繁に様子を見るようにしているのだと言う。さらには、高齢の見舞客が駐車施設内で迷子にならないように付き添うこともあった（清掃管理の職務を逸脱するため、規則上は解雇の理由になりうるのだが）。ある女性は病院内のさまざまな部屋に飾られている絵を定期的に取り換えている、とも言った。それも職務の一つかと問われて、彼女は答えている。「いいえ仕事じゃありません。でも、わたしはそういう人間なんです」

この調査とその後の研究をもとに、レズネスキー博士たちは「ジョブ・クラフティング」という言葉を編み出して、「仕事のモチベーションと満足度、忍耐強さ、活力を高めるように、従業員がみずから工夫すること」と定義した。それによれば、僕らは、仕事だけでなく、人間関係も、あるいは自分の行動のとらえ方までも工夫することができる（先述の清掃チームは自分たちを「ヒーラー」兼「アンバサダー」ととらえていた）。仕事への向き合い方が変われば、仕事に見出す意味と目的意識が大きく変わってくる。今の仕事に意味を見出せば、それは一生の宝物になるかもしれない。

区分4「得意ではないが好き」

たとえ大好きなことでも、儲からなければ、優先順位は低くなる。好きなのに、うまくできないから、あるいは、100％楽しめるほど時間をかけられないから、うっぷんもたまってくる。でも上達したいなら、時間をかける以上に効果的な方法はない。きみも大好きなことを上達させたいなら、コーチング、講座、トレーニングなどを受けてみてはどうだろう？

「そんな時間はない。あれば、とっくにやっている」と言うだろうか。「存在しないと思っている時間をいかに存在させるか」については次章で話すとして、ここで僕が言いたいのは「時間は誰にでもある」ということだ。通勤や料理やテレビの時間以外に、3時間も捻出するのは不可能かもしれない。でも10分なら何とかなるはずだ。10分あればポッドキャストを聞いたり、

YouTubeで新しいテクニックを学んだりできる。10分間でもできることは山ほどある。

それに、ダルマとつながっていると、ダルマが時間をつくり出してくれることがある。僕の場合、動画をつくり始めた当時、仕事から帰宅した後にやっていた。1日5時間、週5日を5分間の動画の編集につぎ込んでいたが、それだけ投資しても利益は微々たるもの、という時期が続いた。でも、自分のスキルを出し尽くしたと思えるまでは、打ち込むのをやめる気にはなれなかった。

それ以来、僕は、すこぶる奇妙なものをお金に換える人たちを目にしてきた。ハンドメイド作品やビンテージの掘り出し物を売買するEtsyというサイトをちょっと覗いてみるだけで、どれだけ多くの人が大好きなものでお金を稼いでいるかが分かる。彼らの創意工夫ぶりにはほんとうに驚かされる。

でも、きみがどれほど情熱をかけてやっていても、世間は認めてくれない場合だってあるだろう。そんなものは儲からないとか、そもそもニーズがないとか、求められていない、といった強烈なメッセージが飛んでくるかもしれない。その場合は仕方がない。受け入れよう。サッカーはこの世から圧倒的に求められているスポーツだけれど、僕がサッカー界から選手として求められることはない。だからといって、僕はサッカーを嫌いにはならない。アクセンチュアでサッカーの試合を企画するのは、間違いなく僕の1週間のハイライトだった。自分のダルマじゃなくても十分に楽しめる。

区分3「得意でもなく好きでもない」

魂を吸いとられないうちに、この区分からは何としてでも抜け出そう。苦痛でしかない雑用は人生につきものとはいえ、そのことに人生の大部分を奪われてはいけない。可能な限り、アウトソーシングを考えてみるべきだ。アウトソーシングすれば、懐は痛んでも、心は楽になる。それに、きみが苦手なことが万人に苦手とは限らない。友人や同僚にトレードをもちかけてみてはどうだろう? 互いに相手の苦手なことをやって助け合えないだろうか。

苦手なタスクのアウトソーシングやトレードが難しいときは、僕がアシュラムで得た教訓を思い出してほしい。どんなタスクも必要不可欠な臓器だと思うこと。他のタスクより重要ではないタスクなどないし、それを免除されるほど僕らは偉大な存在でもない。もし自分は何かのタスクを免除されてしかるべき人間だと思うなら、それは最悪のエゴというものだ。そのタスクに従事する人を見下していることになる。自分のダルマに満足している人は、妬みの感情やエゴに邪魔されない。だから、自分とは異なるスキルを備えた人を公平に見ることができる。僕はエクセルが得意な人たちを心から尊敬している。自分では使いこなせるようになりたいと思わないだけだ。医師、兵士、その他さまざまな職種の人たちに出会うたびに、「すごい仕事だ。すばらしい。でも、僕には向かない」と思う。

やってみよう――ポテンシャルの4区分に自分を当てはめてみる

頭の中では、すでに、このエクササイズに似たことをやっているかもしれない。でも、もう少し具体的に考えてみよう。次の文章を読みながら、どれくらい自分がダルマに近い生き方をしているか確かめてほしい。


今の仕事が好きだ。

今の仕事を愛している。

今の仕事が得意だ。

今の仕事は他の人に求められているし、価値が認められている。

自分が一番得意なこと、または一番好きなことは、今の仕事以外のところにある。

では、それはどんな仕事か。

それを仕事にするのが夢だ。

その夢は実現可能だと思っている。

自分の好きなことを今の仕事に生かす方法がありそうだ。

自分の好きなことを広く世間に知ってもらうためのアイデアがあれば書き出してみよう。

区分2「得意であり、なおかつ好き」――ヴェーダによるパーソナリティ分類

人はこの区分2の生き方を求めている。誰でも自分の大好きなことで才能を発揮して生きていきたいものだ。でも、現状がそうでないとすれば、モンク・マインドで問題のありかを見きわめてみよう。つまり、きみが目を向けるべき場所は、きみが得意にしていて、なおかつ大好きだという領域そのものではなくて、その向こう側の根本的な部分にあるということだ。

『バガヴァッド・ギーター』はダルマを考えるうえで、人間のパーソナリティ（個性）を四つのタイプに分けて、それを「ヴァルナ」と呼んだ。ヴァルナはその人の本質や適性を示している。ところが時代がずっと下って19世紀になると、大英帝国が植民地インドに厳格な階級制度を課したことから、ヴァルナはカースト制度を生む基盤になった。カースト――職業分類による階級――がヴァルナを基盤にしていたのは歴史的な事実だが、誤解のないように言っておきたい。ここで僕が論じているのはそのカースト制度ではない、ということだ。人はみな平等だと僕は信じている。でも、資質やスキルは一人ひとり違う。本書に示すヴァルナは、自分のスキルと資質を知って、それを人生で最大限活用できるようにするためにある。異なる臓器がそれぞれの機能を果たすことで身体が成り立つように、個性の異なる人たちがともに働くから社会は成り立つ。すべてが必要不可欠であって、どれかが他よりすぐれているということはない。

ヴァルナは出自で決まるものではなくて、その人の真の本質や性向を理解するための分類だと思ってほしい。自分の親がクリエイティブな人だからといって、きみもクリエイティブとは

限らない。

ヴァルナに優劣はない。仕事、趣味、恋愛から、奉仕の行為に至るまで、僕らが求めるものはそれぞれに違う。ヴァルナに階級や差別はいっさい存在しない。たとえば、他者への奉仕というかたちで自分のダルマを目いっぱいに実践している人間が二人いるとしよう。一方はがんの研究者、もう一方は消防士という違いはあっても、ヴァルナとしての上下はない。

やってみよう——ヴェーダ式パーソナリティ・テスト

このシンプルなテストはきみの個性を断定するものではない。ダルマを見つけやすくするための参考にしてほしい。

（詳細は巻末資料「ヴェーダ式パーソナリティ・テスト」を参照）

四つのヴァルナ

四つのヴァルナを僕は「ガイド」「リーダー」「クリエイター」「メーカー」と呼んでいる。それぞれの名称が特定の仕事や活動と直接結びついているわけではない。もちろん、何か特定の仕事や活動が喜びをもたらしてくれる場合はある。それがドンピシャ自分のダルマだからだ。

ただし、自分のダルマを生きる方法は一つだけではない。他にもたくさんあるはずだ。たとえば、「ガイド」（詳しくは223ページ）は、学ぶことと知識をシェアすることに生きがいを感じるから、仕事としては、たとえば教師やライターが考えられる。「リーダー」は他者に影響を与えることが好きな親分肌だが、企業のCEOや軍の指揮官になるとは限らない。校長や店長という選択肢もありうる。ものごとを実現するのが好きな「クリエイター」は、ベンチャー企業を起こしたり、町内会のイベントを手がけたりするかもしれない。一方、ものごとが着実に構築されていく様子を見るのが好きな「メーカー」には、プログラマーや看護師などの職種が考えられる。

第2章で話した「グナ」を思い出してほしい。生命の性質（グナ）は「タマス（無知）」「ラジャス（衝動性）」「サットヴァ（善良さ）」の三つで構成される。ヴァルナについても、それぞれの性質が優勢になったときの特徴的な行動を述べていこう。どのヴァルナであっても、無知を手放し、ダルマに情熱を捧げ、純粋に奉仕できるかどうかが、サットヴァに近づくためには重要になる。サットヴァに近づけば近づくほど、その人はもてる能力をより効率的に発揮でき、より充実した人生を送れるようになるからだ。

クリエイター

昔——商人

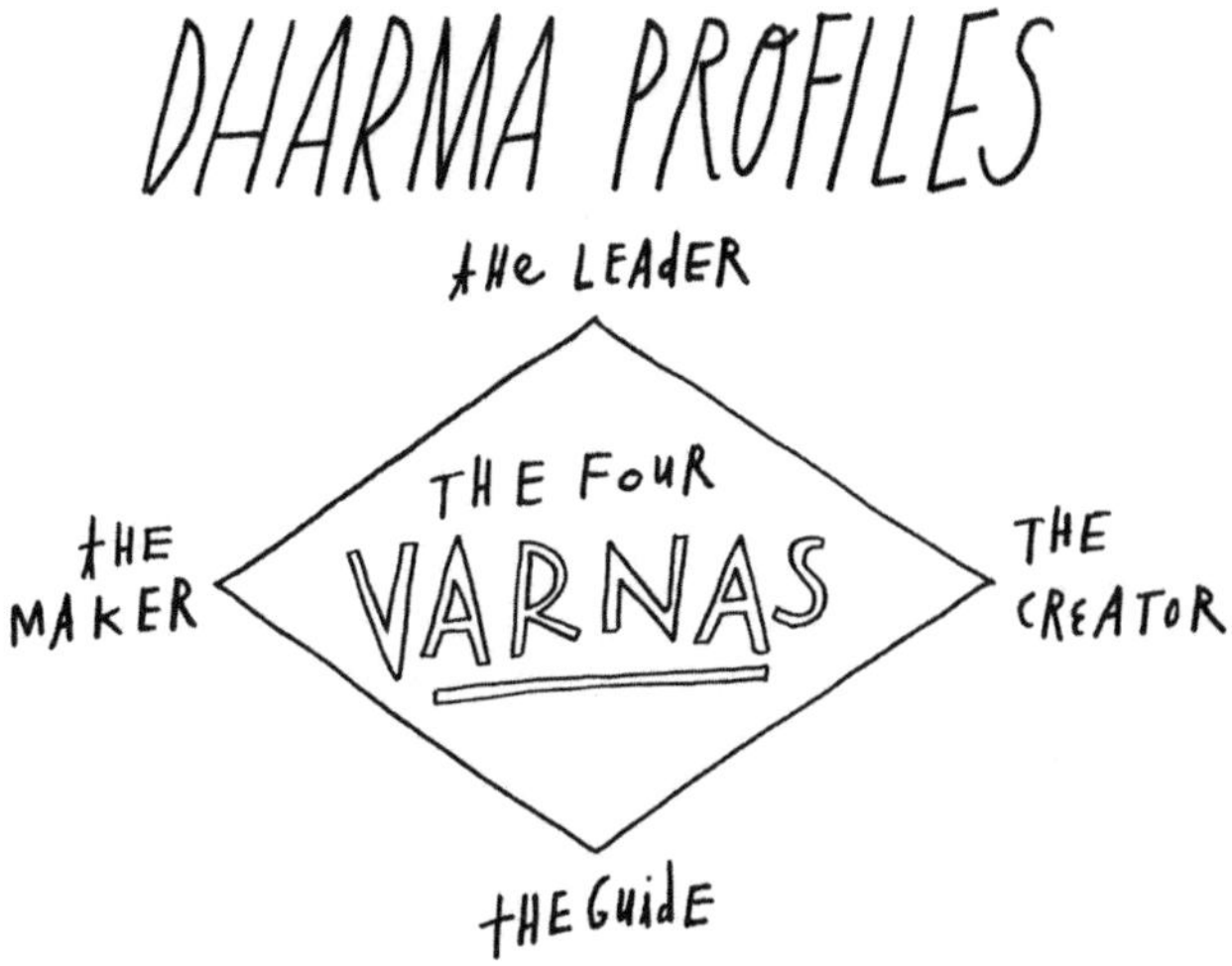
DHARMA PROFILES
THE LEADER
THE FOUR
VARNAS
THE MAKER
THE CREATOR
THE GUIDE

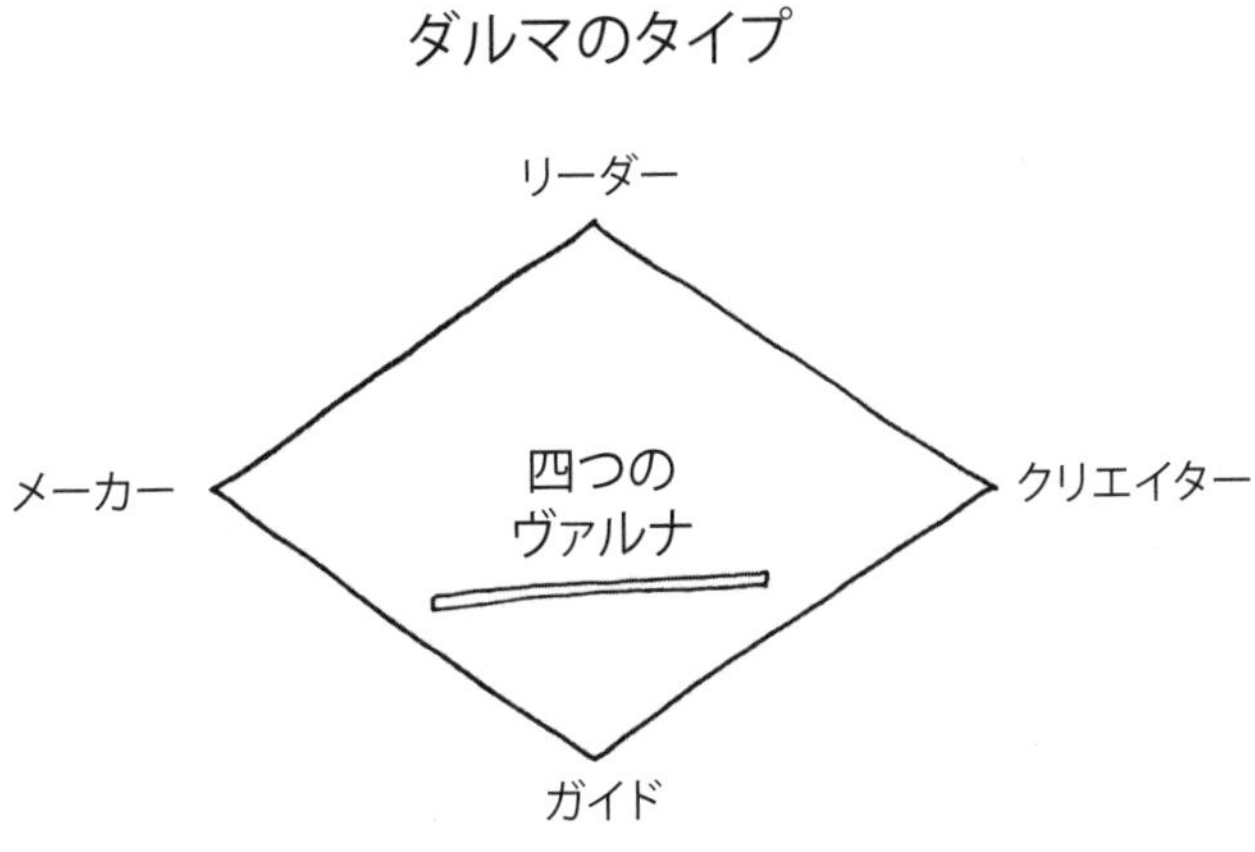
ダルマのタイプ
リーダー
四つの
ヴァルナ
メーカー
クリエイター
ガイド

今——マーケター、営業、エンターテイナー、プロデューサー、起業家
スキル——発想力、人脈づくり、革新力

・ものごとを実現する
・何ごとに関しても自信と説得力がある
・売り込み、交渉、説得を得意とする
・お金、快楽、成功が強い原動力になっている
・非常に仕事熱心で、決意が固い
・貿易、商取引、金融に長けている
・つねに動き回っている
・よく働き、よく遊ぶ

無知モード
・堕落して、価値のないものを売りつける／何かを売るために、嘘をつく、ごまかす、盗む
・失敗すると立ち直れない
・働きすぎて燃え尽きたり、うつに陥ったり、気分屋になったりする

衝動モード

・地位を重視する

・ダイナミックで、カリスマ性があり、人を惹きつける

・やり手、目標志向、疲れ知らず

善良モード

・より大きな善のためにお金を使う

・お金になると同時に人の役に立つ製品やアイデアを生み出す

・他者のために仕事や機会を提供する

メーカー

昔――芸術家、音楽家、創造的な人、著述家

今――ソーシャル・ワーカー、セラピスト、医師、看護師、最高執行責任者（COO）、人事部長、アーティスト、ミュージシャン、エンジニア、プログラマー、大工、料理人

スキル――ものを創り出す力、サポート力、実行力

無知モード

・失敗すると落ち込む
・行き詰まりを感じ、自分には価値がないという感覚に襲われる
・不安感が強い

衝動モード

・新しいアイデアを探したり試したりする
・手に余るほどたくさんのことを同時にこなそうとする
・専門性と気配りがおろそかになり、お金と結果が優先になる

善良モード

・安定感と安心感に支えられている
・現状におおむね満足している
・ほんとうに追求する意味があるかどうかで目標を選ぶ
・仕事に打ち込みながらも、私生活とのバランスを忘れない
・右腕としてきわめて有能
・チームリーダーを務める

・困っている人を支える
・手仕事で高度なスキルを発揮する

他のヴァルナとの関係性

クリエイターとメーカーは補完し合う
メーカーはクリエイターが細部、品質、感謝、満足感に目を向けられるようにする
クリエイターはメーカーが視野を広げて目標志向になるように助ける

ガイド

昔も今も——教師、指南役、第一人者、コーチ、メンター
スキル——学び、研究し、知識と知恵を伝達する能力

・分野に関係なく、その道のコーチ的、メンター的存在
・相手のよいところを最大限に引き出そうとする
・名声、権力、お金、安心よりも知識と知恵を重視する
・ものを考えたり学んだりするスペースと時間を必要とする
・人生の意味、充実感、目的を見つけ出せるように人の助けになりたいと思っている

・一人で仕事をすることを好む
・空いている時間を知的探求――読書、ディベート、話し合い――に費やす

無知モード

・他者に提唱することを自分では実践しない
・模範を示さない
・実行力に乏しい

衝動モード

・ディベートが大好きで、相手をとことん論破する
・影響力と権力を得るために知識を使う
・知的好奇心が旺盛

善良モード

・他者が人生の目的を見出せるように知識を使って助ける
・より多くを与えたいという気持ちから、自己をいっそう磨こうとする
・知識は自分のためだけではなく、他者の役に立てるためにあると知っている

リーダー

昔――王、戦士

今――CEO、軍人、司法関係者、警察官、政治家

スキル――人を統率し、鼓舞し、何かに従事させる能力

・人々、運動、集団、家族にとって根っからのリーダー的存在

・勇気、精神力、意志の強さに突き動かされている

・弱者を守る

・高い倫理観と価値観をもち、それを世界中に広めようとする

・人々の成長に必要な構造と枠組みを提供する

・チームで仕事をすることを好む

・一つの使命に向かって、人を団結させ、集中させることに長けている

無知モード

・腐敗と偽善によって、変化をあきらめてしまう

・ものごとに対してネガティブで悲観的になる

・権力を求めるあまり、倫理観を失う

衝動モード

・意味ある人生のためではなく、名声とお金のために構造や枠組みを築く
・社会のためではなく自分のために能力を活用する
・自分を満足させるために短期的な目標に力を注ぐ

善良モード

・高度な道徳観、倫理観、価値観のために闘う
・人々に団結を呼びかける
・社会を支えるために長期的な目標を立てる

他のヴァルナとの関係性

ガイドとリーダーは補完し合う
ガイドはリーダーに必要な知恵を与える
リーダーはガイドに必要な場を与える

こんなふうにヴァルナを説明したのは、きみに、自分自身への理解を深めてもらいたいからだ。自分の一番の強みと傾向が分かれば、そのことに全力を注げるようになる。自分自身への気づきは、進むべき方向を定めてくれる。僕自身はガイド的な傾向が強いから、戦略づくりで成功してきたのにも納得がいく。一方、クリエイターとメーカーはものごとを遂行するのに長けている。だから僕は、そういう実行力を補ってくれそうな人たちのそばにいるようにしている。ミュージシャンはメーカーかもしれない。安心感に支えられてはいるが、ミュージシャンが成功するためには戦略家が必要になる。きみも自分の長所に全力を注げるように、短所を補ってくれそうな人を身近に置くべきだ。

自分のヴァルナ——情熱とスキル——を知り、そのヴァルナを人のために役立てるとき、それはきみのダルマになる。

やってみよう——最高の自分を知る

1. よく知っている人たちを複数選び出す。今までいっしょに仕事をしてきた人たち、家族、友人などから、さまざまなタイプを選ぼう。最低でも3人、できれば10~20人。
2. その人たちから見て、きみが最高に本領を発揮していたのはどんなときだろうか。具体的に書き出してもらおう。
3. 書き出してもらったものから、共通のパターンやテーマを探し出す。

4. それらをもとに、客観的に（まるで他人を見るように）自分のプロフィールを書く。
5. 自分の能力を最大限活用するための方法を考える。さっそく、今週末、その能力を生かすことはできないだろうか？　今までとは違う環境や、違う人たちに対して、自分の能力を活用してはどうだろう？

ダルマを試運転する

ヴェーダ式パーソナリティ・テストはヴァルナを知るための手がかりになる。ただし、占星術と同じく、明日、実際に何が起きるかを教えてくれるわけじゃない。テストの答え合わせをするには、実社会でそのヴァルナを試してみる必要がある。テストで出た答えが「リーダー」タイプだとすれば、たとえば、職場でチームの統率役を引き受けるとか、家庭で子どもの誕生パーティーを仕切るなどしてはどうだろう。そして、そのプロセスを心から楽しめるかどうか確かめよう。

ここでちょっと、何かを食べたときの気づきのレベルについて考えてみよう。僕らは何かを食べると、味覚、嗅覚、触覚を総動員させて、即座に好き嫌いの評価を下す。10点満点で何点かと聞かれれば、簡単に答えられるだろう。しかも、翌日には、その気持ちが変わっていたりもする（僕は日曜の夜、大好きなチョコレート・ブラウニー・サンデーを食べるとご機嫌になるが、月曜の朝には、食べたことを後悔する）。即座に生じた考えと時間が経過してからの考えの両方をもとに、僕らは、その食べ物を食生活にとり入れるかどうかの微妙な判断を下している。これは食べ物に限った話ではない。映画館を後にするときには、もう、おもしろかったとかそうでないとか作品を評価しているし、人によっては、口コミサイトに投稿したりもする。

ところが、時間の使い方に関しては、それがほんとうに自分の価値観に合っているか、自分の好みかどうかを考えもしないのはなぜだろう。何にどう時間を使えば、自分らしくいられるかをつねに意識していれば、自分自身への理解も、人生に求めるものへの理解も深まってくるはずだ。僕らはその視点でヴァルナを見きわめていくことにしよう。

ほんとうに自分のヴァルナかどうかを見きわめるためには、何よりもまず、こう問わなければならない。

自分はそのプロセスを楽しめただろうか？

きみのヴァルナの特徴的な性質と、きみが実際に経験したことを照らし合わせて、何が楽しかったかを詳細に考えてみよう。たとえば「写真を撮るのが大好きだ」としたら、具体的にどんなことがどう好きかを掘り下げる。家族全員が喜べるような写真入りのクリスマスカードづくりを手伝うのが好きなのか（ガイド）。悩める人間の生きざまをレンズでとらえることで、人生の変化を促すのが好きなのか（リーダー）。照明、ピント調整、現像といった技術的な側面が好きなのか（メーカー）。

アシュラムで、僕ら修行僧は、何かの活動を終えるごとに、あるいは、この本に示したような思考エクササイズを終えるごとに、こんなふうに自分に問いかけたものだ。「今やったことのどんなところが好きか。うまくできたか。そのことに関する本を読んだり、学んだりしたいか。もっと長い時間やっていたいか。もっとうまくなりたいと思うか。どんなところが心地よく、どんなところが心地よくないか。心地よくないとすれば、ポジティブな意味で――自分を成長させるための課題として――とらえているか。それともネガティブな意味でとらえているか」

このモンク・マインドこそが、自分にとって一番輝ける場所の見きわめと微妙な調整を可能にする。1本しかないと思っていた道が、じつは他にもまだまだあるかもしれないことを僕らに気づかせてくれる。

やってみよう――活動日記をつける

何かをしたら、数日以内に日記を書く。ミーティング、犬の散歩、友人とのランチ、メールの作成、料理、運動、SNSなど、さまざまなことが自分のダルマを知る手がかりになる。活動のたびに二つの重要な問いを投げかけよう。「そのプロセスを楽しめたか」、そして「そのプロセスの結果を他者が喜んでくれたか」。これらの問いには正解も不正解もない。気づきを高めるための観察エクササイズだと思ってやってみよう。

ダルマを受け入れる

自分は最善の選択をしたと頭では納得していても、僕らの本質——ほんとうの情熱と目的——は頭ではなくて、ハートにある。むしろ頭は情熱の妨げになることが多い。ハートを閉ざそうとするときに、僕らがよく使う言い訳をいくつか挙げてみよう。

「自分で事業を始めるには年を取りすぎている」
「それを変えたら、無責任と思われるだろう」
「それをするためのお金がない」
「もう知っていることだ」
「この方法でずっとやってきたんだから」
「新しい方法は自分には合うわけがない」
「時間がない」

過去の信念は、間違っていたり、自己欺瞞的なものであったりしても、いつの間にか僕らの中に居座り、進歩を妨げている。恐怖は新たな挑戦を思いとどまらせ、エゴは学びや成長の邪魔をする（この件については第8章で詳しく話そう）。そして、誰もが変わるための時間などないと言う。でも、奇跡は自分のダルマを受け入れたときに起きる。

幼い頃から多種多様な興味をもっていた神話学者ジョーゼフ・キャンベルの場合、その興味を生業にするための職種モデルが存在しなかった。1900年代初頭の子ども時代、彼は、ネイティブ・アメリカンの文化に魅了されると、関連の書物を手当たり次第に読んで勉強した。大学に入ると、興味の範囲はカトリックの儀式や象徴に、海外で学び始めてからは、ユングやフロイトの理論、はては現代美術にまで及んだ。

やがてコロンビア大学に戻ったキャンベルは、聖杯伝説を芸術と心理学に関連づけて論文を書きたいとアドバイザーに相談するが、却下されてしまう。論文の構想をあきらめて、1934年、ニューヨーク州サラ・ローレンス大学に職を得ると、そこで38年間、文学を教えた。その間、多数の書籍と論文を発表し続け、古代インドの神話と哲学にも傾倒していった。とはいえ、「英雄の旅」と呼ぶ画期的なコンセプトを発表したのは、著書『千の顔をもつ英雄』（倉田真木、斎藤静代、関根光宏訳、早川書房、2015年ほか）でのことだ。そのコンセプトが、神話と人間の精神に関する世界的な権威としての地位を確立させた。自分のダルマを追い続けたキャンベルが、「あなたの至福を追求せよ」という有名な助言を発したのは当然のことだろう。ビル・モイヤーズとの共著『神話の力』（飛田茂雄訳、早川書房、2010年）にはこうある。「至福の概念を得たのは、サンスクリット語という偉大な精神的言語からだ。サンスクリット語には、超越の大海へ飛び込む崖っぷちを表す三つの言葉『サット』『チット』『アーナンダ』がある。『サット』は存在、『チット』は意識、『アーナンダ』は至福または無上の喜びを意味する。わたしは思った。『わたしの意識がわたしの正しい意識かどうかは分からない。わたしが自分の存在だと思っているものがほんとうにわたしという存在なのかも分からない。だが、わたしの喜びがどこにあるかは知っている。ならば、その喜びとつながっていよう。そうすれば、それがわたしの意識と存在をもたらしてくれるだろう』と。すると実際にそうなった」。きみが自分の至福を追いかけていれば、「他の誰のためにでもなく、きみのためにドアが開く」とキャンベルは言う。

防衛本能は僕らに二の足を踏ませたり、現実的な選択をするように仕向けたりする（キャンベルが論文をあきらめて38年間も文学を教えたように）。けれども、自分が何を求めているか分かれば、その現実的な選択の向こう側に目を向け、自分のダルマを追求できるようになる。

ダルマは身体が知っている

何かの考えや活動に接したとき、僕らは頭の中の理屈に耳を傾けるより、身体がどう感じるかに注意を払うべきだ。まず、そのプロセスを想像したとき、喜びが湧いてくるだろうか？

その考えに魅力を感じるだろうか？　その活動にまた携わったとき身体はどう反応するだろうか？　人は自分のホームグラウンドにいると、肌身でそう感じるものだ。

1．生きている実感――自分のダルマを生きている人は、落ち着きと自信に満ちあふれ、心から満足感を覚える。あるいは、喜びや興奮でワクワクしている。どちらの場合であっても、その人には、生きている実感や、自分自身と深くつながっているという感覚があって、自然に笑顔になる。明かりがぱっとついたように感じる。

2．フロー状態――ダルマには自然な勢いがある。流れに逆らっているのではなくて、流れに乗って自分のレーンを泳いでいるという感覚がある。自分自身とほんとうにつながっているときは、思考にとらわれず、時間の感覚を失うほど集中力が高まる、つまり、フロー状態になる。

3．快適さ――ダルマを生きていると、一人でいても孤独を感じない。周囲に誰がいようと、どんな場所だろうと、疎外感を覚えずに、自分は今、正しい場所にいるのだ、と感じられる。それが世界中を旅して回ることだとすれば、旅をすることに快適さを感じる。僕は危険なことが大嫌いだが、友人はスポーツカーやジェットスキーが大好きだ。僕にとっても彼にとっても、スポーツカーやジェットスキーが危険性（最悪の事態が起きる可能性）を孕んでいることに変わりはない。それでも彼に言わせれば、どちらも挑戦する価値があり、むしろ、危険そのものが喜びになっている。一方、僕はステージが性に合っているが、そうでない人は緊張のあまり、何もできなくなるかもしれない。

4．一貫性——バカンスでシュノーケリングが楽しかったからといって、シュノーケリング自体、あるいは、シュノーケリングのために旅行すること自体が、きみのダルマとは限らない。ダルマは反復に堪えられるものでなければならない。しかも、やればやるほど上達する。とはいえ、たった1回の出来事でも、自分が何を楽しいと感じるか、どんなとき生き生きとしてくるかを知る手がかりになるかもしれない。

5．ポジティビティと成長——自分の強みが分かっていると、自信が深まる。他人の能力を正当に評価できるようになって、競争心からくる無駄なプレッシャーも減る。自分を他者と比較する傾向は完全には消えないとしても、誰彼かまわず比較するということはなくなる。自分の専門分野に限って、他者と比較するようになるからだ。たとえ、自分のやっていることを否定されたり、批判されたりしても、攻撃とは感じない。その意見を受け入れるか、退けるかは、自分次第だと思っている。今後の成長に役立つと思えば、情報として受け止める。

ダルマは自分の責任

自分のダルマを感覚的につかんだら、そのダルマを実践できるように人生を設計しなければならない。周囲にダルマが認知されて、全面的に応援してもらえるような場所や状況が、向こうからやってくるわけではないからだ。たとえば、上司に自分のポテンシャルを理解してもらえず、本領を発揮しきれないという経験は、誰にでも一度や二度はあるだろう。きみがこの文章を読んで、「ボスがダルマを理解してくれれば、昇進できるのに」と思っているとしたら、それはピント外れというものだ。僕らは、そんなにのどかな世界に生きてはいない。この世は、誰もがつねに自分のダルマを生きていられて、ときおり上司のほうから「どうだい、ダルマを全うできているか?」と確認してくれるような場所ではない。

自分のダルマを世に知らしめ、それを守っていくのは、自分自身の責任だ。『マヌ法典』にあるとおり、ダルマはダルマを守る者を守る。ダルマがきみに安定感と心の平安をもたらしてくれる。自分が最も輝ける場所がどこか分かったら、それを立証するために行動に移そう。すると、その行動が好循環を生み出すだろう。自分のダルマを守るためには、得意な分野に身を置く努力をひたすら続けなければならない。その場所でつねに輝いていれば、人に認められる。認められれば、それを励みにダルマをさらに追求することができる。きみのダルマはきみの喜びと目的意識を守り、きみの成長を助けてくれる。

ダルマを超える

ダルマを生きていない人は、水から上った魚に等しい。たとえ世界中のぜいたくを与えられても、魚は水に戻らない限り、早晩、息絶えてしまう。僕らは、ひとたび自分のダルマを見つけたら、人生のあらゆる面でそのダルマを実践していく努力をしなければならない。職場では自分の情熱を追求する。コミュニティーでも同じスキルを使って問題解決に励む。そして、家庭生活から、趣味のスポーツ、恋愛や友人との人間関係に至るまで、つねに自分のダルマを生きる努力をする。仮に僕のダルマがリーダーだとすれば、家族旅行を計画する役割を率先して引き受けるだろう。僕はその役割を有意義に感じるはずだ。一方、リーダーでありながら、そのダルマを果たしていないとすれば、存在意義を感じられずに、いらいらするだろう。

そろそろ、読者からこんなふうに言われそうだ。「ジェイ、ダルマにとどまっていても意味がないよ。僕らは頑張らなくちゃいけない。新しいことに挑戦しよう。安全地帯から飛び出すんだ」。たしかに、ダルマはその人の本来の生き方ではあるけれど、いつまでも安全でらくちんなレベルにとどまっていてもいいわけではない。たとえば、きみのダルマがスピーカー（講演者）だとすれば、聴衆の規模は最初のうちは10人かもしれない。でも、きみの影響力が大きくなれば、１００人規模の聴衆を相手にしてもいいはずだ。すでに学生たちに講演しているなら、次はCEOを相手にしてみてはどうだろう。

　要するに、ダルマには緊張感《ストレッチ》が必要ということだ。とくに外向的な性格でもない僕がイベントやミーティングに出かけていくのは、人とのつながりをもつことが、人生の目的にかなうと知っているからだ。そんなふうにダルマ（本来的な生き方）に負荷をかけてやるのは、初めてローラースケートに挑戦するようなものかもしれない。バランスがとりにくくて、コントロールも難しい。やった後はどっと疲れる。それでも、自分という人間への理解が深まるにつれて、安定感が増してくるはずだ。そうなったら、今より高い目標に向かって滑り出そう。自分のダルマを理解することは、そのダルマをいつ、どのように超えていくかを知ることだ。

　ダルマはその人とともに成長する。イギリス人のエマ・スレイドは、世界的な投資銀行の債務アナリストとして香港に住み、何十億ドルもの資金を運用管理していた。「仕事は大好物でした」と彼女は言う。「何もかもがスピーディで、スリル満点だったから。朝食代わりにバランスシートを食べたいくらいでした」。ところが、1997年9月、インドネシアに出張中、スレイドは、ジャカルタのホテルで強盗に襲われる。銃を胸に突きつけられ、金品を奪われた挙句、人質にされてしまった。床に押しつけられながら、彼女は命の尊さを心から実感したという。幸い、負傷することもなく警察に救出されたものの、後になって犯人の写真を見せられる。血まみれでホテルの壁にもたれかかる犯人の姿を見たとき、ショックと同時に、深い悲しみと哀れみを覚えずにはいられなかった。その感情はいつまでも消えることなく、やがて、人生の真の目的を探す旅へとつながっていく。

銀行をやめたスレイドは、ヨーガに傾倒し、心とは何かを探り始めた。2011年、旅先のブータンで、その後の人生を変えることになる僧侶と出会う（僕と同じだ！）。2012年、仏教の尼僧としてペマ・デキの僧名を与えられたときには、ついに平安を見つけ出したように感じたという。ところが、ジャカルタの強盗に対して抱いたあの慈悲の感情がよみがえってきた。この慈悲の感情を行動に移さなければならない、そう気づいたスレイドは、2015年、「ブータンに心を開こう」という名の慈善団体をイギリスで立ち上げ、ブータン東部の農村地帯の人々への生活支援を始めた。尼僧になることはスレイドに充実感をもたらしたが、洞窟で一生瞑想を続けることが彼女のダルマではなかった。債務アナリスト時代に培った洞察力を生かして、今は、自身と他者の人生をより豊かにする活動を実践している。「過去のスキルが、現在を有意義で幸福に生きるうえでとても役に立っています」。そう語るスレイドは、人生を蓮の花にたとえる。泥の中で生まれた蓮は、光を求めて、上へ上へと成長し、やがては水面から顔を出して花を咲かせる。仏教では、蓮の花は人が試練という泥を肥やしに成長していく姿を象徴している。蓮の花と同じように、人もいずれ泥水を脱して、花を咲かせるときがくる。ブッダは「赤蓮や青蓮や白蓮は、泥に生まれ、泥に育ちながら、泥にまみれることなく花を咲かせる。それと同じように、わたしもこの世に生まれ、この世に育ち、この世を克服し、この世の汚れをまとわずに生きる」（『アングッタラ・ニカーヤ（増支部）』）という言葉を残した。

TEDxトークでスレイドも語っている。「ジャカルタで経験したことはわたしの泥でした。でも、わたしの未来の種でもあったんです」

情熱を他者のために役立てよう

ダルマの方程式を覚えているだろうか。ダルマは、単に情熱とスキルを足し合わせたものではなく、「情熱を人の役に立てること」を意味する。単なる情熱は自分のためにすぎないが、生きる目的は他者のためにある。きみの情熱が目的になるのは、その情熱を他者のために使うときだ。ダルマとは世の中のニーズを満たすものでなければならない。すでに述べたとおり、僧侶は、より大きな目的のために必要とされることであれば、何であれ喜んで果たすべきだと信じている（そして、実際にその生き方を貫く）。でも、きみは僧侶ではないから、こんなふうに考えるといいだろう。自分の情熱を行動に移したときに感じる喜びと、その行動に対する他者の評価とが釣り合っていれば、それはダルマだと言える。一方、どんなに情熱を注ごうと、そのことで自分の人生がどんなに豊かになろうと、その行動を他者が効果的だと評価しない限り、それは趣味にとどまる。

だからといって、ダルマ以外の経験がすべて無駄というわけじゃない。誰の人生にも、能力形成のための経験と、人格形成のための経験があるからだ。僕が初めてアシュラムで話をするように言われたときの経験は、能力形成のためだったが、牛の糞の始末を頼まれたときの経験は人格形成のためだった。人格形成抜きの能力形成は自己陶酔だし、能力形成抜きの人格形成はインパクトに欠ける。自分の魂を喜ばせると同時に、高い目的を果たすためには、両方に取り組む必要がある。

毎日の時間とエネルギーを賢く使うほど、自分の生きる目的を知って、それを満たしていくことが容易になり、実りも大きくなる。次章では、どんなふうに1日のスタートを切り、どう1日を過ごせばいいか考えてみよう。

第6章

ルーティン

――場所のエネルギー、時間の記憶

毎日、目覚めるたびに思いなさい。
今日こうして生きていられるわたしは恵まれている。
わたしには人間としての尊い命がある。
この命を無駄にはするまい。

――ダライ・ラマ14世

僕ら修行僧は12人か、たぶんそれ以上はいるだろう。薄いヨーガマット状のパッドを床に敷き、簡素なシーツ1枚で寝ている。部屋の壁は干し固めた牛糞でできていて、手触りはキメの粗い漆喰のようだ。部屋中に土の匂いを漂わせているが不快ではない。剥き出しの石の床はすり減ってなめらかになっているとはいえ、石は石。低反発マットレスとはわけが違う。この建物にはガラスのはまった窓が一つもない。雨季の今、僕らは内側の部屋に寝ている。ここなら湿気を避けられるし、ドアが多い分、換気もできる。

毎晩、僕が眠っているこの場所に、「自分のもの」と呼べる特定のスペースはない。修行僧は所有を徹底的に避ける。物自体も物への執着も手放す。この時間、部屋はまだ洞窟のように暗いが、外では鳥たちがさえずり始めている。僕らは時間を身体で察知する。午前4時。起床の時間だ。30分後には祈りの時間が始まる。無言のまま僕らはロッカールームへ移動する。シャワーを浴びる者、すぐさま僧衣をまとう者。歯を磨くために、僕らは四つある共用の洗面台のどれかに並ぶ。こうした生活が世間の目に触れることはいっさいない。でも、もし外の人間が今の僕らを目にしたら、休養をたっぷりとった男たちの集団に見えるだろう。これほど早い時刻に起きることをまったく苦にしていないように映るのではないか。

心地よい目覚め

じつのところ、最初から早起きが楽にできたわけじゃない。最初の頃、僕の脳は、毎朝、シャットダウンの時間をちょっとでも長引かせたくて、寝ているための言い訳を必死で捻り出そうとした。でも、僕は自分を叩き起こした。新しいプロセスに本気で取り組むためには起きなければならない。つらさもこの旅路の重要な部分だと思って受け入れた。

悪戦苦闘するうちに、絶対に失敗しない早起きのコツにたどりついた。つまり早寝すること。思えば、アシュラムに入る前の僕は、毎日、時間を目いっぱい使えるだけ使おうとして、明日を犠牲にしていた。今日というチャンスを逃したくないという思いが強かった。でもそのこだわりを手放して、早寝を始めると、朝4時の起床がどんどん楽になっていった。しかも、人や道具に起こしてもらう必要もなくなった。自分の身体と自然環境が起きる時間を教えてくれるからだ。

僕にとって画期的な経験だった。それまでは、朝、ベッドから大慌てで飛び出さなかった日は1日もない。10代の頃は、毎朝、母親に出頭命令を下されたものだ。1階からお呼び出しの声がかかる。「ジェイ、起きなさい!」やがて大人になってからは、その割に合わないタスクを目覚まし時計が引き継いだだけで、相変わらず、僕の1日は、不快なかたちで眠りを断ち切られて始まった。ところが今は、鳥の声、木々のざわめき、流れる水の音で目が覚める。自然の音が目覚ましになっている。

やがて僕は朝早く起きることの価値を思い知った。早起きの習慣は僕らを苦しめるためにあるのではない。1日を安らかに静かに始めるためにある。鳥たちがさえずり、銅鑼が1回鳴り響き、水の流れる音がする。そして、僕らの朝は来る日も来る日も同じように始まる。アシュラムの単純で規則的な朝課は、意思決定や選択といったストレスフルな複雑さから僕らを解放してくれる。こうしてシンプルに1日のスタートを切ると、心はシャワーを浴びたようになる。前日の悩みを洗い流し、余裕とエネルギーを取り戻した心は、欲望を寛大さに変える。怒りを思いやりに、喪失を愛に変える。そして、決意も新たに、今日という1日に取り組むことができる。

アシュラムの生活は、僕らが所定の習慣や儀式を実践しやすいように、細部まで計算し尽くされていた。僧衣もその一つだ。朝起きたとき、僧衣しかなければ着る物の選択に迷わない。基本的にいつも同じ衣装を着ることで有名なスティーヴ・ジョブズ、バラク・オバマ、アリアナ・ハフィントンのように、僧侶は着衣を簡素化する。その日の装いに時間と労力を浪費しないようにするためだ。僕らにあるのは2着の僧衣だけだった。1着を着て、もう1着を洗濯する。さらに、朝早く起床することも、正しい精神状態で1日を始めるための習慣の一つだ。とんでもなく早い時間だが、心は研ぎ澄まされていく。

スマートフォンで始まる1日

「そんなに早く起きるなんて絶対に嫌だ。最悪なかたちで1日のスタートを切りたくない」ときみは思うだろう。この僕もそうだったからよく分かる。でも、大半の現代人が1日をどんなふうにスタートさせているか、ちょっと考えてみてほしい。睡眠の研究者たちによれば、現代人の85％が平日は目覚まし時計がないと起きられない。起きる準備が整う前の体内では、睡眠を調整するホルモンのメラトニンがまだ作用している。そういう身体を無理やり起こそうとすれば、スヌーズボタンに手が伸びるのは当然だ。

残念ながら、生産性優先の社会では、そんな生き方が奨励されている。ウェブサイト「Brain Pickings（お知恵拝借）」の管理人として知られるマリア・ポポヴァはこう書いている。「わたしたちは、睡眠不足のまま1日を乗り切る能力を勲章のようにひけらかし、それが労働者のあるべき姿だとでも思っているようです。でも、実際はとんでもない間違いです。自分を大切にせず、優先順位を無視しているのですから」

こうして1日の初めの一歩を誤っている現代人のうち、4分の1近くは、さらに二歩目でも誤りを犯している。それは、起きてから1分以内にスマートフォンに手を伸ばすことだ。しかも、10分以内には半数以上がメッセージをチェックしている。大多数の人間は、毎朝、起きてから間もないうちに、もう山のような情報の処理に乗り出しているのが実情だ。

停止状態から2秒以内に時速60マイル（約96キロメートル）まで加速できる車は、世界にわずか6車種しか存在しない。大多数の車と同じく、僕ら人間は、精神的にも肉体的にも急激な変化に応じられるようにできていない。しかも、悲惨なニュースがあふれるサイトや、ラッシュアワーの渋滞を愚痴る友人たちの投稿を真っ先に見に行くなどというのは、起き抜けにやらなければならないことではない。朝一番にスマートフォンを見るという行為は、シャワーも浴びず、歯も磨かず、髪もとかさないうちに、自分の寝室におしゃべりな他人を１００人招き入れているようなものだ。目覚まし時計に叩き起こされてから、スマートフォンの世界に飛び込むまでの数分間に、もうストレスとプレッシャーと不安の洪水に襲われている現代人。朝一番からそんな状態だというのに、ほんとうにそこから抜け出し、1日を楽しく、生産的に送ることなんてできるのだろうか？

アシュラムの修行僧は、毎朝、その日をどう過ごすかを心に決めてスタートを切る。そして、その決意と集中力を1日中、保てるようにみずからを鍛え続ける。もちろん、毎日、祈りと瞑想と学習と奉仕と雑用だけの生活なら、それも可能だ。けれども複雑な外の世界では簡単にはいかないだろう。

早く起きる

だから現実的なアドバイスをしよう。一つ目のアドバイスは、今よりも1時間だけ早く起きることだ。「冗談じゃない。今以上に早く起きろだって？　ただでさえ寝不足なのに、とんでもない！」ときみは言うだろう。でも最後まで聞いてほしい。疲れが抜けないまま仕事に出かけ、1日中、こんなはずじゃない、自分はもっとできるはずだという思いをかかえて過ごしたい人間なんているだろうか。寝起きのエネルギーと気分は1日中継続する。だから、より有意義な人生を送るには、朝の過ごし方が肝心だ。

僕らは、通勤や通学、あるいは子どもを学校に送るために出発する時間に合わせて、起床するのが習慣になっている。あわただしくシャワーと朝食を済ませ、持ち物をそろえたら、ちょうど出かける時間だ。でも、それは「ちょうど」であって、「たっぷり」じゃない。遅刻しそうになれば、朝食は抜くし、ベッドはほったらかし。ゆっくりシャワーを浴びている余裕もない。歯磨きもいい加減に済ませる。朝食はとったとしても片付けている暇がない。何もかも放り出していくから、ぐちゃぐちゃの家に帰ってくることになる。何ごとであれ時間に余裕がない状態では、目的意識をもって、丁寧に取り組むことなんて不可能だ。大きなプレッシャーとストレスを感じながら朝の時間帯を過ごしていると、身体がストレスモードに設定されてしまう。だから、1日中ずっとその調子で、会話や会議や面談に臨むことになる。

早起きは1日の生産性アップにつながる。これはビジネスの成功者たちがすでに実践していることだ。アップルCEOのティム・クックの起床時間は午前3時45分、ヴァージン・グループの会長リチャード・ブランソンは午前5時45分、元ファースト・レディのミシェル・オバマは午前4時30分だ。注目すべきは早起きだけじゃない。企業の最高幹部たちの間では睡眠不足の解消が常識になっている。アマゾンCEOのジェフ・ベゾスは毎日8時間の睡眠を確保している。それ以下にすると、生産の時間は増えるが、品質が損なわれるからだと言う。だからきみも早起きするなら、夜の間に身体をしっかり休めるために、早めにベッドに入らなければならない。

ただし、子どもがいたり、夜間の仕事に就いていたりすると、生活パターンはもっと複雑になるだろう。その種の事情で1時間早く起きることが不確実だとしても、がっかりしないでほしい。確実にできることから始めて少しずつレベルを上げていこう（詳しくは次の「やってみよう」を参照）。それに僕は起床時間を指定しているわけじゃない。みんながみんな朝4時に起きる必要はないし、別に早朝でなくたっていい。あくまでも目標は、1日を始める前に自分自身に十分な時間を与えてやることだ。それによって、明確な意図をもって動き出せるように、そして、ものごとをきちんとやり遂げられるようにする。そうやって、スタート時の精神を1日中持続させよう。

1日の始まりに時間的な余裕をつくっておけば、その日は終始、時間に追われなくて済む。1日の途中で、同じような余裕を見つけるのは不可能に近い。そして、朝寝坊の時間を削ったら、その分を夜の睡眠時間に戻しておこう。するとどんな変化が起きるだろうか。

やってみよう――徐々に早起きに慣れる
今週は、今より15分だけ早く起きてみよう。目覚ましは必要だろう。でも、優しいアラーム音を選ぼう。目が覚めたら、まず照明は弱めに、音楽は静かなものをかける。そうやってつくった貴重な15分間にスマートフォンは触らないこと。脳が1日のために調子を整えられるように、その時間を与えてやろう。1週間これを繰り返したら、次の週はさらに15分早く起きる。すると30分のゆとりができる。そのゆとりをきみはどう使うだろう。たとえば、いつもより長めにシャワーを浴びる、のんびりお茶を飲む、散歩する、瞑想する。そして、さっと部屋の片付けをしてから出かける。夜は、疲労感に襲われる前に、テレビを消し、スマートフォンを置いて、ベッドに潜り込もう。

ゆとりの時間

朝の時間帯にゆとりができたら、その時間はきみだけのものだ。どう使おうと誰からの干渉も受けない。それ以外の時間はさまざまな義務――仕事や家族などのため――に縛られているのだから、朝のフリータイムは自分への最大級の贈り物にしよう。その時間を使っていつもの雑用を済ませるとしても、のびのびと気楽に取り組むことができるだろう。自分でコーヒーを淹れれば、通勤途中にあわてて飲み干すコーヒーとは一味も二味も違ってくる。朝食を食べながら家族と会話する、新聞を読む、あるいは身体を動かしてもいい。瞑想をとり入れるなら、感謝の気持ちを視覚化しながら1日をスタートすることもできる。健康の専門家がよく勧めるのは、通勤の車を今より遠くに止めて、職場までちょっと長めに歩くことだ。こうして朝の時間帯にゆとりを与えてみると、今のきみに一番欠けているものが満たされていくことに気づくだろう。今の自分に何よりも足りないもの、それは自分のための時間なんだ、と。

やってみよう――朝の新しいルーティン

毎朝、次の四つのことを実践する時間をつくろう。

感謝――特定の人、場所、物に対する感謝を表現する。その方法は、頭の中で考える、書く、シェアするなど（詳しくは第9章）。

洞察――新聞や本を読んだり、ポッドキャストを聞いたりして、洞察力を磨く。

瞑想――15分間、一人だけで呼吸瞑想、視覚化瞑想、または音の瞑想（チャンティング瞑想）を行う（チャンティング瞑想の詳細はパート3の最後に述べる）。

運動――修行僧のようにヨーガを実践してもいいし、基本的なストレッチやワークアウトでもいい。

感謝（Thankfulness）、洞察（Insight）、瞑想（Meditation）、運動（Exercise）の頭文字をとるとTIMEになる。これを朝の新しいルーティンにしよう。

夜のルーティン

朝の質は夜に決まる。そのことを僕はアシュラムで学んだ。人はどうしても、朝を新たな時間の始まりのように扱いがちだが、ほんとうは日々に切れ目などない。実際、目覚まし時計はその日の朝ではなく、前の晩にセットする。朝、目覚めたときから、明確な意図をもって1日のスタートを切りたければ、前の晩に健康的で安らかなルーティンをとり入れて、翌朝の下地づくりをする必要がある。そうやって整えられた朝の意識が、ひいては、その日の質を決める。

たしかに1時間早く起きるなんて「どうやっても」無理なのかもしれない。でもその割に、しょっちゅうテレビをつけて、あれやこれや番組を観ているうちに、気がついたら夜中を回っていることはないだろうか？「くつろぐために」テレビを観ている？　疲れすぎて、テレビを観る以外にできることがない？　それなら、むしろ寝る時間を早めよう。早寝は気分の改善につながるからだ。

それに、ヒト成長ホルモン（ＨＧＨ）を侮ってはいけない。成長、細胞の修復、代謝に重要な役割を果たしているうえ、欠乏すれば寿命が縮まる可能性すらある。ＨＧＨのなんと75％は睡眠中に分泌されていて、その量が最も多くなるのは、通常、午後10時から午前零時だという。つまり、その時間帯に起きていることは、自分で自分のＨＧＨをかすめ取っているようなものだ。

深夜の職種の人や、子どもがまだ小さくて夜中に何度も起こされる人は別として、忙しい1日が始まる前に余裕をもって早起きするために、睡眠の質や時間を犠牲にすべきではない。午後10時から午前零時までの時間帯をしっかりと休息に充てれば、翌朝、早く起きるのはたいして難しくないはずだ。

アシュラムでは、夕方の時間帯を学習と読書に費やし、午後8時から10時の間に就寝していた。部屋にスマートフォン類はいっさい置かず、真っ暗闇で眠る。身につけるのはTシャツと短パンのみ。日中のエネルギーがこもっている僧衣のまま眠ることは絶対になかった。

翌朝やりたいことを考える

1日の基調は朝の過ごし方で決まる。その朝の質は入念な夜の過ごし方で決まる。ケーブルTVネットワークCNBCのニュースサイト『*Make It*（メイク・イット）』は、インスタグラム上で実業家ケヴィン・オーレアリーにインタビューを行った。オーレアリーはリアリティ番組『*Shark Tank*（シャーク・タンク）』で人気の投資家だ。多忙きわまりない生活を送っているが、毎晩、寝る前に必ず三つのことをメモするという。その三つとは、翌朝起きたとき、まだ家族以外の誰とも話をしないうちに、やっておきたいことだ。きみもオーレアリーを見習って、寝る前に、翌朝一番に取り組みたいことを考えてみてはどうだろう。何をやるべきか分かっていると、朝の行動がシンプルになる。寝起きの頭を無理やり働かせる必要がない（おまけに、明朝やると分かっているタスクを、夜なべでやっつける必要もなくなる）。

翌朝着るものを決める

さて、僕からの二つ目のアドバイスをしよう。それは、きみなりの僧衣を見つけること、つまり、定番の衣服を決めて、毎朝、それを着るようにすることだ。今、僕の手持ちの服は、アシュラム時代に比べれば種類が増えた。その中にオレンジの僧衣が1着も入っていないことに妻はホッとしている。とはいえ、僕は色違いで同じスタイルの服をそろえるようにしている。要するに、朝から、頭を余計に悩ませなくていいようにするためだ。何を食べるか、何を着るか、どのタスクからとりかかるかは、些細なことのように見えても、その一つひとつの選択に朝の時間を割いているうちに、ものごとは不必要に複雑化していく。

体操競技全米代表チームの元コーチであり、その世界で40年もの経験をもつクリストファー・ソマーは、下さなければならない決断の数はなるべく少なくするようにと、選手たちにアドバイスしている。なぜなら、一つ決断するたびに、本来進むべき道からそれていく可能性があるからだ。朝の時間を些末な決断に割いていると、それだけエネルギーを無駄にすることになる。翌朝の行動パターンを前の晩に決めておけば、余分なエネルギーを使わずに1日をスタートできる。日中、何かの判断に迫られたときにも、集中力を切らさずに対応できるはずだ。

眠りに落ちる前の思考を見直す

僕からの三つ目のアドバイスは、1日の最後の思考を見直してみることだ。寝る前にきみが考えているのは、「スマートフォンの画面がぼやけてきた。そろそろ電源をオフにしよう」だろうか。それとも「そうだ、母さんに誕生日のお祝いを言い忘れていた」だろうか。どうか、有害なエネルギーを残したまま目覚めないようにしてほしい。毎晩、眠りに落ちる前、僕は心の中でこうつぶやくようにしている。「僕はリラックスしている。生き生きしている。集中している。落ち着いている。熱意をもっている。充実している」。文字にすると、まるでヨーガをするロボットみたいなノリだけれど、僕には効果がある。こう唱えることで、翌朝、元気よく、明確な意図をもって目覚められるように、心をプログラミングしているわけだ。**夜、眠る前の気分は、翌朝の気分に直結しやすい。**

歩き慣れた道で石を見つける

こうした準備はすべて、1日を意図的に過ごすためにある。職種に関係なく、家を出た瞬間から、きみの行く手には思いがけないことが待ち受けているだろう。朝一番に整えたエネルギーと集中力を発揮する場面に遭遇するはずだ。僧侶は朝と夜に決められたルーティンに励むだけでなく、1日のどの瞬間にも、時間と場所のルーティンを活用する。

第5章で紹介したベネディクト会の修道女ジョアン・チティスターも、こんなことを言っている。「都会やその周辺に住んでいる人々は、自分の意識一つで生き方を変えられるのに、それに気づいていません。つねにあわただしく動き回っているからです。ちょっと想像してみてください。もし一般の人々に修道院の日課のようなものがあるとしたら、社会全体がどれほど落ち着くことでしょう。修道生活では、スケジュールに従って、祈り、仕事をし、休憩をとるのです」。**ルーティンは地に足の着いた生き方をもたらす。**僕が瞑想に費やす2時間は残りの22時間を支え、その22時間の過ごし方は瞑想の質を左右する。二つは共生関係にある。

やってみよう——明日を視覚化する瞑想

発明家はアイデアをかたちにする前に頭の中で視覚化する。僕らも、自分の望む生き方を視覚化すればいい。手始めに、どんなふうに朝を過ごしたいか具体的に思い描いてみよう。

まず呼吸法で心を落ち着かせてから、ベストな状態の自分を思い描く。朝、健康的に目覚めるところを想像しよう。たっぷり休息したきみは元気そのものだ。窓から朝日が差し込んでいる。ベッドに起き上り、両足を床に下ろすと、新たな1日への感謝の気持ちがあふれ出す。その気持ちをしっかり味わいながら、心の中でつぶやく。「わたしは今日という日に感謝している。今日を迎えられてワクワクしている。喜びを感じている」

次に歯を磨いている自分を想像する。きみは、ゆっくり時間をかけて、一本一本丁寧に歯を磨く。それが終わると、今度はシャワーだ。きみは落ち着き、調和、安らぎ、静けさを感じている。そしてシャワーの後はスムーズに着替える。前の晩に服を選んでおいたから迷いがない。今日1日をどう過ごすつもりでいるかを、こんなふうに書き留める。「今日という1日を集中して過ごそう。自分を律していこう。人の役に立とう」

朝の時間帯の使い方をできるだけ具体的に想像してみよう。きみはエクササイズや瞑想をとり入れているかもしれない。実際にやっているつもりになって、その感覚に浸ってみよう。きみは取り組みを喜んでいる。心身がリフレッシュされ、元気になっていく。

次に、1日をベストな状態で過ごしている自分を思い描こう。他者にポジティブな影響を与えている自分、リーダー役を務めている自分、ガイド役を務めている自分、他者に耳を傾けている自分、他者から学んでいる自分、他者に心を開き、相手のフィードバックや思考を受け入れている自分。そのダイナミックな環境で、きみは最大限を与え、最大限を受け取っている。

さて、1日が終わって帰宅するところを思い描こう。身体は疲れていても、心は満たされている。きみは早く腰を下ろして、くつろぎたいと感じているが、感謝の気持ちも忘れていない。仕事、人生、家族、友人、住まい……何であれ、今、あるものに感謝している。自分は恵まれていると感じている。そして、スマートフォンやテレビにかじりつくよりも有意義な夜の時間の使い方を知っている。

次に、理想的な時間帯にベッドに入る自分を想像しよう。きみは顔を上げて、こんなふうにつぶやく。「今日という1日に感謝している。明日も健康で、はつらつと、すっきりした気分で目覚めよう。ありがとう」。言い終えたら、身体の隅々に順に意識を向けながら（ボディスキャン［379ページ参照］しながら）、1日中自分を支えてくれた身体に感謝しよう。

用意ができたら、自分のタイミングで、ゆっくり目を開ける。

注意——生きていればさまざまなことがある。現実は、必ずしも、きみが思い描いていたようには運ばないものだ。視覚化瞑想が人生を変えてくれるわけではないが、人生観は変わるはずだ。自分の理想が分かっていれば、そこに立ち返れるように軌道修正すればいい。人生がうまくいっていないと感じたら、視覚化瞑想で整え直してみよう。

アシュラムでは、1日に最低でも1回は同じ道を30分間、歩くことになっていて、そのたびに僕らは、しっかり観察するように言われた。前日、前々日、そのまた前日に気づかなかったものはないか、何か違った様子はないか、しっかり目を見開いて気づかなければならない。

歩き慣れた道で、毎日、何か新しいものを探すのは、散歩に集中するためであり、一つひとつの「ルーティン」に新鮮な気持ちで臨み、気づきを保てるようにするためでもある。何かが見えているのと、何かに気づいているのとは同じではない。カリフォルニア大学ロサンゼルス校の研究チームが心理学部の教職員と学生を対象に、最寄りの消火器の設置場所を尋ねたところ、回答者の92%が消火器からわずか数メートルの場所（自分のオフィスや教室など頻繁に利用している場所）にいながら、設置場所を思い出せた人は24%にすぎなかった。ある教授は、25年も通い慣れたオフィスからたった数十センチの場所に消火器があることにさえ気づいていなかった。

自分の周囲にあるものにしっかり目を留め、気づいていると、脳は自動運転《オートパイロット》の状態から抜け出すことができる。アシュラムの毎日の散歩で僕らがやっていたのは、まさにその訓練だった。

この散歩を始めて数百日になる。今日は気温が高いが、僧衣のおかげで不快感は和らいでいる。青葉の森はひんやりと心地よく、足裏に伝わる地面の感触は優しい。先輩僧から、今日の課題は今まで気づかなかった新しい石を発見することだ、と言われて、僕はがっかりしている。この1週間ほど、毎日、新しい花を探すように言われてきたから、昨日のうちに今日の分を確保しておいたのだ。花弁の中央に一滴の露をたくわえた小さな青い花を見つけたときには、まるで僕の計画を知って目配せしてくれているのかと思った。ところが、先輩僧は僕のたくらみを察知したらしく、急に課題を変更してきた。そういうわけで、今日も新しいもの探しは続く。

僧侶は理解している。ルーティンは心を解放してくれるが、その心の解放にとって最大の脅威は単調さにある。人は記憶力《リテンション》のなさを嘆くけれど、じつのところ、それは記憶力の問題ではなくて、注意力《アテンション》の問題だ。新しい何かを探すというプロセスは、脳の集中力を呼び覚まし、どんなものからも新しく学ぶことはあると再認識させてくれる。この世は自分で思っているほど確定的なものではないからだ。

ルーティンの確立と新しいものの発見、この二つを同時に提唱するなんて、矛盾しているだろうか？　でも、やり慣れたことの繰り返しの先には新たな発見がある。今は亡きコービー・ブライアントはそのことを知っていた一人だ。バスケットボール界のレジェンドとなっただけでなく、ブライアントは、書籍やビデオシリーズを世に送り出すなど、クリエイティブな一面も披露した。僕のポッドキャスト『*On Purpose*（目的をもって）』に出演した際にも、ルーティンは自分の作品に欠かせないと語っている。「創造性は型《ストラクチャー》から生まれることが多い。何らかの制約や枠があってこそ、人はクリエイティブになれるんだ。型がないときは、漫然とやっているにすぎない」。ルールとルーティンは認知の負荷を軽くして、創造性の幅を広げてくれる。

型という枠の中から自然さは生まれてくる。そして、新たな発見はルーティンの活気をよみがえらせる。
このアプローチを習慣にしていると、小さなことに喜びを感じるようになる。とかく僕らは大きなイベントに目を向けやすい。休暇、昇進、誕生日パーティーなど、その種のイベントに力を入れて、自分自身や周囲の期待に応えようとする。でも、小さな喜びに目を向けるなら、もうカレンダーの前で首を長くして待つ必要はない。見つけようとしさえすれば、喜びは日常のいたるところで僕らを待っている。

あった！　こんなところに奇妙な赤茶色の石があるじゃないか。昨日は気づかなかったのに、忽然と姿を現したみたいだ。石を手のひらに載せてひっくり返す。石が見つかったら、そこで発見プロセスは終わり、というわけではない。じっくり観察しながら、色やかたちを言葉にしていく。しっかり石と向き合って、石を理解し、石を知る。さらにもう一度、観察内容を言葉にして、自分の経験を味わい尽くす。これは予行演習じゃなくて本番だ。深い実体験なんだ。僕はにっこり笑って小道の脇に石を戻す。草の陰に半分だけ隠しておこう。誰かが見つけられるように。

歩き慣れた道をたどり、新たな石を発見するのは、心を開くためのプロセスだ。

飲み物を噛み、食べ物を飲む

新しいものを見つけるだけが僧侶の修行ではない。やり慣れたことに気づきをもって取り組む、それも修行のうちだ。

ある日の午後、先輩僧が僕らに言った。「今日の昼食は黙食を行う。飲み物は噛み、食べ物は飲むようにしなさい」

「どういう意味ですか?」と僕は尋ねた。

「わたしたちは食べ物を正しく摂取するだけの時間をかけていない。食べ物を飲むというのは、歯で固形物をすりつぶして液体にすることだ。飲み物を噛むというのは、ごくごくと飲み下すのではなく、ごちそうを少しかじっては味わうように、一口ずつ飲むことだ」

やってみよう——知っているようで知らないこと

すでに定着しているルーティンに、新たな発見はないだろうか。たとえば、通勤電車内であっても、改めて周囲を観察してみると、今まで気づかなかった何かに気づくかもしれない。いつも見かけているが話をしたことがなかった人に、話しかけてみよう。そうやって毎日、誰か一人と初めて会話を交わしていると、人生が変わり始める。

気づきをもって日常を味わう

気づきをもって一口の水を飲めるなら、その意識を、日常生活のあらゆる部分に行き渡らせたらどうだろう。きっと、日常の風景に新たな発見が待っているはずだ。走り慣れたジョギングルートが違って見えるかもしれない。いつものエクササイズのリズムが変わったように感じられるのではないか。毎日すれ違う、犬の散歩中の女性が今日は違って見えないだろうか。どうせなら軽く会釈してみてはどうか。スーパーで買い物をするときは、じっくり時間をかけて、最高のリンゴを選んでみよう。とびきり風変わりなリンゴを選んでもいい。会計のとき、レジの人と会話を交わしてみてはどうだろう。

自分の周りの物理的な空間にも新鮮な目を向けてみよう。きみも自宅や職場に、写真や小物類や美術品などを飾って楽しんでいるはずだ。そういう身の回りのものがほんとうに喜びをもたらしているか見直してみよう。他のお気に入りと交換したほうがよくないだろうか。そうすれば見慣れた空間に新鮮味を加えられるかもしれない。花瓶に新たな花を活けたり、家具の位置を変えたりすると、使い古したものに華やかさをよみがえらせ、目的を与え直すことができる。散らかりの原因だった郵便物さえも、専用の置き場をつくってやれば、整然とした空間の一部になるかもしれない。
マンネリ化したライフスタイルも、ちょっとした工夫次第でリフレッシュできる。たとえば、パートナーの帰宅に合わせて、音楽をかけてみてはどうだろう。ただし、それがいつもの習慣でなければの話だ。逆に、いつも帰宅時に音楽をかけたり、ポッドキャストを聞いたりしている人は、何もかけずに静けさを味わうのもいい。珍しいフルーツを買ってきて、テーブルの真ん中に置く、夕食の会話に特定の話題をもち出す、その日、驚かされた出来事を三つずつ、交代で報告する、というのもいい。照明の色合いを変えるだけでも、部屋の雰囲気はずいぶん変わるものだ。ベッドのマットレスを裏返す。いつもと「違う」側で寝てみる。すると、どんな気分になるだろう。

日常をしっかり味わうために特別なことはいらない。ふだんの何気ない活動に価値を見出すだけでいい。仏僧ティク・ナット・ハンの著書『*At Home in the World*（どこにいても我が家）』にはこんなくだりがある。「皿洗いは楽しくないという考えが浮かんでくるのは、ほんとうに皿を洗っていないからです。もしわたしが皿洗いを楽しめず、さっさと済ませて、デザートを食べに行きたい、お茶を飲みたいと思っているとしたら、実際にデザートやお茶にありつけたときには、そのデザートやお茶もきっと楽しめないでしょう。気づきという日の光を浴びると、どんな思考も行動も尊いものになります。その光のもとでは、聖なるものと俗なるものという区別がありません」

やってみよう——日常を生まれ変わらせる

皿洗いのような日常的なタスクも、取り組み方次第で、その質を大きく変えることができる。シンクの前に立ったら、たった一つのタスクに打ち込もう。音楽を聴きながらではなくて、目の前の皿に五感を集中させる。汚れていた皿の表面がきれいになっていく様子を観察し、洗剤の臭いをかぎ、お湯の流れを肌で感じよう。山と積まれた皿の数が次第に減って、シンクが空っぽになっていくと、どんなに気持ちいいだろう。禅に「悟りの前、木を切り、水を運べ。悟りの後、木を切り、水を運べ」という言葉がある。どれほど成長しようと、偉くなろうと、僕らは日々の雑用やルーティンを免除されはしない。むしろ、悟ることとは、そうした雑用を受け入れることだ。そのとき、きみの見た目は変わらなくても、内面は確実に変わっている。

一瞬一瞬をつなぐ

ここまでは、日常生活の特定の場面に絞って、新鮮な切り口から味わう方法を見てきた。その意識をさらに高めていくために、ここからは個々の瞬間を一つにつなぎ合わせていく方法を考えよう。ある日の散歩や皿洗いの時間を特別な気持ちで味わうというより、その気づきの瞬間を連続させていこうというわけだ。

今この瞬間にしか存在できないことは、誰もが重々承知している。たとえば、マラソンの最中に、すでに通過した地点まで戻って、もっと速く走り直すことは不可能だ。成功のチャンスは今この瞬間にしかない。仕事の会議でも、友人との会食でも、どんな会話を交わし、どんな言葉を発するかという選択は、その瞬間にしかできない。そっくり同じ機会は二度とないからだ。今という瞬間に過去を変えることはできない。できるのは未来を選択することだけだ。そうすれば現在と地続きの未来が待っているかもしれない。5世紀の古代インドの作家カーリダーサはこんな詩を残している。「昨日は夢にすぎず、明日は想像でしかない。だが精一杯に生きた今日は、昨日を幸せな夢に、明日を希望の予想図に変える」

現在を充実させることに異論を唱える人はいないだろう。でも、実態はというと、「選択的充実」を図っているにすぎない。特定の事柄——お気に入りのテレビ番組やヨーガのレッスン、あるいは、日常的なタスクであっても、特別な意味をもたせようと自分で選んだ事柄——に関しては、全身全霊で一瞬一瞬を充実させようとする。でも、その一方で相変わらず、心ここにあらずの状態を選んでいるときがある。たとえば、仕事の最中に、休暇旅行のことばかり考えているときがそうだ。それでいて、いざ、念願のビーチでドリンク片手にくつろごうという段になると、仕事のことが頭から離れない。僧侶に言わせれば、こうした二つのシナリオはつながっている。つまり、仕事の最中、みずから選んだ心ここにあらずの状態が、図らずも、旅先で心ここにあらずの状態をつくり出しているわけだ。同様に、ランチを食べながら別のことを考えていれば、その精神状態は午後にもち込まれる。それでは、身体をここに置いたまま、心を別の場所へ向かわせる訓練をしているようなものだ。そうやって白昼夢を許していれば、つねに上の空状態になるのも無理はない。

今ここを精一杯に生きることでしか、真に充実した人生は送れない。

場所にはエネルギーがある

何の変哲もないふつうの1日にさえ、今ここを精一杯生きることの価値を見出し、その意識を保てるようになるのは、ルーティンの意義をほんとうに理解したときだ。ルーティンの質は、行動そのものはもちろん、それを行う場所にも左右される。勉強は図書館でするとはかどるし、仕事は自宅よりオフィスのほうが集中できる。ニューヨークは喧騒と活気であふれ、ロサンゼルスは解放感に満ちている。どの環境——大都会から、部屋の片隅に至るまで——にも、その環境特有のエネルギーがある。それぞれが固有の雰囲気を醸し出していて、きみのダルマが見事に花開く環境もあれば、しおれてしまう環境もある。

僕らはさまざまな活動や環境をつねに経験している割に、どれが自分に一番合っているかを振り返ることはあまりしない。自分に合っているのは、にぎやかな環境か、それとも一人きりの環境か。図書館の狭くて奥まった場所か、それとも広々とした空間か。刺激的な装飾品や音楽に囲まれているほうが集中できるか、それとも、物の少ないシンプルな空間だろうか。他の人とアイデアを交換しながら仕事を進めたいか、それとも、ひととおり仕事を終えてからフィードバックを聞きたいほうか。こうした自己理解はきみのダルマの支えになる。面接を受けようというとき、自分はその仕事をほんとうにこなせるか、自分に合っているかを理解したうえで臨めるようになる。デートの計画でも、自分が一番心地よいと感じられる場所を選ぶだろう。さまざまなキャリア選択肢を考えるとき、単にスキルの面からだけでなく、自分の感性に合っているかという視点に立てる。

やってみよう——環境への気づきを高める

1週間、どこかへ行くたびに、次の質問に答えてみよう。できれば、その場所へ行った直後と、1週間の終わりに実践してほしい。

その場所の特徴とは?

静か／にぎやか

広い／狭い

派手／簡素
活動的な場所の中心にある／離れた場所にある
他の人の近く／隔離されている
その場所をどう感じたか？　はかどる／リラックスできる／気が散る
自分の活動内容に合っている場所だったか？
しようと思っていたことにふさわしい精神状態になれたか？
もしそうでなければ、もっと快適に計画を遂行できる場所はどこだろうか？

個人的な空間は一つの決まった目的に絞って使うようにしよう。これは、自分のダルマに適しているかどうかだけでなく、日常的な気分や効率の問題でもある。アシュラムでは、寝るための部屋は寝るためにしか使われない。それ以外の場所も、決まった一つの目的だけに充てられている。寝る場所では本を読まないし、瞑想もしない。食堂で仕事をすることもない。

一方、アシュラムの外にいる僕らは、寝室でNetflixを見たり、何かを食べたりして、空間本来のエネルギーを混乱させている。テレビや食事のエネルギーをベッドルームにもち込めば、眠りづらくなるのは当然だ。狭いアパート暮らしだからといって、食事をとるスペースと寝るスペースはいっしょくたにすべきじゃない。怒りを感じたとき、それを鎮めてくれる専用の場所、くつろげる場所を確保しよう。つまり、目的にふさわしいエネルギーづくりをするということだ。寝室には、気が散るような物を置かず、落ち着いた色合いに統一して、照明はソフトにする。できればワークスペースは設けない。一方、専用のワークスペースは十分に明るくすること。そして、物を雑然と置かず、機能的に使えるようにする。気分を高めてくれる装飾品を工夫する。

どんな性質の環境で自分の力を最も発揮しやすいかが分かったら、さらに現実的に考えてみよう。きみがナイトクラブで遊ぶのが好きだとしたら、同じようににぎやかな仕事が合っているのだろうか？　ロックミュージシャンだけれど、静かな環境が合っているという人は、演奏より作曲に向いているのかもしれない。自宅＝職場という「パーフェクトな仕事」をしている人でも、オフィスのような活気が好きだとしたら、カフェや共有ワークスペースを利用してはどうだろう。重要なのは、どんな環境でなら自分が本領を発揮できるか、ベストを出せるかを知っていて、その場所で時間を最大限に使う方法を思いつけるかどうかだ。

もちろん、人はみな、理想的とは言えない環境で、好きではない活動に――とくに仕事で――携わらなければならない場合がある。そういう活動からはネガティブなエネルギーが生じることも経験済みだ。でも、こうして気づきを深めてきた僕らには、どんなとき自分がイラつき、ストレスを感じ、疲労困憊するかが分かっているし、自分のダルマに必要な正しい環境と正しいエネルギーのガイドラインも分かっているはずだ。それに、これは今日明日に達成できるようなものではなく、長期的にめざすべきゴールだということも覚えておこう。

人生の健全なデザイン

きみのいる場所ときみの五感は響き合っている。一番分かりやすいのは、日常生活にあふれる音と自分との関係だろう。アシュラムでは、聞こえてくる音と行動が直結している。僧侶は鳥のさえずりや風の音で目を覚ます。チャンティングの声が聞こえる中、瞑想の場に向かう。耳障りな音がどこにもない。

一方、現代社会は騒音であふれかえっている。頭上を通過する飛行機の爆音、犬の吠え声、甲高いドリルの音。四六時中、僕らはコントロール不能の音にさらされている。生活音は気にならないと思っているが、小さな音も積み重なれば、認知に負荷を与える。僕らがはっきり認識しないうちから、脳は音を処理している。だから自宅に戻ってから、静寂の中に身をひそめたくなる人も多い。つまり、僕らは静寂か騒音かの両極端を生きているわけだ。

生活から騒音をいっさい排除するのは無理でも、せめて自分でコントロールできる音くらいは健全なものにしよう。手始めに、目覚まし時計のアラーム音を世界で一番いい音色に設定する。1日の始まりには、ハッピーになれる歌を聴きたい。通勤の途中は、大好きなオーディオブック、ポッドキャスト、プレイリストに耳を傾けよう。入念に考え抜かれたアシュラムの生活に近づけるように、より幸せで健全なサウンドを選んでいこう。

時間には記憶がある

特定の目的のために場所を整えていくと、その目的にふさわしいエネルギーと集中力を呼び覚ますことができる。同じことは時間に関しても言える。毎日決まった時間に同じことをすると、忘れにくいし、打ち込みやすい。そのうえ上達が早い。毎朝同じ時間にジムに行くことに慣れている人は、試しに、夜の時間帯に行ってみるといい。いつもより調子が出ないはずだ。毎日同じ時刻に同じことをしていると、その時間帯の記憶が出来上がり、習慣化して、効率がよくなる。瞑想や読書といった新たな習慣を生活に定着させたいなら、毎日、時間を決めて取り組むようにしよう。暇ができたときに、その都度やればいいなどと思っていると、事態はややこしくなるだけだ。可能なら、その新しい習慣を今ある習慣と結びつけてみよう。僕の友人はヨーガを毎日の習慣にしたいと思っていた。そこで、ベッド脇の床にヨーガマットを敷いて、毎朝、文字どおり、ベッドから転がり出るなり、そのままヨーガを始められるようにした。習慣と習慣を結びつけると、やらない理由を捻り出す暇を自分に与えずに済む。

場所にはエネルギーが、時間には記憶がある。

毎日同じ時間に同じことをすると、楽に、自然にできるようになる。

毎日同じ場所で同じことをすると、楽に、自然にできるようになる。

シングルタスキング

時間と場所の意識は今という瞬間を最大限有効に使う助けになる。全力で今と向き合うためには、忘れてはならないことがもう一つある。それは「シングルタスキング」だ。これまでの調査によれば、マルチタスキングをこなせる人はたったの2％しかいない。大多数の人間はマルチタスクが苦手だ。しかも、複数のタスクの中に高度の注意力を要するものが含まれていると、目も当てられない状態になる。マルチタスキングといっても、実際には、いくつかのタスクをとっかえひっかえやっている状態、つまり「シリアル（連続）タスキング」にすぎない。そうやって細切れになった注意力はむしろ集中力の低下を招き、一度に一つのことに全力で打ち込むことをより困難にする。

スタンフォード大学は、二つのタイプの学生を対象に調査を行った。一方は、さまざまなメディア（メール、SNS、ニュースサイトなど）の間をせわしなく行ったり来たりしている学生たち、もう一方はそうでない学生たちだった。双方の学生たちに、注意力と記憶力を要する一連のタスク——たとえば、文字列を覚えるタスク、特定の色とかたちに注目して他は無視するというタスク——に取り組ませたところ、日頃から、ひっきりなしに複数のメディアを使っている学生たちは、一貫して、この調査の成績が悪かった。しかも、タスクを切り替えながらこなす能力さえも低いことが判明した。

シングルタスキングを実践しやすくするために、僕は、「ノーテック」の場所と時間を設けている。妻も僕も寝室と食卓にはハイテク機器をもち込まない。それ以外の場所でも、午後8時から午前9時までは極力使わないようにしている。この習慣を強化するために、ごく日常的な行動でもシングルタスキングを心がけている。

以前の僕は漫然と歯を磨いていた。それでもちゃんと白いし、問題ないと思っていた。でも、あるとき歯茎が傷ついていると歯医者に言われてからは、それぞれの歯を4秒ずつ磨くようにしている。頭の中で「1、2、3、4」と数えると集中できる。歯磨きにかかる時間は以前と変わらなくても、成果が違う。ビジネスのことを考えながら、歯を磨いていたのでは、すっきりしないし、歯茎のケアもおろそかになる。考えごとをしながらシャワーを浴びていたら、さっぱりしない。歯を磨くときは、歯を磨く。シャワーを浴びるときは、シャワーを浴びる。そのことだけに専念すると効率がいい。

とはいえ、どんなときも一つひとつのタスクに、レーザー光線みたいに集中する必要はない。音楽を聴きながらトイレ掃除をしたっていい。パートナーと食事をするときは、会話を楽しもう。ある種の楽器と楽器が合わさってすばらしい音色を奏でるように、習慣と習慣が補完し合う場合もある。でも、一度に一つのことに集中する能力を育てたければ、シングルタスキングの時間をつくるべきだ。日常生活の中から特定のルーティンを選んで、「これだけはシングルタスキングでいく」と決めてはどうだろう。犬の散歩でも、スマートフォンでも（一度に一つのアプリに限定すること！）、シャワーでも、洗濯物をたたむ時間でもいい。シングルタスキングの時間をつくって、集中力を育てていこう。

徹底的に没入する

一つのルーティンに没頭すればするほど、それは定着しやすくなる。新しいスキルを自分のものにしたければ、しばらくの間、それだけに集中して取り組むようにするべきだ。たとえば、僕が毎日1時間、卓球を続けているとしたら、確実に上達していくだろう。きみが瞑想を毎日の習慣にしたいと思っているなら、基礎固めに、1週間の瞑想リトリートに参加してみてはどうか。

この本では人生を変えるためのアイデアをさまざまに提案しているけれど、一度にすべてのアイデアを実践しようとしないでほしい。それでは広く浅い変化しか期待できないからだ。ほんとうの変化が起きるのは、最初から手を広げずに、優先度の高いものに集中して取り組んだときだ。だから、これぞというアイデアに優先的に取り組み、それが軌道に乗ってから、次のアイデアに移るようにしてほしい。

僧侶は何ごとにも没入する。昼食は黙して食べ、瞑想は延々と坐り続ける。何ごとも5分で終わらせるということがない（もっとも、シャワーだけは没入が許されなかった）。時間はたっぷりあるから、僕らは一つのタスクに何時間もぶっ続けで取り組んだ。もちろん、それと同じレベルの没入を現代社会で実践するのは無理だろう。でも、努力すれば、するだけのものが得られるのもたしかだ。重要なものごとには深く経験するだけの価値がある。でも困ったことに、何もかもが重要ときている。

人はみな、ものごとを先延ばしにしたり、よそ見したりする。それは僧侶だって例外じゃない。でも、時間にゆとりがあれば、一時的に気を散らしたとしても、集中し直すことが可能だ。朝の時間帯に当てはめてみれば分かるだろう。電話に1本応対しただけ、コーヒーを1杯こぼしただけで、もう仕事に遅刻するようでは、時間に余裕があるとは言えない。

新しいスキルやコンセプトを自分のものにしようというとき、あるいは、初めて買ったイケアの家具を組み立てようというとき、うまくいかないと、すぐに僕らは放り出したくなる。でも、あきらめず、たっぷり時間をかけて、一心に取り組んでいれば、思っていたより多くを成し遂げられるものだ（最難関とされるヘムネスのドレッサーだって完成できる）。

そういう没入体験は脳にも好ましいことが分かっている。複数のタスクの間を衝動的に行ったり来たりしていると（前述のスタンフォード大学の研究で、記憶力と注意力が悪かった学生たちがそうだったように）、集中力の低下を招く。僕ら現代人は、脳内のドーパミン回路（報酬系と呼ばれる神経回路）を過剰に刺激しながら暮らしている。そのドーパミン回路は依存症を誘発する回路でもある。僕らは、さらなる高揚感を求めてドーパミン回路を刺激する行動を重ね、その結果、ますます集中力を失っているわけだ。

ところが、皮肉にも、ドーパミンの高揚感の先には幻滅が待っている。過剰なドーパミンは「幸せホルモン」と呼ばれるセロトニンの分泌を抑制するからだ。きみにも覚えがないだろうか？　ひっきりなしに誰かと電話で話し、次々とミーティングに出たかと思えば、ネットでお手軽に本を注文し、ＳＮＳのスレッドをチェックしている。そんな1日が終わる頃、どっと疲労感に襲われるとしたら、ドーパミンで悪酔いしているからだ。

何かに静かに没入する時間――たとえば、瞑想、集中的な作業、絵を描くこと、クロスワード・パズル、庭の草むしりなどの「黙想的なシングルタスキング」の時間――をつくると、作業効率が上がるだけでなく、気分もよくなる。

こま切れの時間では没入は難しい

近年、雑誌でもスマートフォンのアプリでも1日5分間の瞑想がもてはやされている。僕はそれに反対するつもりはない。でも、効果をまったく実感できないという人がいても驚かない。瞑想に限らず、何かのプラクティスを毎日5分から10分行うことはすでにカルチャーになっているが、じつのところ、5分で成果を出せることはほとんどないからだ。現に、僕の友人たちはこんなことをこぼす。「ジェイ、1日5分の瞑想を始めて7カ月になるけど、効果が上がらないんだ」

きみが誰かに魅力を感じたとしよう。1カ月の間、毎日5分だけ、その人と過ごすことができる。はたして1カ月後、きみはどうなっているだろう。相手のことがほとんど分からないままで、たぶん、恋に落ちていないのではないか。人は、恋に落ちると一晩中でも話していたくなるものだ。ときには原因と結果が逆だったりもする。つまり、一晩中話しているから恋に落ちる。財宝が沈んでいる海域にいながら、海面を泳いでいるだけだとすれば、宝の山を目にすることはない。きみは、ちょっと瞑想を始めれば、たちまち心の曇りが晴れると思っているだろうか。でも実際、始めてみると、没入にはそれなりの時間と反復が必要だということに気づくだろう。

瞑想を始めたばかりの頃、僕は、身体が落ち着くまでにたっぷり15分、頭の中のおしゃべりが止むまでにさらに15分を要していた。それ以来、1日に1~2時間の瞑想を13年間続けているが、今でも意識を切り替えるのに10分くらいかかる。でも、安心してほしい。瞑想の効果は1日1~2時間、13年間続けないと実感できないものじゃない。ここで僕が強調しておきたいのは、どんなプロセスも没入してこそ効果を発揮するということだ。きみが障壁を破り、全身全霊で打ち込んだとき、効果は実感できるようになる。そのときは時間の感覚すら失われる。完全な没入状態の充実感が深いあまり、そのプロセスの終了時間がくると、もう一度やりたくなるということすら、よくある。

プラクティスを定着させたいなら、スタート時や中だるみの勢いづけに、没入体験を活用してはどうだろう。あるとき、1日5分の瞑想がうまくいっていないという友人に、僕はこんなアドバイスをした。「時間を見つけるのが大変なのは分かる。でも、瞑想の効果を十分に感じたいなら、一度、1時間のクラスを受講したらどうだろう。その後毎日10分間の瞑想をすると、前より効果が感じられるよ。何なら、丸1日のリトリートに参加してみてもいい」。それから僕は彼に、例の「恋に落ちる云々」のたとえ話をもち出した。相手のことが十分に分かってくると、5分どころか、一晩中起きているのも苦にならなくなる。ましてや相手と結婚したくなれば、5分なんて時間のうちにも入らない。僕は友人に言った。「きみは瞑想と駆け落ちしたくなるかもよ」

ルーティンとは不思議なものだ。同じタスクを同じ時間に同じ場所で繰り返しているのに、飽きがこない。マンネリ化もしない。むしろ創造性を育ててくれる。場所のエネルギーと時間の記憶という安定した支えを得ることで、僕らは、よそ見もせず、いらだちもせず、今という瞬間と完全に向き合えるようになる。集中力を育て、深い没入状態を実現するために、僕らも修行僧よろしく、ルーティンを定着させ、自分自身を鍛えていこう。

そして、周囲のものごとに気をとられなくなったら、いよいよ、僕らを迷わす最も精妙にして強大な力、頭の中のおしゃべりを何とかする番だ。

第7章

心《マインド》
——御者のジレンマ

五感と意識が静止し、理性が静寂の中にとどまるとき、
至高の境地は始まる。

——『カタ・ウパニシャッド』第6章10節

雨が降っている。9月に入り、雨季は終わったというのに、どしゃぶりだ。朝の瞑想の前にシャワーを浴びたい。昨晩、100人ほどの仲間とともに、ここ南インドにたどりついた。ムンバイから列車に揺られること2日間、一番安い切符しか手に入らない僕ら修行僧は、狭い車室で見知らぬ人たちとひしめき合って眠った。列車のトイレは汚くて、とても行く気にならな

い。用を足さなくて済むように、僕は2日間の断食を決め込んだ。巡礼中の僕らは、海辺の近くの倉庫のような建物を宿舎にしている。朝の瞑想の後は講義に直行する予定だ。シャワーを浴びるなら今しかない。

僕がシャワーの場所を尋ねると、誰かが藪の中のぬかるんだ小道を指さす。「歩いて20分くらいだ」

僕は履いているビーチサンダルを見下ろす。なるほど。20分もぬかるみを歩けば、足は余計に汚くなるだけだ。わざわざ行って何になる？

すると頭の中で別の声が言う。「ぐずぐずするな。朝の瞑想までに身支度を整えろ。早くシャワーを浴びてこい」

僕は前かがみで小道を歩き始める。泥水がバシャバシャ跳ね上がる。滑らないように気をつけなければならない。一歩ごとに不快な思いに襲われるのは、雨や泥水のせいだけじゃない。頭の中で最初に聞こえた声が、気持ちをくじくようなおしゃべりを続けるからだ。「ほら、やっぱりな。シャワーの前に泥だらけじゃないか。帰りもまた泥だらけになるぞ」

すると二番目の声が言う。「それでいい。正しいことをやっている自分を褒めてやれ」

ようやくシャワーにたどりついた。白い個室が並んでいる。その一つのドアを開けて、上を見る。明けやらぬ空から滝のような雨が降り注いでいる。屋根がない。マジか？　個室に入るが、蛇口をひねるまでもない。どうせいつも冷水のシャワーを浴びているんだ。雨に打たれるのもたいした違いはない。

それにしても、僕はいったい何をしているんだろう。シャワーを浴びたくていじましいほど必死になっている。汚い列車に揺られ、こんなふうに巡礼の旅を続けながら人生を送っている。ロンドンにいれば、今頃、年収5万ポンド（約680万円）を稼ぎ、きれいなアパートで快適に過ごしていただろう。人生はずっと楽だったはずだ。

来た道を戻るとき、二番目の声がまた聞こえてくる。今しがた僕がやり終えたことに興味深い解釈を加える。雨の中でシャワーを浴びに行くこと自体はたいした成果じゃない。体力も勇気も必要なかった。だが、困難に耐える能力は試されたはずだ。この朝の短い時間内に、自分がどれほどフラストレーションに対処できるかが分かった。汚れをきれいさっぱり洗い流せたわけではないが、もっと貴重な何かを学ぶことができた。たしかに心は鍛えられた。

現在に集中できないモンキー・マインド

インドの古い説話に、心を猿になぞらえる話がある。サソリに刺され、幽霊にとりつかれる酔っ払いの猿の話だ。

人間は1日におよそ7万回も思考している。ドイツの心理学者で神経科学者のエルンスト・ポッペルの研究は、人間の心が一度にわずか3秒ほどしか現在に集中していられないことを示している。それ以外の時間、僕らの脳は、過去や未来を行ったり来たりして、すでに経験したことや起きるかもしれないことを考えながら、現在に関する思考の穴埋めをしている。『情動はこうしてつくられる』（高橋洋訳、紀伊國屋書店、2019年）の著者リサ・フェルドマン・バレットも、ポッドキャストのインタビューでこう語っている。「脳は、今起きている外界の事象に反応することより、予測することに大半の時間を費やしています。いつも次に何が起きるだろうと考えているわけです」。仏典『サンユッタ・ニカーヤ（相応部）』（因縁相応12・61無聞者経）にも、人間の心は、木の枝から枝へ飛び回っている猿のようにせわしないものと書かれている。おもしろいたとえ話だが、ご承知のとおり、けっして笑いごとでは済ませられない。僕らがたえず渡り歩いているという、その思考の多くは、恐怖、不安、ネガティビティ、ストレスだったりするからだ。今週は仕事で何が起きるだろう？　夕飯は何を食べればいい？　今年の休暇に向けて十分に貯金できただろうか？　あの人はなぜデートの約束に5分も遅れているのか？　わたしはなぜ今ここにいるのだろう？　どの疑問も答えを求めていながら、何一つ解決されない。心が思考の枝から枝へせわしなく飛び移っているだけだからだ。そうやってジャングルをさまよう猿は、まさに訓練されていない心の状態を表している。

きみを翻弄する心

仏典『ダンマパダ（法句経）』は、ブッダの教えを弟子たちが詩節のかたちでまとめたものとされている。その中に「治水者は水を引き、射手は矢を矯《た》め、大工は木材をならし、賢者は心を調える」という一節がある（第6章80番）。真に成長するためには心を理解しなければならない。心はあらゆる経験のろ過器であり、判定者であり、指揮者でもある。ただし、僕のシャワー物語からも分かるとおり、心はいつも一つに定まっているわけではない。そんな心との関係を見直し、理解し、絆を強くすることができれば、人生で出会うさまざまな困難を乗り越えやすくなる。

心の中ではつねにバトルが起きている。日常生活のごく些末な問題（今すぐ起床すべきか否か）から、深刻な問題（あの人と別れるべきか否か）に至るまで、あらゆる場面で、僕らは毎日のように心の葛藤に直面する。

ある指導僧から聞いた北米先住民のチェロキー族に伝わる寓話は、僕らの誰もが苦しめられるジレンマを物語っている。「あるとき一人の老人が孫に言った。『人生で何かを選択するときは、必ず、おまえの心の中で2匹のオオカミが闘いを始める。1匹は怒り、妬み、欲望、恐れ、偽り、不安、そしてエゴを、もう1匹は平和、愛、思いやり、優しさ、謙虚さ、前向きさを表している。両者は互いに相手の優位に立とうとして争うのだよ』」

「それを聞いて孫は『どっちが勝つの？』と尋ねた。すると老人はこう答えた。『おまえが餌をやるほうだ』とね」

僕は指導僧に尋ねた。「餌をやるといっても、どうやってですか？」

「きみが何を読み、何に耳を傾けるか、どう時間を使い、何をするか、どこに自分のエネルギーと集中力を傾けるか、それらのすべてが餌になる」

『バガヴァッド・ギーター』も、「心は、それを克服した者にとっては最良の友。それを克服しない者にとっては最大の敵」と言っている（第6章6節）。自分の頭の中の声を「敵」と呼ぶのはきつすぎるだろうか。でも、言葉の定義を考えればなるほどと思うはずだ。『オックスフォード英語大辞典』によれば、「敵」とは「人やものごとにさかんに反対する、もしくは敵意を示す人」「何かを傷つけたり、弱めたりする物」だ。心はときとして僕らを翻弄する。僕らに何かの行動を納得させておきながら、後になって罪悪感を抱かせたりもする。とくに自分の価値観やモラルに反する行動をとったときにそうなりやすい。

プリンストン大学とウォータールー大学の二人の研究者は、間違った決断が重しのようにのしかかるのは単なる比喩ではないことを証明した。調査対象者たちに、過去にとった倫理に反する行動を思い出させ、身体の重みをどう感じるかを答えてもらったところ、ニュートラルな出来事を思い出してもらった人よりも、非倫理的な行動を思い出してもらった人のほうが、身体を重く感じることが分かった。

ときとして僕らは、集中しなければならないこと——たとえば、仕事のプロジェクト、何かの作品づくり、家の修理、新しい趣味など——がありながら、のらりくらりして、とりかかれないことがある。そうやって、ものごとを先送りにしているとき、心の中では、研究者が呼ぶところの「○○○するべき自分」と「●●●したい自分」がせめぎ合っている。あることをやらなければならないと感じている一方で、今、ほんとうにやりたいのは別のことだとも感じているわけだ。「例のビジネスの提案書にとりかかるべきだとは分かっている。でも、USオープンの準々決勝を観たい」

僧侶になる以前、僕の心は、ほんとうにやりたいことをさせないように僕を引き止めた。健康になりたいと思っていたとき、毎日、チョコバーをほおばり、1リットルの炭酸を飲むことを僕に許したのも僕の心だ。人として成長することに専念させず、他人と比べるように仕向けたのも、人を傷つけておきながら、弱腰と思われたくないがために、相手に歩み寄ることをさせなかったのも、優しさよりも自分の正しさにこだわるあまり、愛する人たちにさえ腹を立てることを許したのも、すべては僕の心だった。

インド生まれの精神的指導者で作家のエクナット・イーシュワランは、自身が英訳した『ダンマパダ（法句経）』の序文で、思考の渦につねに振り回されている人間は、「人生がほんとうはどんなものかを、孵化する前の雛ほども考えていない。興奮と落胆、運と不運、喜びと苦しみは、殻の中の、ちっぽけで個人的な領域で生じている嵐にすぎない。にもかかわらず、それが世界のすべてだと勘違いしているのだ」と書いている。だから、ブッダが達した「思考の完全に及ばぬ領域」を、イーシュワランは、殻を破った雛の境地と表現している。

アシュラムで僕は、危険で自己破壊的な思考を減らすために必要な概念を学んだ。人間の思考は心という空を流れ過ぎる雲にすぎないが、「自分」は太陽のように、いつも存在している。つまり、自分と心は別のものということだ。

心の中にいる親と子

指導僧が教えてくれたように、心と自分を切り離せば、心との関係を変えられる。どうすれば心と仲良くなれるか、どうすれば敵対関係を解消して和平にもち込めるかを考えられるようになる。

人間関係と同じように、自分の心を相手として、良好なコミュニケーションを実現できるかどうかは、日頃の付き合い方に左右される。すぐにかっとなって角突き合わせたり、かたくなに話し合いを拒んだりしていないか。何度も同じことで言い争っていないか。それとも、聞く耳をもち、歩み寄ろうとしているか。そういう自分と心との関係を、大半の人間は知らずにいる。じっくり考えてみたことがないからだ。

モンキー・マインドが子どもだとすれば、モンク・マインドは大人だ。子どもは、ほしいものが手に入らないと駄々をこねる。もともと自分がもっているものには目を向けようとしない。目の前の利得を重視するから、キャンディをもらえるなら、株券だって差し出すだろう。何かや誰かに行く手を阻まれると、未熟な心はすぐに反応する。侮辱されたように感じて、むっとしてみたり、自己弁護を始めたり。

その種の自動的で発作的な反応は、誰かにナイフを突きつけられたときなら、望ましい。ぎょっとして逃げ出せば、危機を脱することができる。でも、誰かに耳が痛いことを言われて、すぐにむきになるとしたら、それは望ましいことじゃない。

もちろん、僕は、どんなときでも冷静沈着でいようとか、子どもの心をいっさいなくしてしまおうと言うつもりはない。子どものような心があるからこそ、人はのびのびと自由に、クリエイティブでダイナミックになれる。どれもかけがえのない性質だ。でも、心に支配され、心に振り回されてばかりいたのでは、身を滅ぼしかねない。

欲望にとらわれた衝動的な子どもの心に対して、分別のある現実的な大人の心は「それはおまえのためにならない」とか「しばらく待ちなさい」と言って、いったん立ち止まって、広い視野でものごとを見るように諭す。初期設定された反応が適切かどうかを見直して、他の選択肢を提案する時間をもつように、促してくれるのが大人の心だ。賢明な親は、子どもが求めているものと、子どもに必要なものを区別する。そして、長い目で見たとき、何が好ましいかを見きわめることができる。

自分の中の葛藤を、こんなふうに「親と子」としてとらえ直してみれば、子どもじみた心に振り回されるのは、モンク・マインドが育っていないか、弱すぎるか、その声がきちんと聞き届けられていないからのように思えてくる。子どもがいらだって、かんしゃく玉を爆発させると、僕ら大人はすぐに折れてしまうが、その後で自己嫌悪に陥る。「まったく、自分は何をやっているんだろう。どうしちゃったんだ?」と。

ここで言う親は、その分別のあるほうの心の声だ。十分に鍛えられていれば、それは抑制のきいた理性的な力として、論戦で負け知らずになる。でも、その力を発揮できるのは、あくまでも僕らがきちんと整えてやったときの話だ。疲れていたり、飢えていたり、無視されたりすると、大人の心は途端に弱くなる。

親が目を離していれば、子どもはキッチンのカウンターによじ登ってでも、クッキーの缶を取ろうとする。すぐ横にガスレンジがあろうとお構いなしだ。そしてトラブルを起こす。一方、親の干渉が過ぎれば、子どもは怒りや恨みを覚え、リスクを嫌うようになる。現実の親子関係と同じく、大人と子どもの心の間でちょうどいいバランスを見つける努力は、どんなときも怠ってはならない。

というわけで、心を理解するための第1歩とは、自分の中にある異なる声に気づくことだ。そして、それに気づけば、たちまち、今より好ましい決定を下せるようになる。

理性という御者

頭の中の複数の声を聞き分けられるようになると、そのせめぎ合いのひどさに驚き、首をかしげたくなるかもしれない。心は持ち主のために機能すべきものではないのか。なぜ本人の邪魔をするのか。そもそも、こういうややこしいことになるのは、人が複数の異なるソースからインプットされる情報を処理しなければならないからだ。そのソースとは、今この瞬間に注意を集めようとする五感、過去の経験を思い出させる記憶、そして、長い目で見たとき何が最善の選択かを分析評価する理性だ。

心の声のせめぎ合いに関する僧侶の教えには、先述の親子関係のたとえ以外の考え方もある。それは、古代インドの聖典『カタ・ウパニシャッド』に出てくる5頭だての馬車のたとえ話だ（第3章3節）。それによれば、馬車は僕らの身体、馬は五感、手綱は心（意識）、御者は理性を表している。ややこしい話かもしれないが、辛抱して聞いてほしい。

未熟な者の内面では、御者（理性）が居眠りしている。すると、手綱（心・意識）という制御を失った馬たち（五感）は、行きたい方向に馬車（身体）を向かわせ、周りの事象に好き勝手に反応する。おいしそうな草が見えれば、そこへ行って、さっそく食べ始めるだろう。そうかと思えば、何かに驚いて、震え上がったりもする。そんなふうに僕らの五感も、食べ物、お

金、セックス、権力、影響力を前にしたとき、スイッチが入る。馬が主導権を握っているとき、馬車は進路を外れて、一時の快楽や満足が得られる方向へ向かう。

一方、鍛えられた者の内面では、御者（理性）が目を覚ましている。馬が勝手な方向に行かないように、御者は細心の注意を払う。手綱を握り、馬たちを巧みに操りながら、進むべき方向へ導いていく。

五感は制御できる

言うことを聞かない5頭の馬について考えてみよう。馬たちは馬車につながれてはいるが、御者の制御がきいていない。鼻息も荒く、頭を振り振り、じれったそうにしている。5頭の馬たちは、外界との最初の接点である五感を表している。五感は欲望と執着を生み出す。心を翻弄して、人を衝動、激情、快楽へと向かわせる。だからこそ僧侶は心を鎮めるために五感を鎮める。仏教の尼僧ペマ・チョドロンは、いみじくも、こう言っている。「あなたは空です。それ以外のもの（感情や思考）はすべて、天気だと思いなさい」

中国の少林寺の僧たちは、心を鍛えれば五感を制御しうることを見事なまでに示している（僕自身は少林寺で修行した経験はない。挑戦してみたい気はするけれど）。

1500年以上の歴史を誇る少林寺では、今も定期的に、僧侶たちが信じられないような技を披露している。刀剣の刃の上でバランスをとり、頭でレンガを割り、釘や刃物の突き出た板の上に横たわるが、何の苦もなく、ケガ一つしないように見える。まるで魔法のようだ。でも、その裏には、肉体と精神を極限まで追い込む厳しい修行がある。

少林寺の修行は早ければ3歳から始まる。入門した子どもは、1日中、訓練と瞑想に励み、呼吸法と気功によって、やがては超人のような力技をこなす体力と、攻撃からケガに至るまでのあらゆる困難に負けない忍耐力を手に入れる。自己を内面から落ち着かせることによって、精神的、肉体的、感情的なストレスを避けることができる。

信じられないほどの感覚制御能力を示すのは少林僧だけじゃない。研究者たちは、少林僧ではない僧侶たちと、瞑想を一度もしたことのない人々を集めると、それぞれの手首に、高熱によって痛みを発生させる熱刺激装置を取り付けた。プレート状の装置は徐々に熱くなり、最高温度を10秒間維持した後、冷めていく仕掛けになっていた。僧侶ではない被験者たちの場合、プレートが温かくなり始めた途端に、脳は、まるで最高温度に達したかのように大騒ぎを始めた。これは「予期不安」という現象だ。ところが僧侶たちには、この現象がまったく見られなかった。プレートの温度が上がっても、彼らの脳の活動は同じように推移した。最高温度に達したときですら、急激な活性化が見られたのは、肉体的な苦痛を感知する領域だけだった。ご存じのとおり、たいていの人間は苦痛を身体と精神の両面で感じる。つまり苦痛には二重の性質があるわけだ。ところが僧侶たちは、熱という苦痛を身体で感知しながら、それをネガティブな感情と結びつけることがなく、感情的な痛みは味わっていなかった。そのうえ、身体的な苦痛が消失するスピードも、非瞑想者たちより速かった。

ふつうの人間にはとうてい真似できない感覚制御能力だ。でも、僕らにも五感と心のつながりを考えることくらいはできる。僕らは、ほぼつねに、視覚、聴覚、嗅覚、触覚、味覚に支配されている。たとえば、大好物のデザートのにおいをかげば、食べたくなるし、海辺の写真を見れば、休暇の旅行を思い浮かべる。ある種のフレーズを耳にした途端、それを口癖のように言っていた人の記憶がぱっとよみがえる。

感情の引き金になりそうなものを避ける

モンキー・マインドは後手に回る《リアクティブな》心、一方、モンク・マインドは先手を打つ《プロアクティブな》心だ。たとえば、

YouTubeの動画を見始めたが最後、抜け出せなくなったことはないだろうか。かわいい動物の動画に続いて、サメに襲われるシーンを集めた動画に夢中になり、いつしか、ショーン・エヴァンスと有名人ゲストが辛いソースを食べ比べる番組にはまっていたりする。そういうとき、僕らの心は感覚に振り回されて、後手に回っている。たかが感覚などと侮ることなかれ。侮っているとみずから道を踏み外すことになりかねない。知らず知らずのうちにストリップ劇場で時間をつぶしていたなどということがないように、モンク・マインドを育てよう。

後手に回りがちな心の傾向を何とか最小限にとどめたい。そのための手っ取り早い方法とは、制御不能な反射的な働きを生じさせそうな刺激を、理性の力で事前に察知し、感覚器官を刺激から遠ざけてやることだ。行く手に誘惑が待ち受けているとき、いち早くそれに気づいて、手綱を引き締められるかどうかは、理性の力にかかっている。馬車が草地を駆け抜けるとき、馬たちがおいしそうな草に気をとられないように、巧みに手綱をさばくことができる御者を育てよう。

あらゆる感覚入力は感情の引き金になりうる。五感を通じて入ってきたものが、ふいに欲求、怒り、あるいは悲しみを生じさせることがある。つまり、きみの中で馬たちが暴れて、御者の選んだ進路から馬車が逸脱してしまうわけだ。SNSはそんな要因の一つになりうる。きみも、知らず知らずのうちにSNSに時間を吸いとられ、本来やろうと思っていたことができなくなったことはないだろうか。亡くなった友人の写真が出てきて、ふいに深い悲しみがよみがえったとか、別れたパートナーが残していったトレーナーを見て、心の痛みがぶり返したとか。

そこで、僕がお勧めしたいのは、望まない感情の引き金になりそうなものを、無理のない範囲で、自宅から撤去すること（それがスマートフォンのアプリなら削除すること）だ。そして物理的に排除すると同時に、自分の心からもそれが消えてなくなる様子を思い描く。不要な感情の引き金になるのは物ばかりではない。たとえば、子どもの頃に親から聞かされていた言葉や、過去を思い起こさせる歌も引き金になる。そういう心理的な誘因も、物を片付けるときと同じように、人生から消し去るところをイメージしよう。

そうやって精神的、物理的な引き金を除去すれば、振り回されることもやめられる。もちろん、すべての感覚、すべての引き金を消し去ることは不可能だ。そうしたいとも思わないだろう。僕らがめざしているのは、心を黙らせることでもないし、動かなくすることでもない。思考の意味を理解し、自由になることだ。とはいっても、今はまだ、心との関係性を強化していく段階だから、自分の見るもの、聴くもの、読むもの、吸収するものを意図的に選択しながら、不要な感情の引き金になりそうな場所や人を避けるようにしよう。

モンキー・マインドを協力者と見なす

モンク・マインド的視点に立てば、最大の力はセルフコントロールにある。つまり、心とエネルギーを鍛えて、自分のダルマに専念することだ。理想的には、困難にも喜びにも同じバランス感覚と落ち着きをもって向き合い、快楽に溺れることも、苦しみに押しつぶされることもない状態を意味する。

通常、僕らの脳は、同じインプットが繰り返されると、それに慣れてしまう。でも、心を鍛えていくと、注意が散漫になりそうなときでも、自分の望む方向に集中できるようになる。

瞑想は感覚入力を制御するための有効なツールだけれど、心を鍛えるには、子どもの心と大人の心の関係を改善するという方法もある。親が「自分の部屋を片付けなさい」と言っても、子どもは従わない。それと同じように、モンク・マインドが「進路を変えよ」と言っても、モンキー・マインドは「やだね。ヘッドフォンで音楽をガンガン聴いていたいんだよ」と聞く耳をもたない。親が子どもに腹を立てて、「部屋を片付けろと言ったじゃないか！　まだやってないのか？」と言えば、子どもはさらに自分の殻に引きこもる。最終的に、子は親の命令に従うかもしれない。でも、それまでのやりとりからして、両者の間に絆は育っていないから、対話は成立しない。

いらだつ親と不機嫌な子どもがバトルを繰り広げるほど、両者の心は離れていく。内面でバトルを展開している間、きみはモンキー・マインドを敵としか見ていない。では、相手を協力者と見なしてはどうだろう。そうすれば、敵対関係を同盟関係に、遠ざけていた敵を頼れる味方にできる。もちろん、絆を結んだからと言って、困難がなくなるわけじゃない。相変わらず食い違いは生じるだろう。でも、少なくとも両者が求める結果は一致する。
そういう協力関係を実現するためには、自動的で反射的な心の動きに、理性が目を光らせている必要がある。その種の心の動きは潜在意識とも呼ばれる。

頑固な潜在意識

僕らが意図的に選択したわけでもないのに、心が勝手に動くことがある。心にはその種の本能的なパターンが備わっている。毎朝同じ時刻に設定されたスマートフォンのアラームのようなものだ。すぐれたシステムだけれど、祝日の朝でも同じ時刻が来れば、鳴り響いてしまう。そのアラームに当たるのが潜在意識だ。同じ思考と同じ行動に反応するようにプログラミングされていて、それが初期設定になっている。僕らは、よくも悪くも、通ったことのある道をたどりながら生きている。その同じ思考と行動は、自分で積極的に設定し直さない限り、変わることはない。

世界的に有名なバイオリニストのジョシュア・ベルは、あるとき、ワシントンDCの地下鉄駅の外で通勤時間帯に路上パフォーマンスをすることにした。世界に数台しかない貴重なバイオリンを取り出すと、楽器ケースを投げ銭用にセットして、とびきり難しいとされる楽曲を弾き始めた。演奏は45分ほど続いたが、その間に立ち止まって耳を傾け、投げ銭を入れてくれた人は数えるほどだった。結局、ベルが手にしたのは30ドル（約3300円）だ。その3日前、ボストンのシンフォニー・ホールで同じバイオリンで演奏したときには、それなりの良席が100ドルで売れていたというのに。

通行人がすばらしい演奏に立ち止まらない理由はさまざまに考えられる。でも、これだけは確実に言えるのではないか。ラッシュアワーの人混みを突き進む通勤客たちは、自動運転の状態だったということ。デフォルト・モードのまま漫然と生きているとき、僕らはいったいどれほど貴重なチャンスを見過ごしていることだろう。

「狂気とは、同じことを何度も何度も繰り返しながら、そのくせ異なる結果を期待することだ」という言葉がある（アインシュタインが言ったとされているが証拠はない）。僕らは毎年同じことをしていながら、いつか人生が変わると思っていないだろうか？

思考が心の中で繰り返され、自分はこうだという信念が凝り固まっていくのは、僕らが覚醒していないからだ。頭の中を流れるナレーションは人間関係やお金に関する固定観念となり、自分はこういう人間だ、こうふるまうべきだという考えに、僕らを縛りつける。きみにも覚えがないだろうか。誰かに「今日のあなたはすてきだ」と言われると、きみの潜在意識は「すてきだって？　どうせお世辞だろう」と答える。誰かに「うまくいったね。それだけ頑張ったからだよ」と言われると、「いや、まぐれにすぎない」と答える。その種の反応が常態化しているとすれば、まず自分の頭の中の言葉を変えない限り、人生は変わらない。では、頭の中のどんな声に耳を傾け、どんな思考を選択し、育てていくか、どう切り替えていくかを考えてみよう。

やってみよう——潜在意識を目覚めさせる

心の中で日常的に繰り返されている雑音を書き出してみよう。雑音というのは、ほんとうは聞きたくないと思っているのに聞こえてしまう言葉のことだ。現実的に直面している問題をリストアップするのではなくて、心から送られてくるネガティブで自己破壊的なメッセージを書き出そう。たとえば、

・おまえは力不足だ。
・おまえにそれはできない。
・おまえはそれをやるだけの知性が足りない。

こういうメッセージが送られてくるとき、きみの中では御者が居眠りをしている。

意識的な心を活用する

きみときみの心が別個のものであるように、きみときみの思考もイコールじゃない。心がきみに「おまえは愛される資格がない」とか「おまえの人生はいいところがない」とメッセージを送ったとしても、それは現実ではない。でも、その種の自己破滅的な思考回路は配線し直すことが難しい。人はみな、苦しみや悲しみ、困難を何かしら経験している。その何かが過去のことだからといって、必ずしも、終わっているわけではない。むしろ、別のかたちで——たいていは、自己破滅的な思考となって——残っている。そして、その考えを僕らが教訓として受け止め、変えようとしない限り、いつまでも居座り続ける。たとえば、親との関係に問題を抱えたままにしていれば、その未解決な関係の生き写しみたいな人をパートナーに選び続けるだろう。思考パターンを意識的に書き換えない限り、過去に被ったのと同じ痛みを当然ながら繰り返すことになる。

ばかみたいに聞こえるかもしれないけれど、頭の中の声を書き換える最も効果的な方法は、その声に話しかけてやることだ。比喩ではなくて、ほんとうに話しかける。

毎日、自分に言い聞かせよう。名前を呼びかけてもいい。嫌でなければ、なるべく声に出してみよう（ただし、初めてのデートや面接では避けること）。音には力がある。自分の名前を耳にすると、おのずと集中できる。

心の声が「おまえにそれはできない」と言ったら、きみは「おまえにはできる。その能力がある。時間もある」と言おう。

何かのプロジェクトやタスクの最中、ずっと自分に語りかけていると、集中力が高まって、効率的にこなせることが分かっている。一連の研究で、被験者たちに何枚かの絵を見せた後、それと同じ物を探してもらった。被験者たちの半数は、その物の名前を口に出しながら探し、もう半数は、無言のまま探したところ、前者のほうが探し出すスピードがずっと速いという結果が得られた。研究者たちは、自分に話しかける行為が記憶力だけでなく集中力もアップさせると結論づけている。心理学者のリンダ・サパディンは、こうも言う。「自分に話しかけると、思考が明確になり、重要なものに集中できるようになります。そして自分の考えているとおりの決断を下しやすくなるのです」

では、建設的な方向に心をシフトさせるには、具体的に何をすればいいのだろう。考えてみよう。

リフレーミング

きみが大多数の人間と同じだとすれば、おそらく、きみの理性は、きみの心の短所を指摘する割に、長所はめったに教えてくれないだろう。たとえば、理性が次のような言葉を発していたら、心はのびのびと育つだろうか?

いつまでたっても何も変わりはしない。
誰にも理解してもらえない。
おまえは力不足だ。
魅力が足りない。
頭が悪い。

成長部分をクローズアップする

僕らは自分の最悪な部分を見つけ出しては、絶対に変わりっこないと言い聞かせている。これ以上、心をくじくようなアプローチがあるだろうか。幸福に至るルートは三つあって、そのすべてが「知」(無知を離れること)をベースにしている。つまり、人として学ぶ、進歩する、そして為すべきことを為す、だ。成長しているとき、僕らは幸せを感じ、物欲には縛られない。一方、不満だらけで、自分を批判し、絶望しているとき、僕らはエンストを起こす。そんなときは、自分の中の成長している部分、進歩している部分に目を向けるべきだ。そうすれば、自分がやっていることの価値が見えてくる。その価値を味わうことができる。

自己批判が聞こえてきたら、リフレーミングで、批判を知恵に置き換えよう。たとえば、「もう、うんざりだ。要領が悪い。こんなこと、できるわけがない」という声が聞こえたら、「頑張っているじゃないか。大丈夫、進歩しているよ」と応じればいい。そうやって、自分が前進していることを忘れないようにする。心の中の悲観的な子どもと絆を結ぶ努力は怠ってはならない。きみがものを読み、調べ、応用し、試すたびに、きみの中の大人の声は強くなっていくはずだ。失敗にばかり目を向けず、進化や進歩をクローズアップしよう。たとえば、1週間のうち2日、早起きができるようになったら、生活態度を改め始めた子どもを褒めるように自分を励ませばいい。計画の半分を達成したら、半分もできたと喜ぼう。

ポジティブ化する

成長部分に拡大鏡を充てるだけでなく、「ポジティブ化」という方法でも、好ましくない思考をリフレーミングできる。モンキー・マインドが「自分には、こんなことはできない」とこぼし始めたら、「〇〇すれば、自分にもこれはできる」と言い換えよう。

「これはできない」 ↓ 「〇〇すれば、これもできる」
「うまくできない」 ↓ 「上達するために時間をかけているところだ」
「自分は愛されていない」 ↓ 「新しい人間関係をつくろうと働きかけている最中だ」

「太っていて醜い」→「自分史上、一番健康になろうとしている」
「何から何までこなすのは無理だ」→「優先順位を決めて、一つひとつ取り組んでいる」

こんなふうに解決志向型のアプローチでものごとを解釈し直すのは、希望的観測に明け暮れるのをやめて、自分から積極的に動き、責任をとることの重要性を思い出すためだ。

行動する

心の状態は、言葉だけなく行動でもリフレーミングできる。毎日、新しいことを一つ学ぶというシンプルな方法がある。課題は大きくなくていい。コンピュータプログラミングや量子力学に取り組む必要はない。どこかの人物や都市や文化に関する記事を一つ読むだけでも、自己肯定感はぐんと上がるだろう。次に誰かと会話をするとき、話題にできるかもしれない。知らない単語を一つ覚えてみてはどうだろう。たとえばイヌイット語の「イクツアルポク」という単語は、来客の到着を今か今かと待ちわびながら窓辺を行ったり来たりしているときの心境を表す。そういう新しい単語を話題にするだけで、食卓の会話を弾ませられるだろう。

点数化する

僕らが出会うさまざまな失敗や挫折も、その多くは、とらえ方次第で、自分にとって意味の

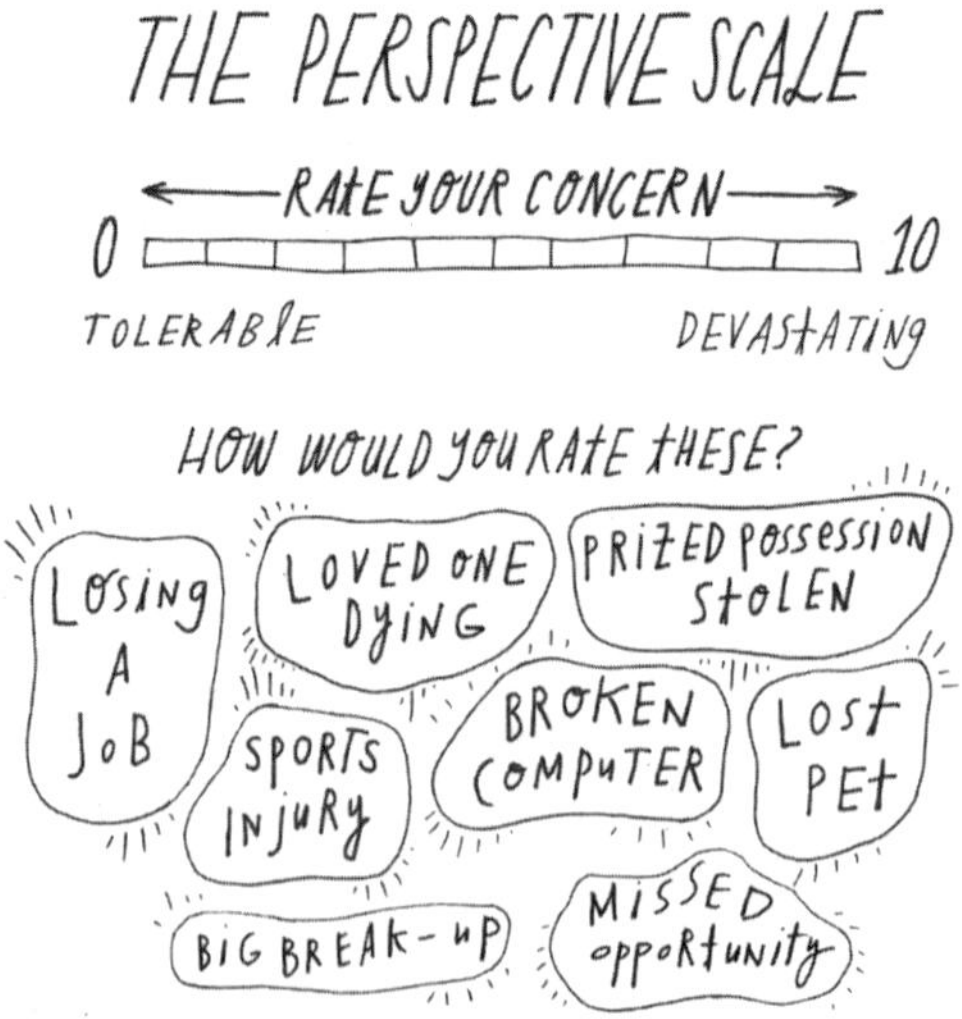

状況評価の尺度

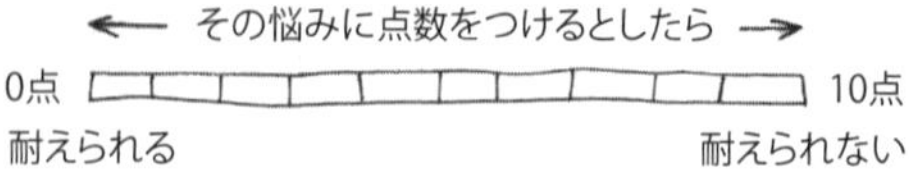

こんな状況は何点?

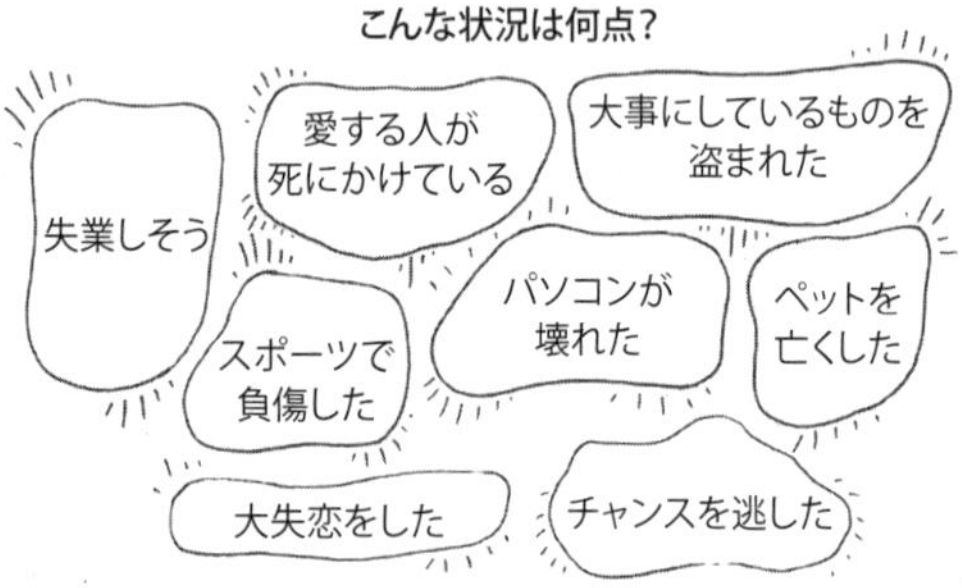

あるもの、成長を促すものに変わる。ネガティブな思考や状況は点数化してみるといい。ちょうど医師が患者の痛みを点数で表現してもらうように、僕は、悩みを抱えている人に、その状況を10点満点で評価してもらうようにしている。0点は耐えられる状態。10点は最悪の状態。たとえば「家族が全員死んでしまいそうだ」としたら、最悪にネガティブな状況に違いない。10点どころか、11点を付けたいくらいだろう。

何もかもが最悪に感じられてもおかしくはない。とくに真夜中に考えると、そうなりがちだ。昇進できないことも10点だし、大事にしている時計を盗まれたことも10点だ。でも、愛する誰かを亡くした経験(誰もがいずれは経験すること)と比較したらどうだろう。きっと、とらえ方が変わってくるはずだ。失業はうれしくないが、耐えられるようになる。なくした時計も所詮は物にすぎない。たとえ、パーフェクト・ボディじゃなくても、身体があるからこそ、生きて、すばらしい体験もできる。深い悲しみや痛みの体験がどういうものかを知っていれば、それ以外の体験は小さなつまずきに見えてくる。そして、ほんとうに耐え難い最悪の状況に直面したら、それを受け入れ、ゆっくり時間をかけて傷を癒せばいい。僕は、ネガティブな経験を片っ端から矮小化しようとしているわけじゃない。これは、何もかもいっしょくたにせず、しっかり見きわめようという話だ。さまざまな経験の中には、どうしたって10点としか評価しようのない経験もある。

文章化する

ときとして、リフレーミングは紙に書くと、最大限の効果を発揮する。猿が木の枝から枝へせわしなく飛び移っているところを考えてみてほしい。そういう猿の注意を引いて、何かに集中させるのは簡単なことではない。きみの心が不安にさいなまれ、一つに定まらないとき、思考の堂々巡りをするばかりで、何の解決策も見出せないとき、一時停止ボタンを押したい気分のときには、15分間、心に浮かんでくる思考の一つひとつを紙に書き出してみよう。

大学生たちを対象にある研究が行われた。人生で最悪のトラウマ体験を選んで「心の一番深いところにある考えや感情」を文章にするということを、毎日15分間、4日間、続けてもらったところ、自分の胸の内を文章にするという行為には価値があると評価したばかりか、彼らの98％はもう一度やりたいと答えた。しかも、文章化を楽しんだだけではない。調査前に比べて、学内の医療センターに通う回数が減って、健康が改善されていることも分かった。研究者たちは、学生たちが最悪の体験をつじつまの合う一つの物語としてとらえ直すことができたのは、文章化の一つの効用だと結論づけている。体験と自分を切り離すことで、学生たちは、その体験を客観視できるようになった。そうすれば、ハッピーエンドを思いつくことだって可能だ。

作家のクリスタ・マクグレイは飛行機恐怖症だった。ショック療法だと思って、無理やり飛行機に乗ってみたこともある。理屈で自分を説得しようとしたことも、お酒の力で何とかしようとしたこともある。でも、出発の1週間前になると、決まって心配性がぶり返す。墜落したらどうしよう、残された子どもたちはどうなってしまうだろう……。

やがて、その恐怖の正体を探るつもりでブログを書き始めたところ、祖母の二の舞を演じかけている自分に気づいた。飛行機を断固拒否していた祖母は、さまざまなチャンスをふいにしなければならなかった。そこでマクグレイは、飛行機に乗るリスクを冒してでも、人生でやるべき価値のあることをリストアップしていった。今も完全に恐怖を克服したわけではないが、死ぬまでにやっておきたいことの一つ、夫とのイタリア旅行を敢行することができた。書くこと自体が問題を解決してくれるわけではない。でも、解決策を見出すためには広い視野が必要だ。書くという行為はその視野をもたらしてくれる。

書くのが苦手な人は、スマートフォンの録音機能を使うという手もある。音声ファイルを再生して聞くか、もしくは、文字起こし機能でテキスト変換するといい。録音すると観察者の視点で自分を見ることができるようになる。

あるフレーズを繰り返し唱える

もう一つの選択肢は、僧侶たちの間に伝わる、ある言葉を頭の中で何度も唱えることだ。「我は我が心をもって友とす（わたしはわたしの心を友人にする）」。名もなき日本の武士が語ったとされる、このフレーズを繰り返していると、デフォルト・モード・ネットワークと呼ばれる脳内回路の活動が落ち着いてくる。さまざまな雑念が浮かんできたり、ぼんやりと自分のことを考えていたりするとき、このデフォルト・モード・ネットワークが過剰に働いている状態にある。そういう、とらえどころのないモンキー・マインドは、このフレーズで落ち着かせ、耳を傾けさせよう。

自分自身をいたわる

ざわついていたモンキー・マインドが落ち着いてきたら、ようやく対話を始めることができる。自分を思いやる気持ち（セルフ・コンパッション）をもって臨むことにしよう。不安な考えが生じてきたら、それに浸るのではなく、こう答えよう。「心配でたまらないんだね。自分にはうまくできないと感じているんだろう。でも、きみは強い。きみにはできる」。このとき重要なのは、いっさいの批判を加えずに、自分の感情をありのままに観察することだ。

あるとき、ブランディング会社シェアビリティに勤める友人たちと僕は、十代の少女たちとその姉妹を対象に、あるエクササイズをやってもらった。どんな言葉に自尊心を傷つけられるか、具体的に書き出してもらうエクササイズだ。すると女の子たちは、「おまえは意気地なしだ」「おまえには価値がない」「おまえは重要ではない」といったフレーズを書き出した。次に僕は、そのフレーズを同席している姉妹に向かって言ってみるよう、少女たちに促した。

すると全員が拒否反応を示した。「そんなのよくない」と言う。自分の頭の中で言う分には構わないが、口に出すとなると、まったく違ってくる、と指摘する子もいた。

僕らは、自分の愛する人には絶対言わない言葉を自分に対して平気で言っている。「他者にこうしてもらいたいと思うことを、あなたも他者にしなさい」というのは、誰もが知っている黄金律だが、僕なら、こう付け加えるだろう。**「他者に示したいと思っている愛と敬意を、あなた自身にも示しなさい」**

やってみよう——シナリオを書き換える

1．日頃、自分にかけているネガティブな言葉を書き出そう。次に、自分の大切な人（たとえば妹）が同じことを考えているとしたら、きみはどんな言葉をかけるだろう。その言葉を横に書き出していこう。

〈例〉

「おまえはびくついている」	「びくついていたって大丈夫。わたし（僕）がついているから」
「おまえは価値がない」	「価値がないだって？　自分の好きなところがあるはずだよ。話してみよう」
「おまえは重要じゃない」	「そんなふうに感じる原因は○○○だね。ならば○○

○を変えればいい。でもその前に、自分の中のいいところをリストアップしてみよう」

2. 想像してみよう。自分の子ども、親友、いとこなど、大切な人が離婚しかけているとしたら、きみはまずどんな反応を示すだろうか。その人にどんな言葉をかけるだろう？何をアドバイスするだろう？「残念だね。つらいだろう」と言う？それとも「おめでとう。いろいろあるだろうけど、離婚して後悔した人はめったにいないよ」と言う？でも、大切な人に向かって、「ばかだな。負け犬と結婚するから負け犬になるんだよ」とはけっして言わないはずだ。こういう場合、僕らは愛とサポート、そして、何かしらのアイデアや解決策を差し出すものだ。ならば、自分自身にも同じことをしよう。

僕らは、毎日、自分でつくった物語を生きている。自分の書くシナリオ次第で、それは喜び、忍耐、愛、優しさの物語にもなるし、罪悪感、非難、苦悩、挫折の物語にもなる。きみはどんな感情を抱きながら生きたいだろう？　自分の生きたい感情に見合った新しいボキャブラリーを見つけていこう。愛ある言葉を自分に語りかけよう。

現在にとどまる

モンキー・マインドが過去や未来にはまり込んでいるとき、それを振り向かせるのは難しい。フランシスコ会の修道士リチャード・ロアは言う。「あらゆる宗教的な教えは、現在にとどまるにはどうすればいいかを伝えるものだ、と言っても過言ではないでしょう。しかし、まずいことに、わたしたちの心は、ほとんどつねによそを向いています。過去を思い出したり、未来を思い悩んだりしているのです」

誰にでも、何度でも噛みしめたい幸せな思い出や、手放したいのに手放せない苦い思い出がある。でも、昔を懐かしむ気持ちと悔やむ気持ちは、どちらも危険性を孕んでいる。新しい何かを経験する機会を僕らから奪い、やり直せない過去や、戻ってこない古きよき時代に僕らを閉じ込める恐れがあるからだ。過去は変えようがないし、未来は知りようがない。ある程度の計画性や、最悪の事態への備えは有用だろう。でも未来を考えているうちに、不安や心配、非現実的な願望の堂々巡りが始まるとしたら、もはや生産的とは言えない。

世界が終わるかのような圧倒的な絶望感にせよ、今日はどうも仕事がうまくいかない、ついていないな、という程度の落ち込みにせよ、僕らの周りには、程度の差こそあれ、心を現在にとどまらせることを困難にする問題があふれている。現実的に考えれば、一生のうちに一度だって100%現在にとどまることなんてできないだろう。それが僕らのゴールでもない。楽しかった時間や過去の苦い教訓をもとに未来の計画を立てるなら、それは知的能力の有効活用になるだろう。でも、後悔や心配に時間を浪費することはやめにしよう。現在にとどまり続ける努力をすれば、僕らは、精神的指導者ラム・ダスの言う「今ここに在れ《ビー・ヒア・ナウ》」に近づけるだろう。

心がどうしても過去や未来にさまよい出してしまう、そんなときには、現在に手がかりを探してみるといい。きみの心は何かを隠そうとしたり、きみの気をそらそうとしたりしているのではないか？　過去に重要だったことや未来に起こりそうなことに心がとらわれ始めたら、そっと現在に連れ戻してやろう。そして、今ここに問題がないか尋ねてみよう。

今この瞬間に見逃していることはないだろうか？
今日、何かに不快な思いをしているのでは？
何か変えたいことがあるのでは？

そうやって現在について問うときには、できるなら、ネガティブな要素もポジティブな要素もひっくるめて過去を振り返り、その過去が、不完全ながらも、今の場所に自分を連れてきてくれたと思うようにしたい。今ある人生を受け入れるからこそ、僕らはそこから成長していける。そして、未来もまた、現在とのつながりでとらえ、今日の約束を果たすチャンスだと思えばいい。

何ものにも所有されない

大切な人に話しかけるように自分に話しかけるのは、ちょうど、子どもの心と大人の心のやりとりを見守るときのように、自分の心との間に距離を置いて、はっきり見ようとすることだ。すでに話したとおり、これは、自分の置かれた状況から、一歩下って、広い視野でものごとを観察しようとする僧侶のアプローチだ。第3章では、恐怖と距離を置くことを「無執着」と呼んだ。

水の中に立つ鶴は、足元を泳ぐ小魚には目もくれず、じっとたたずんでいる。静かにしているからこそ、いざ大きな魚が泳いできたときに、さっとつかまえられる。

無執着はセルフコントロールの一つだ。この本では、自分自身への気づきとは何かをさまざまに論じているけれど、その気づきに対して、無執着はきわめて重要な効果を発揮する。ただし、無執着の出発点はつねに心にある。『バガヴァッド・ギーター』は、為すべきことをひたすら為すことを無執着と定義している。成功するか失敗するかを考えず、ただ、果たす必要があるから果たすということだ。言葉にすれば簡単だけれど、為すべきことをただ為すためには、何が必要か考えてみてほしい。まず、欲を手放さなければならない。正しさを証明したいとか、こう見られたいとか、何がほしいといった気持ちを捨てる必要がある。感覚や快楽や欲望にとらわれず、客観的な観察者の視点をもつこと、それが無執着だ。

無執着によってのみ、心の真のコントロールは可能になる。

僕は、禅の話をするとき、より親しみを感じてもらえるように、こんなふうにオリジナルの登場人物を加えている。あるとき聖女として名高い尼僧が、王に呼ばれて宮殿にやってきた。望みのものを与えようと言われて、尼僧は答える。「今宵はこの宿に泊まりたく存じます」

王は失礼な答えにむっとして、「ここは宿ではない。余の宮殿だ!」と居丈高に言う。

尼僧は尋ねた。「陛下の前に、この場所を所有していたのはどなたですか?」

王は腕組みして胸を張った。「父上だ。その父上から余が王位を継いだのだ」

「御父上は今こちらに?」

「いや、すでに亡くなられた。いったい何のつもりで、そんなことを尋ねる?」

「では、御父上の前に、どなたがこの場所を所有していたのでしょう?」

「そのまた父上に決まっておるだろう」と王は叫んだ。

尼僧はうなずいた。「ああ。つまり、ここに人がやってきて、しばらく滞在すると、また旅立っていく、と。では、やはり宿でございますね」

この物語には、「常住の幻想」にとらわれやすい——この世がつねに変わらず続くかのように生きている——僕らの姿が映し出されている。この物語の現代バージョンは、アメリカのリアリティ番組『*Tidying Up with Marie Kondo*（人生がときめく片づけの魔法）』かもしれない。片付けコンサルタントの近藤麻理恵が一般家庭を訪れて「断捨離」を指南すると、毎回、多くのものを手放した人々が安堵と喜びの涙を流す。そんなふうに涙を流すわけは、彼らが執着を劇的に減らしたからだ。執着は苦痛をもたらす。何かを自分のものだと思っている、もしくは自分は何かだと思っているうちは、その何かが奪われるのが苦しくてたまらない。

預言者ムハンマドのいとこで義理の息子でもあったアリー・イブン・アビー・ターリブが残したとされる言葉は、この無執着の考えを最もよく表している。「無執着とは、何も所有しないことではなく、何ものにも所有されないことである」。一風変わった言い回しだけれど、僕は、無執着のすべてが集約されているこの言葉が好きだ。ふつう、無執着というと、あらゆるものと距離を置いて、頓着しないことのように考える。でも、近藤麻理恵は物に頓着するなと言っているわけじゃない。ときめきを探せと言っている。むしろ、無執着の最高のあり方とは、あらゆる物のそばにいながら、その物に振り回されず、支配されないことだ。それがほんとうの力というものだ。

僧侶の修行の大半がそうであるように、無執着もそれ自体はゴールではなく、つねに意識的に実践し続けなければならないプロセスだ。アシュラムでは思考とアイデンティティー以外に自分の所有物はほとんどない。そんな場所でさえ、無執着を実践するのは難しい。ましてや現代社会での無執着は、努力して、一瞬、実現できるかどうかのものだ。とりわけ、誰かと意見が対立したり、何かの決断を迫られたりするとすれば、なおさらだろう。

リミッターを外す

僧侶たちは極端な方法で無執着を実践する。それと同じことを、きみにやれと言うつもりはないが、無執着の仕組みを理解することは有意義だ。だから、まずは仕組みについて話してから、もっと現実的で楽しく無執着を試す方法と、その効用について考えることにしよう。

僧侶があえて不快感に身をさらす——たとえば、断食、沈黙行、暑さや寒さの中での瞑想など、この本で述べているさまざまなことを実践する——のは、不快感がいかに心の問題であるかに気づき、身体への執着を手放すためだ。僕ら修行僧がほとんど何ももたずに各地を行脚したのも、無執着を試すためだった。食べ物ももたず、決まった寝床もなく、お金もない。自力でしのぐしかない状況に置かれたとき、僕らは、生きていくのに欠かせないものはごくわずかであることに気づいた。そして、そのわずかなものに、いっそうありがたみを感じるようになった。こういう取り組みのすべてが、自分を極限まで——精神的にも肉体的にも——追い込むうえで役立った。そのおかげで、決意や打たれ強さや忍耐力が育ち、心をコントロールする能力も高まった。

断食で得たもの

僕が初めて丸1日、飲まず食わずの断食に取り組んだとき、最初の数時間は、猛烈な空腹に襲われた。断食中はうたたねも許されない。眠っていては、空腹をフルに体験できないからだ。理性の力で自分をなだめるしかない。腹が減っているという考えを手放すためには、より次元の高い何かに集中するしかなかった。

時間が経つにつれて、僕はあることに気づいた。献立を考える、調理する、食べる、消化吸収するといった必要性から身体が解放されると、むしろ別のエネルギーが湧いてくる。

断食中、人は身体への執着を手放す。それまでの、四六時中、身体の要求に応えなければならなかった状態から離れるからだ。食べる必要がなくなると、空腹と喉の渇き、苦痛と快楽、失敗と成功への執着から解放され、その分のエネルギーを心に向けることができる。その後の断食で、僕は新たなエネルギーを学習や調べもの、メモづくりや講話の準備に充てるようになった。断食はクリエイティブな活動に専念する時間に変わった。

断食が終わる頃、僕の肉体は疲労を感じながらも、精神は強くなっていた。身体には、ふだん当てにしているものが入ってこない。その状態で生きているうちに、心はリミッターを外し、柔軟性と適応力と応用力を手に入れた。そうやって断食で得たものは、その後の生活全体に影響を及ぼすことになった。

沈黙行で得たもの

断食が理性対肉体の試練だったのに対して、沈黙行は、また別の問題を僕に突きつけてきた。他者とのかかわりを絶たれたとき、自分はいったい何者なのか、というアイデンティティーの問題だ。

30日間の沈黙行を始めて9日目。もう頭がおかしくなりそうだ。僕は今まで丸1日だって口を閉じていたことがない。ましてや1カ月だなんて。同時期にアシュラムに入った修行仲間と同じく、1週間以上、誰ともしゃべらず、目を合わせず、声を聞かず、それ以外のいかなる方法でもコミュニケーションをとらずにいる。僕はおしゃべりな人間だし、人の話を聞くのも大好きだ。その僕がこうして沈黙行に取り組んでいると、心が暴れ始める。頭に浮かんでくるのはこんなことばかりだ。

・ときどき聞いていた楽曲のラップ歌詞
・読まなければならない宗教哲学の本や文献のこと
・他の修行僧たちは沈黙行にどうやって耐えているのか
・別れたガールフレンドと昔、交わした何気ない会話
・もしアシュラムに入らず、ふつうに就職していたら、こんなふうに沈黙行の終わる日を

指折り数えたりなどしないで、今頃、何をしていただろう

これだけのことを、わずか10分間に考えている。

1カ月の沈黙行に、はけ口はいっさい存在しない。できるのは内へ内へと向かうことだけだ。僕はモンキー・マインドと向き合い、会話を始めなければならない。自分に問わなければならない。なぜしゃべりたくて仕方がないのか。なぜ思考の中にとどまっていられないのか。沈黙するからこそ見つかるものがあるのではないか……。心がさまよい始めたのに気づくたび、何度でも、僕はこれらの問いに戻ってくる。

まず分かったのは、沈黙と静寂の中にいると、いつものルーティンで気づかなかった細かな部分に注意が向いて、新たな発見があるということだ。似たような発見が後から後からやってくる。言葉ではなく、実感としての発見だ。身体のあらゆる部分が敏感になっている。空気が肌に当たり、息が身体の中を通過するのが分かる。そして心が空っぽになる。

やがて、別の自問自答が始まる。誰かと会話したい――なぜ？　他者とつながりたい――なぜ？　人との交流がなければ、どうにかなりそうだ――なぜ？　僕は長期的な安らぎというより、一時的な欲求として、人との交流を求めているのではないか。僕のエゴは、人と交流することで、自分の正しさを確かめ、安心しようとしているのではないか。なるほど、どうやら、エゴが課題のようだ。

沈黙の中で僕は何度も自分に言い聞かせる。「心を友とせよ」。そして、心と自分が交流イベントに参加しているところをイメージする。騒々しくて、あわただしい雰囲気に包まれている。さまざまなことが進行中だが、友人になるには会話を始めるしかない。さあ、心との対話を始めよう。

自分の限界を超える

僧侶が断食やその他の苦行に取り組むのは、自分が思っているより大きな困難に耐えられること、自己制御と意志の力で五感の要求を克服できることを忘れないようにするためだ。宗派に関係なく、僧侶の大半は独身と厳格な食生活を貫き、俗世を離れて暮らしている。

中には、さらなる極限に挑む僧侶もいる。ジャイナ教の僧侶、シュリ・ハンスラトナ・ヴィジャイジ・マハラジ・サヘブは（数回の中断期間を挟みながら）通算423日間の断食を成し遂げた。その昔、日本では、みずからをミイラ化する修行が行われていた。松葉と樹皮と松脂以外、いっさいの食物も水もとらずに読経を続け、そのままミイラになった僧侶は、「即身仏」と呼ばれた。

僕らも、俗世を離れて松葉を食べないと自分の限界を探れない、というわけじゃない。不可能を可能にすることを僕らにためらわせる原因は、たいていの場合、単なる思い込みにある。

1850年（正確に距離を計測した周回トラックが誕生した年）から1953年まで、陸上競技で1マイル走の記録が4分を切ることはなかった。長い間1マイル4分の壁は破られず、可能と思う者もいなかった。ところが、1954年、イギリスの元オリンピック代表選手ロジャー・バニスターが、オックスフォード大学のトラックで3分59秒4を記録すると、それ以降、記録は次々と塗り替えられることになった。壁なんて存在しないと分かった途端、前進に次ぐ前進が始まったわけだ。

一般社会にも、自分を高めるために修行をとり入れる人たちがいる。極限を試すことによって、思慮深くなり、よりポジティブに生きられるようになったと報告する人たちは、後を絶たない。では、きみもどうすれば無執着を育てられるか、考えてみよう。

無執着を実践するには

ここまで話してきた心のトレーニングには、いずれも無執着がかかわっている。頭の中でせめぎ合う声を観察する、意識的な心と対話し、思考をとらえ直す、自分自身に思いやりをもつ、今この瞬間にとどまる、欲望の後手に回らず、欲望の先手を打つ、状況を見きわめて、為すべきことを為す――そのいずれにおいても、鍵を握るのは無執着だ。

修行は無執着の新兵特訓《ブートキャンプ》だと思えばいい。自分に縛りをかけている考えを手放し、新たな可能性に向けて心を開いたとき、戦闘訓練を積む兵士のように、きみの理性は鍛えられる。自分でも想像がつかないほど多くのことが成し遂げられるようになる。

実践可能な修行や挑戦の方法は無限に存在する。テレビを観ない、スマートフォンを使わない、甘いものやアルコールを摂取しない、肉体的にハードなことに挑戦する、うわさ話をしない、愚痴をこぼさない、人と比べるのをやめる、などなど。

僕が実際にやって一番効果的だと思った修行は寒中での瞑想だ。寒さを逃れる唯一の方法は、身体的な不快感に注意を向けるのをやめて、心と対話することだった。今の僕はそのテクニックをジムのトレーニングに応用している。腹筋をしているときは、身体の痛くない部分に意識を向ける。ただし、心理的苦痛と自分を切り離すことはお勧めしない。僕はそんなにストイックな人間じゃない。

一方、身体的な苦痛と自分を切り離していると、ポジティブな意味で苦痛への耐性が育つ。身体はつらくても、それが価値ある痛み――ジムのトレーニングもそうだし、酷暑の中で子どもたちに食事を配る奉仕活動もそうだ――と分かっていれば、精神的、身体的に頑張ることができる。不快感に気をとられず、重要なタスクに集中することができる。

四つのステップ

僕らは、気づくこと、執着の実態を知ることから始めよう。きみはどんなときに執着しやすいだろうか。どんなことに最も振り回されやすいだろうか。仮にインターネットやスマートフォンに過度の執着があるとすれば、それは退屈をしのぐためか、それとも怠惰だからか、あるいは、仲間外れや孤独になるのが恐いからだろうか。酒に頼るのをやめたいなら、自分は週に何回、どれくらいの時間、飲んでいるのか。それはくつろぐためか、人と交流するためか、自分へのご褒美のつもりか、それとも、やけになっているからか。

執着の診断を終えたら、次のステップは、立ち止まって考え直すことだ。きみは今より何を増やしたいのか、それとも減らしたいのか。テクノロジーにどれだけの時間を、どのように捧げたいのか。スマートフォンから完全に削除したいアプリや、使用時間を制限したいアプリはないか。飲酒を完全にやめるべきか、それとも、自分を知るために、試しに1カ月間だけ断酒するつもりか、あるいは、酒量を減らすだけにとどめるつもりか。

第3のステップは行動を切り替えることだ。僕がお勧めする二つのアプローチのうち、どちらか自分に合っているほうを選んでほしい。一つ目は僧侶式の徹底的なアプローチ。いっきに没入するやり方がききそうな人は、たとえば、1週間あるいは1カ月間、SNSを完全に離れてみるとか、1カ月間の禁酒に挑戦するといいだろう。二つ目はゆっくり穏やかに取り組むアプローチ。小さな変化を積み重ねていくという方法だ。ネットにつながる時間を減らすとか、アプリを完全に削除せずに、限定して使うとか。

さらには、新しくできた時間をどう使いたいかを考えてみよう。YouTubeの時間を最小限に抑えたいなら、別の息抜きを探してみよう。僕の第1選択肢は瞑想だ。SNSの時間を減らしたければ、その同じ時間を使って友人と実際に会ってみてはどうだろう。インスタグラムに上げている写真を、アルバムに移すものとプリントして壁に飾るものに振り分ける、一大プロジェクトを始めるのもいい。あるいは、今まで後回しにしてきた別の問題を片付けてはどうだろう。

無執着の効果

行動を変えようとすると、最初、心は反発するかもしれない。移行期の抵抗を和らげる方法が必要だ。もし僕が砂糖の量を減らしたいとすれば、理性の後押しをするために、砂糖とがんの関連性を指摘する研究を読むだろう。そうすると頑張ろうという意欲が湧いてくるからだ。一方、妻に引き出しを用意してもらって、それを「最悪のスナック入れ」と命名する。ジャンクフードのようなほんとうに「悪い」食べ物を入れるわけではない。五感に触れないように、スナック類をしまっておく場所をつくる。そのうえで、他にも欲望を自然に抑えられる方法を探す。ジムで身体を動かした後、僕は甘いものをあまり必要としなくなるようだ。ジムに行くと、僕の中の御者が目を覚ますらしい。ならば、砂糖の力で元気を出そうとか、気分を上げようとしている自分に気づくたびに、同じ効果が期待できて、もっと健全な方法を探すことにしよう。

初期段階の欲望のうずきが収まると、無執着の効果が感じられるようになる。視野が広がって、ものごとがはっきり見えてくる。だから、モンキー・マインドのコントロールが上手になる一方で、コントロールできないものはコントロールしようとしなくなる。静かな心を得たことで、恐れ、エゴ、妬み、欲望を交えずに決断を下せるようになる。自信をつけたきみは、もう幻想に惑わされはしない。人生は相変わらず不完全なままだろう。でも、きみはそれをそれとして受け入れ、しっかり前を見据えている。

心のメンテナンス

無執着は自分の身体と心を完全に無視することじゃない。身体は僕らの入れ物だから、つねにいたわり、栄養を与え、健康を維持してやらなければならない。ただし、入れ物はあくまでも入れ物だ。ほんとうの価値は入れ物が運んでいる中身のほうにある。

すでに話したとおり、心というのは、理性のコントロールやブレーキに対抗する重要な勢力だ。馬車と馬と手綱がなければ、御者にできることは限られている。速く移動することも、遠くへ行くこともできない。道すがら疲れた旅人を乗せてやることも不可能だ。僕らが取り組んでいるのは、頭の中でせめぎ合う声やその声を運んでいる身体をなくしてしまうことではない。ひたすら、正しい方向に導いてやることだ。それは、つまり、御者の仕事には終わりがないという意味でもある。

朝、起き抜けの息はにおうし、身体も目覚めていない。だから僕らは歯を磨き、シャワーを浴びる。歯磨きやシャワーを必要としている身体を否定したりはしない。空腹になれば、そう感じるだけであって、自分の身体に向かって「最悪だな。また腹が減るとは何ごとか！」なんて言いはしないはずだ。ならば、それと同じ忍耐力と思いやりを、自分の御者にも示してやろう。モチベーションや集中力が上がらず、不安や混乱に包まれているとき、きみの御者は弱っている。御者をしゃきっとさせることは、身体を清潔に保ち、栄養を与えて養うことと同じく、毎日実践すべきプラクティスだ。

「世界で一番幸せな人」と呼ばれる僧侶のマチウ・リカールは、僕と対談した際に、心の平安は一つのスキルとして磨いていくべきものだと言った。「悲しみやネガティブなことばかりを考えていれば、悲しみやネガティブなことへの感度が強まります。しかし、思いやりと喜びと内面の自由を育めば、ある種の心のしなやかさを手に入れ、自分の人生と堂々と向き合えるようになるのです」。僕がそのスキルを育てる方法を尋ねると、リカールは答えた。「脳を鍛えることです。自分を取り巻く世界を幸せと解釈するのも、悲惨と解釈するのも、結局は、あなたの心次第なのですからね」

幸いなことに、心を整えるためのプラクティスは繰り返すほど、楽にできるようになる。定期的な筋トレと同じように、心の能力も、つねに鍛えていると、強く安定したものになっていく。心の浄化は毎日、取り組むべきものだ。役に立たない思考をそっとふき取るたびに、心は純粋で静かになる。そして、さらなる成長の準備が整い、新たな課題に直面しても、手に負えないほど大きくなる前に、手を打つことが可能になる。

『バガヴァッド・ギーター』にはこんな教えが込められている。「真の知識を見分ける理性《ブッディ》、すなわち分別知を育て、知恵を実践しなさい。真実と真実でないもの、現実と幻想、偽りの自己と真の自己、神の性質と悪魔の性質、知と無知の違いを知れば、たとえ無知が知恵を覆い隠し、おまえを縛りつけようとしても、真の知識に照らされたおまえは、解放されるだろう」

とかく僕らのエゴは、真の知識から僕らを遠ざけ、衝動や印象によって心を惑わそうとする。次章では、エゴがどんなふうに心に影響を及ぼすか、そして、どうすれば肥大化したエゴを本来の大きさに戻せるかを考えていこう。

第8章

エゴ

――キャッチ・ミー・イフ・ユー・キャン

あらゆる利己的な欲望を捨て、
「わたし」「わたしのもの」という我執を脱した者は
永遠に自由である。

――『バガヴァッド・ギーター』第2章71節

サンスクリット語で「ヴィナヤム」は「謙虚さ」や「慎み深さ」を意味する。謙虚になったとき、僕らは自分の無知を知り、柔軟に学ぶことができる。よく言われるとおり、学びを妨げる最大の要因は、自分は何でも知っているという思い込みにある。そして、その種の間違った自信のおおもとにあるのがエゴだ。

『バガヴァッド・ギーター』は真のエゴと偽りのエゴを明確に区別する。真のエゴは僕らの本質そのもの、つまり、僕らを目覚めさせ、現実を気づかせる意識であるのに対して、偽りのエゴは、自分は一番重要で、何でも知っているという思いからつくり出されるアイデンティティーだ。偽りのエゴを頼りに自分を守ろうとするのは、張りぼての鎧を鋼鉄製と信じているのに等しい。自分では防備をしっかり固めたつもりでも、戦場へ繰り出した途端、バターナイフでばっさり切られてしまう。古代インドの聖典『ヴェーダ』にはこんな教えがある。「富を驕《おご》れば富を失い、力を驕れば力を失う。それと同じように、知識を驕れば知識を失う」

エゴという仮面

野放しのエゴは僕らに害を及ぼす。優越性や賢さを誇示しようとするあまり、自分の本質を覆い隠すようになるからだ。第1章で、他者に見せる表向きの顔《ペルソナ》について話したのを覚えているだろうか。表向きの顔には、ありのままの自分と、こうなりたいと思っている自分、こう見られたいと思っている自分、さらには、そのときの感情が入り混じっている。家に一人きりでいるときの自分と、世間に見せるときの自分とではバージョンが違う。違うといっても、公的バージョンのほうが、優しさや寛大さを発揮するために、より努力を要する、という程度の違いならいい。

ところが、そこへエゴが割り込んでくるから厄介なことになる。自信のない人間は、いかに自分が特別な存在であるかを自他に納得させずにはいられない。そこで、実際よりも知識が豊富で、優秀で、自信にあふれた人間であるかのように自分を偽るようになる。大きく膨らませた自分をさも実物であるかのように提示し、偽りの自己を守ることに躍起になってしまう。4世紀に生きた、キリスト教の修道者ポントスのエヴァグリオス（またの名を「孤高のエヴァグリオス」。僧侶や修道士はときとして、かっこいい別名をもらうものだ）の著書にも、虚栄心とは「魂を堕落させる最大の原因」と書かれている。

虚栄心とエゴは仲がいい。人は自分をよく見せるために、途方もない労力を費やしている。僕らが服装や身だしなみを整えるのは、それが快適だからであり、適切と感じられるからだ（すでに話したとおり、自分にとっての定番、つまり「ユニフォーム」的なものをそろえておくと、服選びに苦労しない）。それに当然、人にはそれぞれ、特定の色やスタイルの好みがある。ところが、エゴはそれだけでは満足しない。エゴは他人の注目を集めようとする。反響や賞賛を期待する。人に感心されるたびに、自信を強め、喜びを感じる。

ちなみに、インターネットで拡散された有名な画像をご存じだろうか。投資家ウォーレン・バフェットとマイクロソフト創業者ビル・ゲイツがラフな格好で並ぶツーショット写真には、こんなタイトルが添えられている。「二人で総資産価値1620億ドル。でもグッチのベルトはどこにも見当たらない」。僕はグッチを批判しているわけじゃない。僕が言いたいのは、ありのままの自分に満足している人は、自分の価値をとくに証明しようとする必要がないということだ。

ありのままの自分と表向きの自分の違いを知るためには、一人きりのとき、自分がどんな選択をするかを考えてみればいい。誰からも批判されず、誰かを喜ばせる必要もないとき、きみはどんな選択をするだろう。瞑想するか、それともNetflixを観るか、昼寝をするか、それともジョギングに行くか、スウェットパンツをはくか、デザイナーズ・ブランドを着るか。何を選ぼうときみ以外に知る者はいない。サラダを食べるのも、ガールスカウトから買ったクッキーを1箱たいらげるのも、きみ次第だ。周囲に誰もいないとき、感心させる相手も、賞賛してくれる相手もいないとき、どんな自分が立ち現れるか考えてみよう。ちらちらと見えるその姿に、きみの本質が隠れている。格言にもあるとおり、「誰にも見られていないときの自分がほんとうの自分」なんだ。

エゴは僕らを嘘つきにする

他者を感心させようとするエゴの働きが行き過ぎれば、実物以上に自分を盛るだけでは飽き足らず、僕らに嘘をつかせるようになる。そういう場合は、頑張りもむなしく、むしろ印象を悪くすることになるのがおちだ。

ニュース・トーク番組『*Jimmy Kimmel Live!*（ジミー・キンメル・ライブ！）』には、道行く人々に嘘のニュースを伝えて反応を見るというコーナーがある。番組は野外音楽フェスティバル「コーチェラ」にカメラクルーを送り込むと、架空のバンドの名前を挙げながら、観客たちにインタビューを行った。インタビュアーが二人の女性に尋ねる。「わたしの今年のお気に入りのバンドは、ドクター・シュローモとGIクリニックなんだけど、あなた方は？」

「ええ、どちらもすばらしいバンドよね」と一人が答える。

「そう、そう。ライブで見られるなんて最高よね」ともう一人が同調する。「今年のフェスを一番盛り上げてくれるんじゃないかしら」

「ロッラパルーザにも観に行った？」

「それが行ってないのよ。バカみたいでしょ」

次にインタビュアーは3人組の観客にマイクを向ける。「わたしはオービシティ・エピデミックが楽しみなんだけど、皆さんはどう？」

すると一人が熱っぽく答える。「彼らのスタイルは俺も気に入ってる。全体的な音楽性がいい。革新的というか、なんか、新しいよね」

エゴは、認知され、賞賛されることが大好きだ。つねに正しくありたい。多くがほしい。相手を落として自分の位置を高めたい。エゴは自分をよりよくしたいわけじゃない。よりよく見せたいだけだ。けれども、そうやって自分ではない人間のふりをしながら、人生をごまかしていると、結局は、ありのままの自分よりも印象を悪くして終わる。

フランク・アバネイル・ジュニアの自伝『世界をだました男』（スタン・レディングとの共著、佐々田雅子訳、新潮社、2001年）とその映画化作品『キャッチ・ミー・イフ・ユー・キャン』（2002年）は、偽りのエゴの働きぶりを見事に伝えている。医師や弁護士になりすまして、人々をまんまとだましながら生きていた天才詐欺師アバネイルは、エゴの赴くまま、次元の低い利己的な目的のために生来の才能を使っているうちに、すっかり自分を見失ってしまった。ところが、逮捕服役後、その同じスキルと才能を使ってまっとうな人生を歩み始め、現在ではセキュリティ・コンサルタントとして活躍している。真のエゴ――健全な自己像――は、最高の目的のために自分のダルマを果たすことから生まれる。おそらく、服役中、自分を振り返る時間ができたことで、アバネイルは謙虚になり、高次の目的のために自分を生かす道を見つけたのだろう。

エゴは偽りのヒエラルキーをつくり出す

自信ありげに見せ、知ったかぶりをするだけが、自他をだますためのエゴの戦略ではない。エゴは他者を貶めることさえ厭わない。相手が「劣って」いると、自分は優越感に浸れるからだ。そのために、身体的特徴から、学歴、資産、人種、宗教、民族性、国籍、乗っている自動車、着ている服に至るまで、さまざまなものを基準に、自分と他者をランク付けする。相手を見下すためなら、自分との違いをいくらでも探し出す。

もし、自分と違う歯磨きペーストを使っているからという理由で、人を差別するとしたら、どう考えても、ばかげている。それと同じくらい、身体的特徴や生まれを理由に差別をするのも間違っている。肌の色の違いは、血液型の違いより、なぜ問題になるのか。人間は同じ細胞でできている。ダライ・ラマ14世は言う。「明るい太陽の下、わたしたちの多くは、言語も服装も信念も違いながら、ともに生きています。誰もが同じ人間であり、それでいて、一人ひとりが『わたし』という思いをもっています。そして、それぞれに幸福を求め、苦痛を逃れようとしている点で、わたしたちはみな同じなのです」

第5章で、インドのカースト制度は「ヴァルナ」の誤用から生まれたと話した。司祭階級バラモンは出自で決まり、他者よりすぐれているから、統治システムの上級職に就くのは当然だ、とする考えは、ヴァルナのエゴ的解釈に他ならない。一方、慎み深い賢人は、生きとし生けるものの価値を区別しない。僧侶が肉食を避けるのはそのためだ。『バガヴァッド・ギーター』にはこう書かれている。「完璧なヨーギー〔訳注　ヨーガを実践する人〕は、幸福であれ、不幸であれ、我が身に置き換えることで、あらゆる存在の真の等しさを見る」（第6章32節）

成功でのぼせ上がると、人は他者を平等に見ることができなくなる。きみがどんな人間であれ、何を成し遂げたのであれ、自分は偉い人間だと思って、特別扱いを期待し、要求するとすれば、それは大問題だ。人生という劇場では、自動的にいい席をゲットできて当然などという人間は一人もいない。舞台に近い席がほしければ、チケットの発売前日から何時間も並ぶとか、それなりの金額を支払うとか、優待席をねらって劇場のサポート会員になるといった努力が必要だ。その努力をしないなら、大半の人間のように、良席が手に入りますようにとひたすら願うしかない。ところが、もしきみに無条件の「特権意識」があるとしたら、他の観客より自分は特別と思うのはなぜなのか、よく考えてみるべきだ。**傲慢な者は尊敬の念をほしがるが、謙虚に働く者は自然に尊敬の念を抱かせる。**

僕がよく思うのは、いったいどうすれば、すべての人間がお互いを世界市民だと思えるか、ということだ。アメリカの広告協議会が展開する「愛にラベルはない」というキャンペーンの一環で、僕は何本か動画を撮影したことがある。フロリダ州オーランドに行って、ナイトクラブ「パルス」の乱射事件〔訳注　2016年6月、オーランドのゲイナイトクラブで起きた銃乱射事件。死者は犯人（男性）を含む50人。同性愛者への嫌悪が動機とされる〕のその後を人々に尋ねたり、悲劇を乗り越えるためのコミュニティーの動きを聞いたりした。僕が会ったテリ・スティード・ピアース牧師は、パルスの近くに教会を構え、信徒に多くのＬＧＢＴＱ＋（性的マイノリティー）を抱えている。一方、ジョエル・ハンター牧師は、おもに白人の異性愛者を信徒にもつ。悲劇の後、二人はともに働き、友人になった。「こうしてわたしたちが会話を交わしているだけで、勇気づけられる人がいるはずです」とピアース牧師が言うと、ハンター牧師が続ける。「それこそが未来を変えるための基本ですから」。ピアース牧師が言うように、二人は「世界を変えようと志を同じくする人間同士」に他ならない。

彼らの見事な友情を見ていると、こんな疑問が生まれてくる。**なぜ僕らは、悲劇を経なければ、団結できないのだろうか？** エゴの力で、僕らは自分や自分の「同類」ばかりを尊ぶ道を歩まされてきた。ある日突然、ブルドーザーになぎ倒されない限り、その同じ道を歩み続けるのはなぜだろう。どんな相手であっても平等に見なすことができれば、エゴを抑えられるはずだ。誰かの地位や価値が自分より劣っていると感じたら、自分を振り返ろう。そんなふうに感じなければならないほど、自分のエゴが脅かされているのはなぜなのか。そう考えることが、あらゆる人を等しく敬い、尊重するモンク・マインドの基本姿勢だからだ。

人を非難する

他者を差別することも、外見でランク付けすることも、排除することもなくなったとしよう。それでも僕らは、他者――同僚や友人や家族――を非難して、優越感に浸ろうとする。こんな禅の話がある。４人の僧侶が集まって、完全な沈黙の中で7日7晩、瞑想することになった。1日目は順調に進んだ。ところが日暮れが近づくと、一人の僧侶がそわそわし始めた。明かりを灯す係の僧侶が、ぴくりとも動かず、坐り続けているからだ。そわそわしていた僧侶が、ついに口を開いた。「友よ、もう明かりを灯す時間ですぞ！」

それを聞いて、別の僧侶が叫ぶ。「今、沈黙を破りましたな！」

そこへ、もう一人の僧侶が割って入る。「なんと愚かな。お二人とも沈黙を破ったではないか！」

すると、4人目の僧侶が仲間たちの顔を見て、にんまり笑う。「おや、おや、おや。黙っていられたのはわたしだけのようですな」

結局のところ、4人の僧侶はそれぞれに沈黙を破った仲間を非難し、そうすることで、自分も同じ過ちを犯してしまった。この話は人を非難するということの本質を突いている。つまり、人に向けた非難は、いずれ自分に返ってくるということだ。高い基準を満たせない他者を非難すれば、僕らは、さらに高い基準を満たせずにいることになる。

僕らが誰かを非難する場合、たいていは、相手に自分の短所を指摘されないように注意をそらすためか、自分で自分の短所を見ないようにするためだ。心理学では、自分にとって受け入れがたい感情を他者の感情であるかのように扱う傾向を「投影」と呼ぶ。しかも、この投影はしょっちゅう起きる。だから、今度、誰かを非難したくなったら、いったん立ち止まって、自分に問いかけよう。「わたしが相手のあらを探そうとするのは、自分自身の不安な感情から目をそらしたいから、あるいは、相手に不安を悟られないようにするためではないか？　自分の弱さを相手に投影しているのではないか？　そのどちらでもないとしても、非難している相手より自分のほうがすぐれていると言えるだろうか?」最初の二つの問いの答えは人によって違うかもしれない。けれども、三つ目の問いの答えはつねに「ノー!」だ。

エゴは成長を妨げる

エゴの策略を許している限り、無知から抜け出すことはできない。パイロットや医師になりすますだけで、ほんとうに資格を取得しようとはしなかったフランク・アバネイルのように、うわべを取り繕うことにうつつを抜かしている間は、僕らは何も学べないし、人として成長することもできない。アバネイルのような天才詐欺師ではなくても、学びと成長のチャンスを見失うのは当然だ。

たとえば、きみが何人かの友人と落ち合ったとしよう。今、誰かが話をしていて、きみは自分の番が待ち遠しい。自分の番になったら、すばらしい話をしてやろう、気のきいたことを言ってやろうと思っている。だから相手の話がちっとも頭に入ってこない。きみのエゴは、才気煥発でおもしろい人間であることを示したくてうずうずしているからだ。

自分は何でも知っていると思いたいし、他人にもそう思わせたいという気持ちが高じると、僕らは早急に結論を出し、友人の話を聞かず、新たな視点を得られるかもしれないチャンスを見逃す。そして、いったんこうと考えたら、変えようとしなくなる。

ポッドキャスト番組『*Rationally Speaking*（合理的に言えば）』のホストを務めるジュリア・ゲレフは、人気を集めたTEDトーク「間違っているのに正しいと感じるのはなぜか」の中で、エゴの強情さを「兵士のマインドセット」と呼んだ。兵士の仕事は自分や味方を守ることだ。それとは対照的に「斥候のマインドセット」がある。ゲレフは「斥候のマインドセットとは、そこにあるものをできる限り正確に見ることです。たとえ快適なものでなくても、ありのままを見る」と語っている。

兵士は特定の大義のために従軍しているから、継続性を優先する。一方、さまざまな選択肢を吟味する斥候は、真実に価値を置く。兵士のマインドセットが防衛本能や部族主義に根差しているのに対して、斥候のマインドセットは好奇心に根差している。兵士は自己の正しさにこだわり、斥候は客観的であることを重んじる。ゲレフによれば、兵士のマインドセットか斥候のマインドセットかは、知的レベルや学歴には関係がなく、むしろ人生との向き合い方によって決まるという。

自分の間違いに気づいたとき、僕らはそれを恥じるだろうか、それともありがたいと思うだろうか。自分の信念が覆されるような情報に出会ったとき、むきになって自分の考えを擁護しようとするか、それとも、興味を掻き立てられるか。僕らが心を閉ざしているとしたら、それは、みずから学び、成長し、変化する機会を否定しているようなものだ。

集団的エゴ

エゴが視野を狭くするのは個人に限った現象ではない。政府、学校、団体――閉鎖的なリーダーシップのもとにある集団――は、自分たちが知らないものに目を向けることをしないから、やがて、エゴ主導の精神風土が出来上がる。議員は有権者と寄付者の獲得には躍起になるけれど、支援者以外の人々や、次の世代のことにはお構いなしだ。教科書は勝者の歴史しか伝えない。団体や組織は、周囲で何が起きていようと、通常業務が至上命題になる。

Netflix共同創業者リード・ヘイスティングスは、2000年、同社の株の49％をビデオレンタル会社ブロックバスターに売却しようとした。でも申し出は却下された。ところが10年後、ブロックバスターは倒産。現在、Netflixの株式時価総額は少なくとも1000億ドル（約11兆円）とされる。このエピソードからは、「ウチはずっとこの方法でやってきたから今さら変えるつもりはない」とか「それならもう知っている」という決まり文句がいかに危険かが分かる。

ブロックバスター対Netflixの物語は業界ではよく知られている話だ。ある会議で僕は、70人ほどのマーケティング・ディレクターにこの話をもち出して、こんなふうに尋ねた。「皆さんの中で、『ああ、またこの話か。次に何を言うかも分かっているぞ』と思った方はどれくらいいますか？」すると半数近くが手を挙げた。そこで僕は、自分たちが知るべきことはすべて知っているという、その思い込みこそが、会社の抱えている問題そのものなのだと伝えた。

知っているという思い込みは、分厚い壁を築き、何も入ってこられなくする。そして、貴重な学びの機会を失わせる。もしこの物語に続きがあるとしたら、どうだろう（という発想自体が、すでに続きなのだが）？　ありきたりの話と片付けるか、それとも、考えを深めるための題材ととらえるかはきみ次第だ。たとえすでに知っている物語であっても、毎回、新たな気持ちで味わってみてほしい。

明治時代の禅僧、南隠禅師は、あるとき、禅について知りたいという大学の教授を客として迎え入れた。禅師は客人の茶碗に茶を注ぎ始めるが、いっぱいになっても注ぐのをやめようとしない。黙って見ていた大学教授はとうとう我慢できなくなった。「あふれ出しています。もうそれ以上は入りませんよ！」

すると南隠禅師は言った。「この茶碗のように、あなたも自分の考えと思惑でいっぱいになっている。その茶碗をまず空にしない限り、どうして禅を教えられましょう？」　僕らも自分を空っぽにしてこそ、知識で満たすことも、満足感を味わうこともできる。

エゴは僕らを孤独にする

古代ローマの将軍は、凱旋するたびに、必ず自分の背後に一人の奴隷を立たせ、耳元でささやかせたと言われている。「よいか、おまえも人間だということを忘れるな」。どれだけ大きな戦果を上げ、見事な指揮官ぶりを称えられようと、将軍もいずれは死すべき運命にある人間に変わりはない。その世界でトップの座に就いた人間ほど、エゴには注意が必要だ。自分を特別な存在だと考えて、ある人には時間をとり、別の人には時間をとらない、なんてことをしている者は、そのうち孤独に陥るだろう。

俳優ロバート・ダウニー・ジュニアがあるインタビューで披露した話は、古代ローマの知恵の現代版かもしれない。自宅にいるときのダウニーはスーパーヒーロー「アイアンマン」ではない。「家に帰れば、『ワーオ』なんて驚いてくれる人はいないからね。いきなり妻にこんなことを言われるだけだ。『ねえ、モンティを出したのはあなたなの？　あなたが猫を外に出したんでしょ』ってさ。で、『僕じゃないよ』と答えるんだけど、妻は許してくれない。『そんなこと言っても、家にいないみたいよ。あなた早く探してきて』で終わり」。このエピソードは、映画スターだろうと自宅ではただの人にすぎないことを、ダウニー（そして僕らすべて）に思い起こさせる。自分をアイアンマンと見なしてもいいのは、現実にアイアンマン並みの行動がとれる場合だ。もしきみが特別扱いされるとしたら、それは人がきみを認めているからであって、きみの側から特別扱いを要求し、それを当然と思うのは、身の程知らずというものだ。

エゴは両刃の剣

偽りの自己は僕らをもち上げ、いい気にさせておきながら、それと同じくらい簡単に僕らを突き落とし、ズタズタにする。弱さが明るみに出た途端、それまでさんざん、俺はすごいやつだの、成功者だのと自信満々だったエゴが、すっかり弱腰になる。表向きの顔を失い、嘘や先入観を取り去ったときの僕らは、逮捕されたフランク・アバネイルがきっとそうだったように、自分が何者でもなくなったように感じるだろう。

うぬぼれは往々にして自尊心の低さを覆い隠すための仮面だ。でも、その仮面はやがて自尊心の欠如に変わる。どちらにしても、「自分はこうだ」とか、他者から「こう見られたい」という意識にとらわれていることに変わりはない。

「自分はすごい」という神話にしがみついていると、はたしてどうなるか。**きみがエゴを壊さずにいれば、いずれはエゴが、きみの代わりに人生を壊すだろう。**

アシュラムに来て3年が経った。このところずっと健康問題と格闘している。自分と自分の身体は別ものだとしても、まだ、この身体で生きていかなければならない。へとへとで衰弱し、途方に暮れた挙句、僕を待っていたのは入院だった。

インドの伝統医学アーユル・ヴェーダの治療が始まって2カ月になる。ときおりアシュラムの僧たちがやって来て聖典類を読んでくれるが、基本的に僕は一人きりだ。でも、その孤独の中で分かったことが二つある。

一つ目は、自分が実践しようとしている生き方に、この身体が適していないということ。二つ目はさらにショッキングだった。それは、僧侶が自分の天職ではないかもしれないことだ。知恵を世間に広めたいという僕の思いは、僧侶の枠組みからはみ出している。僕を駆り立てるのは、もっと現代社会に即した方法で、アイデアや哲学を広く共有することだ。それこそが自分のダルマなのではないか。でも、それは僧侶がめざすべきゴールではない。聖職者のやることではない。

今、歩んでいる道はほんとうに自分が歩むべき道なのだろうか。

この考えに僕ははっとさせられ、強く心を揺さぶられる。アシュラムを離れる自分なんて想像できない。そもそも身体が弱っているから、こんな疑念が浮かんでくるのではないか。決定を下すのに適した精神状態ではないのかもしれない。

退院後、さらなる治療のためにロンドンへ移った。ある日、ラダナート・スワミとドライブに出た際、このところずっと考えていたことを打ち明けた。スワミは僕の話に耳を傾け、いくつか質問をし、少し考えていたが、やがて口を開いた。「大学を出て教授になる者もいれば、大学を出て起業家になる者もいる。どちらがすぐれている?」

「どちらでもありません」と僕は答えた。

「きみはきみのトレーニングを終えた。そろそろ動き出すべきときだろう」

唖然とした。こんなにもあっさり、きっぱりと結論を出してくれるとは思っていなかった。スワミは僕を落伍者と見なしているわけではない。理屈ではそうと分かっている。でも、僕にはどうしても自分が落伍者に思えてしまう。落伍者だから、スワミは追い出そうとしているんじゃないのか？「きみが言うまでもなく、わたしも考えていたことだ。このままではうまくいくまい」。そう言われているような気がして仕方がない。

憧れの指導者たちのそばで、将来のプランや夢を叶えていくはずだったのに、すべてあきらめなければならないのかと思うと、めまいがしてくる。それどころか、僕のエゴは大打撃を受けている。アシュラムのこの世界にどれほど自分を捧げてきたことか。ここで生きることを前提に未来を思い描いてきたのだ。でも一方で、自分の歩むべき道はここではないことも分かっている。指導僧たちにもそれが分かっている。どうあがいても僕は当初の目的を果たせそうもない。家族、友人、知人を相手に、アシュラムこそ我が道と宣言するまでに、とんでもなく苦労したというのに、落伍したら、彼らに何と言われるだろう。僕のエゴは不安に飲み込まれていく。アシュラムに入るのは人生で最も難しい決断だった。でも、アシュラムを離れるのは、さらに難しい。

僕は何ももたずに両親のもとへ戻った。人生の目的を見失い、身体はボロボロ、そのうえ落伍者という思いに心はズタズタだった。大学の授業料2万5000ドル（約270万円）の負債だけが残った。チョコレートは買えるようになったが、自分という存在の危機にとっては、一時の気休めにしかならない。世界を変えるぞ、と意気込んでロンドンを去った僕が今まで何をしてきたか、それを知る人も、価値を理解してくれる人も、ここにはいない。両親は僕とどう接すればいいか、周囲に何と言えばいいか分からずに戸惑っている。親類に、おまえのところの息子は正気を取り戻したのかと尋ねられる。一方、大学の友人たちは、僕が「ほんとう」の仕事に就くかどうか興味津々で、だいたいこんなことを言ってくる。「坊さんになり損ねたって？　無について考えようとしたら、失敗したってことか？」

人生最大の夢は砕け散った。僕のエゴは大打撃を受けている。これまで生きてきた中で、これほどつらく、屈辱的で、痛烈な経験はなかった。そして、これは僕にとって最も重要な経験でもある。

僧侶たちは、このうえなく僕の支えになり、僕の決断を支持してくれた。それでも、アシュラムを去るという経験は、僕が自分自身や行動に対して抱いていた自信を根こそぎ覆してしまった。築き上げた世界が激しく揺さぶられ、それとともに自尊心は急降下していった。自尊心の低さは肥大化したエゴの裏返しに他ならない。つねに、てっぺんかどん底かの二者択一を迫る。高邁な意図と深遠なスピリチュアリティを備えた人間でないなら、落伍者でしかない。

偉大な人間でなければ、最低な人間だ。でも、そうやって極端から極端へ走るからつらくなる。ときとして人は、エゴがへこまされて初めて、エゴが膨らみすぎていたことに気づく。そうやって僕は謙虚になった。

謙虚さ――エゴの治療薬

　エゴには二つの顔がある。おまえは何をやってもすばらしい、と僕らをおだて上げるかと思えば、次の瞬間には、おまえは最低だとこき下ろす。どちらにしても、ありのままの自分が見えていない状態だ。一方、真の謙虚さは両極端の間を見ているから、「自分には得意なことと不得意なことがある。正しい意図をもっているとはいえ、不完全な人間なんだ」と分かっている。エゴは全か無か《オール・オア・ナッシング》をめざすが、謙虚さは自分の弱点や短所を理解して、改善しようとする。

　古代インドの聖典『シュリーマッド・バーガヴァタム』の第10部には、創造神ブラフマーが、至高なる神クリシュナに祈りを捧げる場面がある。ブラフマーはクリシュナを試そうとしていたずらを仕掛けるうちに、むしろクリシュナの神力に圧倒されてしまう。やがて、クリシュナと対面したブラフマーは、自分が蛍のようなものだと告白する。

　蛍は、夜、光を放ちながら、こんなことを考えている。「なんと輝かしいのだろう！　わたしは満天を照らす光だ！」ところが、日が昇ると、輝かしかった蛍の光は弱くなる。まったく見えなくなりはしないが、蛍は自分が思っていたほどの存在ではないことに気づく。世界をあまねく照らしていると思っていたブラフマーは、クリシュナという太陽を前にしたとき、自分が小さな蛍にすぎないと悟った。

エゴの暗闇の中にいるとき、僕らは自分が特別で、パワフルで、重要だと思っている。ところが、大宇宙という視点から眺めれば、自分は小さな一部にすぎないと気づく。蛍の謙虚さを得るには、太陽の下で自分を見つめなければならない。そのとき、はっきりと自分の姿が見えてくる。

謙虚さを鍛える方法

アシュラムで謙虚さを鍛える一番の方法は、誰にも注目されない単純作業を黙々とこなすことだった。僕らはホースの水で大鍋を洗い、野菜畑の雑草を抜いた。中でも最悪だったのは、スクワット式トイレの洗浄だ。一連の労働の目的は、単に必要な作業を遂行することだけではない。単純作業は僕らを頭でっかちにしないためのものでもあった。前にも話したとおり、僕はある種の作業にいらだちを感じていた。自分の能力を、なぜごみ拾いなんかに浪費しなければならないのか、と思っていた。でも指導僧たちに言わせれば、僕は何も分かっていなかった。作業には、能力形成のための作業と、人格形成のための作業がある。最初のうち、僕は、頭脳を使わない作業にいらだっていたけれど、単純な作業に励んでいるうちに、むしろ、頭がすっきりして、熟考や内観に必要なスペースができることに気づいた。単純作業にはやるだけの価値がある。

アシュラムで毎日やっていた作業を、そっくりそのまま現代社会で再現することはできない。けれども、日常的に自分のエゴに気づくために、アシュラム式のシンプルな思考法をとり入れることは可能だ。僕ら修行僧は、「人が覚えておくべきことは二つ、忘れるべきことは二つ」と教えられた。

「覚えておくべき」二つのこととは、自分が他者にした悪行と、他者が自分にした善行だ。他者にした悪いことに注意を向ければ、僕らのエゴに、自分の不完全さや後悔を覚え込ませられる。僕らは地に足をつけていられるようになる。そして、他者がしてくれたよいことを覚えていれば、自分がいかに他者を必要としているか、いかに恵まれているかを痛感し、謙虚な気持ちになれる。

「忘れるべき」二つのこととは、自分が他者にした善行と、他者が自分にした悪行だ。自分の善行を自画自賛していると、エゴは肥大化する。だから、自分がした善行に固執しないようにする。そして、他者にひどい扱いをされたときも、そのことに固執しない。もちろん、有害な相手と仲良くする必要はない。でも、怒りや恨みをいつまでももち続けていたら、自分だけの狭い考えにとらわれて、広い視野が得られなくなる。

もう一つ、ラダナート・スワミが教えてくれた思考法がある。スワミは、ロンドンの寺院で自己覚知に必要な心構えに関する講話を行ったとき、僕らに「塩になりなさい」と言った。食事のとき、人が塩分に注目するのは、含まれている量が多すぎる場合か、少なすぎる場合だけだ。誰も「この食事には完璧な量の塩が含まれている」などと言いはしない。絶妙な加減であれば、塩はとくに注目されずに終わる。問題があれば、責めを負い、うまくいっても自分の手柄にしない、そういう塩のような存在であれ、とスワミは言った。

1993年、ミネアポリスのメアリー・ジョンソンは、息子ララミアン・バードを失った。21歳のララミアンは、パーティーで口論の末、16歳のオシェア・イスラエルに頭を撃たれ、オシェアは殺人の罪で15年以上服役することになった。最愛の息子を奪われれば、犯人を恨んだとしても無理はない。はたして、メアリー・ジョンソンもオシェアを心底憎んでいた。ところが、そんなメアリーが、苦しんでいるのは自分だけではないと気づく。オシェアの家族もある意味、息子を失っていたからだ。そこで、メアリーは、自分と同じように子どもを殺された母親たちのために「死から生へ」というサポート・グループを立ち上げ、さらには、人の命を奪った側の子どもの母親たちにも声をかけることにした。

殺人者を子にもつ母親たちと接するからには、まず、自分の息子を殺したオシェアを心から許さなければならない。メアリーはオシェアに面会を申し出た。面会の日、オシェアはメアリーにハグさせてほしいと言った。そのときのことをメアリーはこう語っている。「立ち上がったとき、自分の足の裏から何かが上ってきて、身体からすっと抜けていったの」

それ以来、二人は定期的に会うようになり、オシェアが釈放されると、メアリーはアパートの家主に頼んで、彼を同じ建物に入居させたのだった。「人を許さずに恨み続けるのは、がん細胞を抱えているようなものよ。内側から蝕まれていくの」とメアリーは言う。彼女がつけているロケット・ペンダントは両面に写真がはめ込まれている。一面は息子ラミアンの写真、もう一面はオシェアの写真だ。そのオシェアは自分を許すにはまだまだ努力が必要だと言う。隣人同士になったメアリーとオシェアは、刑務所や教会に足を運んでは、自分たちの経験と許しのパワーについて話している。

自分の過ちは記憶にとどめ、自分の功績は忘れる。すると、エゴの肥大化が抑えられ、感謝の念が育つ。これが、謙虚さを手に入れるためのシンプルで効果的な方法だ。

エゴに目を光らせる

気づきが広がるにつれ、どんなとき、どんな状況でエゴが肥大化しやすいかが見えてくる。

アシュラムの僧たちとバックパック一つで北欧諸国を旅しながら、各地で瞑想イベントを開いて回ったときのことだ。僕らが出会ったのは温かい人たちばかりで、大半は健康に関心をもち、瞑想に対しても柔軟な姿勢を示してくれた。ところが、デンマークで滞在した4カ所のうちの1カ所で、僕が一人の紳士に「瞑想をご存じですか？　よければ僕らがお教えしますが」と声をかけたとき、こんな答えが返ってきた。

「もっとましなことをしたらどうです？　人生を無駄にしていないで」

その途端に僕のエゴがメラメラと燃え上がった。いっそのこと言い返してやろうか。「僕はバカじゃない。賢いんだぞ！　いい学校を出ているし、その気になれば、年収何十万ドルの仕事にだって就ける。今やっていることは、誰かに選ばされたわけじゃない。自分で選んだ道なんだ！」僕のエゴは相手の考えを正したくて仕方がなかった。

でも僕の口から出た言葉は、「よい1日を。もし瞑想を知りたくなったら、僕らを訪ねてください」だった。

たしかに僕はエゴの反応を感じていた。でも、それをそれとして認めながらも、野放しにはしなかった。エゴに抑制をかけ続けるというのは、現実にはこういうものだ。エゴはけっして消えてなくなりはしない。でもこちらがエゴを観察し、支配されないようにすることはできる。

真の謙虚さは、僕のようにエゴを単に抑えるだけにとどまらず、その先にあるものだ。ロンドンの寺院で講義を受けたとき、教室で無礼なふるまいをする人たちがいた。僕らのエクササイズを笑ったり、口を閉じているべきときにおしゃべりをしたりしている。思わず僕は講師のスタパ先生の顔を見た。先生はロンドンの寺院を取り仕切っている僧侶だ。きっと、悪ふざけしている連中を叱ってくれるだろう。そう思いきや、先生は何も言わなかった。授業の後、僕は先生になぜ連中のふるまいを許していたのか尋ねた。

「きみは彼らの今日のふるまいしか見ていないが、わたしは、彼らの今までの成長を見ているからだよ」

先生は、まさに「相手の善行を思い出し、相手の悪行を忘れる」を実践していたわけだ。生徒たちのふるまいに、自分自身の感情を投影するわけでもないし、そのふるまいが自分に対する彼らの敬意のなさを表しているとも思わない。先生は、自分自身とは切り離して、ものごとを長い目で見ていた。

もし誰かにひどい扱いを受けたら、僕は、つねに、このときのスタパ先生のように許容すべきだ、とは言わない。暴挙の中には、どうしたって受け入れられないものもある。でも、その特定のふるまいだけに注目するより、もっと大きな絵を眺めてみるという方法は有効だろう。相手は疲れているのではないか？　何かを不満に思っている？　以前に比べたら、進歩しているのでは？　――という具合に、そのふるまいに至ったいきさつを考え、自分のエゴをいきなり割り込ませないようにする。相手には相手の事情や言い分がある。それを認めようとしないのはこちらのエゴだ。だから、何でもかんでも個人攻撃と受け取るべきではない。実際、きみのせいではないことも多い。

エゴと距離を置く

スタパ先生と僕はエゴを黙らせるために同じアプローチをとった。つまり、心の反応と距離を置いて、観察者になるという方法だ。とかく人は、自分が成し遂げたことと自分自身を同一視しがちだ。仕事イコール自分だったり、家庭イコール自分だったりする。若さも美しさも、それが自分自身だと思っている。でも、こう考えてみよう。自分がもっているもの――スキル、教訓、所有物、モットーなどなど――はどれも誰かから与えられたのであって、それをきみに与えた人も、誰かからもらったのだ、と。

『バガヴァッド・ギーター』が説く無執着は、直接的な引用ではないが、しばしば、こんなふうに要約されている。「**今日おまえが所有しているものは、昨日は誰かのものだった。明日はまた別の誰かのものになる**」。きみがどんな信仰をもっているかに関係なく、この無執着の考えを理解できるなら、自分のことを、入れ物であり、道具であり、それをケアする者であり、世界で最もすぐれた人々とつながるための経路だ、と思えるだろう。そして、師に恵まれたことに気づけば、その恵みを高次の目的のために生かすこともできる。

無執着は自由をもたらす。自分の価値は何を成し遂げたかで決まるわけではない。その気づきが僕らを重荷から解放する。僕らは一番である必要はない。僕はデンマークを訪れた最高の僧侶になろうとしなくていい。僕の尊敬する指導僧でさえ、四六時中、生徒があっけにとられるようなことは言わない。

無執着は感謝の念を呼び起こす。所有者意識を手放したとき、僕らは、今まで自分が何かを成し遂げられたのは、すべて他者の助けがあったからだと気づく。両親、教師、コーチ、上司、そして、本もそうだ。「独学」で学んだ知識やスキルでさえも、もともとは誰かの知識やスキルだった。でも、自分が何ごとかを成し遂げたとき、感謝を感じながら、ふんぞり返っているだけでは意味がない。感謝の気持ちをもとに、今度は誰かの師となって、今まで与えられたものを与えていくことが望ましい。

やってみよう――エゴを生まれ変わらせる

次のような場面で、自分のエゴと距離を置き、思慮深く、生産的な対応を可能にするためには、どうすればいいか考えてみよう。

1. **誰かに侮辱された――**自分のエゴを観察する。相手がネガティブ感情を抱えている理由やいきさつを広い視野でとらえる。そして、侮辱そのものにではなく、状況に対応する。

2. **褒められ、賞賛された――**その性質を伸ばすために助けてくれた先生に、改めて感謝する機会にする。

3．**パートナーとケンカした**——自分の正しさを分からせたい、相手に勝ちたいという気持ちは、自分の弱さを認めようとしないエゴから出発している。正しさに固執するか、それとも前進するかは自分次第だ。こういう場合、相手の立場になって考える。そしてこちらが折れる。すると翌日、気分が軽くなっているだろう。

4．**他者の優位に立ちたい**——他者の経験談を聞いていると、自慢話をしたくなる。自分のほうがよくも悪くも、それを超える経験をしたかのように話したくなる。そんなときは、相手の話にひたすら耳を傾け、理解し、ありのままに認める。相手の話に好奇心を示し、自分の話はしない。

失敗にとらわれない

不安なとき——仕事や人間関係、あるいはそれ以外のことが、自分の望む方向に進んでいなかったり、設定した目標に達していなかったりするとき——エゴは守りを固めるか、自尊心に痛手を与える。どちらであっても、僕らが「自分」にこだわっていることに変わりはない。

心理療法家で元僧侶のトマス・ムーアは著書『失われた心　生かされる心』（南博監訳、経済界、1994年）の中でこう書いている。「失敗したとき、文字どおり落ち込んで立ち直れないのは、『ネガティブ版のナルシシズム』です。想像力を働かせれば、失敗と成功のつながりが見えてきます。そのつながりを見ようともせずに行動するから、自己陶酔的な成功の夢に浸ったり、挫折の泥沼から抜け出せなくなったりするのです」

きみが今いる場所はきみ自身を表しているわけじゃない。そのことに気づき、自分の現在地をありのままに受け入れたとき、謙虚さが生まれ、想像力を働かせて成功を見つけることもできるようになる。

起業家サラ・ブレイクリーは、かつてロースクールをめざしていた頃、2度の入試で必要な点数をとれず、弁護士になるのをあきらめなければならなかった。それからの7年間はファックス機の訪問販売に従事していたが、父親の教えを忘れた日はなかった。子どもの頃、毎晩、食卓につくたびに、父親がサラと兄弟に尋ねたのは、「今日は学校でどんなことをした？」ではなく、「今日はどんな失敗をした？」だった。失敗は努力の証であり、それは、すぐに得られる結果よりも重要なのだという。やがて起業を思いついたとき、サラには分かっていた。もし自分が失敗するとしたら、それは挑戦しなかったときだ。サラは貯金5000ドル（約60万円）を元手に新たなビジネスをスタートさせる。そのビジネスこそが、15年後、彼女をビリオネアにする補正下着ブランド「スパンクス」だった。

往々にして僕らは失敗を恐れるあまり冒険に踏み出さない。そのおおもとには、たいていの場合、傷つくことを恐れるエゴがある。僕らは、望む結果がすぐに出なければ何もかもおしまいだ、という考えから脱却すべきだ。そうすれば僕らの能力は飛躍的に伸びる。

アシュラムからロンドンに戻って1週間ほど経ったとき、僕にもサラ・ブレイクリー的なひらめきの瞬間が訪れた。

自分のダルマは僧侶として人々に知恵を広め、支援を提供することだとずっと思っていた。実家に戻ったからといって、次元の低い生き方はしたくない。でも、自分には何ができるだろう? 我が家は裕福ではないから、問いの答えを悠長に待っているわけにはいかない。今、僕は、恐怖、いらだち、不安に包まれている。あれほど手放すために修行していたものが、いっきに戻ってきてしまった。

夜、皿洗いをしながら、シンク越しに窓の外を眺める。庭は真っ暗だ。窓ガラスに映る自分の姿しか見えない。ふと思う。「アシュラムにいたら、今頃、何をしていただろう?」午後7時だから、本を読むか、勉強するか、話に行く途中だったろう。一瞬、アシュラムの小道を歩いている自分を思い浮かべる。夜のクラスが開かれる図書室に向かっているところだ。そうか。「夜の7時という時間はどこにいようと同じようにめぐってくる。使い方を決めるのは自分だ。アシュラムでそうしていたように、賢く使って、意味と目的のある時間にするか、それとも、自己憐憫と後悔に浸って、時間を無駄にするか」

僕は膨れ上がったエゴを手放し、改めて肝に銘じる。僧侶として、不安、痛み、プレッシャーとの向き合い方をさんざん教わってきたじゃないか。もちろん、今いる場所は、アシュラムとは勝手が違う。でも、今まで学んだことを、この騒々しくて複雑な世界で試してみればいい。アシュラムは学校だった。今、僕が経験しているのは試験なんだ。生活費を稼がなければならないし、学んだことの実践にアシュラムと同じだけの時間をかけられるわけじゃない。ならば、時間の質を上げよう。聖典の学習に2時間費やすのは無理でも、毎日、詩の一節を読んで、その内容を実践することは可能だ。寺院を清掃して自分のハートを清めることはできなくても、自宅の掃除で謙虚さを学ぶことはできる。人生を無意味と見なせば、無意味になる。でも、自分のダルマを生きる道を探せば、人生は充実する。

それからというもの、毎日、仕事に行くつもりで服装を整えるようになった。ほとんどの時間は図書館にいて、自己啓発から、ビジネスやテクノロジーに至るまで、さまざまなジャンルの本を読んでいる。もう一度謙虚になって、人生を学び直すことにしよう。そうすれば、きっと世間に戻ることができる。

被害者意識はエゴの裏返しだ。エゴは、自分を世界で一番不運な人間だと思い込み、最悪のカードをつかまされたと思っている。

何かに失敗したときは、被害者意識に浸るよりも、謙虚さを忘れず、これは地に足をつけておくための経験なんだ、と思えばいい。そして、自分に尋ねよう。「どうすれば自信を取り戻せるだろう?」と。自信は、コントロール不能の外的要因からは生まれてこない。誰かが仕事をくれるかどうかは、僕にはコントロールできないが、どうすれば自分らしくいられるか、好きなことを実践できるか、その方法を探すことならできる。それに専念するなら、きっと自信を取り戻せる。

エゴではなく自信を育てる

知ったかぶりの経験がある人なら、たぶん身に覚えがあるだろう。虚勢を張ってエゴを養い続けるには、大変な労力を要するものだ。そして皮肉にも、その労力は、たいていの場合、本物の自信を手に入れるために要するエネルギーに匹敵する。

謙虚さは、僕らに自分の強みと弱みをありのままに見せ、努力と学びと成長を可能にする。そして自信と自尊心は、ありのままの自分を受け入れさせ、謙虚で、不完全で、頑張っている自分を認めさせてくれる。尊大なエゴと健全な自尊心は混同すべきではない。

エゴは誰からも好かれようとするが、自尊心は万人に好かれなくても構わない。エゴは何でも知っていると思い込むが、自尊心はどんな人からも学ぶことはあると考える。エゴは自分を証明しようとするが、自尊心は自分らしくあろうとする。

EGO	SELF-ESTEEM
FEARS WHAT PEOPLE WILL SAY	FILTERS WHAT PEOPLE SAY
COMPARES TO OTHERS	COMPARES TO THEMSELVES
WANTS TO PROVE THEMSELVES	WANTS TO BE THEMSELVES
KNOWS EVERYTHING	CAN LEARN FROM ANYONE
PRETENDS TO BE STRONG	IS OK BEING VULNERABLE
WANTS PEOPLE TO RESPECT THEM	RESPECTS SELF & OTHERS

エゴ	自尊心
他者の意見を気にする	他者の意見にフィルターをかける
他者と比べる	自分自身と比べる
自分の正しさや力量を証明しようとする	自分らしくあろうとする
何でも知っていると思い込む	誰からでも学ぼうとする
強いふりをする	傷つきやすさもありのままに受け入れる
人に尊敬を求める	自分自身も他者も尊敬する

前ページの表は尊大なエゴと健全な自尊心の違いを表しているだけではない。自信を育てるための指針でもある。よく見れば分かると思う。今までさまざまなかたちで高めてきた自分への気づきは、すべて、謙虚さと自己価値という複雑な織物をつくり上げるのに役立つものだ。自分と他者を比べるのをやめて、心の曇りをぬぐい、自分を向上させよう。自分の正しさや力量を証明しようとするより、他者からの要求に振り回されず、ひたすら自分自身であろうとしよう。明確な意図をもって、自分のダルマを生きよう。

小さな勝利

小さな勝利の積み重ねが自信を築く。オリンピック競泳の金メダリスト、ジェシカ・ハーディは語る。「わたしの長期的ゴールはいわば『夢』のようなものですが、短期的なゴールは、毎日、毎月、達成が可能な目標です。短期的なゴールを設定するときは、それを達成すれば、気分がよくなり、長期的なゴールへの準備が整うように設定します」

やってみよう――自信をつけたいことを具体的に書いてみる

健康、キャリア、人間関係の三つの中から一つ選ぶ。

その領域で、何がどう変化すれば、自信がもてるようになるかを書き出す。現実的で、達成可能な変化を考えよう。
最終的に到達したい目標に向かって、一歩ずつ着実に進めるよう、今日にでも実行できる小さな目標を立てよう。

フィードバックを求める

自信とは、他者にそうなるよう期待されているかどうかに関係なく、なりたい自分になることだ。ただし、ベストな自分になるために、他者の考えを励みにもするし、導きにもする。僕らが導きとすべきなのは、過去の傷から立ち直った経験があり、賢明で、奉仕精神あふれる人たちだ。そういう人たちとともにいると、おのずと謙虚になるし、同じように、癒しと知恵と奉仕をめざすようになる。

他者にフィードバックを求めるといっても、求める相手は慎重に選ぶ必要がある。その際、犯しがちなミスが二つある。一つの問題に関して誰にでもアドバイスを求めること。そして、あらゆる問題に関して、一人だけにアドバイスを求めることだ。手広く意見を求めれば、異なる答えが返ってきてもおかしくない。そんなことになれば、圧倒され、混乱し、道に迷うだろう。一方、抱えているジレンマをすべて一人の人間に押しつければ、相手が圧倒され、手に負えなくなって、途中で重荷を投げ出すかもしれない。

だから、特定の領域ごとに顧問団を編成しておくべきだ。この問題はこの人たちに尋ねる、という具合に、ふさわしい相談相手を選べるようにしよう。適格性、いたわり、人格、一貫性の項目ごとに相談すべき相手を見つける方法は、第10章で述べるが、生産的なフィードバックを期待できるかどうかの基準は、相手がその道の権威かどうか、有用なアドバイスができるほどの経験と知恵をもつ人かどうか、に尽きる。適切なアドバイザーを選べば、こちらが何度も同じことを尋ねてウザったがられる前に、的確に助けてくれるはずだ。

こういう場合、僧侶なら、自分のグル（導師）とサドゥー（グル以外の先生や聖人）とシャストラ（聖典）にアドバイスを求める。現代社会でも、これらの三つに相当するソースを探してみよう。僕らの多くは、グルに当たる「指南役」のような存在をもたないし、たとえ、そういう存在がいるとしても、位置づけは先生と変わらない。ましてや、僕らは宗教的な書物を信奉しているわけでもない。でも、モンク・マインドを勉強中の僕らには、自分にとって何が最善かを考えてくれる、信頼のおけるソースからのアドバイスが必要なことはたしかだ。しかも、多様なものの見方を得られるようにしたい。だから、心の健康を一番気遣ってくれる人（友人や家族——グル役を果たす人）から、知的成長や経験を促してくれる人（メンターや教師——サドゥー役を果たす人）、価値観や意図を共有する人やもの（宗教的な指導書や科学的知見——シャストラ役を果たすもの）に至るまで、多様なソースをバランスよく選ぶべきだ。

いつもは何も言わない人からのフィードバックには、つねに注意しなければならない。自発的で無意識のフィードバックには一番有益な情報が含まれている場合がある。僕らはエゴを鍛えるために、こちらの言動に相手が言葉以外でどんな反応を示すか、よく観察してみるべきだ。相手の表情は興味を示しているか、それとも、退屈しているか？　その人はいらいら、そわそわ、うんざりして見えるか？　この場合も、多様なソースに共通の傾向がないか探ってみよう。きみが何かの話題をもち出すと、多くの人が上の空になるとしたら、その話題は引っ込めるべきときかもしれない。

相手の考えは慎重かつ賢明に取捨選択する必要がある。エゴは何でも知っていると思いたがるから、相手のフィードバックをすぐに悪口と決めつけてしまうが、裏返せば、それは、批判されていないときでも批判と受け止めやすいことを意味する。たとえば、求職先の会社から「応募者多数により、誠に残念ながら」という型どおりの回答文が送られてきたとしよう。でも、そういう定型文を自分に対するフィードバックと受け止めても意味がない。きみという人間について何も語っていないからだ。

その種の意味のないフィードバックに惑わされないようにするために、フィルターをかけよう。頭からこうだと決めつけるのはやめて、よく考える。好奇心をもつ。そして、不明な点があれば、理解しているふりをせずに質問する。進歩するためには、必要なステップが明確になるような問いを発しよう。

相手がよかれと思って批判しているかどうかを見分けるのは、難しいことではない。チェックポイントは、きみの成長に力を貸そうとしているかどうかだ。相手は、単に、問題点や欠点を指摘しているだけだろうか。それとも、きみが変われるように手助けしようとしていて、みずから行動しないまでも、きみの前進に必要なものを差し出しているだろうか。

フィードバックを求めるにも、受け取るにも、まず、自分がどのように成長したいか分かっている必要がある。多くの場合、フィードバックはきみの後押しにはなるが、具体的な方向を指し示してくれるわけじゃないからだ。きみ自身が決断を下し、行動を起こさなければならない。「フィードバックを求める、評価する、応える」の三つのステップが、自信と気づきを高めてくれるだろう。

やってみよう——効果的なフィードバックの受け取り方

改善したいと思っている分野——財政面、精神的・心理的な面、身体面など——から一つ選ぶ。

その分野の専門家を見つけて、指導を仰ぐ。

疑問点が明確になるように質問する。そして、その人のアドバイスを自分の状況に応用する方法を尋ねる。

たとえば、こんなふうに。

これはわたしにとって現実的に可能なやり方だと思いますか？

タイミングに関して、何かアドバイスしていただけますか？

他の人たちも、わたしのことをあなたと同じように考えていると思いますか？

今からでもやり直すべき（たとえば、謝罪や修正が必要）だということですか、それとも、前進すべきだということですか？

あなたのアドバイスをわたしが実践する場合、どのようなリスクがあると思いますか？

のぼせ上がらない

きみが幸運にも成功できたとしたら、例の古代ローマの将軍が耳元でささやかせたという言葉を思い出してほしい。「おまえも人間だということを忘れるな」。何かを成し遂げたからといって、のぼせ上がらずに、自分を客観的に見るべきだ。ここまで導いてくれた人たちと受け取ったものに感謝しよう。自分がどんな人間か、そして、成功できた今の仕事に、そもそもなぜ自分が携わっているかを思い出してほしい。

自分の成功を広い視野でとらえ続けるために、悪いことは記憶し、よいことは忘れよう。高校時代、僕はあらゆる愚行を繰り返し、3回も停学処分を食らった。過去を恥じているけれど、地に足をつけることができたのは、その過去のおかげでもある。僕はこう思えるようになった。「人が今の僕を見たら、ずいぶん成長したと言うかもしれない。自分でも成長したと思う。でも、何よりも重要なのは、浮かれずにいるためのよりどころができたことだ。それがあるからこそ、僕は、自分がどんな人間だったかを忘れず、謙虚でい続けられる。変化を促してくれる人々との出会いがなければ、今頃、どんな人間になっていたか分からない。過去はそのことを肝に銘じてくれる支えなんだ」。誰もがそうであるように、僕が今の場所にたどりついたのは、さまざまな選択とチャンスと努力があったからに他ならない。

自分は成功そのものでも、失敗そのものでもない。

何かを成し遂げた後でさえ、この謙虚さを忘れないようにしたい。人からお世辞を言われようと、ご褒美を差し出されようと、天狗になるでもなく、拒絶するでもない。ありがたく受け止めてから、改めて思い出そう。自分がどれほど努力したか、どれだけの犠牲を払ったか。そして、誰のおかげでそのスキルを修得できたのかを、自分に問うてみよう。それは両親かもしれないし、先生やメンターかもしれない。その人たちが時間、お金、エネルギーをつぎ込んでくれたからこそ、今日の自分がある。今こうして人から評価されるようになった自分のスキルが、もともと誰から与えられたのかを思い出して、感謝しよう。成功が自分一人のものでないことを認めれば、おのずと謙虚さを忘れずにいられる。

さらなるゴールをめざす

他者と比較して、自分を卑下すべきではない。でも、めざすゴールと比較して、自分がいかに小さな存在かは感じるべきだ。成功しても謙虚さを忘れないために、僕は、ゴールポストを動かすというアプローチをとる。成功の基準は数字ではなく、深さで測るものだからだ。僧侶は、何時間、瞑想したかではなく、どれくらい深く瞑想したかを問う。俳優ブルース・リーのこんな言葉がある。「1日に1万回、キックを練習した者は、わたしにとって脅威ではない。わたしが恐れるのは、一つのキックを1万回、練習した者だ」

何かを達成したなら、そこから、さらに大きく、さらに深く、をめざせばいい。僕は見てくれがいいだけの基準には興味がない。「知恵の拡散」と僕はよく言うけれど、それは、単に知恵が広まればいいという意味ではない。親密な心のつながりを失わずに、できるだけ多くの人に知恵を届けたいという意味だ。つまり、世界中の人々が癒され、幸せになるまで、僕の仕事には終わりがない。自分という枠を超え、コミュニティーや国、さらには地球全体へと目を向ける——そうやって、僕らはつねにゴールポストを動かし続けよう。到達不能な位置にゴールがあるからこそ、僕らは謙虚でいられる。

いや、むしろ、謙虚さそのものが到達不可能なゴールと言うべきだろう。

自分は謙虚になったと感じた瞬間に、次の旅は始まるからだ。このパラドクスはさまざまなことに当てはまる。これでもう安全だと安心したときが一番危険だったり、自分を完全無欠と感じるときほど、じつは傷つきやすかったりする。作家アンドレ・ジッドは「真理を探求する者は信用していいが、真理を見つけた者は疑え」と言ったとされる。

ものごとがうまくいくと有頂天になる人があまりにも多い。でも、裕福になった自分を指さして「ほら、すごいだろう」と言い出したら、転落の始まりだと思ったほうがいい。僕が「皆さん、わたしには何のエゴもなくなりました」なんて宣言したら、まったくの嘘でしかない。エゴの克服は、つねに努力し続けるべきものであって、誇るべき成果ではないからだ。

真の偉大さ

真の偉大さは、きみが獲得したものを活用して他者に教え、その人たちがまた誰かに教えるときに実現される。そうやって、きみが獲得した偉大さは飛躍的に広がっていく。成し遂げたことイコール地位と考えるのはやめにしよう。それよりも、他者の人生に自分が果たす役割は貴重な通貨と見なすべきだ。きみが広げるビジョン次第では、世界一の金持ちでさえも、無私の行いを最高の喜びとするような世界をつくり出すことも可能だ。

どんなに他者の助けになろうと、浮かれたりせずに、やるべきことはまだまだ山ほどあると考えよう。インドの人権活動家カイラシュ・サティヤルティは、児童を搾取から守るために尽力している。彼のNGOは何万人もの子どもたちを救出してきたが、2014年にノーベル平和賞を受賞したとき、サティヤルティの第一声はこうだった。「最初に感じたことですか？　そうですね。はたして自分は、この賞をいただくのにふさわしいことをしてきただろうか、と思いました」。課題が山積みであると知っているから、彼は謙虚さを忘れずにいる。最高にパワフルかつ立派で、胸を打つ人間的な資質は、偉大なことを成し遂げながら、あくまでも謙虚で、自分の務めを果たしている人にこそ見られるものだ。

ここまでは、自分とは何か、意味のある人生とは何か、何をどう変えるべきか、について考え、実現するための方法を話してきた。それらを実践すれば、かなりの成長が期待できるのはたしかだが、一夜にしてすべてが変わるわけではない。地道な努力を後押しするために、ここで、視覚化をとり入れた瞑想法を紹介することにしよう。過去の傷を癒し、未来に備えるために、視覚化ほど最適な方法はないだろう。

視覚化瞑想

瞑想の際に、僧侶は視覚化という方法を用いる。目を閉じて、ある場所や時点に心を連れていくと、過去に受けた傷を癒し、未来にふさわしい準備を整えることができる。この後の三つの章では、自分自身のとらえ方を変えて、世界に二つとない自分だけの人生の目的を探す旅が始まる。その旅でもこの視覚化は頼りになるだろう。

視覚化によって、僕らは過去を再訪し、今まで自分に聞かせてきた物語を編集し直す。仮の話だけれど、きみは、死ぬ前の親にかけた最後の言葉を後悔しているとしよう。そんなときは、親に愛していることを伝えている場面を思い浮かべよう。過去は変えられないが、単に昔を懐かしみ、過去を後悔しているだけとは違って、癒しのプロセスが始まるからだ。一方、希望、夢、未来への恐れの視覚化は、事前に感情を処理し、新たな挑戦を受けて立ちやすくする。スピーチの前に僕は、ステージに上がって話し始める自分をイメージするようにしている。

こんなふうに視覚化の意味を考えてみよう。今ある人工物――この本であれ、テーブルであれ、時計であれ――は、この世に誕生する前に、必ず誰かの心の中に存在していた。人が何かをつくり出すためには、想像することから始める。だからこそ視覚化には意味がある。心の中でつくれるものは、心の外でもつくることができる。

視覚化のもつ驚くべき力

人はみな日常的に視覚化を実践している。瞑想は、それを意図的かつ生産的に行う時間だ。過去、未来、規模の大小にかかわらず、視覚化を使えば、その状況がもつエネルギーを引き出して、現実にすることができる。たとえば、気持ちがよくて、ゆったりくつろげる場所で瞑想すれば、呼吸と脈が落ち着いて、エネルギーが変わってくる。すると、その感覚は日常生活という現実にももち込まれるはずだ。

視覚化は、そのタスクを実行するときに活性化される脳の領域を活発にする。クリーブランド・クリニックの研究では、12週間、小指の筋肉を収縮させる様子を視覚化した被験者が、同じ期間、実際に小指のエクササイズを行った人たちとほぼ同等の筋力を獲得した。僕らがやろうとしているのも同じことだ。視覚化は身体に実際の変化を生じさせる。

どこでどのように瞑想するか

すでに述べたとおり、瞑想は場所を選ばない。きみがどれだけカオスな状況に置かれていようと、視覚化でリラックスすることは可能だ。衛生状態が最悪の混み合った列車でムンバイから南インドまで、2、3日がかりの旅をしたとき、僕は、とてもじゃないが瞑想なんて無理だと感じて、指導僧にこう宣言した。「今は瞑想をやりません。列車を降りるか、もっと落ち着いてからにします」

すると返ってきたのは「なぜ?」だった。

僕は言った。「だって、瞑想はアシュラムでやるものですよね」。静まりかえったアシュラムの、湖とベンチと木立のある環境で瞑想するのに僕は慣れていた。

「きみは死ぬ瞬間も落ち着いていると思うのか? 今、瞑想できずに、そのときできるのかね?」

はっとした。安らぎの中で瞑想の修行をしているのは、混沌の中でも瞑想できるようにするためだ。それ以来、僕は飛行機の中でも、ニューヨーク市のど真ん中でも、ハリウッドでも瞑想してきた。注意を乱すものはもちろん存在する。でも、瞑想とは注意散漫を完全になくすことではない。散漫になりがちな心を整えることだ。

瞑想を指導するときに、僕はよくこんなふうに言う。「心がさまよい出したら、自然呼吸に注意を戻します。がっかりしたり、いらいらしたりする必要はありません。ゆっくり優しく、呼吸、イメージ、またはマントラに注意を戻せばいいんです」。心がさまよいかけても、瞑想がダメになりはしない。瞑想が断ち切られるのは、漠然と思考の後を追いかけたり、集中力を完全に失って「なんて、瞑想が下手くそなんだ」などと思ったりするときだ。瞑想は、思考や感情をありのままに観察し、それをそれとして受け止めたら、また集中の対象に意識を戻すことでもある。もし、難しいと感じないとしたら、むしろ、瞑想がうまくいっていないからだろう。

一つ注意しなければならないのは、ポジティブな視覚化を選ぶ必要がある、ということだ。ネガティブな視覚化を行うと、つらくて苦しい思考やイメージにとらわれることになる。たしかに、瞑想をしていると、自分の中の「悪い」部分が立ち上がってくるものだ。でも、薄暗い迷路から出られなくなった自分を思い描いてもいいことはない。大切なのは、暗闇から脱出する自分を思い描くことだ。

視覚化には、音声誘導型と自由探索型の2種類がある。音声誘導型の視覚化では、指導者の言葉を聞きながら、一定の場面を思い浮かべる。たとえば、「あなたはビーチにいます。足の裏に砂を感じています。青い空が広がり、カモメの声と砕ける波の音がします」といった具合に。

一方、自由探索型の視覚化では、詳細は自分で考える。瞑想指導を受けにくるクライアントに、僕は、一番くつろげる場所を想像するように伝えている。すると、海沿いの小道をサイクリングしている自分を思い浮かべる人もいれば、子ども時代によく遊んだツリーハウスを思い起こす人もいる。

やってみよう――視覚化する

すぐにでも実践できる視覚化の方法をいくつか紹介しよう。また、瞑想アプリをダウンロードしたり、瞑想センターに足を運んだりするのもいい。実践の助けになる方法はさまざまにあるので、試してほしい。

この後に述べる視覚化エクササイズの前に、必ず、準備段階として次のステップを踏もう。

1. 楽な姿勢をとる――椅子に座る、床にクッションを置いてその上に座る、または床に横になる。
2. 目を閉じる。

3. 視線を下げる。
4. 身体がくつろぐのを待つ。
5. 「落ち着き、調和、穏やかさ、静けさ、安らぎ」に意識を向ける。
6. 心がさまよい始めたら、そっと優しく「落ち着き、調和、穏やかさ、静けさ、安らぎ」に注意を戻す。

ボディスキャン

1. 自然な呼吸のリズムを感じる。吸って、吐いて、吸って、吐いて。
2. ここからは身体のさまざまな部位に注意を向ける。まず、床や座面に接している部分を感じたら、次に、接していない部分を感じてみる。たとえば、かかとは床についているのに、土踏まずはついていない。お尻はベッドやマットに接しているが、腰の下には少し隙間がある、といった具合に。それぞれの部位のつながりを意識する。
3. 身体全体をスキャンする。
4. 両足に意識を向け、つま先、土踏まず、くるぶし、かかとの順に意識を移動させながら、異なる感覚に気づく。くつろいでいるか、痛み、圧迫感、うずき、違和感があるか。それを感じながら、吸う息とともに、ポジティブで元気の出る癒しのエネルギーが流れ込んでくるのを想像する。吐く息とともに、ネガティブで有害なエネルギーが流れ出ていくのを想像する。

5. 次に、脚に意識を移動させる。順にふくらはぎ、すね、膝をスキャンしながら、感覚を味わう。

6. 心がさまよい始めたら、そのたびに、そっと優しく身体に意識を戻す。無理やり、追い立てるようにではなく、焦らずゆっくり、何の決めつけも挟まずに。

7. ボディスキャンを続けていると、今まで気づかなかった痛みに気づくかもしれない。その痛みと向き合い、観察する。痛みに向かって、3回息を吸い、3回息を吐く。

8. スキャンしながら、さまざまな部位に感謝の念を送り届けてもいい。

9. 同様に頭のてっぺんまでスキャンを続ける。焦らず、好きなだけ時間をかけること。

聖域をつくる

1. 落ち着いてくつろげる場所にいる自分を思い浮かべる。海辺でも、自然遊歩道でも、庭でも、山の頂上でもいい。

2. その場所で、きみは今、地面、砂、水などを足下に感じながら歩いている。

3. 目を閉じたままで顔を左に向けると、何かが見えてくる。じっくり観察しながら歩き続ける。

4. 今度は顔を右に向け、また、観察しながら歩く。

5. 周囲にあるものの色、質感、自分との距離を心に留める。
6. 何かが聞こえてくる。鳥の声、水や風の音かもしれない。
7. 風が顔に当たるのを感じる。
8. 静かで心地よい場所を見つけて腰を下ろす。
9. 吸う息で、落ち着き、調和、静けさ、安らぎを吸収する。
10. 吐く息で、ストレス、プレッシャー、ネガティビティを排出する。
11. ここは自分だけの聖域だ。リラックスの必要を感じるたびに、この場所に戻ってこよう。

記憶を書き換える／呼び起こす

無意識のうちに頭の中に浮かんでくるイメージは、何らかの活動の繰り返しから生じる場合が多い。でも、視覚化を利用すれば、ある瞬間を意図的に記憶に変えることも可能だ。さらに、視覚化によって、かつて感じた喜び、幸せ、生きがいをよみがえらせることもできる。心の奥の古い記憶を呼び起こし、喜びや幸せや生きがいを感じていた時間と場所に戻るわけだ。視覚化で新たな記憶をつくる場合は、目を開いたままで行う。古い記憶を呼び起こす場合は、目を閉じて行う。

僕がよく使っているのは、不安を取り除くための「5―4―3―2―1」というテクニックだ。見えるものを5つ、触れるものを4つ、聞こえるものを3つ、臭いがするものを2つ、味わえるものを1つ選ぶ。

1. まず、見えるものを5つ選ぶ。選んだら、それぞれに順に注意を向けていく。
2. 触れるものを4つ選ぶ。順に触れていくところをイメージする。それぞれの感触の違いを心に留める。
3. 聞こえるものを3つ選ぶ。順に耳を傾けていく。
4. 臭いがするものを2つ選ぶ。花でも、水でもいい。何か分からないかもしれない。順に臭いをイメージする。
5. 味わえるものを1つ選ぶ。
6. 五感にそれぞれ注意を向け終わったら、吸う息で喜びと幸せを体内にとり入れる。思わず、笑みが浮かんでくるかもしれない。
7. その瞬間を記憶にとどめておけば、いつでも好きなときに、視覚化でその瞬間に戻ることができる。

パート

3

与える

第9章

感謝

――世界最強の薬

当たり前のことであれ何であれ、すべてに感謝しなさい。
当たり前だからこそ、感謝しなさい。

――ペマ・チョドロン

心を鍛えて自分の内側を見つめられるようになったら、今度は、外側に目を向け、他者とのかかわり方を考える段階だ。人はよく、何かの出来事で幸運を感じたとき、ハッシュタグ「#blessed（恵まれている）」をつけてSNSに投稿したりする。つまり特定の瞬間にありがたみを感じているわけだ。でもそれは、今の自分が何のおかげで存在するかということにまで考えを掘り下げ、日々、生かされている事実に心の底から意識的に感謝することとは違う。

ベネディクト会修道士デヴィッド・スタインドル=ラストは、感謝は真価の実感であり、「金銭的価値とは関係なく、そのものにかけがえのない価値があると認めたとき」に生じると述べている。

友人のアドバイス、ちょっとした親切、チャンス、教訓、新しい枕、大切な人の健康回復、幸せな瞬間の記憶、ヴィーガン・チョコレートの詰め合わせ（僕の大好物だ！）……。あらゆるものに対する感謝の気持ちで1日をスタートさせれば、障害物ではなく、チャンスに出会う可能性が高くなる。行く手に待ち受けているのは不平不満を漏らす人ではなく、創造性あふれる人たちだ。選択肢を狭めるネガティブな思考に屈しないきみは、成長につながる新たな道を見つけるだろう。

この章では、感謝の気づきを高めながら、なぜそれが自分のためになるかも考えよう。そして、日々感謝を実践する方法と、小さな贈り物から大きなチャンスに至るまで、いつ、どんなことに、どう感謝すればいいかを学んでいこう。

感謝はきみのためになる

感謝の効果が測定できるなんて信じられないかもしれない。でも科学的に証明されていることとだ。感謝は心の健康、自己認識、人間関係を改善し、充実感を高めることが、研究で判明している。

たとえば、日記を使った研究では、一方のグループには、ありがたいと感じた出来事を記録させ、もう一方のグループには、いらいらさせられた出来事を記録させた。すると1日の終わりに感じるストレスレベルは、感謝グループのほうが低いという結果が出た。大学生を対象に行われた、こんな研究もある。とりとめのない考えや悩みで頭がいっぱいだという学生たちに、寝る前の15分間に、その日、ありがたいと感じた出来事をリストアップしてもらったところ、悩みごとが減って、よく眠れるようになった。

やってみよう——感謝の日記をつける

毎晩、5分間だけ日記をつけよう。自分が感謝したいものごとを書き出してみてほしい。実験をさらに深めたい人は、日記をつけ始める前の1週間、睡眠時間や睡眠の質を記録しておくといい。そして、日記をつけ始めたら、毎朝、どれくらい眠れたかを記録する。睡眠が改善されていないだろうか？

感謝と心

ネガティビティを増殖させるモンキー・マインドは、僕らに、役立たずの、価値のない人間だと思い込ませようとする。それに対して、理性的なモンク・マインドは、僕らに強い味方がいることを思い出させてくれる。僕らに時間とエネルギーと愛を注いでくれた人たち、僕らに代わって努力してくれた人たちがいる。彼らの親切にありがたみを感じるには、自尊心、自己価値感が深くかかわっている。もし僕らが価値のない人間だとすれば、彼らが示してくれた親切も価値のないものになってしまうではないか。

感謝は、誰もが内に抱えている憎しみや苦しみを克服する助けにもなる。試しに、妬みと感謝を同時に感じてみてほしい。たぶん難しいだろう。**感謝の気持ちに包まれているときは、感謝以外は感じられない**ものだ。

カリフォルニア大学ロサンゼルス校の神経科学者アレックス・コーブによれば、人間はポジティブな感情とネガティブな感情を同時に感じることはできない。感謝しているとき、脳からはドーパミン（報酬ホルモン）が放出され、その状態を何度も再現したくなる。すると感謝が習慣化していく。コーブ博士は言う。「感謝したいものが見つかると、他にも感謝できるものがないかと探し始めるんです」。こうして「好循環」が生まれる。

長年の研究で、感謝がトラウマの克服にも大きな役割を果たすことが明らかになった。2006年に発表された、ベトナム戦争の退役軍人を対象とした研究では、感謝の気持ちが強い人ほどPTSD（心的外傷後ストレス障害）を発症しにくいという結果が出ている。離婚や死別など、心理的に過酷な経験の克服にも、感謝が鍵を握っている。

感謝は心だけでなく、身体のためにもいい。有害な感情をもち続けていると、体内に炎症が広がる原因にもなるからだ。全身に広がった炎症は心臓病を始めとする慢性病を引き起こす。そのおおもとにある有害な感情をブロックしてくれるのが、感謝の気持ちだ。

感謝する人は、健康を実感しやすいばかりか、健康的な活動に積極的に参加する。また、病気の際には、積極的にケアを求めることも判明している。

感謝がもたらす無限大の健康効果について、デューク大学メディカル・センターの生物学的心理学部長、P・ムラリ・ドライスワミ博士は、ABCニュースのインタビューでこう語っている。「もし感謝が薬だったら、世界的なベストセラーになるでしょう。重要な臓器のどれに対しても健康維持効果を発揮する万能薬なんです」

日常に感謝する

感謝がきみの役に立つなら、感謝を増やせば増やすほど、ますますきみのためになるはずだ。

だから、どうすれば日常的に感謝の機会を増やせるか考えてみよう。僧侶はあらゆるものにつねに感謝の念を抱くように求められている。仏教の聖典『サンユッタ・ニカーヤ（相応部）』には、こんな教えがある。「修行僧らよ、あなた方はこのように自己を鍛えなさい。『わたしたちは感謝します。どれほど小さな親切もけっして見落とすことはしません』」（比喩相応20・12第2ジャッカル経）

僕が感謝の大切さに気づかされた経験の中でも、とくに忘れがたい出来事がある。それはアシュラムに入って、数日後に起きた。

先輩僧の指示で、僕たち新入りは、今までに起きて当然とは思えなかった経験をテーマに短いエッセイを書いている。静寂の中、ノートにペンを走らせる音だけがする。僕が選んだのは、10代の頃、親友に裏切られたときの経験だ。

15分後、全員で書いたものを発表する。幼い妹を亡くしたときのつらい思い出、アクシデントやケガの体験、失恋……。僕らの発表が終わると、指導僧は言った。どの経験も的外れではないが、ネガティブなエピソードばかりだ。みずからの努力というより、幸運によって舞い込んだすばらしい出来事、それもまた、起きて当然とは思えない経験の一つではないか、と。

僕らは、不運に見舞われるのを理不尽だと思う割に、幸運がめぐってくるのは当然だと思いがちだ。そこで、クラス全体で幸運について考えることになった。不自由なく暮らしていける家庭に生まれたこと、僕ら以上に僕らのために尽くしてくれる人々がいること、人生を大きく変えるようなチャンスに恵まれたこと。自分に与えられたものに気づき、感謝する機会を、僕らはいとも簡単に見落としている。

このエクササイズで、僕は初めて、生きていることのありがたみを感じた。それまでは生きているのは当然のことと思っていた。

9歳の頃、両親と初めてインドを訪れた。タクシーでホテルへ戻る途中、赤信号で車が停止すると、道路に立っている一人の少女の両脚が見えた。年齢は僕と同じくらいだろうか。脚しか見えないのは、少女が前かがみで道端の大きなごみ箱に上半身を突っ込んでいるからだ。食べ物か何かを探しているのだろう。やがて身体を起こした少女の姿に、僕はショックを受けた。両手がない……。僕は何かしてあげたいと思いながら、見ていることしかできなかった。そのうちタクシーが動き始めた。少女が僕の視線に気づいてにっこり笑う。僕もにっこり笑う。それがやっとだった。

ホテルに戻ってからも、僕は少女のことが気になってふさぎ込んでいた。何もしなかった自分が悔やまれる。ロンドンでの自分たちの暮らしぶりを思い返した。かたや、クリスマスや誕生日にたくさんのプレゼントをもらい、さまざまな趣味を楽しんでいる僕らのような子どもがいて、かたや、日々を生き抜くのに必死な子たちがいる。僕にある種の気づきがもたらされた瞬間だった。

ランチの時間、家族でホテルのレストランに行く。どこかの子どもが、メニューに食べたいものが一つもないと言って駄々をこねている。僕は唖然とした。こんなにたくさんの選択肢があって、選び放題じゃないか。あの少女にはごみ箱しかないというのに。

漠然とそんなふうに思っていただけで、当時の僕は、はっきりと感情を自覚していたわけではない。でも、自分がいかに恵まれているかは感じていた。僕とあの少女の違いは、どこで生まれたか、どんな家庭に生まれたかでしかない。僕の父は、ムンバイからそう遠くないプネーという都市のスラム街に生まれ、苦労の末、ロンドンにたどりついた人だ。僕は果てしない努力と犠牲の産物だった。

アシュラムに入った僕は、9歳で芽生えた意識を取り戻し、感謝を実践し始めた。自分がすでにもっているものにありがたみを感じるようになった。命と健康、安心と安全、そして、この先も食べるものに困らず、寝る場所があり、愛されるだろうという確信。どれもこれも、かけがえのない贈り物だった。

宇宙からの贈り物のありがたさを認め、それを習慣化するために、僧侶たちは1日の始まりに感謝の祈りを捧げる。文字どおり、自分を取り巻く宇宙に感謝を捧げる。マットの上で眠りから覚めると、そのままうつぶせになり、地球に敬意を表す。僕らが今いるのはこの星のおかげだ。光があるから、ものが見える。地面があるから、歩くことができる。空気があるから、息ができる。

やってみよう――毎日、感謝の時間をもつ

朝の感謝――僕の予想では、朝、きみが目覚めて最初にすることは、スマートフォンのチェックだ。ねぼけている脳を動かすには、お手軽で、負担の少ない方法に思えるかもしれない。でも、すでに述べたとおり、1日のスタートの仕方として、とてもふさわしいとは言えない。

スマートフォンに手を伸ばす代わりに、これをやってみてほしい。所要時間はたったの1分だ（二度寝してしまいそうなときは、スヌーズを使おう）。目が覚めたら、そのままベッドの上でうつぶせになる。お祈りをするように手を合わせ、頭を下げる。その瞬間、幸せを感じさせてくれるものを思い浮かべる。たとえば、気分をさわやかにしてくれる朝の空気と光、きみを愛してくれる人々、これから飲む1杯のコーヒーかもしれない。

食事の感謝――地球上の9人に一人は、毎日、十分な食事にありつけない。つまり8億人近くの人が飢えに苦しんでいることになる。だから、僕らは1日3食のうちの1回だけでも、食べる前に感謝の時間をつくろう。北米先住民の祈りの言葉（次の「やってみよう」を参照）を真似てもいいし、自分でオリジナルの祈りをつくってもいい。家族がいるなら、祈りを捧げる役割を交代で行ってみよう。

昔から、世界各地でさまざまな感謝の伝統が実践されてきた。北米先住民にも多様な感謝の儀式がある。

仏教学者で環境活動家でもあるジョアンナ・メイシーによれば、オノンダガ族の子どもたちは、毎朝、学校の朝の集会で感謝の祈りを捧げるという。最初に、先生がこんなふうに声をかける。「わたしたちは心を一つにして、一番上の兄である太陽に感謝を捧げます。毎朝、光を届けてくれる太陽のおかげで、わたしたちは互いの顔を見ることができます。太陽の温かみのおかげで、種は育つことができます」

モホーク族にも同じような祈りの習慣がある。彼らは、人々、母なる地球、水、魚、惑星、食用植物、薬草、動物、樹木、鳥、四方から吹く風、祖父なる雷、長兄なる太陽、祖母なる月、恒星、聖人たち、創造者に感謝を捧げる。

そんなふうに誰もが感謝の祈りで1日をスタートさせたなら、世界はずいぶん違ったものになるだろう。いつも僕らのそばにあり、それでいて僕らに最も欠かすことのできないものに目を向け、それらの贈り物に感謝を捧げることから、1日を始めてみよう。

やってみよう――感謝の瞑想

いつでも、好きなときに、次の瞑想をやってみよう。

マントラ「オーム・ナモー・バガヴァテー・ヴァースデーヴァーヤ」

アシュラムでは、聖典を読む前に、このマントラを唱える（498ページ参照）。これを唱えることで、古代から聖典を受け継いでくれた人たちへの感謝を忘れないようにする。僕らもこのマントラを唱えれば、ものごとを見抜く力を与えてくれた先生や賢者に感謝の気持ちを表すことができる。

「わたしは○○○に感謝します」

腰を下ろし、身体の力を抜いたら、呼吸法を行う。その際に心の中で「わたしは○○○に感謝します」と唱える。できるだけたくさんのものを挙げていく。それを続けていると、心がさまよい始めても集中力を取り戻すことができる。ネガティブな思考が生じてきたら、その中にも感謝できる要素がないか探してみよう。日記や音声メモのかたちでも同じことができる。ネガティブな考えが浮かんできたとき、読み返したり、聞き返したりしよう。

喜びの視覚化

瞑想の途中で、過去に喜びを感じた時と場所を思い浮かべ、そのときの感情にすっぽり浸る。よみがえらせた喜びを、瞑想の後ももち続けよう。

どんなときも感謝する

毎日、特定の時間を設けて感謝するというのは、課題としては簡単なほうだ。さて、ここからが本題だ。つまり、どんなときもどんな状況でも、感謝できるようになること。たとえ今、きみの人生がパーフェクトじゃないとしても、筋トレのように、地道に感謝を実践していこう。鍛えれば鍛えるほど、感謝の力は強くなっていくからだ。

感謝には、禅僧ジョアン・ハリファックスが言う「貧しい心」を生まれ変わらせる力がある。「貧しい心」といっても、ハリファックスが説明するように「物質的な貧しさとは関係がない」。貧しい心にとらわれていると、僕らは欠落にしか目が行かなくなる。自分は愛される資格がないように感じて、どれほど恵まれているかを忘れてしまう。感謝の心を蝕み、ありのままの自分を受け入れられなくさせる貧相なメンタリティーから抜け出すには、意識的に感謝を実践する必要がある。

ブライアン・アクトンは貧しい心にとらわれないようにしている。11年間ヤフーでキャリアを積んだ後、Twitter社への転職を試みたが、資格十分にもかかわらず、すげなく断られてしまった。不採用通知を受け取ったときのツイートにはこうある。「Twitter社に拒否された。でも、それはそれでいい。通勤時間が長くなりそうだったし」。次にFacebookに応募したときも、ほどなくして、こうつぶやいている。「Facebookに断られた。すばらしい人たちとつながれると思ったんだけど。人生の次なる冒険に期待しよう」。アクトンは自分の挫折をSNSに投稿することをためらわず、しかも、つねに前向きだった。そして、敗北を喫しながらも、暇な時間にアプリの開発に励んだ結果、5年後、彼が共同設立したメッセージングアプリ会社WhatsAppは、190億ドル（約2兆円）でFacebookに買い取られた。

もしアクトンがあのまま採用されていたとしても、その収入はWhatsAppの売却額にはとうてい及ばなかっただろう。採用を蹴られたことにこだわって貧しいメンタリティーに陥ることなく、次のチャンスをねらっていたわけだ。

ものごとは性急に判断してはならない。「これは悪いことだ」とレッテルを貼った途端、心はそれを信じ始める。足止めを食らったときは、むしろ感謝しよう。人生には人生のペースがあり、回り道もまた旅のうちだ。宇宙がきみのために、とっておきの計画を用意しているかもしれない。

二つの桶で水を運ぶ僧侶の話がある。桶の一つには穴が開いているが、僧侶は修理するでもなく、毎日、せっせと水を運び続けている。ある日、通りすがりの人が僧侶に、なぜ水をこぼしながら歩いているのか尋ねると、僧侶は道端を指さした。水を一滴もこぼさずに運んでいる側には草1本、生えていないが、水をこぼしながら運んでいる側には、野の花が咲き乱れている。「わたしの不完全さが、わたしの周りに美しさをもたらしたのです」と僧侶は言った。

幼い頃、原因不明の病気で聴覚と視覚を失ったヘレン・ケラーは、こう書いている。「幸福のドアは、一つ閉じると別のドアが開きます。でも、わたしたちは閉じたドアをずっと見つめているので、開いたドアが見えません」

ものごとが思いどおりにいかないときは、「まだまだチャンスはある」と言って、先に進もう。何も、失業したことをありがたがる必要はない。「自分が求めているのはこれだけだ」とか「これしか答えはない」と考えているのは、「これ」に全エネルギーをつぎ込んでいる状態だ。だから、「これはうまくいかなかった。でも、チャンスはまたある」と考えれば、そのエネルギーを可能性に満ちた未来に向けることができる。

自分の人生を信頼する

起こりうる可能性に目を向けるほど、感謝は欠かせないものになる。修道士デヴィッド・スタインドル＝ラストは言う。「感謝とは『ありがとう』と言うことだ、と人は考えています。そう言うこと自体が感謝の最も重要な一面だと思っているのですね。でも、感謝を実践しながら生きるうえで一番重要なのは、人生への信頼です。わたしはそれを『感謝に満ちた生き方《グレイトフル・リビング》』と呼んでいます。その生き方をしていると、どんな瞬間も贈り物に見えてきます。その人は立ち止まって、こう自問するでしょう。『今という瞬間はどんなチャンスをわたしに差し出しているのか？』そして、それを見つけて生かしていく。それくらいシンプルな生き方なのです」

たとえば、上司から受けたフィードバックに納得できないときは、すぐさま反論せずに、考えてみよう。「今起きていることから、わたしは何か学べないだろうか？」と。そして、感謝すべき点を探してみる。上司はきみの進歩を助けようとしているのかもしれない。そう思えば、ありがたく感じるのではないだろうか。別の理由でその仕事をきみに任せたのだとしても、それもまた、ありがたい理由かもしれない。

たとえば、出発間際のバスに向かってダッシュしたら、ぎりぎり間に合ったとしよう。きみは一瞬、胸をなでおろした後、すぐに忘れて日常に戻る。でも、そういうときは、立ち止まって、しっかり思い出してほしい。バスを逃しそうになっていたときの気持ちを思い起こせば、間に合ったことのありがたみを痛感するだろう。

一方、バスに間に合わなかったとしても、やはり一瞬立ち止まって考える。そして広い視野で状況をとらえてみる。次のバスがそこまで来ていないだろうか？　さっき無理やり道を渡ったとき、もし車に轢かれていたら、バスに乗り遅れるよりもっと大変なことになっていたのでは？　つかの間の勝利を喜ぶにせよ、敗北を悲しむにせよ、その後は、どちらの状況も広い視野でじっくり観察すべきだ。そして感謝と謙虚な心で結果を受け入れたなら、前を向こう。

やってみよう――過去を振り返って感謝する

過去を振り返って、当時ありがたみを感じられなかった経験を一つ選ぼう。たとえば学校の思い出、先生との出会い、友人との関係、ストレスで参ってしまったプロジェクト、あるいは、家族の誰かにいやいや負わされた責任、などなど。結果はネガティブだけれど、今はもうつらさを感じない出来事を選んでもいい。破局や別離、解雇、望まなかった知らせなどだ。

どうすれば、その経験をありがたいと感じることができるか考えてみよう。思いがけないかたちで、役に立ったことはないだろうか？　そのプロジェクトのおかげで、新しいスキルを身につけたり、同僚に尊敬されたりしなかったか？　きみが広い心で責任を引き受けたからこそ、それ以降、家族との関係がよくなったのでは？

次に、今現在、嫌な思いをしていること、期待どおりに進んでいないことについて考えてみよう。たとえ、今はありがたみを感じていないものごとであっても、前もって感謝を感じてみてはどうだろう。

感謝を表現する

感謝の気持ちが大きく育ってきたところで、ここからは、その感謝を外側に向けて表現していくことにしよう。

心の底ではありがたいと感じていながら、僕らはそれを表すすべを知らないことが多い。でも、感謝を表現するにも、感謝を受け取るにも、さまざまな方法とレベルがある。

一番ベーシックな方法は「ありがとう」と言うことだ。でもほんとうにそれで十分だろうか？　感謝はできるだけ具体的なほうがいい。たとえば、きみが食事会を主催したとしよう。感謝の手紙を受け取るとしたら、どんな内容のものを期待するだろう。少なくとも「昨晩はありがとう。すばらしかったよ！」くらいは言ってほしいはずだ。もしかすると、「昨晩はありがとう。すばらしい食事でした。友人に向けたあなたの乾杯の挨拶、おかしくて最高だったわ」なら、もっとうれしいのでは？　感謝の気持ちは具体的に表現するほうがはるかに効果的だ。感謝が詳細であればあるほど、感謝するほうもされるほうも気持ちがいい。

つまりこういうことだ。きみの友人は、きみがお膳立てをした集まりに参加できたことに喜びを感じ、そして、その友人が感謝の手紙を書くという努力が、きみに喜びをもたらした。相手が自分に尽くしてくれたと気づいたとき、双方の間に感謝が生まれる。愛の好循環が始まる。

優しさと感謝はともに育つ

愛の好循環は、「優しさと感謝はともに育てなければならない」とするブッダの教えとも一致している。

優しさはたやすくもあり、難しくもある。誰かのためを心から願い、何がその人の役に立つかを考え、それを実現するために努力する、それが優しさだからだ。

誰かのために自分を犠牲にしたことがある人には、他者が自分のために払ってくれる努力や注いでくれるエネルギーのありがたみが分かる。つまり、優しさを実践すると、優しさに必要なものが分かり、心から感謝を覚えるようになる。優しさが感謝を教えるということだ。

さっき述べた、たった一通の感謝の手紙のやりとりから生じたのは、まさにそれだった。食事会を開くというきみの優しさが、友人に感謝の念を抱かせ、きみに対する優しい言葉を引き出した。

優しさ――そして、そこから生まれる感謝――は波紋のように広がる。尼僧ペマ・チョドロンは言う。「自分自身にもっと優しくなりなさい。そして、その優しさで世界中を満たしなさい」。日常的に僕らはさまざまな人と出会う。そして、相手には、優しさと思いやりに満ちた人であってほしいと願う――そう願わない人などいるだろうか？　けれども、優しさと思いやりをもたらす最善の方法は、自分がそれを育てることだ。

人の態度や行動パターンはおろか、健康状態さえも、社会的ネットワーク内で伝染しやすいことが長年の研究で明らかになっている。ただし、それが、類は友を呼ぶ的な単純な理由によるものかどうかは、分かっていなかった。そこで、ハーバード大学とカリフォルニア大学サンディエゴ校の二人の研究者が、知らない他人同士の間でも優しさが伝染するかどうかを調べた。

この実験では、知らない者同士が４人組のグループをつくり、公共財と呼ばれるゲームを行った。各プレーヤーは同じ金額の掛け金を渡される。そのうちいくらを手元に残し、いくらを公共財に出資するかは、各自が誰にも知らせずに決める。１ラウンドが終わるごとに、公共財のお金をプレーヤー全員で山分けし、メンバーを入れ替える。したがって、プレーヤーたちには、前のラウンドで誰が気前よく出資したかは分からないが、どれくらい気前よくお金が集まったかは知っている。ゲームが進むにつれて、山分けで得た金額の多いプレーヤーほど、その後のラウンドで気前よく出資することが分かった。優しさが優しさをもたらしたわけだ。

優しさと感謝のやりとりに加われば、必然的に、感謝を受け取る側になる。ただし、感謝を受ける側に回ったときは、エゴに注意しなければならない。自分を偉い人間だと勘違いしやすいからだ。僧侶は、自分の与えたものがどんなにありがたがられようが、それはもともと自分のものではないことを知っている。だから、褒められても執着しない。謙虚な気持ちで感謝を受け止めるには、まず相手が気づいてくれたことに感謝するといい。相手の気遣いと意図をありがたいと思う、つまり、相手の中の善を見つけて、褒め返すわけだ。

そして、そもそも感謝されるようなことができる人間に自分を育ててくれた指導者に感謝しよう。

見知らぬ人の優しさ

モンク・マインドの持ち主は、生活のあらゆる場面で、ちょっとしたことにありがたみを感じる。以前、ウーバー〔訳注　一般のドライバーが自家用車を使って有償で乗客を運ぶサービス〕を利用したとき、こんな経験をした。僕は急いでいたうえ、他のことに気をとられていた。乗り込んだ後も、車はしばらく出発しなかったようだ。やっとそのことに気づいて、ドライバーに何か問題があるのかと尋ねると、こう言われた。「ええ。挨拶が返ってくるのを待っていました」。目の覚めるような、ありがたい指摘だった。それ以来、僕は、人を無視しないように気をつけている。

単刀直入であるほうが、効率がよく、プロフェッショナルかもしれない。でも1日中、自動運転のまま過ごしていると、感情の共有が妨げられ、人とのつながりが希薄になってしまう。

シカゴの通勤電車の乗客を対象に、車内で知らない人に話しかけてもらうという実験が行われた。話題は何でも構わない。時間制限もなかった。すると、勇気を出して、知らない人と会話した人ほど、ポジティブに時間を過ごせたと評価した。これは参加者の大半が予期していたのとは正反対の結果だった。しかも、さらに調査したところ、参加者たちは他人とのかかわりを不快に思っているわけではなく、話しかけたら迷惑ではないか、断られたらどうしよう、と心配していることが判明した。でもそれは取り越し苦労だった。話しかけられた人の大半が喜んで会話に応じたからだ。

近くにいる人たちと積極的につながろうとすれば、ふだんは得体の知れない他人同士のまま鬱々と過ごす通勤時間を、ありがたい時間に変えることができる。

日常的な他者とのかかわりをすべて思い出してみよう。通勤、仕事のプロジェクト、子どもたちの学校への送迎、パートナーとの会話……。こうした小さな出来事の一つひとつが僕らの日常をつくり上げている。それらが喜びに満ちたものになるかどうかは、たいていの場合、僕ら自身にかかっている。とりわけ、どれほど優しさをもって他者とかかわれるか、そして、どれほど感謝されるかは、自分次第だ。

やってみよう――感謝の視覚化

まず、次のヒントをもとに、他人からもらった三つのものを思い出してみよう。

1. 誰かがしてくれた小さな親切

2．誰かがくれた大切な贈り物
3．日常をちょっとだけ幸せにしてくれる何か

次に目を閉じて、三つのうちのどれか一つが実際に起きた時と場所を思い出し、当時の様子――光景、匂い、音など――をよみがえらせる。そのときの感動を追体験し、感情を深く味わい直してみる。

この視覚化を終えたら、自分の身の回りで起きている小さな出来事に注意を向けてほしい。見落としたり、当たり前と思ったりしないようにしよう。次に、他者から自分がいたわられ、思われ、愛されていることを改めて感じてみよう。すると、自尊心が高まり、自信が湧いてくるはずだ。

ただし、きみの気分がよくなったら、それでおしまい、というわけではない。感謝の視覚化の究極の目的は、今まで自分に愛を与えてくれた人に愛を返したくなること、あるいは、愛といたわりを必要としている人に愛をおふく分けしたくなることにある。それを忘れずにいよう。

奉仕することでありがたみを知る

日常生活で優しさを実践するだけでなく、その気になれば、感謝の機会を積極的に増やしていくことは可能だ。ボランティアや奉仕活動とは、恵まれない人たちに何かを与えることだと思いがちだが、そうした活動は、受け取る側だけでなく、じつは与える側にも同じくらいの利益をもたらす。

奉仕には、それをする側の怒り、ストレス、妬み、失望といったネガティブ感情を感謝に生まれ変わらせる力がある。奉仕する人の視野が広がるからだ。

「わたしに何のご用？」一人の賢明な老婆が目の前に立っている若者に尋ねた。

「世の中は喜びと美しさであふれています。でも僕はそれを遠くから見ていることしかできません。僕の人生は苦しみだらけです」と若者は答えた。

賢い老婆は黙ったまま、ゆっくりと茶碗に水をそそぐ。それを若者に手渡してから、今度は塩壺を差し出した。

「さあ、これを水に入れなさい」

若者は一瞬ためらったが、塩を一つまみだけ水に入れた。

「もっと、たくさん」と老婆は言う。

いぶかしげな顔で、若者は塩を一すくいすると茶碗に入れた。老婆は若者にそれを飲むように合図する。一口するなり、若者は顔をしかめて、土間に吐き出した。

「どうだい？」と老婆。

「ありがとう。でももう結構です」と若者はむっつりしている。

老婆は、すべてお見通しとでも言わんばかりに微笑むと、若者に塩壺をもたせて、近くの湖に連れていった。冷たく澄んだ水が広がっている。

「さあ、一つかみの塩を湖に入れなさい」

若者が言われたとおりにすると、塩は水に溶けていった。「飲んでごらん」と老婆。

若者は水際に膝をつき、両手で水をすくってすする。

顔を上げた若者に、老婆が「どうだい？」と尋ねる。

「さっぱりします」と若者。

「塩辛い？」

若者は恥ずかしそうに微笑んだ。「いいえ、全然」

老婆は若者の隣に跪くと、水をすくって飲んだ。「塩は人生の苦しみなんだ。塩はつねにそこにある。小さな茶碗に入れれば、しょっぱくなるが、湖に入れれば、何の味もしない。おまえが感覚を広げ、世界を広げれば、苦しみは小さくなる。茶碗にならず、湖になりなさい」

視野を広げれば、僕らの苦しみは小さくなる。そして、自分にないものではなく、あるものにありがたみを感じられるようになる。その広い視野を直接もたらしてくれるのが、与えるという行為だ。

医学系学術誌『BMCパブリック・ヘルス』に掲載された論文は、ボランティア活動が抑うつ感情を軽減させ、全体的な幸福感を高めることを指摘している。僕がニューヨークに住んでいた頃、慈善団体「ケープス・フォー・キッズ」が、恵まれない子どもに配るスーパーヒーロー型のケープづくりをクイーンズ地区の学校の生徒たちに手伝ってもらったことがある。ケープづくりを体験した生徒たちは、自分の労働とその成果がもたらした影響を目の当たりにするうちに、自分がどれだけ恵まれているかに気づいた。他者が苦しむ様子を見たとき、人は、自分の力を生かして他者の苦しみを少しでも減らそうとする。自分にはそうやって発揮する力があることに気づけば、たちまち感謝の念が湧いてくる。

やってみよう——ボランティア活動で感謝を味わう

奉仕は、きみの視野を広げ、ネガティブ感情を和らげてくれる。ボランティア活動に携わってみよう。月に1回でも週に1回でもいい。感謝の念が湧いてきて、それを表現したくなるだろう。その即効性の点でボランティア活動に勝るものはない。

心から感謝する

一番大切な人たちに感謝を示すことが、じつは一番難しかったりする。たとえば、家族、友人、先生、メンターなど、僕らの人生を変えてくれた人、あるいは、今も大きな影響を与えてくれている人たちのことだ。

やってみよう――感謝の手紙を書く

心から感謝している人、自然に感謝の念が湧いてくる人を一人選ぶ。その人のもつ大まかな性質や価値観をリストアップする。頼りがいがあるとか、愛情が深いとか、誠実であるとか……。次に、その人がかけてくれた言葉やその人と経験したことを具体的に思い出す。さらに、今度、その人と会ったら、何をしたいか、何を伝えたいかを考える（相手が故人の場合は、「もう一度会えたら、何を伝えていただろう」と考える）。

出来上がったリストをもとに感謝の手紙を書こう。

できれば、直接、相手に会って愛と感謝を伝えよう。手紙、メール、電話で感謝を伝える場合でも、なるべく具体的に表現しよう。そうすれば、相手の幸福度も自分自身の幸福度もぐんと上がるからだ。

相手が親密な感情を苦手とする人の場合、こちらがアプローチしても、そっけなくあしらわれるかもしれない。でも、あきらめてはいけない。感謝を受け入れるということは、受け身になって心を開くことを意味する。人は傷つくのを恐れるあまり、自分の弱さを隠そうとするものだ。相手がその種の抵抗を示すときは、こちらがアプローチを変えればいい。相手にとって一番受け取りやすい感謝のかたちを考えてみよう。手紙は双方にとって一番楽な方法かもしれない。感情を処理するために必要な時間と空間をつくれるからだ。

大切な人に感謝の手紙を書くときは、きみが助けてもらったときに感じたのと同じだけの思いやりと愛を相手にも味わってもらえるようにしたい。口頭より手紙のほうが、感謝のメッセージは長持ちするし、絆をより強めてくれる。相手の優しさをきちんと認識していることが伝われば、双方が思いやりを深め、優しさを与え合うきっかけになる。そして、その優しさは、先述のとおり、コミュニティーにも波及していく。

許して感謝する

こんなふうに思っている読者がいるかもしれない。「両親にはさんざん傷つけられた。感謝なんかできるはずがない」。たしかに、人生でかかわる人たちの中には不完全な人間もいる。相手に対して未解決な感情や複雑な感情を抱いているとしたら、きみは感謝する気になれないかもしれない。

とはいえ、感謝の気持ちは白か黒かという極端なものではない。相手のしたことを何から何まで感謝する必要はないが、部分的には感謝できる場合もあるはずだ。相手との関係が複雑なものなら、その複雑さをありのままに認めたうえで、相手の過ちのどこかに許せる部分はないか、相手の努力のどこかにありがたみを感じられないか、探ってみよう。

ただし、相手がきみに害を及ぼしたのだとすれば話は別だ。そんな相手にも感謝すべきだ、と言うつもりは毛頭ない。人生で出会う人に誰彼の区別なく感謝する必要はない。僧侶はトラウマ治療の専門家ではないが、他者との関係を解決するためには、まず内面を癒しておかなければならないことを知っている。そして、心の傷は、焦らずに、その人自身のペースで癒せばいい。

僕らは、感謝とは与えられたものの価値を認めることだと思っている。それは僧侶も同じだ。では、その与えられたものとは何かと問われれば、僧侶は僕らと違って、「すべて」と答えるだろう。人生は豊かであると同時に複雑なものだ。そこにはさまざまなかたちの贈り物や教訓が詰まっている。僧侶ではない僕らには、すべてが贈り物や教訓に思えるわけではない。ならば、分かりやすいものに感謝することから始めればいい。日常生活の中で感謝を実践しよう。自分の今の境遇に心の中で感謝するだけではなく、行動に移すことが重要だ。感謝は優しさを生む。そして、その精神は身近な人から人へ波紋のように広がり、コミュニティー全体に及ぶ。

感謝はあらゆるポジティブな性質の生みの親だ。母が子を産むように、感謝はそれ以外のすべての性質——思いやり、立ち直る力、自信、情熱など——に命を与える。それらのポジティブな性質が、僕らに生きる意味を見出させ、他者とのつながりを促してくれる。というわけで、次章では人間関係を取り上げる。僕らはどんなふうに他者と向き合うべきか、どんな人間を人生に迎え入れるべきか、そして、どうすれば有意義な人間関係を維持できるかを考えてみよう。

第10章

人間関係
——人間観察

人は誰もが探求に値する一つの世界である。
——ティク・ナット・ハン『愛する』

僧侶は、俗世とかかわらず、ひっそりと暮らしているように思われがちだ。ところが、実際に修行僧を経験してみると、僕は、人とのかかわり方が決定的に変わったことに気づいた。アシュラムを離れロンドンに戻ってから、僕の人間関係能力は修行前に比べて格段に進歩していた。恋愛においてもそうだ。僧侶はそもそも禁欲主義者だし、アシュラムにいた期間、僕は女性に恋愛感情をいっさい抱かなかったから、これはちょっと驚きだった。

助け合いと寿命

アシュラムという共同体《ヴィレッジ》は仲間意識を育む。そこでは、誰もが互いのために存在し、互いに奉仕する。健康長寿地域を研究する「ブルーゾーン」プロジェクトの共同設立者ダン・ベットナーによれば、その種のコミュニティーは世界中で必要とされているという。長寿には、食事やライフスタイルだけではなく、コミュニティー的な要素、たとえば、家族との良好な関係（必要なときは助けてくれる家族がいること）、信念や健全な社会的行動を共有する仲間の存在などがかかわっている。つまり共同体《ヴィレッジ》が必要ということだ。

長寿地域「ブルーゾーン」と同じく、アシュラムは独立したコミュニティーであり、そこでは助け合いの精神が生まれる。一人ひとりに、自分のニーズだけでなく、他者のニーズを考えることが求められる。

第3章で話した「バイオスフィア2」を覚えているだろうか。動植物にとって理想的な環境となるはずの人工的な密閉空間では、木々が深く根を張れずに倒れてしまった。それとは対照的なのが、カリフォルニア州立公園のジャイアントセコイアだ。樹齢数千年、樹高80メートルにも及ぶことで知られる大木だけに、地中深くに根を下ろしているかと思いきや、実際の根の深さは1～2メートルしかない。ジャイアントセコイアが倒れずにいられるのは、浅くても広く根を張り巡らせているからだ。群生することで彼らは栄えている。強い木と弱い木が根と根を絡み合わせ、いっしょに風雨に耐えている。

愛は円を描く

互いを支え合うコミュニティーに入った当初、僕は、誰かをいたわったりサポートしたりすると、相手から直接的にいたわりやサポートが返ってくるものだと思っていた。ところが、実際はもっと複雑なものだった。

アシュラムの1年目、どうにも納得できないことがあって、僕は指導僧の一人にアドバイスを求めた。「混乱しています。こちらが愛を差し出しても、同じだけの愛が返ってこないような気がしています。僕は優しさやいたわりを示しているつもりでも、相手は同じことをしてくれません。優しさやいたわりを返してもらっていると思えないんです」

指導僧は言った。「なぜきみは愛を与えるのか？」

「そういう人間だからです」

「ならば、お返しを期待する必要はないだろうに。ただし、こうも言えるだろう。愛であれ、憎しみであれ、怒りであれ、優しさであれ、何らかのエネルギーを差し出せば、必ず、それは自分に返ってくる。いつかそのうちにね。愛は円を描く。きみが愛を差し出せば、回り回って、きみに戻ってくる。問題はきみの期待の仕方にある。きみは愛を与えると、その相手から愛が返ってくるものだと思い込んでいる。でも、愛は同じ相手から返ってくるとは限らない。それと同様に、きみも自分を愛してくれている人に、同じだけの愛を返しているとは限らない」

たしかにそうだ。**僕らは、愛してくれない人を愛し、愛してくれる人に愛を返しそびれていることがあまりにも多い。**

たとえば母は、僕が電話をかけると、何をしていてもそれを放り出して、必ず電話に出てくれる。僕と妹の電話を一番に受けるのは自分だと思っている。いつだって僕と話がしたくて仕方がない。僕が友人のメールの返信を待ち焦がれているとき、僕の母も「ジェイ、早く電話をちょうだい！」と思っている。

指導僧から聞いた、愛は円を描くという話は、僕の人生観を一変させた。人は感謝が足りないから、愛されていないと感じる。誰も自分を構ってくれないように感じるときは、自分を振り返る必要がある。きみが差し出した愛は、いろいろなところから返ってくる。そのことに気づくべきだ。

いや、もっと広い視点で見るなら、きみが差し出したものは何であれ、いずれはきみに返っ

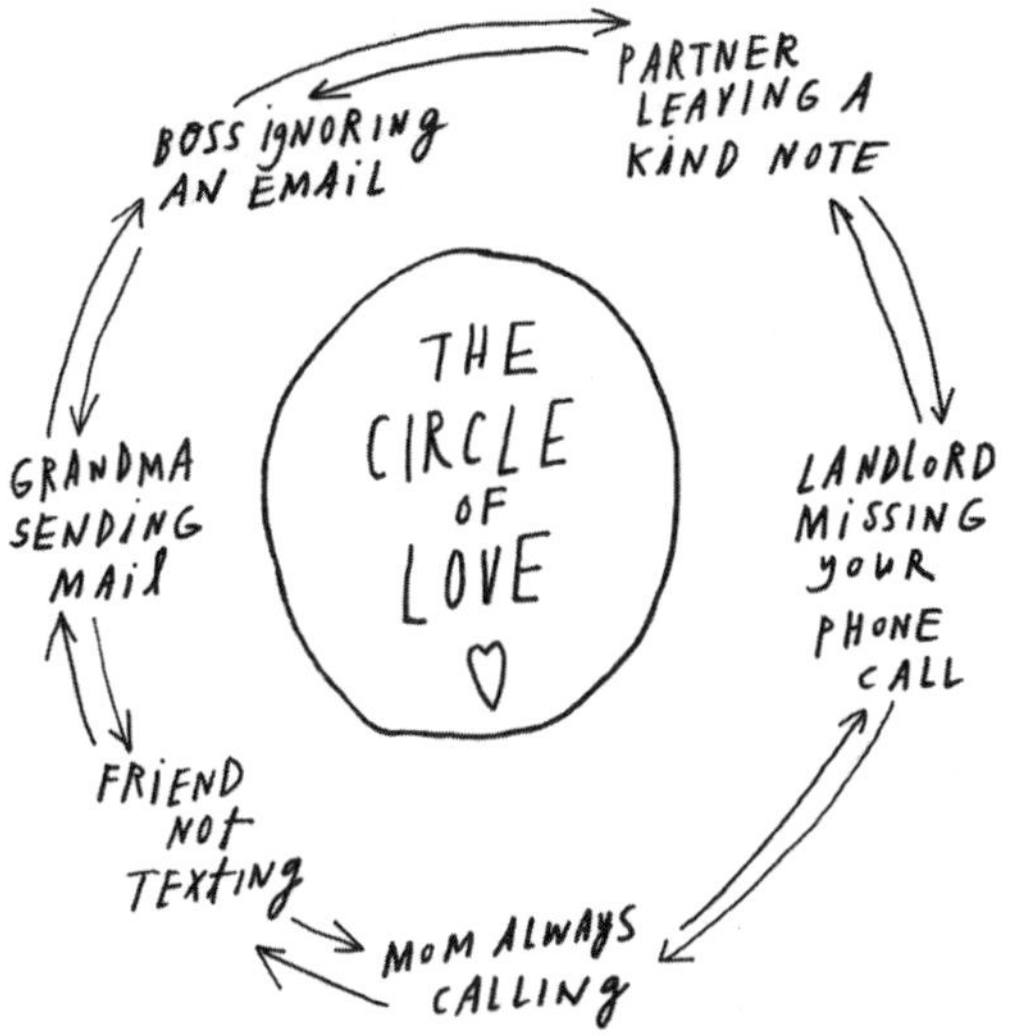
PARTNER LEAVING A KIND NOTE
BOSS IGNORING AN EMAIL
THE CIRCLE OF LOVE
LANDLORD MISSING YOUR PHONE CALL
GRANDMA SENDING MAIL
FRIEND NOT TEXTING
MOM ALWAYS CALLING

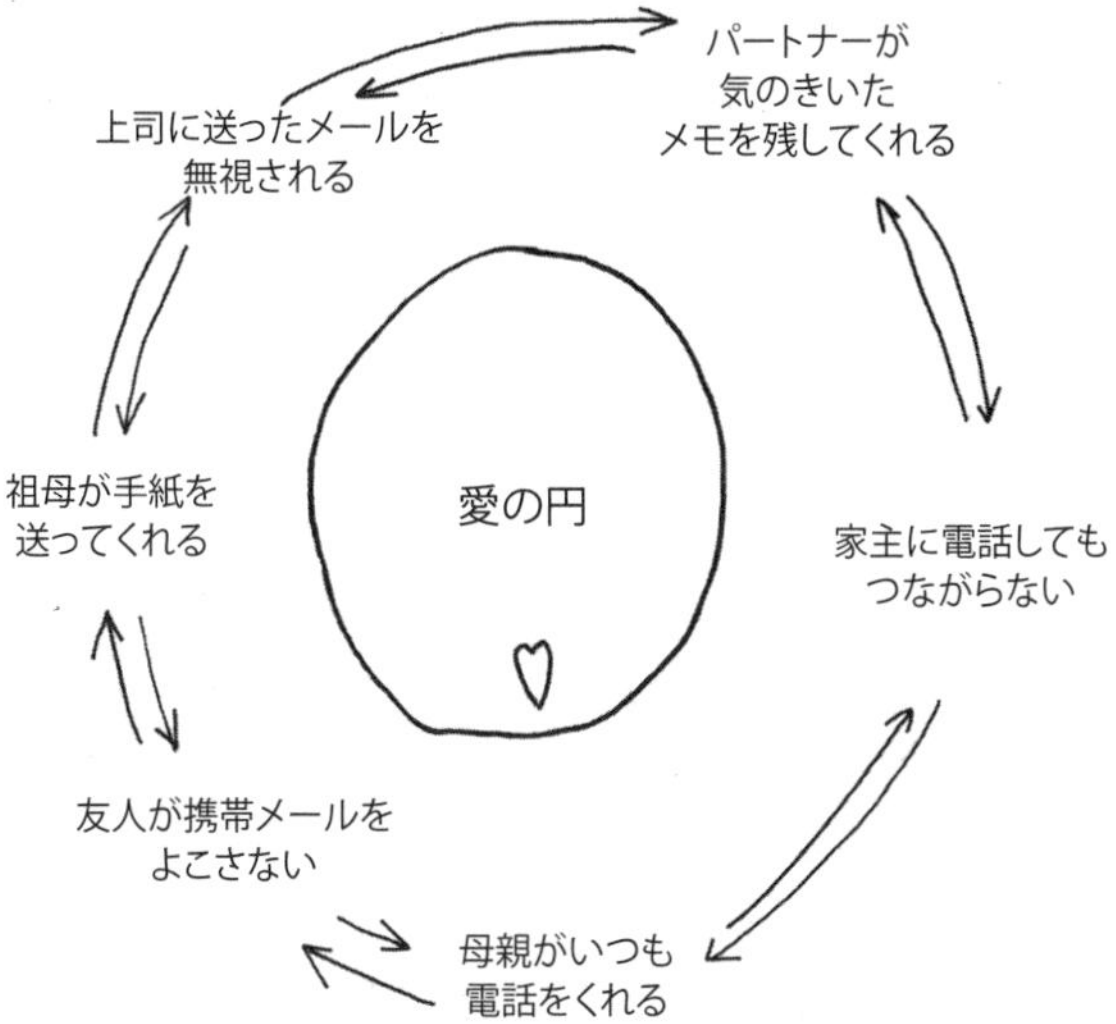
パートナーが
気のきいた
メモを残してくれる
上司に送ったメールを
無視される
愛の円
家主に電話しても
つながらない
祖母が手紙を
送ってくれる
友人が携帯メールを
よこさない
母親がいつも
電話をくれる

てくる。自分のした行為は、よいものであれ、悪いものであれ、自分に返ってくるという、カルマの法則の典型だ。だから、愛されていないと感じるときは、自分に問いかけよう。「わたしは人に助けを求める割に、人を助けていないのではないか？　わたしに与えているばかりで、わたしから何も受け取っていない人がいるのではないか？」と。

思いやりのネットワーク

僧侶がもちつもたれつの関係を、1対1ではなく、ネットワークと見なすのにはわけがある。異なる人々が異なる目的を果たし、それぞれの成長に貢献していると考えるからだ。僕らには、友情を結ぶ同胞がいて、教えを授ける生徒もいる。そして教えを乞い、奉仕するためのメンターもいる。誰がどの役割を果たすかには年齢や経験は関係ない。同じ一人の僧侶が、与え、与えられるサイクルのどのフェーズにもいるということだ。

しかも、どの役割も固定的なものではない。今日、自分の先生だった人が、明日は自分の生徒になる。たとえば、先輩僧が僕らのような若い僧といっしょに教室にやってきて、僕らと同じように床に座り、新入りの修行僧の話に耳を傾けることがあった。先輩は若い僕らの様子を見に来たわけじゃない。自分たちも学ぶつもりで来ていた。

やってみよう――教え、教えられる

きみの生徒と先生をリストアップしよう。生徒たちからきみが学べることはないだろうか。そして、きみが先生に教えられることはないだろうか。書き出してみよう。

頼れる四つのC

アシュラムにいた頃、僕は自分の気遣いが報われていないように感じて、腹を立てていた。人が他者に多くを期待しすぎるときは、自分の人生の目的が見えていない場合が多い。そこで、人生でどんな人を頼りにすべきかを四つのタイプに分けて考えてみたい。おそらく、きみの人生にも、それぞれの分類に当てはまる人が最低一人はいるのではないだろうか。

適格性（Competence）――その人の意見や提言を信頼するからには、適切な能力のある人であってほしい。きみの問題を解決するのに必要なスキルを備え、その分野の専門家や権威としての経験と信用があり、高く評価されている人だ。

いたわり（Care）――きみが感情をゆだねたとき、相手はいたわってくれる人であってほしい。真のいたわりができる人とは、自分のためではなく、きみのために何が最善かを考え、助けて

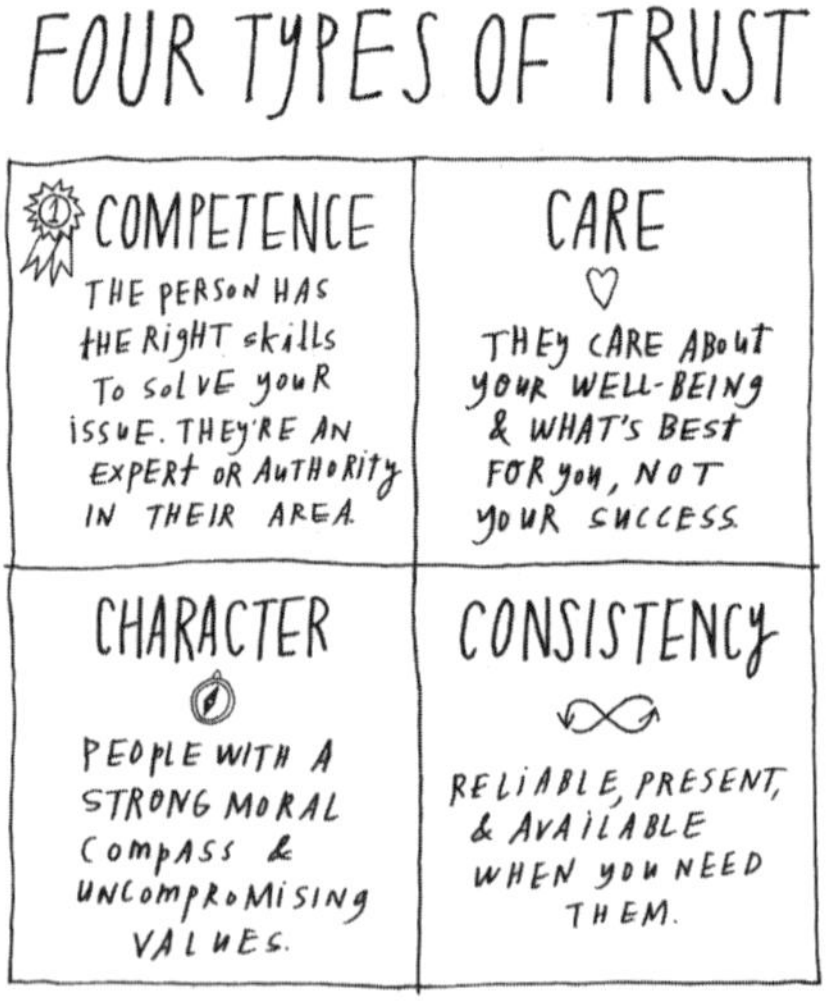
FOUR TYPES OF TRUST
COMPETENCE
THE PERSON HAS THE RIGHT SKILLS TO SOLVE YOUR ISSUE. THEY'RE AN EXPERT OR AUTHORITY IN THEIR AREA.
CARE
THEY CARE ABOUT YOUR WELL-BEING & WHAT'S BEST FOR YOU, NOT YOUR SUCCESS.
CHARACTER
PEOPLE WITH A STRONG MORAL COMPASS & UNCOMPROMISING VALUES.
CONSISTENCY
RELIABLE, PRESENT, & AVAILABLE WHEN YOU NEED THEM.

頼れる四つのC

適格性(Competence) きみの問題を解決するのに必要なスキルを備えている。その分野の専門家、権威である。	いたわり(Care) きみが成功するかどうかよりも、きみにとって何が幸せか、何が最善かを考え、いたわり、ケアしてくれる。
人格(Character) 強い倫理観を備え、明確な価値観をもっている。	一貫性(Consistency) いざというとき頼りになり、必ず寄り添ってくれる。

くれる人だ。その人は、きみが成功するかどうかではなく、元気でいられるかどうかを重視する。心底きみのためを思い、きみを信じている。課された責任以上のことをしてでもきみをサポートしようとする。たとえば、きみの引っ越しを手伝ってくれる、何か重要な診断が下されそうなとき病院まで付き添ってくれる、誕生日パーティーや披露宴の計画がうまくいくようにサポートしてくれる。

人格（Character）——強い倫理観を備え、明確な価値観をもつ人は、きみが自分の願いや信念に自信をもてずにいるとき、はっきりと見きわめられるように助けてくれる。とくに、相互依存的な関係（恋愛、ビジネス上のパートナーシップ、チーム）において人格はきわめて重要な要素だ。このタイプの人は自分が説くことをみずから実践する。評判がよく、確信があり、現実的なアドバイスができる。信頼に足る人だ。

一貫性（Consistency）——その人は何かの専門家でもなく、最高の人格者でもなく、きみの最善を考えてくれる人でもないかもしれない。けれども、いざというとき頼りになり、きみに寄り添ってくれる。きみがどんな浮き沈みを経験しようと付き合ってくれる。

一見しただけでは、どの人がどんなふうに頼りになるかは分からない。看板を掲げているわけじゃないからだ。だから、人の意図と行動をよく観察する必要がある。その人の言葉と行動は一致しているか？　相手の公言する価値観は実際の行動に表れているか？　その人の価値観ときみの価値観は一致しているか？　口先より行動から分かることのほうが多いものだ。

「頼れる四つのC」を参考に、自分がなぜその人に惹かれるのか、その人とつながるとしたら、友人としてなのか、同僚としてなのか、恋愛のパートナーとしてなのかを見きわめてほしい。自分自身にこう問いかけよう。「わたしがこの人とつながりをもとうとしている、ほんとうの意図は何だろう？」

四つのタイプは、誰もが本能的に求める基本的な性質に見えるかもしれない。でも、実際に、きみのことをいたわり、あらゆる分野に精通していて、最高の人格者でもあり、いざというとき寄り添ってくれる人を見つけるのは難しい。

僕にとって人生で最も頼りになる人はアシュラムのラダナート・スワミ先生と母だ。スワミは霊性《スピリチュアリティ》に関して一番頼りになる。僕は彼の人格には全幅の信頼を置いている。でも、僕がアクセンチュア社をやめてメディアの世界に行きたいという話をしたとき、スワミの答えは「きみが何をすべきかわたしには分からない」だった。スワミは僕にとって一番の助言者だけれど、だからといって、僕のキャリアに関して何か言ってくれると期待するのはお門違いだ。それに、さすがはスワミだけあって、一家言あるふりなどしなかった。

一方、母も僕が転職を相談する相手として最適とは言えない。多くの母親がそうであるように、母にとって最大の気がかりは息子の僕が元気でやっているかどうかだ。今日の気分はどうか、ちゃんと食べているか、ぐっすり眠れているか、そういうことをつねに気にかけてくれる。

いたわりと一貫性という点で僕は母を頼りにしているけれど、たとえば、自分の会社の経営のことまで母に相談しようとは思わない。僕の人生の何から何まで気にかけてくれないからといって、母に腹を立てる必要なんてない。時間とエネルギーと注意力を無駄にして、余計な苦痛を感じるより、母がしてくれるケアを素直に感謝すればいいだけだ。

僕らは、相談ごとは何でも解決してくれるような万能性を相手につい期待して、あり得ないくらいハードルを高くしている。そういう万能選手は見つけることも、存在することも難しい。先述の四つの分類を頭に入れて、相手に何が期待できるか、できないかを知っておこう。たとえきみのパートナーであっても、四六時中、きみをいたわり、すぐれた人格を示し、有能で、しかも寄り添っていられるわけじゃない。いたわりと人格はつねに期待できるとしても、何もかもに有能という人はいない。

もちろんきみのパートナーは頼りになる人であるべきだ。でも、きみのニーズに何から何まで応じられるわけじゃない。僕らは人生のパートナーに対して、自分のすべてであってほしいと期待しがちだ。映画『ザ・エージェント』の主人公ジェリー・マグワイアが妻に言ったセリフ「きみが僕を完全にする」をつい真似たくなるけれど、結婚という深くて息の長い関係においてでさえ、自分を完全にするのは自分しかいないことを覚えておこう。

アシュラムは家族でもない者たちがともに暮らす場所だ。そこに来なければ知り合うこともなかった者同士の共同生活は、僕らに現実的な視点をもたらした。一人で何から何までこなせる人はいないし、こなすべきではないということだ。

心理学術誌『サイコロジー・トゥデイ』に発表された、ある調査結果が興味深い。米陸軍大佐で心理学者のJ・パトリック・スウィーニーは、イラク戦争当時、軍のリーダーシップに関する調査を行った。すると信頼の「3C」が重要なことを発見した。それはやはり、Competence（適格性）、Care（いたわり）、そしてCharacter（人格）だという。ただし、上官が兵士たちに信頼されるためには、これら三つの資質をすべて備えていなければならない。軍隊生活と修行生活はルーティンと原則を徹底する点では似ているけれど、僧侶はリーダーに服従したり、命を危険にさらしたりはしない。

人間関係をモンク・マインドでとらえるためには、四つのCのすべてを一人の人に求めるのではなく、実際に相手がきみに何を与えてくれる人か、きみが相手に何を求めるかをベースに、現実的な期待をもつべきだ。相手が四つのCをすべて兼ね備えた人でなくても、何かしら学べるものはあると思っておこう。

それに、自分がその人に何を提供できるかを、少なくとも同じくらい気にするべきだ。相手が友人であれ同僚であれ、必ず自問しよう。「まず自分は何を差し出せるだろう？　どうすれば相手の役に立てるだろう？　わたしが果たせるのは、先生の役割か、仲間か、それとも生徒か。四つのCのどれをこの人に与えられるだろう？」自分の強みを生かしながら、スワミがそうだったように、自分が知らないことには口を出さないようにする。そうすれば僕らはもっと有意義な人間関係を築けるだろう。
次の「やってみよう」のようなエクササイズは、人にレッテルを貼ろうとするものではない。すでに話したとおり、僕はレッテル貼りには反対だ。白か黒かという極端な見方をすると、彩り豊かなはずの人生がモノクロになってしまう。
モンク・マインド的なアプローチをとるなら、決めつけはやめて意味を探すようにしよう。そして、前に進むために必要なものを吸収する。ただし、四つのCのようなフィルターを使えば、頼りになる人たちのネットワークをつくることができる。そうすれば、複雑で混沌とした人生を生き抜くために役立つ、多様な導きが得られるだろう。

やってみよう——信頼を考える

身近な人たちの中からタイプの違う3人——たとえば、同僚、家族、友人——を選び、「四つのC」のどのカテゴリーで頼りになるか考えよう。どれだけ助けられているかを認識し、本人たちに感謝を伝えよう。

四つのCをカバーできるネットワークがすでにあるとしても、それぞれのカテゴリーに多様な人たちがいてくれると心強い。母親的ないたわりとメンター的ないたわりは同じではない。恋愛に関してずばり助言できる人格者と、家庭内のケンカの解決が得意な人格者は違うかもしれない。失恋の心の傷に寄り添ってくれる友人もいれば、ハードな山登りに付き合ってくれる友人もいるだろう。

ファミリーをつくる

多様性のあるネットワークをつくれるように、新たな出会いを歓迎しよう。成長とは——年齢に関係なく——自分のニーズをじつの家族がすべて満たしてくれるとは限らないと認めることでもある。きみを育ててくれた人たちには、できることとできないことがある。ありのままを認めることは罪ではない。そして、たとえ家族であっても、きみのためにならない人からは自分を守っていい。いや、守る必要がある。相手が家族だろうと、僕らは、他のすべての人に対するときと同じ基準を当てはめるべきだ。相手が家族でも、ぎくしゃくした関係にあるなら、遠くから愛と敬意を示すことにしよう。

自分に必要な家族は広い世界から探せばいい。僕はじつの家族を無視すべきだと言っているわけじゃない。でも、自分には友人という家族がいると思えば、じつの家族への許しと感謝の気持ちはおのずと湧いてくるものだ。すべての人間とどこかでつながっているという感覚は、じつの家族につらい思いをさせられた人にとっては、癒し効果を発揮してくれる。

人類という家族

新しいコミュニティーでは――僕がアシュラムに入ったときのように――きみはまっさらの状態にある。今まで家族や友人たちから寄せられてきたような期待をまったく背負っていない。おそらくきみの過去を知る人はいないだろう。そういう状況に置かれると、たいていの人間は急いで「家族」を見つけようとするものだ。

でも、アシュラムが僕に教えてくれたのは、まったく別のことだった。アシュラムでは、気楽な信用できる人たちと家族的な小集団をつくる必要がなかった。誰もが僕の家族だったからだ。それに、インドとヨーロッパの各地を回りながら、さまざまな人たちとつながっているうちに、世界中の誰もが自分の家族だと思えるようになった。ガンディーが言ったように、「世界と友人になり、人類全体を一つの家族と見なすことに勝る生き方はない」

僕らがともに学び、成長し、経験を分かち合うためにつくる集団――家族、学校、教会など――は、人々を分類するのに役立つ。「これ」はいっしょに暮らしている人たち。「これ」はいっしょに学んでいる人たち。「これ」はいっしょに祈っている人たち。「これ」は手を差し伸べたい人たち。でも、誰かがそういう分類のどれにも当てはまらないからといって、僕は、その人の意見や価値を低く見ようとは思わなかった。現実的な都合を別にすれば、他の人よりも特別に目をかけ、思いやるのが当然という人はいなかった。

すべての人がいつまでもそばにいるわけではない。そう思えば、あらゆる人を家族と見なせるようになる。ジーン・ドミニク・マーティンという人の有名な詩がある。「あなたの人生に人々がやってくる。特定の理由で現れる人、ある季節だけ現れる人、そして生涯あなたのそばにとどまる人」

この三つの分類の基準になっているのは交友関係の持続期間だ。あるときさみの人生に現れて、気分を一新してくれる人がいる。新しい季節にも似た心躍るような出会いになるかもしれない。でも、すべての季節がそうであるように、その関係にはいつか終わりがくる。一方、何かの理由で出会う人もいる。きみの学びと成長を促してくれる人だったり、困難な状況を切り抜ける手助けをしてくれる人だったりする。まるで、きみにものごとをきちんと経験させるために、どこかから助っ人や指南役として送り込まれたかのようだ。でも、役目を果たせば、交流の重要度は薄れていく。一方、きみにとって一生の付き合いになる人がいる。いいときも悪いときもきみのそばにいて、きみから与えられるものがないときでさえ、変わらず愛してくれる人だ。

僕らは、この三つのどの関係においても、愛の円を描くことを忘れないようにしたい。愛という贈り物には何の条件も紐づけされていない。そこにあるのは、あらゆる人間関係が同じ濃さで永遠に続くわけではない、という気づきだけだ。そして、自分自身がさまざまな人にとって、さまざまな時期に、季節的な友人にも、理由のある友人にも、一生の友人にもなりうることを忘れずにいたい。さらには、こちらが相手の人生に何らかの役割を果たしたからといって、相手が同じ役割を果たしてくれるとは限らないことも覚えておこう。

最近の僕には、つねに親しく付き合っている少数のグループがある。でも、だからといって、自分と人類全体がつながっているという感覚は変わらない。だから、きみにも視野を広げてほしい。知人という安全地帯の向こう側にいる見知らぬ人々や、自分にとって理解できない人々にも目を向けよう。誰とでも友人になる必要はないが、平等に見られるようになりたい。すべての人が同じように魂の存在であり、きみの知識と経験を彩り豊かにしてくれる可能性を秘めた存在なのだから。僕らはみな同じ一つの輪の中にいる。

やってみよう——交友関係を現実的にとらえる

この1~2週間で交流のあった人たちをすべてリストアップしよう。それぞれの交友の性質を考えて、各自のすぐ右側の欄に「季節」「理由」「生涯」のいずれかを書き込む。つまり、僕がさんざんよくないと言ってきたレッテル貼りをしようというわけだ。人が果たす役割は流動的なものととらえるべきだが、交友関係の現状を大まかに描き出してみると、バランスのとれた付き合いができているかどうかが見えてくる。熱狂、サポート、息の長い愛情、この三つの間でバランスはとれているだろうか？　さて、三つ目の欄には、その人に対する自分の役割を書き込もう。きみは、相手が与えてくれるほどに与え返しているだろうか？　きみは何をどうすれば、その人の役に立てるだろうか？

信頼を勝ちとる

相手に対する期待が理にかなったものであれば、信頼関係は築きやすく、維持しやすい。信頼はどんな人間関係にも欠かせない要素だ。信頼とは、自分に対する相手の正直さを信じること、つまり、その人はこちらのためを心底思ってくれ、約束と秘密を守る人であり、将来もその意図を変えないだろう、と信じることを意味する。ただし、その人はつねに正しいわけでもないし、どんな課題も完璧に解決できるわけでもない。信頼とは、能力の問題ではなくて、意図の問題ということだ。

信頼していた誰かに裏切られると、そのショックで人間不信に陥ったりする。でも、どんなに善良な意図をもつ人だろうと変わらない人はいない。こちらと同じ道を歩み続けるとは限らない。自分と相手の意図がかみ合わなくなる場合だってある。相手がさかんに出しているサインにこちらが気づかなかっただけだ。それに、そもそも信頼すべきでない人を、そう気づかずに信頼してしまうこともある。所詮、他者の行動はコントロールできない。じゃあ、誰も信頼できないじゃないかって?

どれくらい信頼すべきか

信頼は、タクシーの運転手から、ビジネスパートナーや、恋人に至るまで、さまざまな相手に置くことができる。でも、明らかに、誰に対しても同じレベルの信頼を寄せていいわけではない。相手をどれくらい信頼するか、そして、その信頼が妥当かどうかについて、僕らはよく考える必要がある。

結婚生活の心理学的研究に関してアメリカで一、二を争う権威と言われるジョン・ゴットマン博士は、夫婦が互いのわだかまりを解決して前進するよりも、膠着状態に陥ってしまう原因を探ろうとした。調査対象となったのは、アメリカ中の社会経済的背景も民族的背景も異なるカップルで、ライフステージもさまざまだった。新婚もいれば、妊娠中のカップルもいた。配偶者の一方が従軍中の場合もあった。調査の結果、すべてのカップルに共通する最大の問題は信頼と裏切りであることが判明した。問題の表現の仕方に多少のばらつきはあるものの、誰もが同じ疑問を抱えていた。「あなたは浮気をしないと信用していいのか。家事を手伝ってくれるものと期待していいのか。わたしの話に耳を傾け、寄り添ってくれるか」

カップルが信頼を優先課題に挙げたのには、それなりの理由がある。心理学者ベラ・デパウロ博士らによれば、人は他者とのかかわりの5回に1回は不正直になるという。大学生77人と地域社会の一般人77人に7日間にわたって、社会的なかかわりを記録させる研究が行われた。参加者たちは、他者とのかかわりをすべて記録し、自分のついた嘘の回数を報告するように指示されていた。でも、嘘に関して嘘をついたらどうするか？　正直に報告してもらうために、研究者は参加者たちに、どんな内容だろうと批判はいっさい加えないと確認し、彼らの報告が、嘘をつくという人の行動をめぐる根本的な疑問の解決に役立つだろうとも伝えた。さらに、この実験は自分を知るよい機会になるともアピールした。その結果、大学生は他者とのかかわりの3回に1回は何らかの嘘をつき、一般人たちは5回に1回は嘘をついたと報告した。僕らの多くが信頼の問題を抱えているのは当然のようだ。

第8章で学んだとおり、エゴのせいで、僕らは自分を「実物以上に」よく見せようとする。でも、嘘が明るみに出たとき、その裏切りが相手と自分にもたらすダメージの大きさは、正直であるために要する努力の比ではない。最初の段階で信頼の種をきちんと蒔いておかないと、不信感と裏切りという雑草を育てることになる。

信頼関係の四つのステージ

僕らは、どんなとき、どれだけ信頼を置くかということに気を配っていない。他者をあっさ

STAGES OF TRUST
NEUTRAL TRUST
POSITIVE QUALITIES EXIST THAT DON'T MERIT TRUST
CONTRACTUAL
I'LL SCRATCH YOUR BACK IF YOU SCRATCH MINE!
MUTUAL
HELP GOES BOTH WAYS - YOU KNOW YOU'LL BE THERE FOR ONE ANOTHER IN THE FUTURE
PURE
NO MATTER WHAT HAPPENS YOU'LL HAVE ONE ANOTHER'S BACKS

信頼関係のステージ

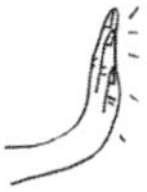

中立的信頼
信頼に値するほどではないが
ポジティブな要素が存在する関係

契約的信頼
相手が背中をかいてくれるなら、
わたしも相手の背中をかいてあげる、という関係

互恵的信頼
この先、何かがあれば、
相手が助けてくれると互いに知っている関係

純粋な信頼
何があっても、無条件に互いを支え合う関係

り信用してしまうかと思えば、いっさい信用しなかったりする。両極端のどちらも僕らのためにはならない。誰も彼も信頼していれば、だまされやすく、失望させられるし、誰も信頼せずにいれば、疑り深く、孤立して生きることになる。信頼のレベルは、相手と何を経験するかによって変わるはずだし、四つのステージで示したように段階的に成長すべきものだ。

中立的信頼――出会ったばかりの人を信用しないのはまともなことだ。たとえ、相手がおもしろくて、チャーミングで、いっしょにいて楽しい人だとしても、そうしたポジティブな性質は信頼に値するというより、単に相手の好感度を示しているにすぎない。にもかかわらず、とかく僕らは信頼性と好ましさを混同してしまう。

裁判の鑑定人に対する陪審員の評価を調べた研究では、陪審員たちは、好感をもてると評価した鑑定人の証言を信頼しやすいという結果が出ている。好感度の高い人を信頼するという傾向は陪審員に限ったことではない。『*Judging a Book by Its Cover*（見かけで中身を判断する）』の共著者リック・ウィルソンは言う。「魅力的な人には『美形ボーナス』があります。見た目がよいと、それだけで信用されやすいのです。一方、期待外れのときは、魅力的な人ほど『美形ペナルティ』が生じることも分かっています」

好感度や魅力を信頼性と混同すると、大きな失望を味わう可能性が高くなるということだ。間違った理由で相手を信用したり、やみくもに信用したりするのではなく、中立的であるほうがいい。

契約的信頼——僕が思うに、このレベルの信頼は「ラジャス」的な生き方から生じる。つまり、短期的な結果ばかりを追求する「衝動的」な状態にあるわけだ。契約的な信頼は人間関係における交換条件であり、「わたしが食事代を立て替えよう。きみが後で返済するというなら、それを信用しよう」くらいの意味にすぎない。自分が何かの計画を立てたとき、相手が来てくれればうれしいが、それ以上の期待はかけない、ということだ。契約的信頼には有用性がある。僕らの大半は、偶然出会った人たちの大多数に対して、この契約的信頼を寄せる。ただし、相手からも信頼してもらえるものと暗に期待しているのも事実だ。内心、深いつながりを求めているとしても、見境なく期待すべきではない。こちらに契約的な信頼を寄せているにすぎない相手に過度の期待をかけることは、よくて時期尚早、悪ければ危険を伴うからだ。

互恵的信頼——契約的信頼が一段階進むと、こちらが相手を助け、相手もいつかそのうち、何らかのかたちでこちらを助けてくれるものと期待できるようなレベルに達する。契約的信頼は、当事者間に具体的な交換条件の事前合意があって初めて成立するが、互恵的信頼の成立条件ははるかに緩い。この段階の信頼は「サットヴァ」から生じる。善良さ、ポジティビティ、心の平安を出発点に行動するということだ。人は誰もこのレベルに達したいと思っているし、良好な友情はこのレベルに相当する。

純粋な信頼——信頼の最高レベルは純粋な善良さだ。何が起きても、相手が支えてくれると分かっているし、相手もこちらが支えるだろうと分かっている。大学のバスケットボール監督を務めるドン・メイヤーは、選手一人ひとりに紙片を渡して円を一つ描かせると、その円を苦しいときに逃げ込める「避難場所」にたとえた。選手たちは丸の上部に自分の名前を記入すると、その左側、右側、下側に線を引きながら、それぞれの線の先に自分の「避難場所」にいっしょに入ってほしい人たちの名前を書き込んでいく。チーム内で最も頻繁に名前が挙がったのは、日頃からリーダー的存在の選手だった。きみも自分の避難場所に招き入れる仲間は慎重に選んだほうがいい。

信頼のレベル別の人数を図にすると、おそらくピラミッド型になる。中立的レベルの人数は多いが、契約的レベルはそれより少ないだろう。さらに互恵的レベルは少数の親しい人たちで構成され、てっぺんの純粋な信頼レベルになると、該当する人は一握りだけだろう。

自分のピラミッドに納得できないからといって、無理やり上のレベルに分類すべきではない。そんなことをすれば、ゆくゆく失望することになる。僕らが犯す最大の過ちとは、誰もが自分と同じように行動すると思い込むことだ。自分と同じ価値観を相手がもっていると思ったり、人間関係に同じものを求めていると思ったりする。相手の言う「愛している」と、自分の言う「愛している」がまったく同じ意味だと考えてしまう。そういうとき、僕らは相手に自分の姿を見ているだけで、その人のありのままを見ているわけではない。ものごとを「自分」に寄せて見ているだけだ。

互恵的信頼には忍耐と献身が必要だ。相手は自分とは別個の存在であり、違う世界を見ている。それを前提にしたうえで相手をほんとうに理解するからこそ、相互的信頼は成り立つ。勝手な思い込みを避けるためには、相手の言葉や行動を注意深く観察しなければならない。そうやって見えてきた、ありのままの信頼を受け入れよう。

自分には信頼できる人たちがいて、信頼してくれる人たちがいるというのは、ありがたいことだ。中立的な信頼しか寄せられない相手がいるとしても、それはそれで構わない。他者をありのままに受け入れれば、相手に成長と証明の機会を与えることになる。そこから息の長い信頼関係へ進化していくかどうかは、自然な流れに任せよう。

信頼は日々補強すべきもの

人間関係が「わたしは相手のことが完全に分かっている。相手もわたしのことが完全に分かっている」というレベルに達することはめったにない。近づきながら絶対に交わることのない2本の曲線のように、どこまで行っても「わたしたちは互いを100%、永遠に信頼している」などと言い切れるものではない。程度の差こそあれ、信頼はさまざまに脅かされる。だから信頼には日常的に補強や立て直しが必要になる。

補強や立て直しの方法は次のとおり。

・約束を守る（契約的信頼）
・大切な人への賞賛には真心を込め、批判には建設的な意味をもたせる。自分のことは置いてでも相手のサポートに駆けつける（互恵的信頼）
・相手がトラブルに見舞われているとき、間違いを犯したとき、長期的な助けを必要としているとき、つねに寄り添う（純粋な信頼）

エネルギーの正しい利用

人生に果たす他者の役割を見きわめられるようになったところで、ここからは、どうすれば既存の人間関係を深められるか、新たな強い人間関係を築けるかを考えていこう。アシュラムの修行僧たちは、従来の家族観から解放されたとき、人類全体に絆を広げることができた。それと同じように、恋愛に奪われていたエネルギーと意識を解き放ってくれたのが、禁欲主義だった。

きみがこの本を放り出す前に言っておこう。僕は一般人に禁欲を勧めているわけではない。禁欲は究極の献身であって、誰もがしなければならないものではない。ただし、ここできみに語りたくなるほどの発見を僕にもたらしてくれたのはたしかだ。僕が経験談を話すから、きみは経験しなくていいとも言える。

僕の場合、飲酒をやめるのは難しくなかった。ギャンブルもそうだ。そもそも賭けごとをほとんどしたことがない。それに肉食はすでに16歳のときにやめていた。僕にとって最大の難関は恋愛をあきらめることだった。考えるだけでもばかばかしいというか、不可能だと思った。ただ、何のために禁欲するのかは分かっていた。それまでの僕は自分の存在意義を証明したくて恋愛に血道をあげていたが、むしろそのエネルギーは、自分自身との新たな関係構築に使うべきものだった。

こう考えてみてほしい。砂糖をいっさい摂取しない生き方は退屈そのものに聞こえるけれど——アイスクリーム抜きの人生なんてまともな人間が望むことだろうか？——それでいて誰もが正当な理由があることは知っている。砂糖を減らせば健康にいいし、寿命も延びる。

僧侶たちを見ていて、僕にはピンときた。何か正しいことをやっているに違いない、と。「世界で一番幸せな人」と呼ばれる、あのマチウ・リカールにしても、僕が出会った僧侶たちにしても、みんな若々しくて、すこぶる幸せそうだった。一方、自分はどうかというと、恋愛関係がもつれるばかりで充実感を得られない。そう考えると、自制と規律を実践してみよう、という気になった。

アシュラムに入ると決めたとき、大学の友人の一人に言われた。「これからおまえと何を話せばいいんだ？　俺たち、女の子のことしか話してこなかったじゃないか」。彼の言うとおりだ。

僕はほとんどの時間を、いかに恋愛を成就させるかに費やしてきた。僕らが延々と恋愛ドラマや恋愛映画を見続けるのには訳がある。いくら見ても飽きないからだ。

でも、あらゆるエンターテイメントには、シリアスなものごとに費やすべき時間を奪うという性質がある。もしアシュラムで3年過ごす代わりに、僕があのままデートを繰り返していたとしたら、いや、誰かと真剣に交際していたとしても、今の僕はいなかったはずだ。今のように自分の長所と本質を理解してはいなかっただろう。

サンスクリット語で僧侶を意味する「ブランマチャリア」は、「エネルギーの正しい利用」とも訳せる。恋愛の世界では、バーにせっせと足を運んで、魅力的な人を物色してみたり、出会い系サイトで延々とデートの相手を探したりするけれど、そうやって誰かをひっかけるために膨大な時間を費やしていることに少しも疑問をもたない。

でも、もしその時間を買い戻すことができるとしたら、どうだろう。報われない人間関係のためにつぎ込んできたものをすべて取り戻せるとしたら？　それほどの情熱と集中力があるなら、創造性を伸ばし、友情を育み、自分の内面を見つめ、ものごとに打ち込むことができるのではないか？

もちろん、成就しない恋愛のすべてが時間の無駄になるわけじゃない。むしろどんな失敗からも学ぶことはある。ただ、相手からのメールを待ち焦がれたり、相手に好かれていないのだろうかと悩んだり、自分の理想どおりに相手を変えようとする行為に、どれほど時間を使っているかは見直すべきだ。自分の中のニーズと期待にもっと思いをめぐらせるなら、時間とエネルギーをはるかに有効に使えるようになる。

性的エネルギーは快楽のためだけにあるわけではない。新たな生命を生み出すパワーをもつ、神聖なエネルギーでもあり、使い方次第では創造の源泉にすることもできる。

セックス・エデュケーターとして認定を受けたマーラ・マドローンはこう言う。「意図をもって禁欲を選択することは、自分自身のエネルギーと連携するためのすぐれた方法です。生命に秘められた力を有効に活用することなのです。さらには、直感力を強め、自他の境界を明確にするという効果もあります。真の同意とは何かを理解し、自分の生命と身体にとって、ほんとうに喜ばしい関係やかかわり合いとは何かを見きわめられるようになります」

一方、誰かの理想に自分を合わせようとしたり、その人の要求する人物像を思い描いて、自分をそれに近づけようとしたり、相手に浮気されているのではないかと疑ったりしているときは、自分のエネルギーを無駄遣いしていることになる。デートをめぐる不安やネガティブ感情、「運命の人」を探し当てなければというプレッシャーに押しつぶされて、そもそも特定の相手と交際を始められるだけの準備が自分にできているかどうかは考えもしない。

恋愛の追求という要素が僕の生活から取り除かれると、もう、誰かの恋人に昇格しようとか、自分をかっこよく見せようとか、女の子たちに何かしら印象を残そうとか、欲望を満たそうとすることがなくなった。すると、女友だちとのつながり、すべての友人たちとのつながりが深まっていった。相手の魂と向き合うだけの、身体的、精神的な余裕とエネルギーが湧いてきて、時間と集中力を有効に使うようになった。

繰り返しになるけれど、僕はきみにセックスをあきらめろと言っているわけじゃない（もちろん、きみにやってできないことじゃないだろう）。ただ、もし自分で自分に禁欲を許可したら、どうなるか想像してみてほしい。仕事、友人、心の平安に集中できるようになると、どんな変化が起きるだろうか。ドイツの神学者で哲学者でもあったパウル・ティリッヒは言う。「わたしたちの言語は、人間が一人でいることの二つの側面を賢明にも言い当てています。孤独の苦しみを表すために『独りぼっち』という言葉が、孤独の栄光を表すために『単独者』という言葉がつくられたのです」

3年間、修行僧として過ごし、自分への気づきを深めていった結果、僕は、恋愛関係について自分自身に正しい問いかけができるようになった。起きている時間のすべてを「サットヴァ（善良さ）」の状態で過ごしたわけではない。でも、つねにそうありたいと思っていたし、サットヴァがどのようなものかも知っていた。デートの相手にしたいような人間に自分自身がなればいい。もう誰かに幸せにしてもらう必要はない。自分がその誰かになれるのだから。

魅力VS絆

意図を意識するようになると、視野が広がる。自分はそもそもどんな理由で他者に惹かれるのか、そして、それがほんとうに自分の価値観と一致しているか、見きわめられるようになる。他者のどんなところに惹かれるかは次の五つに分類できる。もちろん、これは恋愛関係に限定されるものではない。

1. **身体的要素**——その人の見た目が好みである。容姿、服装、存在感に惹かれる。いっしょにいたいと感じる。
2. **物質的要素**——その人が成し遂げたこと、権力、それによってもたらされた所有物に惹かれる。
3. **知的要素**——その人の考え方に惹かれる。相手の話や考えに刺激される。
4. **感情的要素**——馬が合う。自分の感情を理解してくれ、幸福感を高めてくれる。
5. **スピリチュアルな要素**——魂のレベルで、同じ目標や価値観をもっている。

自分が何に魅力を感じるか分かっていれば、相手のすべてに惹かれているのか、それとも部分的に惹かれているのかが見えてくる。僕がいろいろな人に他者のどんなところに魅力を感じるか尋ねると、たいていの人は、先述の1～3の要素、「外見、成功、知性」の組み合わせを答える。ただし、それらの要素が満たされただけで、長期的で強い絆が結べるわけではない。

僧侶は人の外見とその人自身を同一視しない。身体は魂の入れ物にすぎないからだ。同じく、その人が何を所有していようと、その人のものではないと考える。実際、所有物から相手の人格が分かったためしはない！　それに、知的な魅力を感じるからといって、その人と有意義な関係を築けるという保証はない。これらの三つの要素は必ずしも息の長い強力な絆には結びつかない。ただし、その人との相性（chemistry）の良し悪しを示しているのはたしかだ。一方、残りの二つの要素、感情とスピリチュアリティは、もっと深くて長期的なつながりを指し、相手との親和性（compatibility）を表している。

量ではなく質

人間関係におけるエネルギーのやりとりに関しては、量ではなくて質がものをいう。僕は、仕事をもつ親たち（とくにお母さんたち）から、子どもと過ごす時間が少ないことに後ろめたさを感じるという話をよく聞く。ところが、母親の影響力に関する初の大規模調査によれば、子育てにおいて重要なのは、子どもと過ごす時間の長さではなくて、時間の質だと判明した

（つまり、家族団らんの時間にはスマートフォンをいじるな、ということだ）。

僕には子どもがいないけれど、自分が子どもの頃は、母が注いでくれるエネルギーをいつも感じていた。母が僕のために何時間使っていたかは、測っていないから分からない。母は仕事をしていて、僕は保育園に通っていた。でも、預けられていたという記憶——母の不在にまつわるつらい記憶——はいっさいなくて、迎えに来てくれたことだけは鮮明に覚えている。今も脳裏に焼きついているのは、「元気だった？」と尋ねる母の笑顔だ。

これは親子関係に限った話ではない。食事の相手がスマートフォンに没頭しているのを好む人間なんているだろうか。それなのに僕らはとかく時間とエネルギーを混同しがちだ。誰かと1時間いっしょにいながら、その人に対して10分しかエネルギーを使わない、なんてことを平気でやっている。今の僕は実家の家族と過ごす機会が限られているが、父や母と会うときは100％そのことにエネルギーを注ぐようにしている。週末じゅう家族のもとにいながら、他のことに気をとられているくらいなら、たとえ2時間でもしっかり向き合うほうがいい。

僧侶は自分の全存在と集中力によって愛を示す。アシュラムでは、何かに費やす時間の長さは、そのことにどれだけ心を砕き、打ち込んでいるかを示す物差しにはけっしてならなかった。すでに話したとおり、アシュラムでは、瞑想した時間の長さではなくて深さが問われる。きみが毎晩、家族と食事をしているとしたら、それはいいことだ。でも、食卓で交わす会話の質を考えたことがあるだろうか？　僧侶たちのように、時間の長さではなく質という観点で考えてみてほしい。きみは100％のエネルギーで相手と向き合っているだろうか？

やってみよう――注意をそらすものを片付ける

僕らの大半は集中力をめぐる戦いで負け続けている。勝者は「画面」だ。僕らが一定の時間、誰かと100％向き合うためには、画面をオフにするしか道はない。大切な人にきちんと集中できるように、スマートフォン、ラップトップ、テレビなどの扱いをルール化しておくといい。注意の妨げが入らない良質な時間にしたい活動を選び、その時間はスマートフォンをオフにするか、別の部屋に置く。それが屋外での活動なら、スマートフォンは自宅に置いていく。

最初は難しく感じるかもしれない。相手と会話していても間がもたなかったり、きみと連絡がとれない友人や同僚をいらいらさせたりするだろう。でも、そうやってメリハリをつければ、自分自身も相手も考え方が変わるはずだ。会話のぎこちなさは薄れていくだろうし、友人や同僚も、年がら年中、きみと連絡がとれるわけではないことを受け入れるようになる。

愛ある六つの贈り物

たいていのカップルは、互いの価値観を一つひとつ突き合わせて共有しているかどうか確認する、ということをしない。でも、自分のことが明確に分かっていればこそ、他者とも意図的につながれるようになる。インドの聖典『ウパデーシャムルタ』は、他者と絆を結び、ともに育てていくために六つの贈り物の教えを説く（贈り物の種類は三つ。それぞれに与えることと受け取ることが含まれているので合計六つになる）。これは寛容、感謝、奉仕に基づく人間関係を築くうえで役立つ教えだ。

ギフト——寛容さという名の愛を与え、見返りに差し出されたものが何であれ、受け取ること。「ギフト」といっても、人の愛情をお金で買え、と説いているわけじゃない。これは、人に何かを与えるときの意図を考えよ、という教えだ。

きみはバレンタインデーにパートナーのために花を買わないだろうか？　バレンタインデーに花束とは、かなりベタな愛情表現かもしれない。でも、きみは、それが一番相手に喜ばれるものと考えたのではないだろうか。じつはその日のために、半年前にパートナーをわざと花屋の前に誘導して、どんな花が好みか、相手の様子を観察していたとか、パートナーの親友にひそかにメールを送って調べていたとか。そうだとすれば、単にオンラインでバラの花束を注文するより、ずっと多くの心がこもっている（もちろん、お手軽なオンライン注文の花束でも、バレンタインデーを完全に失念するよりはましだろう）。

あるいは、愛情を示すのに適した日はバレンタインデー以外にあるかもしれないし、もっと意外なかたちで表現することも可能だろう。今までにきみは、友人が病気になったらどうしようと考えたことがあるだろうか？　病気の友に何か差し出すとすれば、それは物より奉仕や時間のほうがふさわしいかもしれない。車を掃除する、予定をさばく、用事を手伝う、どこか美しい場所に連れ出す、といった方法が考えられるだろう。

きみがギフトを受け取る立場でも、同じように思いをめぐらせてみよう。ギフトに込められた努力にありがたみを感じないだろうか？　そのギフトが与える側にとって何を意味するか、きみは理解しているだろうか？

会話――相手に耳を傾けるという行為は、僕らにできる最高の贈り物の一つだ。相手の経験を思いやっていることを示すために、傾聴ほどすぐれた方法はない。心を込めて耳を傾けるということは、相手の言葉の裏にある感情を知ろうとし、理解を深めるために質問を投げかけ、そうやって得た情報とその人について今まで知っていた情報を総合すること、そして、相手の言ったことを忘れないように精一杯努力し、必要であればフォローアップを行うことを意味する。また、きみが真摯に耳を傾ければ、相手は受け入れられていると感じて安心するから、信頼も生まれやすくなる。

SIX LOVING EXCHANGES
gifts
① GIVING WITH INTENTION
② RECEIVING WITH GRATITUDE
CONVER-SATION
③ LISTENING WITHOUT JUDGMENT
④ SPEAKING WITH VULNERABILITY
FOOD
⑤ PREPARING WITHOUT AGENDA
⑥ RECEIVING WITH PRESENCE

愛ある六つの贈り物

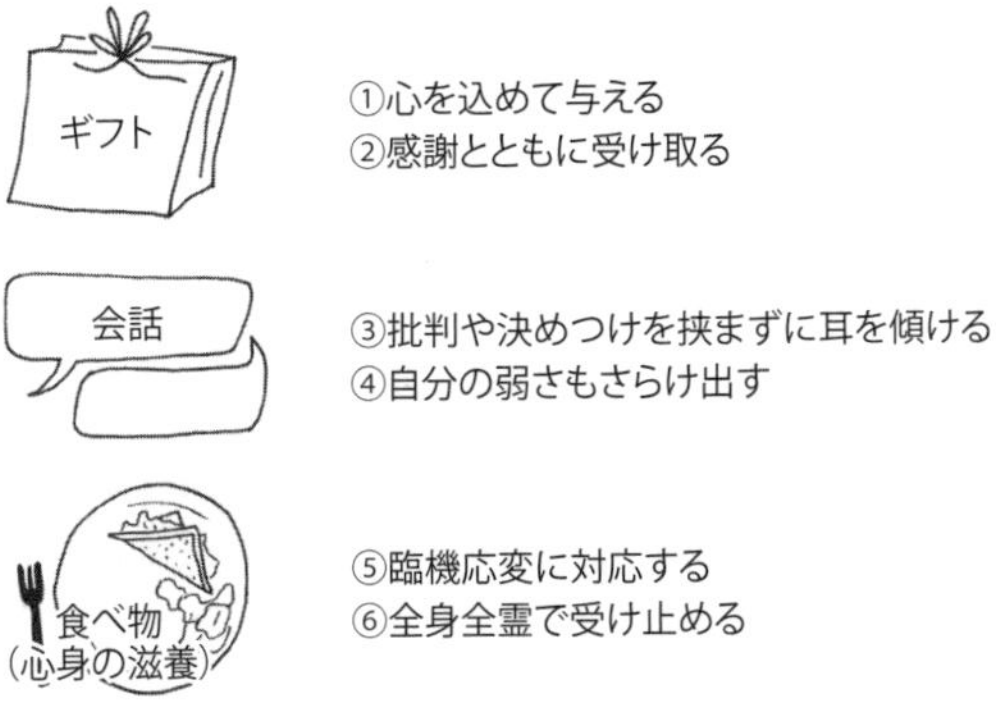
ギフト
①心を込めて与える
②感謝とともに受け取る
会話
③批判や決めつけを挟まずに耳を傾ける
④自分の弱さもさらけ出す
食べ物
（心身の滋養）
⑤臨機応変に対応する
⑥全身全霊で受け止める

同じく、きみ自身の考えや夢、希望や悩みを打ち明けることも重要だ。自分の弱さをさらけ出すことは、相手を信頼し、相手の意見を尊重しているという印だからだ。きみがどんな経験と信念をもって相手と向き合っているかが伝わりやすくなる。

やってみよう——会話を贈り物にする

会話にはつねに全力投球すべきだけれど、改めて実践の機会をつくってみよう。きみにとって大切な人——友人、親戚、パートナー——と次にかかわるとき、たとえば、食事や散歩のときでもいい。スマートフォンはオフにして、相手に100%集中する。話題を決めずに、何にでも興味をもつこと。とくに話題が浮かんでこない場合は、ざっくりした質問を投げかけて、相手が重要だと感じている話題を引き出そう。たとえば、「最近、何を考えている？」「○○との付き合いはどう？」など。相手の言葉に注意深く耳を傾け、フォローアップの質問をする。自分の経験も披露する。ただし、話の流れを自分のほうに引き寄せない。何日かしたら、相手にメールを送って、その後どうなったかを確認してみよう。

食べ物——聖典『ウパデーシャムルタ』の時代は、当然ながら、今とは事情がずいぶん違っていた。聖典が説く食べ物のやりとりに関する教えを現代に置き換えるなら、行為のやりとりと広く解釈できるだろう。つまり、心身の滋養になるようないたわりと奉仕を何らかのかたちで表すこと、たとえば、相手にマッサージを施す、家の中にその人がくつろげる空間をつくる、相手の好きそうな音楽をかけるなどがそうだ。

いたわりと奉仕はもっと大々的に表すこともできる。僕の妻は愛する自分の家族と離れて、いっしょにニューヨークに移住してくれた。彼女の思いやりと優しさあふれる行動に僕はどれだけ助けられたか分からない。だから、ニューヨークに移るなり、僕は妻が新しい仲間や居場所を見つけられるように、知り合いの女性たちを紹介した。妻がしてくれたことと僕がしたことは、完璧に釣り合っていたわけじゃない。でも、大切なのは相手が一番必要としているものを見つけようとすることだ。

以上の六つの贈り物は、浅はかで中身のないものにも、深くて有意義なものにもなりうる。でも、相手に成功のチャンスも与えずに、努力が足りないと言って批判するのはやめよう。誰にも他人の心を読むことはできないからだ。きみが自分の誕生日パーティーを開いてほしいのに、ルームメイトやパートナーが察してくれないとしたら、相手のせいにしないで、自分の望みをはっきり正直に伝えればいい。

やってみよう——望みを伝える

きみがどんな愛情の贈り物を必要としているか、大切な人に伝えてみよう。往々にして僕らは、自分の望みを明らかにしないまま、相手に察してほしいと期待し、その期待に応えてくれないことを批判している。今週は、もっと素直になることを心がけよう。こちらの望みに気づいてくれるのを待つより、助けが必要だと、相手に伝えてみよう。

1. 大切な人の行動の気に入らないところを考える（ただし、あら探しはほどほどに！何も思い浮かばなければ、それはすばらしいことだ。このエクササイズはやらなくていい）。

2. 問題を掘り下げて、どこにほんとうの不満があるか突き止める。その不満は愛ある六つの贈り物のどれかに該当するかもしれない。きみが足りないと感じているのは、いっしょに過ごす時間や絆を確かめる時間（会話）だろうか？あるいは、感謝されているという証（ギフト）だろうか？それとも、サポート（心身の滋養、つまり、奉仕という行為）だろうか？

3. 批判を交えずに、足りないと感じているものを具体的に表現する。「あなたのここが間違っている」と言う代わりに、「あなたがこうしてくれたら、愛情と感謝をもっと感じられると思う」と言おう。

こうすれば、つながりを取り戻すための道筋が見えやすくなって、相手が応じてくれる可能性が高まる。

「運命の人」を探す

愛ある六つの贈り物はあらゆる親密な人間関係の土台になる。とはいえ、僕らの大半が探しているのは、単に親しい人ではなくて「運命の人」だ。ハーバード大学が行ったグラント研究では、卒業生268人のその後を75年間にわたり追跡調査し、山のようなデータを分析した結果、人生の質を左右する要因は「愛」であると判明した。どれだけ成功の外的要因――お金、キャリア、健康体――がそろっていても、愛情関係に恵まれない人は幸せではなかった。

自己認識のレベルがばらばらのままで、僕らは互いに運命の相手探しに励んでいる。オンライン・クイズやデート・アプリに促されるまま、パートナーに求める特徴――ユーモアのセンス、思いやり、容姿――をせっせとリストアップする割に、自分のほんとうのニーズは分かっていない。自分をどう思いやられたいか、どんなとき愛情を感じるか、きみは改めて考えたことがあるだろうか？

仏僧ティク・ナット・ハンは著書『愛する』（シスター・チャイ・ニェム、西田佳奈子訳、河出書房新社、2017年）にこう書いている。「わたしたちが恋に落ちるのは、相手をほんとうに愛し、理解しているからというより、自分自身の苦しみから目をそらすためである場合が多いのです。ほんとうに他者を愛し、理解できるのは、自分自身を愛し、理解し、心から思いやれるようになったときです」

妻との最初のデートでの誤り

アシュラムから戻った僕は、新たな人間関係に向けて準備が整っていた（友人たちが想像したとおり、アシュラムに入るときにはその準備が整っていなかった）。自分がパートナーに求めているものがはっきり分かっていたのは、自己認識が進んだおかげだ。どんなパートナーなら、自分に足りない要素が補われるか、そうでないかが分かっていた。自分の人生には何が必要で、自分は何を提供しなければならないかも分かっていた。自分が進化したことで、正しい相手を見つける能力も進化していたわけだ。

僕の妻になったラディ・デヴルキアという女性は、偶然にも、すでにその種の自己認識を備えている人だった。彼女は、僕がたどったような旅を経験するまでもなく、パートナーに求めるものが分かっていた。それは、スピリチュアルな絆であり、高い倫理観や価値観だった。僕と出会わなかったとしても、彼女の人生には何の問題もなかっただろう。一方、僕の場合、真剣な恋愛を始める前に、自分自身と向き合う時間をもたなかったら、人生は苦痛に満ちたものになっていたに違いない。
イギリスの音楽ユニット、マッシヴ・アタックは「愛は動詞だ」と歌い、アメリカ映画『40オトコの恋愛事情』は、愛は一つの能力だと言う。ダライ・ラマ14世は「愛とは裁かないことだ」と説く。愛は忍耐でもあり、優しさでもある。そして、どうやら愛は誰もが必要としているものらしい。僕らのカルチャーには愛の定義がたくさんありすぎて、いささか混乱をきたしている。この僕も例外じゃなかった。僧侶として修行を積んだにもかかわらず——自己の内面を探索し、意図をもって生きることや慈悲とは何か学んだつもりだったのに——ロンドンに戻って、いざ最初のデートに挑戦しようというとき、僕は混乱していた。

もう分かっている。僕は彼女が好きなんだ。大学時代に立ち上げたサークル「シンク・アウト・ラウド」は卒業後も数年間、続いていたから、僕は連絡を取り合い、ロンドン滞在中はレクチャーしに行っていた。そのサークルの一員だったラディは、僕のレクチャーを何度か聞きにきたことがあって、僕の妹とも仲がよかった。やがて、僕とラディを含むサークルの仲間たちが集まって、イギリスの子どもたちを取り巻く人種差別といじめの問題をテーマに、チャリティイベントを開催することになった。そういう状況でラディと会っていると、彼女の人柄がよく分かった。SNSのプロフィールを見ても、仮に何度かデートしたとしても、そこまでは分からなかっただろう。ラディはチームの誰に対しても敬意を払う人だった。意見は興味深く、考え方は斬新。チャリティイベントは、僕にとって生身の彼女を知る機会になった。人は、ネット上のデート用プロフィールの中でなら、どんな人間にでもなれる。そこではとっておきの自分を見せるかもしれない。でもそれは全体像ではない。

僕はまだフルタイムの仕事に就いていない。家庭教師のアルバイトで少しばかり収入を得ている。1カ月分の収入を貯金して、ラディとミュージカル『ウィケッド』を観に行った。その後は、僕の収入レベルをはるかに上回る、おしゃれなイタリアン・レストラン、ロカンダ・ロカテリで食事をした。

ラディは礼儀正しかったが、喜んではいない。後から、「こんなことする必要ないのよ」と言って、理想のデートを打ち明けてくれた。スーパーマーケットへ行って、売り場を歩き回ったり、パンを買ったりするのがいいと言う。何だって？　そんなデートをしたい人がいるとは知らなかったよ。

恋愛から遠ざかり、スピリチュアルになっていた自分には、デートの仕方が分からなくなっていた。片方の足をアシュラムに残したまま、もう片方の足を俗世間に突っ込んでいるような気がした。僧侶として修行を積んだにもかかわらず、恋愛という人間関係においては、あっという間に昔のモードに逆戻りしてしまったようだ。ありのままの相手を理解しようとする前に、まず、メディアや映画や音楽をもとに、女の子はこういうものが好きに違いないと思い込んで、それを与えようとする人間に戻っていた。元来、僕は贈り物をするのが好きだし、愛情の印を惜しみなく示したいほうだ。だから、太っ腹なところを見せようとして、しばらくはラディに気前よくふるまい続けていた。でも完全なる見当違いだった。彼女は僕がやったことを何一つ喜んでいなかった。ぜいたくは彼女の好みじゃない。

僕は、アシュラムで3年も修行したにもかかわらず、いまだに、外的な影響に振り回されていたということだ。相手の望みを注意深く観察するより、自分の好みを優先させがちだった。でも、最初のうちこそつまずいたものの、相手を理解しようとするだけの気づきは僕の中に育っていたようだ。そのおかげで、めでたく結婚にこぎつけることができた。

なぜふさわしくない相手を選んでしまうのか

自分の求めているものが分からないと、人は間違ったシグナルを送って、自分にふさわしくない相手を引き寄せてしまう。自分を知らない人は、間違った性質に目を向け、間違った人を選択しやすい。これはこの本でずっと話してきたことだ。自分自身を理解しない限り、人を愛する準備は整わない。

ときとして人は同じ過ちを何度も繰り返してしまう。価値観の合わないパートナーを引き寄せたり、わざわざそういう人を選んだりする。それでも不運と思う必要はない。失敗は取り組むべき課題を教えてくれるからだ。僧侶的な視点からすると、そういう人は痛みを抱えている。その痛みを癒してもらおうとして他者を追い求めている。でも、結局、癒せるのは自分自身でしかない。自分で手当しないでいれば、その痛みはいつまでも消えはしないし、正しい判断の妨げになる。もし、きみの前に問題だらけの人が現れるとしたら、その人はきみ自身が抱えている未解決の問題を映し出している。だから、きみが学ぶべき教訓を学ばない限り、同じような人が現れ続けるだろう。

愛と癒しのメッセージで知られるヒーラーのイアンラ・ヴァンザントは、オプラ・ウィンフリーの番組でこう語っている。「過去から引きずっている傷を癒さずにいると、出血はいつまでも止まりません。食べ物、お酒、ドラッグ、仕事、たばこ、セックスといった絆創膏でごまかすことはできても、結局、血が滲んできて、あなたの人生にシミをつけるんです。勇気を出しましょう。傷口に両手を突っ込んで、痛みの芯を取り出し、あなたを過去にとどまらせている記憶と和解してください」

きみが背負ってきた荷物を下ろし、自分を（ほぼ）癒し終えたとき、ようやく誰かと付き合う準備が整う。きみから相手に与えることが可能になる。もう、誰かに自分の問題を解決してもらおうとか、心の穴を埋めてもらおうとはしない。きみを完全にしてくれる人はどこにもいないし、きみは魂の片割れなんかじゃないからだ。完璧をめざす必要はない。でも与えられる人になろう。相手を疲弊させるのではなく、相手を育てる人になるべきだ。

愛を輝かせ続けるための五つの方法

第4章で、幸せは、学びと進歩と達成感から生まれるという話をした。それでいて僕らは、付き合いが長くなるにつれ、最初に恋に落ちた頃を懐かしんだりする。付き合う相手が変わっても、毎回、こんなことをつぶやくようになる。「あのときの気持ちをもう一度味わえたらいいのに」「あの頃に戻れたらいいのに」。でも、思い出のレストランへ行こうと、ファーストキスの場所を訪れようと、魔法の瞬間は戻ってこない。僕らの多くは、古い経験を再現することに夢中になるあまり、新しい経験を迎え入れる余裕をなくしている。恋愛が始まるときは、あれほど熱心に、あれほど心を開いて、「新しい」思い出をつくろうとしていたというのに。

愛が輝きを失わずにいられるのは、新しい思い出を重ね、ともに学び、成長し続けるときだ。新たな経験は二人をワクワクさせ、絆を強めてくれる。僕からカップルにお勧めしたいアクティビティは山ほどあるけれど、ここでは、アシュラムの教えをヒントに、僕のお気に入りをいくつか紹介することにしよう。

1. **二人で古いものの中に新しいものを探す**——覚えているだろうか。修行僧は、毎日、アシュラムの同じ道を散歩するたびに、前日とは違う特別な石を見つけることをめざした。きみも今いる世界に目を開き、新たな発見を楽しんでみよう。たとえば、パートナーと、平日の夜にキャンドルの明かりのもとでロマンチックなディナーを味わうとか、寝る前はスマートフォンに没頭するのをやめて、お互いに本を読み聞かせるとか、近所を散策しながら、変わった郵便受け探しをするとか、どちらが先に鳥を見つけるか競争するとか。

2．**二人で参加できる活動を探す**――心理学者アーサー・アーロンらの研究では、カップルが新しい活動や刺激的な活動にいっしょに従事すると、絆が強まるという結果が出ている。あるときから僕たち夫婦はリアル型の脱出ゲームをするようになった。閉じ込められた部屋から、どうにかして抜け出す方法を見つけるというゲームだ。スタッフから渡されるヒントをもとに、カップルはさまざまなパズルを解かなければならない。不気味に聞こえるかもしれないけれど、やってみるとすごく楽しい。二人で知恵を絞り、二人で不正解を出す。まったく対等な関係だ。一方が他方より経験や専門知識があるわけじゃない。

カップルで新たなことに挑戦すると、人生のあらゆる面でともに成長しているという実感が得られる。めちゃくちゃ勇気が試されること――スカイダイビングなど、自分たちの安心領域外の活動――に挑戦してみるのもいいだろう。すでに学んだとおり、恐怖と付き合うことにはさまざまな利点がある。カップルで恐怖と戯れてみると、心の奥底にある恐れを知り、パートナーとそれを分かち合い、パートナーのサポートを感じ、ともに恐怖を乗り越えることの練習になる。

3．**二人で奉仕する**――誰かに奉仕すると、自分の人生に意味がもたらされる。パートナーといっしょに奉仕すれば、二人の絆に新たな意味が加わる。たとえば、二人でチャリティイベントを開催するのでも、ホームレスに食事を配るのでも、何かを教えるのでもいいだろう。

修行僧時代、僕が仲間との絆を最も感じたのは、みんなで何かのプロジェクトに参加したときだ。たとえば、みんなで2日間列車に揺られながら経験した、あの不快きわまりない旅もそうだった。ともに励んだ植林活動や学校建設も。僕らは、パートナーとの関係の問題点にばかり注目するのではなく、実社会の現実問題に目を向けて、視野を共有することにしよう。力を合わせて高い目的をめざしていると、パートナーの存在にありがたみを感じ、絆を再確認することができる。

実際、僕はボランティア活動で出会ったというカップルをたくさん知っている。だからきみも自分に合った人を探しているなら、きみのハートに響く活動を見つけて、それに携わるといい。ボランティアのような活動を通じて出会った人は、すでに、心の奥底で通じるものをもっているわけだから、深い絆が育つ可能性が高い。

4. **二人でチャンティング瞑想を実践する**（詳細は493ページ）――ケンカしたてのカップルが部屋に入っていくと、そこにいる人たちにも、二人が発しているネガティブなエネルギーが伝わる。一方、同じことは、二人がチャンティングしているときにも起きる。周囲に伝わるほどの調和のエネルギーを発することができる。

5. **二人で理想の関係図を確認する**――互いにとって何が重要か分かっていれば、どのくらい相手に合わせる用意があるかも分かってくる。それぞれが自分のダルマを追求できるのが望ましいし、力を合わせて、各自のダルマを実現できるなら、最高の関係と言えるだろう。

別れを克服するための五つの方法

心が不安定なときは、ものごとをはっきり見きわめるのが難しくなる。でも、これだけは覚えておいてほしい。自分に今あるものをありがたいと感じることと、自分にふさわしいもの以下で妥協することは違う。分別のない子どもの心に耳を傾けているとき、僕らは、自分のためにならない相手でも、そのときだけ気分をよくしてくれるから惹かれやすい。でも、自尊心を誰かに預けてはいけない。言葉の暴力、精神的、身体的暴力を受けて当然なんていう人間はいない。そんなことをされるくらいなら、一人でいたほうがいい。きみに暴力をふるう相手や、きみを巧妙に利用する相手といつか仲良くなれると期待するのもやめよう。その種の力関係はどこまでいっても変わらないからだ。

1．**どのような人間関係でも、喜びの基準値と苦痛の許容限度を見きわめるべきときがくる**
――完璧な関係はないが、その人といっしょにいても大きな喜びを一度も感じたことがないとか、ずっと低空飛行を続けているとしたら、かなり努力しない限り、その状態は変わらないと思っていい。それと同様に重要なのは、どれくらいの失望なら我慢するつもりかだ。最初のうちは、ぎくしゃくするとしても無理はない。相手を知るのに時間がかかる場合もあるだろう。でも、その後、一度も満足のいくレベルに達しないとしたら、それでもよしとして受け入れるか、別の道を行くかを判断する必要がある。

簡単ではないのは分かる。良好な時間を過ごした相手、自分が尽くしてきた相手と別れるのはつらいだろう。チベット仏教の尼僧ジェツンマ・テンジン・パルモは、人は執着と愛を混同しがちだと指摘している。「わたしたちは、相手との関係を手に入れ、しがみつくことが愛だと思っています。でもそれは執着にすぎません。執着は苦しみのもとです。握りしめるほど、失うことが恐くなる。だから、実際、失ったとき、苦しむわけです」。間違った相手にしがみつく苦しみは、手放す苦しみより大きい。

僕がお勧めする別れの克服法は、僧侶の教えと密接な関係にある。つまり、自分自身を見つめること、そして、安らぎと生きる目的を見つけることだ。自分の中にどんな考えを見つけようと、目をそらさずにいよう。問題の正体を見きわめたら、それを変えていくだけの猶予を自分に与えてやろう。**見つける、止まる、切り替える**を実践しよう。

2．**どんな感情も感じきる**——別れの痛みを紛らわすことは可能だ。でも、所詮、一時しのぎにすぎない。自分の感情を否定していると、いずれ別のかたちで苦しむことになる。大学の新入生がどれだけ新生活に順応するかを調べた研究では、感情を抑える傾向がある学生ほど、親密な人間関係に恵まれず、社会的サポートを希薄に感じるという結果が出た。僕らは感情を抑圧するのではなくて、感情の生じる背景を考えるべきだ。相手の何が自分の中にその感情を引き起こしたのか。実際に文章にするか、録音するといいだろう。そして、書いたものを読み返すなり、録音したものを再生するなりして、客観的に評価する。繰り返し現れるパターンに気づくかもしれない。

自問瞑想で、喪失感をめぐって自分を見つめ直すのもいい。僕らは感情を再現したがるものだ。二人の関係がどんなにうまくいっていたか、どうすればよかったか、どうなるはずだったか、といった思いが頭の中を駆け巡る。でも、そんなふうに破局以前のロマンチックな関係を思い返しているより、現実に目を向けるべきだ。自分は二人の関係に何を望んでいたのか。何を失ったのか。相手のどこかに失望したのか。自分の感情を掘り起こしながら、心の痛みと混乱の根本原因を突き止めよう。

3. 現実から学ぶ――映画、音楽、さまざまなメディアが発する、恋愛とはこういうものだというメッセージは、限定的なうえ、たいていはあいまいなものにすぎない。ならば、僕らは破局という実体験を生かして、現実的な期待を抱くことにしよう。自分にはどんな相手がふさわしいか、次の出会いに何を求めるべきかを考え、そして、自分にふさわしいのは、別れた人とも、次に出会う人とも違うかもしれないと覚えておこう。満たされずに終わった最大の期待は何だったのか。自分にとって何が重要だったのか。別れた人との関係のどこがよかったのか、悪かったのか。関係の終焉に自分はどんな役割を果たしたか。別れの悲しみに

浸っているより、どんな関係だったのかという、その仕組みを振り返ってみると、次の恋愛に自分が何を求めているか、自分の側にはどんな努力が必要か、が見えてくる。

4．**自分の価値を信じる**——別れた直後は、自己価値感が低くなるかもしれない。でも、きみの価値は、誰かに認めてもらわなければならないものじゃない。きみが自分のアイデンティティーを相手に預けていたとすれば、今の苦しみは、自分の一部を失ったように感じているからだ。自分のニーズのすべてを一人の人に満たしてもらえるものと期待していれば、その人がいなくなったとき、ぽっかりと空白ができるのも無理はない。でも、そうやって生じた一人の時間は有効に使えばいい。生涯の友人にしたいような共通の興味・関心をもつ人たちとコミュニティーをつくろう。きみがきみを完全な存在にする。自分を幸せにできるのは自分しかいない。

5．**次の交際まで時間を空ける**——過去の痛みを乗り越えておかないと、すばらしい人と出会うチャンスを逃しかねない。心の傷をほったらかしたまま、見境なく誰とでも付き合うべきではない。別れた相手に対する腹いせのように新たな恋愛に走るのもよくない。そういう行動は、むしろ、傷口を広げ、痛みを増幅させるだけだ。むしろ、じっくり時間をかけて、自分自身をより深く理解するべきだ。自尊心を育てよう。自分を成長させよう。**恋愛で自分を見失ったなら、失恋で自分を取り戻せばいい。**

モンク・マインド的な生き方は、自分を知り、問題点を考え、修正することだ。恋愛中であれ、その手前であれ、僕らは一歩下がって、自分の意図を見直してみるべきだ。自分の意図をきちんと理解していればこそ、今の関係にも、新しい出会いにも、気づきと愛をもって臨むことができる。やはり、**見つける、止まる、切り替える**だ。

というわけで、ここまでは親密な人間関係に意識を向けてきた。次章では、さらに広い世界に目を向けることにしよう。前にも話したとおり、アシュラムにいたとき、自分の家族の範疇を超える絆の感覚が生まれた。僕はすべての人間を一つに結びつけている大きな力の存在を感じていた。

天体物理学者ニール・ドグラース・タイソンはこう言っている。「わたしたちはすべてつながっています。生物同士はもちろんのこと、この地球とは化学的に、宇宙全体とは原子のレベルでつながっているのです」。僕らは、人生のほんとうの意味を見つけるために、広い世界に目を向けなければならない。

第11章

奉仕

——他者のために木を植える

愚かな者は自分の利益のために働き、
賢明な者は世界の幸福のために働く。

——『バガヴァッド・ギーター』第3章25節

僕はアシュラムの見習い僧だ。仲間の修行僧たちといっしょに、お金も食料ももたず、ある村に置いていかれた。これから30日間、自分たちの力で生きていかなければならない。天気はまあまあだし、寝る場所代わりの倉庫もある。僕らはそこにマットを置いて、さっそく村へ繰り出す。食べ物やスパイスや雑貨を売る質素な小屋が立ち並び、頭上に渡したロープからは洗濯物が下がっている。その下を行きかう人々は、大半がバイクや自転車に乗っているか徒歩だ。子どもたちの中には裸足の子もいる。

何の制約も計画もない僕らはまず恐怖に襲われる。その恐怖に駆り立てられて、何としてでも生き延びようという気になる。さっそく施しを求めて歩き回ってみる。インド人はとても気前がいい。宗教的な装束をまとった人間に出会うと、進んでパン、果物、小銭などのお布施をしてくれる。僕らは、巡礼者向けに無料でプラサードを配る寺にも足を運んだ。プラサードは神に捧げられ聖別されたお供物のお下がりだ。生き延びなければならない今、僕らには利己心が頼りだ。ひたすらため込むことに励んでいる。

２週目、元気が出てきた。村人たちの手助けをすると、食料が手に入ると分かったからだ。重い荷を運ぶ人を助けたり、行商人のカートを押してやったりしている。こちらがハートと魂を開けば、相手もハートと魂を開く。僕らが受け取る喜捨の量に劇的な変化が起きたわけではないが、人々とのふれあいは共同体的な思いやりと優しさを感じさせてくれる。この旅で学ぶべき課題を着実にこなせているという実感が僕の中に芽生えている。当初、自分たちには何もないと思っていた。たしかに物はほとんど所有していない。それでも、僕らは村人たちに労力を提供することができる。

最後の週を迎える頃、十分な栄養と安心感から、僕らはさらに深い意味に気づき始める。無一文でここへやってきたとはいえ、僕らはある意味で恵まれている。村人の多くに比べれば体力があり、できることも多い。路上には、老人や子どもや障害をもつ人々があふれ、みんな僕らよりもずっと困窮している。

「心苦しくなるね」と一人の僧が言う。「この暮らしは僕らにとって一時的なものだけど、あの人たちは一生続くんだ」

「僕らは何かをやり残していないかな」と僕が付け加えた。「ただ毎日、生き延びるだけじゃなくて、この村でできることがまだあるはずだよ」。僕らはヘレン・ケラーの言葉を思い出す。「靴のない自分を嘆いていたのは、足のない人に出会うまでだった」。この言葉は、残念ながら、誇張でも何でもない。インドでは手足のない人を頻繁に見かける。

そうか、自分たちはこうして生きていくすべを見つけたのだから、手に入れた食べ物やお金を困っている人たちとシェアすればいいんだ。旅の課題をこなしているという実感が湧いてきたときと同じく、僕はこの気づきに大きく揺さぶられている。すでに人生を奉仕に捧げてきた人であろうとなかろうと、与えられるものはいくらでもある。

このとき僕らに生じた三段階の変化は、修行僧としての経験全体の縮図のようだった。最初の段階では、外的な要因に振り回されるのをやめて、エゴを手放す。次に、自分の価値に気づき、何も所有しなくても奉仕できることを学び、最後に、より次元の高い奉仕を追求し続けるようになる。この旅で僕は、成長には終わりがないことと、与えるものは尽きないことに気づいた。

『*The Monastic Way*（修道）』という本に、ベネディクト会修道女クリスティーン・ヴラディミーロフのこんな言葉が引用されている。「修道院の霊的な生活は、わたしたちが旅の途中であることを教えてくれます。わたしたちは、祈りと沈黙の中で、自己の内側に神を見出すための旅を続けています。世間から隔絶していると、ついこの暮らしを美化しそうになりますが、修道にはもう一つの旅、外側に向かう旅があります。わたしたちが共同生活を送るのは他者のニーズに敏感になるためです。つまり、修道院は、社会に出かけていったり、社会を迎え入れたりするための拠点なのです。重要なのは、自己の内側と外側の両方で旅を続けることです」

至高の目的

大学でゴーランガ・ダス先生の講演を聴いたとき、僕は師の「自分のために木陰をつくろうなどとは思わずに木を植えるべきだ」という言葉に感銘を受けた。その一節にすっかり心を奪われて、思いもよらない旅を歩むことになった。

でも、白状しなければならない。ずっと明かさずにきたことがある。ここまでの話は、どうすれば僕らは周囲から聞かされる雑音を絞り、ネガティブ感情や間違った目標を手放せるか、心とエゴをいかにコントロールして成長するか、日々何を実践すれば、ダルマを実現できるか、といったことが中心だった。それらはすべて、充実した有意義な人生、生きがいのある人生を送るための方法だ。けれども、僕が今まで、どんな媒体でも伝えてこなかったことがある。修行僧時代に学び、今も日々実践している最大の教訓を、ここでついに明かしたいと思う。

人生の最高の目的は奉仕に生きることだ。

奉仕を秘密にしてきたという意味ではない。何度も言及してきた。でも僕が、人はみな奉仕を中心に生きるべきだとする信念に触れずにきたのは、正直なところ、たいていの人がそういう考えに何かしら抵抗を覚えると思ったからだ。たしかに、僕らは困っている人を見れば助けたくなるし、実際に、行動に移す人もいるだろう。でも、仕事や生活に追われて余裕がないのも事実だ。誰だって自分の問題をまず解決したい。読者のこんな声が聞こえてきそうだ。「ジェイ、助けてほしいのは僕のほうだよ！　他人を助ける前に、片付けなきゃならないことが山ほどあるんだ」。たしかにそうかもしれない。じたばたしている最中に、無私の精神をもつなんてことは難しい。けれども、まさに、それこそが修行で僕が学んだことでもある。私心をもたないことは、心の安らぎと有意義な人生へつながる最も確実な道だ。**「私」を手放したとき「私」は癒される。**

僧侶は奉仕を人生の中心に据えている。だから、僕らがその僧侶の意識、モンク・マインドをもって生きることは、究極的に奉仕を意味する。『修道』には、ベネディクト会修道士ドム・エルレッド・グレアムの言葉が引用されている。「僧侶は何かを得るために僧院に入ったと思うかもしれません。その何かとは、心の平安、安心、静けさ、祈り、学習、教えなどです。しかし、その使命感が真摯なものであるなら、彼は、得るためではなく、与えるために僧院に来たことに気づくでしょう」。**僕らは、訪れた場所を来たときよりきれいにして去りたい。人々を、会ったときより幸せにしたい。世界を、生まれたときよりよい場所にしたい。**

僕らは自然の一部だ。そして、注意深く観察すれば分かるように、自然はつねに奉仕している。太陽は熱と光を与える。樹木は酸素と木陰をつくる。水は渇きを潤す。僕らも——僧侶のように——この自然観をもつべきだ。古代インドの聖典『シュリーマッド・バーガヴァタム』はこう説いている。「これらの幸運な木々を見なさい。彼らは他者のためだけに生きている。風雨にさらされ、暑さ、寒さを耐え忍びながら、それでも、わたしたちのために木陰をつくってくれている」。自然と一つになって生きる唯一の方法は奉仕することだ。宇宙と調和するには奉仕しか道はない。奉仕こそが宇宙のあり方だからだ。

16世紀の精神的指導者ルーパ・ゴースワミは、高次の目的への献身を「ユクタ・ヴァイラーギャ」と表現した。ユクタ・ヴァイラーギャとは、真の無執着、徹底的な放棄を意味する。宗派によっては、いっさいの所有物を放棄し、この教えを厳格に実践している僧侶たちもいる。でも、僧侶ではない僕らは生きていくために働かなくてはならないし、物を所有しないわけにはいかない。ただし、所有物の使い道を見直すことはできる。人との絆を育む場として自宅を利用するとか、自分が信じる運動にお金や労力をつぎ込むとか、困っている人たちのために力を貸すとか。そうやって、よい目的のために物を使うなら、所有は間違いではない。

『バガヴァッド・ギーター』はこの世をある種の学校と見なしている。つまり、僕らに一つの真理を気づかせるためにつくられた教育システムだ。僕らは奉仕を求められる。奉仕することによってのみ、僕らは幸せになれる。火が熱く、太陽の光が明るく温かいように、奉仕は人間の意識の本質だ。この世の本質に僕らは気づかなければならない。この世は永遠でもなければ、実在でもない。それに気づかないでいるから、苦しみや妄想が生まれる。自分自身を喜ばせることを人生の目的にすれば、苦しみと不満がもたらされ、奉仕を人生の目的と見なせば、充実感がもたらされる。

奉仕は身体にも魂にもいい

奉仕がもたらす充実感は多岐にわたる。他者を助けることが人間本来の性質だから、奉仕は奉仕する者のためになる、という僕のシンプルな信念もその一つだ。この本能を最も素直に行動に移すことができるのは、まだ、他に時間やエネルギーをとられることがない子どもたちだ。ネット上で拡散された、2歳くらいの日本の女の子の動画がある。テレビ番組で泣いている政治家が映し出されると、その女の子はティッシュをもってきて、政治家の涙をぬぐうように画面を拭き始める。こういう動画が拡散されるのは、女の子が示す他者（まったく知らない人）

への思いやりを、誰もが認識している――そして、たぶん、なくしかけている――からだ。

反アパルトヘイト運動家として活躍した南アフリカ共和国の元大統領ネルソン・マンデラは、自伝『自由への長い道』（東江一紀訳、日本放送出版協会、1996年）の中でこう書いている。

「肌の色、生い立ち、信仰を理由に他者を憎むように生まれつく人間などいません。他者への憎悪は後から覚えるものです。そして、もし憎しみを学べるなら、愛を学ぶこともできるはずです。なぜなら、人間の心にとって、愛は、その対極にある憎悪より、ずっと自然なものだからです」

人間の本質は愛することだとマンデラが確信していたように、僧侶は、人間の本質は奉仕することだと信じている。ただし、僕らは、さまざまな事象に気をとられて本来の目的を忘れやすい。だから、生きる意味を実感するためには、奉仕の本能とつながり直す必要がある。

第5章でも触れた神話学者ジョーゼフ・キャンベルの「英雄の旅」の概念は、英雄が冒険に乗り出し、さまざまな試練や困難を経た後、勝利を上げて故郷に帰還するという、普遍的な神話の構造を表している。その英雄の旅の肝心な部分は、僕らが見落としやすい部分でもある。それは、キャンベルが「霊薬を携えての帰還」と呼んだ旅の最終段階にある。つまり、英雄の旅が完結するには、無事にもち帰った霊薬を人々と共有しなければならないということだ。他者のために生きるという、この概念は、ハッピーエンドの重要な一部として古典的な物語には必ず組み込まれている。

ショーン・コーンは英雄の旅を地で行く人だ。ヨーガ講師として有名になった彼女は、世界各地の大会やフェスティバルに出演するたびに、絶大な人気を集めていた（今もそうだ）が、あるとき、自分の経歴を生かせば、よりいっそう世の中の役に立てるのではないかと気づいた。そこで目を向けたのが、潜在的にリスクにさらされている人たちだった。

コーンは、まず、性的虐待を受けた子どもたちに呼吸と瞑想のテクニックを教えることから始め、次に、世間から厄介者扱いされている他の人々にも手を差し伸べるようになった。その中には売春婦や薬物依存者もいた。こうした基盤ができたところで、今度は、ヨーガ・コミュニティーにも働きかけ、ヨーガと社会運動を結ぶ非営利組織「ヨーガマットから世界へ」を立ち上げた。奉仕に身を捧げながらも、コーンは、与えるより得るもののほうが多いと言う。「自己の最悪な暗黒部分を目の当たりにした人が、自滅寸前まで行きながら、そこから抜け出し、立ち直ったとしましょう。そういう人を前にすると、わたしは跪かずにはいられません。その人はわたしにとって先生だからです」

コーンが言うように、奉仕は僕らに返ってくる。

研究によれば、他者を助ける、または、社会をよりよい場所にするといった「人のためになる」活動に打ち込んでいるときは、自分の地位や評判の向上・維持に専念しているときに比べて、不安と抑うつに陥りにくい。与えるという行為はその人の脳の快楽中枢を活性化させる。ウィン―ウィン―ウィンと言ってもいい。他者を助ける人は、長生きしやすく、健康で、全体的な幸福度が高いと考えられるからだ。

僧侶は、奉仕中心の生き方はさまざまな面で人生をよりよいものにすると考える。**奉仕はつながりをもたらす**――奉仕をすると、孤独になりにくい。他者を助けるためには、どうしても出かけて行かなければならないからだ。

奉仕は感謝の念を強くする――奉仕をすると、自分の現状にありがたみを感じるようになる。

奉仕は思いやりを育てる――奉仕をすると、世界のニーズに応えなければならないと気づく。

奉仕は自尊心を育てる――奉仕をすると、世界に貢献しているという確信が芽生え、人生の意味と目的を実感するようになる。

アシュラムの生活は、奉仕の意図を実現することを中心に回っている。誰もが同じ意識をもって働いている場では、奉仕を至高の目的として生きることはたやすい。でも、現代社会で同じ生き方を実践するのは、はるかに難しいし、誰もが、四六時中、僧侶モードでい続けられるものでもない。でも、僧侶の生き方を見ていれば、奉仕の意識が僕らにとってなぜ重要かは分かるはずだ。

奉仕の意識

サンスクリット語の「セーヴァ」は無私の献身を意味する。『バガヴァッド・ギーター』は、純粋な善良さに支えられた奉仕をこう表現している。「与えることが正しいからという理由で、見返りを期待せず、適切なときに、適切な状況で、与えられて当然の相手に与えることは、純質的《サットヴァの》な布施である」（第17章20節）。

僧侶の行動は、もっぱら、この無私の献身、セーヴァの精神に基づくものだ。それは、自分にあって他者にはない機会をその人に与えることであり、他者の人生や生活をよりよいものにすることだ。僕ら修行僧は、どんな活動に従事するときにも、このことを心に刻んで臨んだ。アシュラムは、あらゆる面で助け合いが求められる共同生活だ。僧侶は大げさなことはしない。愛はさりげなく示す。たとえば、起床時間に起きられない仲間がいれば、起こしてやるし、遅くまで働いている仲間がいれば、食べ物をとっておく。

僕らは必要とされるとき相手に寄り添い、意図をもって行動する。人の苦労は他人には完全には分かり得ないものだ。だから、他者に対して、僕らは、苦しんでいる人にそうするように優しく接し、空腹な人にそうするように気前よく与え、誤解されている人にそうするように思いやりを示す。

こうした姿勢はアシュラムの外にも広がった。巡礼に出るときは、旅先で誰かに分け与えられるように食料を多めにもっていった。それで世界中の飢饉が解決されるわけじゃない。でも、飢えに苦しむ人を一人でも助けられるなら、思いやりの種に水を撒くことになる。

僕らはもっと大規模な奉仕にも従事した。その一つが、恵まれない子どもたちに毎日100

万食を無料で提供するアンナムリタというインドの食糧支援プロジェクトだ。僕らはしょっちゅうムンバイまで出かけていって調理を手伝ったり、学校に食事を配りにいったりした。子どもたちにはまず、米とレンズ豆とギー（澄ましバター）でつくったキッチャリーというアーユル・ヴェーダ定番のお粥を食べさせる。それが終わると、デザートにキールという甘いライスプディングが配られる。僕が初めてキールを手渡した子は、こちらが恐縮するくらい感謝の気持ちをあふれさせた。その次の子も、また次の子も、みんな同じように顔を輝かせている。

僕は元来、調理が苦手なほうだし、人でごった返す暑苦しいキッチンで巨大な鍋をかき混ぜるのが嫌だった。でも、子どもたちの笑顔に接していると——そして、ここで配られる食事が彼らにとってどんなに貴重で特別なものかという悲しい事実を知るにつけ——奉仕の機会を与えられたことに感謝せずにはいられなかった。

アシュラムは、「今日の仕事はどうだった？」と尋ねる代わりに、「今日の奉仕はどうだった？」と尋ねるような場所だ。もし僧侶の世界に井戸端会議があるとしたら、まさに、そういう会話が交わされるだろう。きみも想像してみてほしい。目の前にどんな障害物があろうと、そのことはいったん脇に置いて、周りの誰もが奉仕の意識をもっているとしたら、どうだろう。自分に新たな質問を投げかけてみてほしい。「わたしがやっていることは、より大きな目的にかなうことだろうか？　職場、家庭、コミュニティーの人々の役に立っているだろうか？　どうすれば他者のために自分の能力を役立てられるだろうか？」第5章で話したエマ・スレイドを思い出してほしい。債務アナリスト時代に培ったスキルを生かして慈善活動に励むスレイドのように、僕らも「わたしの知識は何かの役に立つのではないか?」と自問しよう。

すでに話したとおり、優しさと感謝は波紋のようにコミュニティー内に広がる。奉仕でもまったく同じことが起きる。きみが奉仕をすれば、友人にそのことを話したり、誰かを誘ったりするだろう。すると、きみに誘われて奉仕に加わった人が、二人の友人に話をするかもしれない。きみが奉仕に従事することは、奉仕の価値を周囲に広めることでもある。

ほとんどの人間は一人のことしか考えていない。つまり自分自身だ。自分以外の誰かを思いやるとしても、その範囲は身近な家族くらいまでだろうか。つまり、5~10人ほどの人たちが互いを思いやっていることになる。でもきみがその思いやりの範囲をもっと広げれば、相手はきっと感じとるだろう。一方、誰かが思いやりの範囲を広げて、そこにきみも入れるとしたら、きみも感じとるはずだ。では、その同じ意識を万人が共有している世界を想像してみよう。78億人がきみのことを思い、きみも78億人を思っている世界。夢のような話かもしれない。でもどうせ夢なら、思いきり大きく描こうじゃないか。

やってみよう——思いやりの輪を広げる

何かあったときには、すぐに駆けつけたいと思う人を4~6人思い浮かべよう。その人たちのことを、きみはどれくらいの頻度で考えているだろうか? その思いやりを実際に示したことはあるだろうか？　今すぐ始めてみてはどうだろう。

次に、助けてほしいと言われたら、応じてもいいと思う人を20人挙げよう。20人は無理かもしれない。そんなときは、最低20人で構成されるグループを一つ思い浮かべるのでもいい。それは、きみが所属するコミュニティーの一部かもしれないし、既存の慈善団体かもしれない。その人たちも、無条件に駆けつけたい人たちの輪に加えよう。

20人の名前が分からなければ、調べるなりして、それぞれの名前を一覧表にする。そのリストを洗面台の鏡に貼りつける。歯を磨くたびに、リストが目に入るから、1日に少なくとも2回はその人たちのことを考える時間ができる（そうであってほしい）。その人たちを助けたいと思う気持ちに変化が起きないか観察してみよう。

いつになったら始めるつもり？

現代社会に生きる僕らは、いくら他者の役に立ちたくても、金銭的、精神的な安定を図ろうとする気持ちから、奉仕の精神をそがれてしまう。気もそぞろなままで奉仕を行えば、重荷に感じて、充足感を得られない。では、いつならふさわしいのか。はたして、そんなときはめぐってくるのだろうか？　自己の内面の探索は、終わりがない、つねに現在進行形の旅だ。きみが抱えている問題が完全に解決されるときは、いつまでたっても訪れないだろう。

自分を大切にするのは当然のことだ。でも、だからといって、時間とお金に余裕ができるまで奉仕の実践を待つ必要はない。お金と所有物に対する考え方はシンプルに三つのモードに分類できる。一つ目は利己的モード――もっとほしい、できるだけほしい、自分のためだけにほしい。二つ目は現状満足モード――なんとか暮らしていけるくらいはもっている。三つ目は奉仕モード――自分のもっているものを提供したい、提供したいから、もっと手に入れたい。

現状満足モードから奉仕モードへのシフトは、自分と所有物との関係を変えることを意味する。無執着を実践すればするほど、僕らは時間とお金を手放しやすくなる。

修行僧の巡礼には、聖なる河で沐浴をするための旅も含まれる。アシュラム時代、僕はガンジス川、ヤムナー川、カーヴェリ川を訪れた。聖なる川では遊んだり、泳いだりはしない。僕ら僧侶は儀式を行う。たとえば、両手ですくえるだけの水をすくってから川に戻したりするのは、そうやって、自分が何も所有していないことを確認するためだ。慈善行為とは自分自身を提供することではない。もともと地球に属していたものを手に取り、それを地球に戻すことだ。

与えるために所有する必要はない。

インドのシンドゥタイ・サプカルは12歳の若さで30歳の男性と結婚させられた。20歳のとき、3人の息子を抱え、妊娠9カ月だった彼女は、夫に殴られたうえ追い出されてしまう。そのまま牛小屋で赤ん坊を出産し、へその緒はとがった石で切り落とした。その後、頼みの綱だった実母にも受け入れてもらえず、仕方なく、赤ん坊を抱えたまま路上で歌を歌う物乞い生活に入る。街にあふれる孤児たちの多さに衝撃を受けたサプカルは、孤児たちを引き取ると、自分のためだけではなく、身寄りのない子どもたちのためにも寄付を募り始めた。その活動は徐々に広がり、やがて彼女は「孤児たちの母」として知られるようになった。サプカルが設立した孤児院はこれまでに１４００人以上の子どもたちを保護してきた。彼女が奉仕を実践したのは、与えられるものをもっていたからではない。苦しみを目の当たりにしたからだ。

カリフォルニア大学バークレー校による一連の実験では、お金持ちでない人ほど多くを差し出す傾向が見られた。ある状況で被験者たちは10ドルを手渡されると、そのうち自分の好きな額を見知らぬ他人に与えていいと言われる。すると、社会経済的地位の低い被験者は裕福な被験者より気前がよかった。この発見は、慈善事業への寄付行為に関する２０１１年の調査結果とも一致している。所得分布の最下辺に当たるアメリカ人が平均して収入の３％を寄付しているのに対して、所得分布の最上辺から20％に当たる人々はその半分以下の１％しか寄付していない（公平を期すために言っておくが、慈善的寄付の総額の70％以上は富裕層によるものだ）。

もたざる者ほど多くを差し出すのは、おそらく、自分自身が困難を経験しているからだろう。カリフォルニア大学バークレー校の心理学教授ダッカー・ケルトナーは、経済的に恵まれない人々は、他者――家族、友人、コミュニティーの助けに頼らざるを得ない、と言う。一方、お金がある人は助けを「買う」ことができるため、日々をいかにしのぐかという苦労を感じにくい。

貧しい人のほうが困窮する他者に共感を覚えやすいのかもしれない。たしかに、テレビ司会者オプラ・ウィンフリーのような慈善家たちは、みずからの貧困の経験が奉仕の動機になったと明かしている。

ここで疑問が湧いてくる。より豊かなのはどちらだろう？　お金をもっている人か、それとも、他者を助ける人か？

意図をもって奉仕する

僕は人の役に立ちたくてアシュラムに入った。そのアシュラムに別れを告げるとき、兄のように慕っていた僧侶が僕を引き寄せて言った。「健康がすぐれず僧侶を続けられないからといって、人助けできないわけじゃない。結婚しようが、料理人になろうが、靴下を繕おうが、そのほうが人助けしやすいなら、そうすればいいんだ。人類のために奉仕するという大きな目的を忘れないでいてくれ」。その言葉を聞いて僕は確信した。アシュラムを離れても僕の意図は変わらない。

人が奉仕するとき、そこには大きな志と小さな志が複雑に絡み合っていてもおかしくはない。たとえば、人によく思われたい、自分に満足したい、かっこよく見せたい、他者とつながりたい、やりがいを感じたいという思いが混じっていても構わない。

でも、きみが友人の引っ越しを手伝い、友人のために料理をつくり、友人の誕生日パーティーを開く一方で、「どうして誰も僕の手伝いに来ないんだ？」とか「なぜみんな僕の誕生日を忘れているんだ？」と思うとしたら、肝心な点を見落としていることになる。そういうとき、きみは「自分は与える側で、友人は受け取る側」と見なし、相手に貸しをつくったと考えている。でも、ほんとうの奉仕は見返りを期待しない。それでいて、しばしば奉仕は幸福をもたらしてくれる。それは『バガヴァッド・ギーター』にも書かれ、科学的にも証明されているとおりだ。僕がきみを助けると、きみも幸せになり、僕も幸せになる。

でも、奉仕を楽しむのは利己的ではないかって？　たとえば、奉仕を通じて自分の子どもに何かを伝授し、それを喜ぶのは、利己的でも何でもない。ある種の与えるという行為にきみが幸せを感じ、何らかのかたちできみ自身の役に立つのであれば、大いに与えるべきだ。アシュラムを去った後、僕はロンドン発ムンバイ行きのリトリートを主催した。イギリスとヨーロッパから参加者を募って、ムンバイでアンナムリタの「昼食サービス」を手伝ってもらうという企画だ。参加者の一人の男性は13歳と14歳の息子を連れていった。この旅で恵まれない人々とじかに接した経験は、一家に感謝の気持ちを芽生えさせた。父親は子どもたちの変わりように驚いていた。リトリートに我が子を参加させたのは、完全な無私の奉仕とは言えない――父親には息子たちに学びと成長の機会を与えたいという意図があった。でも、正しい行為をしたことに変わりはない。むしろ、人助けをしながら、息子たちに学ばせたのだから、典型的な一石二鳥ではないか。

一方には、不安、抑うつ、孤独といった心の問題に悩む僕らのような現代人がいて、もう一方には、食料、衣服、住まいといった基本的な問題に苦しんでいる人々がいる。僕らの心の問題は、物理的に恵まれない人々のニーズを満たす手伝いをすることで癒される。つまり、奉仕は相方向のやりとりということだ。人助けは他でもない自分自身を助けることになる。

奉仕に携わるとき、僕らは神の恩寵と慈悲の道具にすぎない。そうと分かっていても、ついうぬぼれそうになる。そんなときは思い出そう。自分が今、与えているものは、もともと与えられたものだということを。差し出せることを当たり前と思ってはならない。

ダルマを生かして奉仕する

奉仕は人間の本質だから、きみが思うほど難しいことではない。**ともかくやってみよう。**いつでも、この瞬間にでも、奉仕する方法は見つかるはずだ。自分がすでにやっていることを生かせばいい。きみがミュージシャンなら、音楽で奉仕する。プログラマーならプログラマーとして、起業家なら起業家として、人助けをする。職業を変える必要も、スケジュールを変える必要もない。どんな状況でも人助けはできる。

周囲を見渡せば、奉仕のチャンスはいくらでもある。それは、学校や宗教施設、街角やチャリティイベントなどかもしれない。きみの地域や学校では、余った食品や古着を集めて福祉団体に寄付する活動が行われていないか、チェックしてみよう。チャリティマラソンやレモネード販売でお金を寄付することも可能だ。被災者に支援物資を送ろうとしている友人を手伝う、病気や高齢の親類の困りごとを助ける、きみが都会の住人なら、レストランで食べきれなかった食べ物をもち帰って、ホームレスに差し出す、という方法もある。

相手が親しい人だろうと、身寄りのない人だろうと、奉仕する方法は無限大だ。毎日、毎日、慈善活動に励まなくてもいい。全財産を差し出す必要もない。ただ、奉仕を日常の一部にしてほしい。すでに自分がやっていることを、より次元の高い目的のために役立てる方法を探してほしい。ダルマを仕事と結びつけるように、奉仕をダルマと結びつけよう。同じ仕事をするにしても、どんな精神で臨むかで、その性質は変わってくる。愛と使命感で仕事に臨むのか、それとも、仕方なく、やらされているという思いで仕事に臨むのか。愛と使命感のほうが幸福を運んでくれる。

やってみよう——奉仕の機会を探す

これからの1週間、行く先々で、奉仕の機会がないか目を凝らして観察してみよう。すると、新たな困りごとが見つかるかもしれない。すでに何かのプロジェクトが進行中で、そこに参加すればいいだけかもしれない。あるいは、きみの従来からの活動に、資金集めのイベントを追加することだったり、友人がやっている奉仕活動の手伝いだったりするかもしれない。1週間の終わりに、きみにとって関心度の高い三つの方法を選んで、そのうちの一つを実践してみよう。

次のような場所で奉仕の機会が見つかるかもしれない。

職場
学校
友人の集まり
オンライン・コミュニティー
宗教的なグループや地域内のその他のグループ
スポーツジム
過去にきみが支援したことのある社会活動団体

苦しみを共有する

僧侶仲間と村で30日間の自活に奮闘していたとき、僕にとって究極の教訓となったのは、奉仕にはつねに上があるということだった。その教訓は、自分のニーズの向こう側に目を向け、そこにいる人たちのニーズを感じとり、それに応じるうちに得たものだ。

思いやり《コンパッション》(慈しみの心)とは「行動を伴う」共感だと僕は思っている。他者の苦しみを見て、感じ、それを和らげようとすると同時に、他者の苦しみの一部を引き受けることだ。人生に嫌気がさした若者にまつわる禅の話をしよう。何の計画も見通しもないまま寺を訪れた若者は、よりよい生き方を見つけたいと禅師に話すが、辛抱が足りないことも隠さない。「瞑想も断食もせずに、悟りを開けないものでしょうか？　僕には瞑想や断食は無理です。他にも方法がありますよね？」

「おそらく、あるだろう」と禅師は答えた。「しかし、それには集中力が必要だ。きみにはこれまでに培った能力が何かおありかな？」

若者は視線を落とした。学問にしろ、何にしろ、とくに興味を覚えたことはない。結局、肩をすくめて言った。「まあ、将棋は下手ではありませんが」

禅師は年配の僧の一人を呼び寄せると、「この若者と将棋を一局、お手合わせ願いたい。ただし、心して戦われよ。わたしは敗者の首を頂戴するつもりです」と言った。

若者の全身からどっと汗が噴き出した。いやはや、命がけで将棋をするとは！　序盤こそ若者の劣勢だったが、すぐに分かった。対戦相手の老僧はまずまずの腕前とはいえ、手ごわいわけではない。こちらが本気を出せば勝利は確実だ。たちまち集中力が湧いてきて、若者は形勢を逆転する。その傍らで刀を研ぎ始める禅師。

若者が将棋盤越しに目をやると、年老いた僧は賢く静かな面持ちで、ただやるべきことを淡々と果たしている。その様子からは迫りくる死への恐怖はいっさい感じられない。若者はがっかりしながらも、こう思った。「僕がこの老僧を死なせるわけにはいかない。この人の命は僕の命よりも価値がある」。その瞬間、若者の戦い方が変わった。わざと不利な手を打ち始めたのだ。

突然、禅師が将棋盤をひっくり返し、四方に駒が飛び散った。「今日は勝者も敗者もおりませんな」と言う。劣勢だった老僧は相変わらず落ち着き払っているが、若者は驚くと同時にホッと胸を撫でおろした。禅師が言った。「きみには集中力があるようだ。他者のために己の命を投げ出す覚悟もある。まさしく慈悲の心。その心でわたしたちとともに歩みなさい。僧侶になるがよろしい」

世界には約1億5200万人の児童労働者がいる。2016年にノーベル平和賞を受賞した人権活動家カイラシュ・サティヤルティは、子どもたちへの搾取を終わらせるために途方もない苦しみを引き受けてきた。彼が立ち上げた「100ミリオン（1億）」というキャンペーンは、1億人の若者たちに児童労働反対の声を上げる機会を与えた。活動を続ける中でサティヤルティも幾度となく脅迫され、暴力を振るわれてきたが、それでもこう語る。「世界には児童労働を終わらせる力があります。テクノロジーがあり、リソースがあり、法律があり、国際条約があります。方法はいくらでもあるはずです。足りないのは他者への思いやりだけです。だから、わたしは思いやりをグローバル化するために活動しているのです」

サティヤルティのように全世界を一つの家族だと思えば、僕らは、奉仕に積極的になるだろう。誰だって自分の子どもが奴隷扱いされるのは見たくないものだ。自分の親にホームレスになってほしい人はいないだろう。では、なぜ他人の子どもや親になら同じことが起きても構わないのか？　自分の世界に閉じこもって、他者の暮らしを知らなければ、奉仕に目を向けることはけっしてないだろう。他者の痛みを目の当たりにしたとき、僕らは共通の人間性を感じ、行動しようという気持ちになる。

サティヤルティのような英雄たちや僧侶には、自他の区別は存在しない。願わくは僕ら全員がそうであってほしい。

ハートの痛み

世界には、僕らの助けを必要とする恵まれない人々や社会運動が、数えきれないほど存在する。そして僕ら現代人は、さまざまな人の働きによって生活を支えられている。世界中の人々と自分の利益は密接につながっているということだ。

他者の苦しみに見て見ぬふりをするべきではない。でも、やみくもに助ければいいというものでもない。僕らは自分がどのような種類の奉仕に一番向いているかを知っておくべきだ。だから、自分の慈しみの心《コンパッション》に耳を傾けて、奉仕する分野を決めることにしよう。

仏教学者で環境活動家でもあるジョアンナ・メイシーも、著書でこう書いている。「何から何までする必要はありません。あなたのハートの求めに応じてください。効果的な行動は愛から生まれるものです。そういう行動は止めようがなく、それでいて、十分なのです」

やってみよう――苦しみの経験を生かす

人助けには、自分が一番よく知っている苦しみを癒すという方法がある。これまでに喪失感を味わったり、困り果てたりした経験を三つ書き出してみよう。たとえば、うつ状態に陥りながら、専門的な助けを得られなかった経験かもしれない。経済的な余裕がなくて、進学を断念した経験かもしれない。専門的指導が必要なのに、適切な指導者が見つからなかった経験かもしれない。みずからの苦労を生かせるような慈善活動や社会活動を選ぼう。たとえば、十代向けの電話相談でボランティアをする、奨学基金に寄付する、指導教育プログラムに指導者として参加する、政治家になる、などが考えられる。こうした選択肢の中から、自分のダルマに合った奉仕の方法を探し出そう。

ダルマを通じて人の役に立つ、身に覚えのある苦しみを癒す――このアプローチは、きみの今いる場所から高みをめざすように説く『バガヴァッド・ギーター』の理念そのものだ。アシュラム時代、僕は、食糧支援プロジェクトを手伝い、寺院の清掃をし、外出の際には見知らぬ人に手渡せるようにいつも食べ物をもち歩いた。それ以外にも、当時の僕にとって一番しっくりくる方法で奉仕に携わっていた。

その頃と活動の場は変わったとはいえ、今いる場所でも僕は人助けを続けている。たとえば、YouTubeでカイラシュ・サティヤルティのアメリカ子ども財団のための寄付金を募って、15万ドル近くを集めた。途上国に学校を設立する非営利組織「ペンシル・オブ・プロミス」のために、Facebookの仲間たちに呼びかけて6万ドル以上を寄付した（75ドルで一人の子どもの1年分の教育費が賄える）。奉仕のかたちは変わっても、生きがいと感謝の念は変わらない。

人生の質を向上させる秘訣は奉仕だ。ついていない日に、奉仕はきみの救いになる。肩の荷を軽くしてくれる。奉仕は他者のためにも自分のためにもなる。奉仕は見返りを期待しない行為でありながら、喜びという報酬が手に入る。奉仕は愛をやりとりすることだからだ。

奉仕を中心に生きれば、愚痴をこぼしたり、誰かを批判したりする暇はなくなる。

奉仕を中心に生きれば、恐怖の入り込む余地はなくなる。

奉仕を中心に生きれば、感謝の念が強くなり、物への執着は薄れる。

奉仕は意味ある人生に直結する道に他ならない。

チャンティング瞑想

パート3では、感謝、人間関係、奉仕という切り口から、周囲の人々とつながる方法を考えてきた。それと同時に、宇宙のエネルギーとつながるためには、音の瞑想、チャンティング瞑想を実践にとり入れたい。

音は僕らを運ぶ力をもつ。たった1曲の歌でさえ、人を高校時代に連れ戻すことができる。それを聞くだけで、僕らはつい踊りたくなったり、騒ぎたくなったりしてしまう。歌詞には僕らの世界観を変え、僕らを成長させるパワーがある。そんな歌詞を声に出して歌えば〔唱えれば〕、僕らは同じエネルギーを発生させることができる。言葉と歌の力で僕らの魂を宇宙につなぐ、それがチャンティング瞑想だ。

『アグニ・プラーナ』や『ヴァーユ・プラーナ』を始めとする古代の聖典には、チャンティングを行う理由と方法が書かれていて、音の反復には人を浄化する力があるとされる。チャンティングは音にどっぷり浸かることであり、魂を定期的に入浴させるようなものだ。たった一滴の水で身体はきれいにならない。お湯に全身を浸してこそ、清めることができる。

音の効用は現代に至るまでずっと認識されてきた。伝説的発明家ニコラ・テスラ〔訳注　19世紀末、発電機や変圧器の発明、ラジオ放送技術などで貢献した工学者〕はこう言っている。「宇宙の秘密を知りたければ、エネルギー、周波数、振動の観点から考えよ」。テスラは振動によって浄化エネルギーを発生させる装置の実験を繰り返していた。こんな話をすると眉唾ものに聞こえるかもしれないが、テスラの振動療法の研究は、現代科学の世界で再び脚光を浴びている。脳科学の分野でも、古くから伝わる浄化儀式のヒーリングパワーの研究が続けられている。太鼓のビートや歌唱が潜在意識につながる経路を開く仕組みに関する研究もその一つだ。

僧侶は、アファメーションやマントラによって音の力を最大限に高める。アファメーションは自分の願いを込めた言葉やフレーズを意味する。きみを励ましてくれる言葉なら形式を問わない。

僕のクライアントの一人は「自分のペースで、自分の都合のよいときに」をお気に入りのフレーズにしている。友人は、ジェンダー・ギャップの解消をめざす活動家レシュマ・サウジャニの著書『*Brave, Not Perfect*（完璧でなくていい。勇敢であれ）』を読んで以来、しばらく、そのタイトルをマントラにしていた。僕のお気に入りは、ペルシャの格言「これもまた過ぎ去るだろう」、リルケの詩の一節「すべてを経験せよ」、アイスホッケー選手でオリンピック代表チームのコーチでもあったハーブ・ブルックスの名言「この瞬間はきみのためにある」、ラッパーのジェイ・Zの歌詞「肩の埃を払え」、映画『バッド・ボーイズ2』の決まり文句「ウーサー」〔訳注　緊張や焦りを落ち着かせるために主人公が唱える呪文〕などだ。

きみが育てたいエネルギーやアイデアを連想させるようなフレーズなら何でも、効果を発揮してくれるだろう。僕は、朝晩の瞑想にマントラを追加することをお勧めしたい。目覚めた直後や眠りにつく前のひととき、自分のチャンティングの声に浸るのはすばらしいことだ。

アファメーションが自分自身との対話の仕方を変え、マントラは宇宙との対話の仕方を変える。マントラは「心を超越する」という深い意味をもつスピリチュアルな音だ。そこに、人間をはるかに超える大きなパワーを呼び起こす考えや意味が込められている。マントラはそのまま唱えても、節をつけて歌ってもいい。僕らは瞑想によって、心の声に耳を傾け、心を見つめる。祈りによって、高次のパワーとつながり、そのパワーを共有する。チャンティングはその両方をめざす。つまり宇宙と対話することだ。

最も歴史が古く、最も広く知られ、最も神聖視されるマントラに「オーム」がある。ヴェーダでは「オーム」はさまざまな意味をもつ。無限の知識であったり、あらゆる存在の本質であったり、ヴェーダ全体であったりする。別名「プラナーヴァ」と呼ばれることもある。「プラナーヴァ」とは「主を称える音」という意味だ。オームは三つの音「A―U―M」で構成され、ヴェーダの伝統では、一つひとつの音が異なる意識状態（覚醒、夢、熟睡）、もしくは時間（過去、現在、未来）を表すと考えられる。オームはあらゆるものを表していると言ってもいい。

オーム音が発する振動は迷走神経を活性化させ、それによって炎症が和らげられる。迷走神経の活性化はうつ病の治療にも用いられていて、研究者たちは、オーム・チャンティングが気分に直接的に効果を及ぼすのではないかと注目している（オームが脳内の情動中枢の一つを落ち着かせることはすでに判明している）。

マントラにメロディーをつけたものは「キルタン」と呼ばれる。キルタンはコール・アンド・レスポンス式で行われるチャンティングだ。僕がいたアシュラムでもよく行われていた。雰囲気をたとえるなら、サッカーの試合でサポーターたちが掛け合う応援のチャンティングからお酒と罵詈雑言を抜いたような感じ、とでも言おうか。キルタンでは、エネルギーが一体化する感覚を味わうことができる。

音そのものに価値があるというのに、僕は一時期、病気のせいで声が出なくなって、指導僧に尋ねたことがある。「マントラが唱えられません。どうやって瞑想すればいいんですか？」

「今まできみは口でマントラを唱えていたのかね？　ハートで唱えていたのでは？」つまり、あらゆる行為と同じように、重要なのは、献身と愛を意図するかどうかだ。ハートは決まり事と完璧さを超越する。

やってみよう——音を通じて見る

音の瞑想を始める前の準備段階として、次のステップを踏もう。

1. 楽な姿勢をとる。椅子に腰かける、クッションに座る、床に横になるなど。
2. 目を閉じる。
3. 視線を下げる。
4. 身体の力を抜いてリラックスする。
5. 落ち着き、調和、穏やかさ、静けさ、安らぎを意識する。
6. 心が別のことを考え始めたら、落ち着き、調和、穏やかさ、静けさ、安らぎにそっと注意を戻す。
7. 以下のマントラを3回ずつ唱える。一つひとつの音節に注意を向ける。音の振動を明確に感じとれるように、正確に発音する。心を込めて繰り返し、今よりも洞察に満ちた、豊かで、奉仕精神あふれる人生を思い描きながら、マントラを味わおう。

1．オーム・ナモー・バガヴァテー・ヴァースデーヴァーヤ

「あらゆるハートの内に遍在し、美、知、力、富、名声、無執着の顕現である神を称えます」

このマントラは何千年も前からヨーガ実践者や聖人たちに唱えられてきた。浄化と力をもたらし、あらゆるものに宿る神なる本質と人とを結びつけてくれる。とくに洞察や導きを必要とするときに唱えるといい。

2．オーム・タット・サット

「この絶対的真理は永遠である」

このマントラは『バガヴァッド・ギーター』に登場する（第17章23節）。神聖なエネルギーを表し、強力な祈りの力を発揮する。すべての行為は愛と奉仕として捧げられる。とくに重要な仕事にとりかかるとき、正しい意図をもち、バランスと健全さを忘れないようにするために唱えよう。

3．ローカ・サマスタ・スキノー・バヴァントゥ

「生きとし生けるものが幸せで自由でありますように。わたしの思考、言葉、行動が、あらゆるものの幸せと自由のために役立ちますように」

このマントラは、ジヴァムクティと呼ばれるヨーガ流派のおかげで有名になった。広い世界に目を向け、自分が宇宙の一員であることを思い起こさせる美しいマントラだ。

まとめ

この本をきっかけに、読者はさっそく、人生の仕切り直しにとりかかるのではないだろうか。どうすれば今までのルーティンを見直せるか、心の声に耳を傾けられるか、人生のありがたみを噛みしめられるか、といったことをきみが考えているとしたら、僕はうれしい。

とはいえ、人生は不測の事態だらけだ。明日の朝、目覚まし時計をセットしていても寝過ごすかもしれない。何かが壊れたり、重要な約束がキャンセルされたりすることもあるだろう。ずっと青信号のままノンストップで職場へたどりつける、なんて奇跡は起こらない。そもそも、何かの本を読み、講座を受け、生活を変えたからといって、すべてがうまくいくと考えるのは間違いだ。

外的事象はけっして完璧にはならないし、めざすべきゴールは完璧さではない。これからも人生はきみの思いどおりにはならないだろう。それでも、きみは命ある限り、きみの旅を続けなければならない。それを理解していれば、何が起きても、受け入れる覚悟ができるはずだ。

心の平安と人生の目的を見出すために、万人に共通の旅程表はない。平安と生きがいを見つけるためには、みずからの心のふるまいを知り、自分が求めるものに専念《フォーカス》できるように、そして、もし人生が進路を外れ始めたら、そのフォーカスに立ち返れるように、それぞれが自分のペースで、自分にふさわしい時間帯に心を鍛えていくしか道はない。

たとえば、きみが親切を心がけていても、誰かがきみに失礼な態度をとったとしよう。そんなとき、心を鍛えているきみには、立ち返るべき意識が分かっている。たとえ自分のダルマを生かそうと心に決めたとしても、いざ職場に行けば、きみの強みとは何の関係もない仕事を上司から言い渡されるかもしれない。

それでも何とかダルマを生かす方法を探そうとするかどうかは、きみ次第だ。失敗したとしても、プロセスも自分自身も非難しないでほしい。立ち直る時間を自分に与えよう。本来のフォーカスを取り戻すまで大目に見てやろう。いつどんな瞬間も、きみの現実をつくり出しているのは、きみ自身なのだから。

本書で僕らはたびたびパラドクスに直面してきた。恐怖と距離をとりながら恐怖と親しくなれ、見慣れた日常の中に新たな一面を発見せよ、自信をもつと同時に謙虚であれ、利他的であるために利己的であれ……。僕らは二元的な世界に生きているけれど、パラドクスのすばらしいところは、二つの対極的な概念が共存できることだ。人生はコンピュータプログラムではない。人生はダンスだ。

映画『ベスト・キッド』で、空手の達人であるミヤギ老人が「ダンスも踊れない坊さんなんぞ信用するな」と言う場面がある。ダンスにはルールがない。どんな曲がかかろうと、その曲に合わせて踊るだけだ。僕らにはそれぞれ得手不得手があり、ときにはつまずいたり、迷ったり、張り切りすぎたりするかもしれない。それでも、かっこ悪くてかっこいい自分をありのままに踊り続けよう。さながらダンサーのように、柔軟でありつつ抑制がきいていて、つねに今という瞬間とともにある、それがモンク・マインドだ。

モンク・メソッド

柔軟性と抑制の両方を獲得するためには、瞑想以上にすぐれた方法を僕は知らない。瞑想をしていると、人生のダンスでどんな動きをすべきか、今の自分はどうあるべきか、どう行動するのがベストか、はっきり見えてくる。呼吸瞑想は僕らと心をつなげ、チャンティング瞑想は僕らの魂を高揚させる。そして、そのエネルギーと一体感の中で、僕らは答えを見つけ出す。

これまでに3種類の瞑想法「呼吸、視覚化、チャンティング」を紹介してきた。その三つを一つにまとめて毎日実践する方法をお教えしよう。これは僕が日課にしている瞑想法にも近い。毎朝、歯磨きとシャワーの後と、毎晩、寝る前に、瞑想を習慣化するといい。まずは1日1回から始めてみよう。タイマーを使って、呼吸、視覚化、チャンティングを各7分ずつ、合計21分間、慣れてきたら、それを1日に2回、できれば朝と夜に行おう。必ず呼吸法から取り組んでほしい。呼吸法はエクササイズ前のウォーミングアップと同じで、絶対に省略してはならない！

1. 楽な姿勢をとる。椅子に腰かける、クッションに座る、床に横になるなど。
2. 目を閉じて、視線を下げる。
3. 身体の余分な力を抜く。両肩を後ろから回し下ろし、首や身体をストレッチする。落ち着き、調和、穏やかさ、静けさ、安らぎに注意を向ける。心のおしゃべりや雑念は自然なこととして受け止める。心がさまよい始めたら、落ち着き、調和、穏やかさ、静けさ、安らぎにそっと注意を戻す。
4. 自然な呼吸パターンに気づく。鼻から吸って、口から吐く。
5. 深呼吸する。４カウントで息を吸い、４カウントで息を吐く。
6. 吸う息と吐く息を同じ長さにして、身体と呼吸を整える。
7. これを5分ほど続ける。最初はタイマーを使うといい。心地よいトーンを5分にセットする。

8．5分経ったら、自分に問いかける。「わたしは今日、何にありがたみを感じているだろう？」吸う息で感謝の念が全身に行き渡り、吐く息で、ネガティブで有害なエネルギーが出ていくのを感じる。

9．次に、喜び、幸せ、ありがたみを感じた出来事を視覚化する。見えるものを5つ、触れるものを4つ、聞こえるものを3つ、臭いがするものを2つ、味わえるものを1つ選ぶ。それらがもたらしてくれる愛と喜びと幸せを吸収する。その愛で全身が満たされていく様子を思い描く。つま先から脚、腰、お腹、胸、腕、背中、首、そして頭のてっぺんまでエネルギーが流れていく。愛と喜びと感謝を全身に行き渡らせる。これを5分間続ける。

10．5分経ったら、自分に問いかける。「わたしの今日の意図は何だろう？」人に優しくすることなのか、自分に自信をもつことなのか、何かに集中して取り組むことなのか、自分の意図をしっかり確認する。

11．心の中で次のように3回唱える。「わたしはありのままの自分を受け入れます。わたしはあらゆる機会と可能性に対して開かれています。わたしはほんとうの愛情にふさわしい存在です。わたしはもてるものすべてを使って奉仕する用意ができています」

12．瞑想の締めくくりに、次のマントラを3回唱える。「ローカ・サマスタ・スキノー・バ

ヴァントゥ」(498ページ参照)

瞑想がうまくいっているときの目安

新米の修行僧が指導僧に尋ねた。「瞑想が全然うまくいきません。足が言うことを聞かないし、外の音に気が散るし、つらさを感じないときは、ほとんど眠りかけています」

すると指導僧は「そのうち変わるだろう」と言う。見習い僧は指導僧の表情から、それ以上、聞いても答えは得られないだろうと悟った。

1カ月後、見習い僧は誇らしげに笑みを浮かべて指導僧に伝えた。「ついに会得しました! とても落ち着いています。こんなに集中力が増したことは今までにありません。瞑想はすばらしいですね」

「そのうち変わるだろう」と指導僧はまた答えた。

瞑想の成功を測る物差しはない。めざすべきゴールもないし、終わりもない。結果を求めず、ひたすら実践するしかない。ただし、4~12週間、コンスタントに実践していれば効果に気づくだろう。

正しく瞑想できている場合は、瞑想を休むと瞑想がしたくなるという症状がまず現れる。人は会えない相手ほど会いたくなるものだ。毎日食事をとっていると、栄養やエネルギーについて考えることはあまりないのに、1日食事を抜くと、途端に食べ物のありがたみに気づく。瞑想もまったく同じことだ。それをしないと欠乏感を覚えるくらい日常の一部にする必要がある。

瞑想の二つ目の効果は、自分の心の動きによく気づくようになること。瞑想中に疲れを感じるとしたら、ああ、今の自分は睡眠不足なんだな、と分かるようになる。瞑想はシグナルや鏡のようなものだ。瞑想に集中できないときは、暮らしが散漫になっていて、秩序、バランス、シンプルさが欠けているのかもしれない。たったの15分間でさえ心の動きを見つめられないとすれば、どう考えても、それは今の生き方に改善が必要ということだ。

三つ目の最も重要な効果は、毎回、瞑想のたびに心身が完璧に静まることはないにしても、自制する力はゆっくり着実に育つということ。青汁を飲んでも、毎回、おいしいと思わないかもしれない。搾りたてのオレンジジュースのほうが見た目も味もいいだろう。でも長い目で見れば、イマイチの青汁のほうがきみのためになる。

瞑想に熟達してくると、自分の態度全体が変化していることに気づく。直感が鋭くなるし、自己中心的な視点からでなく、客観的に人生を観察できるようになる。そうした気づきの広がりが、心の平安をもたらし、自分は何のために生きているかという感覚を強めてくれる。

今と未来を見据える

人生は呼吸とともに始まる。きみの一生はつねに呼吸とともにある。そして、その呼吸とともに人生は終わりを迎える。今という瞬間に存在しきるのが僧侶の生き方だけれど、僕らは、つねに今とこれから先を見据えて生きることにしよう。自分をどれだけ目立たせるかより、他者をどんな気持ちにさせるか、それが僕らの生き方の基準だ。僕らの時間は、これから先の生き方を決めるためにある。愛と思いやりを与え、他者をサポートし、コミュニケーションをとり、創造性を高める――そんなふうに社会に影響を及ぼすためには、これから先、どう生きていくべきかを考えよう。

きみはどんなふうに記憶されたいだろうか？　何を残していきたいだろうか？

究極的に、死は人生を振り返る最大の山場だ。最後の瞬間を思い描くと、そこに至る道のりの大切さを実感しながら生きていけるようになる。

死にゆく人は、よくこんな後悔の言葉を口にするという。

大切な人たちに愛していると伝えればよかった。

仕事ばかりの人生を送らなければよかった。

人生をもっと楽しめばよかった。
人のためになることをもっとすればよかった。

このように、死を前にした人の言葉には、何かを「しなかった」ことへの心残りが目立つ。翻って、僕らは人生の最期をどんな気持ちで迎えたいだろう? 明確な意図と奉仕の精神に基づく有意義な人生を「送らなかった」などと後悔したくないのでは?

本書で取り上げたトピックに沿って考えてみよう。死を迎えたとき、一点の曇りもない心でいられたら、どんなにいいだろう。きみは思い込みからとうに解放されていて、他者と自分を比較せず、他者を非難することもない。自分の恐怖の根源と向き合い、すでにその正体を知っている。所有欲を手放し、自分のダルマを生き、与えられた時間をよく使ってきた。自分の心に振り回されず、エゴから自由でもある。手に入れるよりも多くを与え、最後にはすべてを与え尽くしていく。うぬぼれとも、偽りのつながりや期待とも縁がない。つねに何かを教えると同時に何かを学び続けてきた――そんな人生を死の床で振り返れたら、どんなにいいだろう。

僕らはみな、いずれは死ぬ運命にある。それを念頭に置いていれば、時間の貴重さをいっそう切実に感じて、エネルギーを慎重に使おうという気持ちになる。人生はなんとなく生きるには短すぎる。人の役に立つチャンスをみすみす逃している暇はない。夢や希望を叶えずに放置しておく余裕もない。何よりも大切なことは、生まれてきたときより、この世を幸せな場所にして去っていけるかどうかだ。

自分を向上させる努力に終わりはない。辛抱強く取り組もう。あるとき、一人の見習い僧が指導僧にこんなことを尋ねた。「わたしは自分のダルマに打ち込んでいます。悟りを開くまでにどれくらい時間がかかるでしょうか?」

指導僧は間髪を入れずに答えた。「10年」

見習い僧はイラッとしながら聞き返した。「とても熱心に取り組んだ場合は、どうでしょう? 必要なら、毎日10時間でもそれ以上でも努力するつもりです。その場合、どれくらいかかるでしょう?」

指導僧は、今度は少し考えてから答えた。「20年」

見習い僧はまるで修行をやっつけ仕事のように考えている。その考え方そのものが、さらに10年の修行が必要なことを物語っていた。

すでに述べたとおり、サンスクリット語で僧侶を表す「ブランマチャリア」という語には、「学ぶ者」と「エネルギーの正しい利用」という二つの意味がある。僧侶の意識、モンク・マインドが育てば、何もかもお見通しになるわけではない。モンク・マインドはエネルギーの正しい使い方への気づきであり、それは、つねに学ぶ者でい続けることに他ならない。学びにはどこまでいっても終わりがない。髪の毛も芝生も一度切ったらおしまいではないように、学びは何度でも取り組まなければならないことだ。モンク・マインドを「維持する」ためには、自分を知り、自分を律する不断の努力と集中力と地道な実践が求められる。大変な作業には違いないけれど、この本を読み終えた今、必要な道具は、きみの頭とハートと手の中にある。

モンク・マインドに必要なものはすべてそろった。

やってみよう——二つの死の瞑想

自分の死の瞬間を思い描くと、人生を俯瞰できるようになる。何かの行動に迷ったときは、死の瞑想を実践するといい。生活をがらっと変えようとか、新しいスキルを学ぼうとか、旅に出ようというとき、この瞑想をお勧めしたい。新年には、必ず、この瞑想を行うようにしよう。どんな1年にしたいかを考えるきっかけになるからだ。

1. 想像してほしい。きみは学ぶべき教訓をすべて学び、今、人生を終えようとしている。80歳でも90歳でも、自分が生きたいと思う年齢まで人生を早送りして、今まさに、死の床にいる自分を想像しながら、次の問いを自分に投げかけてみよう。

こうしておけばよかったと後悔していることは何か?

経験しておきたかったことは?

もっと注意を払うべきだったことは?

身につけておくべきだったスキルは？
こだわりを捨てるべきだったことは？

これらの問いの答えを原動力にしよう。死ぬときに悔やまないように、今日から、自分の願いを実行に移してほしい。

2．死んだとき、どんなふうに人々の記憶に残りたいか思い描こう。きみが人々にどう思われ、どう愛され、どう惜しまれるかということではない。周囲にどんな影響を与えて終わりたいかを考えてほしい。次に、もし今日、死んだら、どんな記憶を残していくことになるかを考える。二つのイメージの差はどれくらいだろう？　その差に気づけば、やはり、今日からレガシーづくりに励もうという気になるはずだ。

この広い宇宙で自分の進むべき道を見つけるためには、徹底的な自分への問いかけから始めなければならない。訪れたことのない土地を旅したり、知っている人がいない場所へ行ったりするのも、一つの方法だろう。自動運転モードをオフにして、自分と自分を取り巻く世界を新たな角度から見つめる必要があるからだ。**見つける、止まる、切り替える**を実践しよう。心を鍛えて、自分がいったい何に振り回されているかに気づいてほしい。幻想や思い込みとは手を切ろう。そして、自分が何に突き動かされ、何に生きる意味を感じるか、つねに問い続けよう。

こんなとき、僧侶ならどうするだろう、と。

決断を下さなければならないとき、誰かと口論になったとき、週末の予定を立てるとき、恐れたり、動揺したり、腹を立てたり、自分を見失ったりしたとき、必ず、こう尋ねてほしい。今のきみには、ほぼ１００％答えが見つかるはずだ。

そして、いずれほんとうの自分に気づき、この問いさえも必要なくなるときがくる。そのときさみはシンプルにこう問うだろう。「さて、こんなとき、わたしはどうする？」

巻末資料――ヴェーダ式パーソナリティ・テスト

各設問の答え（a～d）のうち、どれが自分に一番当てはまると感じるだろうか。友人、家族、世間にどう思われているかとは関係なく、自分の本質に一番近い答えを選ぼう。

1. きみが重視しているものを「最も」よく表しているのは？

a. 価値観と知恵
b. 高潔さと完璧さ
c. よく働き、よく遊ぶ
d. 安定とバランス

2. 友人や家族の中でのきみの「役割」とは？

a. 対立の仲裁に入り、当事者たちの妥協点を見つける手伝いをするのが苦ではない。わたしの役割は調停者だ。

b. 人やものへのケアが行き届くように気を配る。わたしの役割は保護者だ。

c. 家族が労働倫理や意欲、資源をもつことの大切さを理解できるように助ける。わたしの役割は物質的なサポートをすることだ。

d. 健全で満ち足りた家庭をつくることに専念している。わたしの役割は感情的なサポートをすることだ。

3. パートナーに一番求めることは?

a. 正直で賢い

b. 存在感とパワーがある

c. 楽しくて活動的

d. 頼りになり尊敬できる

4. テレビで一番よく観る番組は?

a. ドキュメンタリー、人物伝、人間観察

b. エンターテイメント、政治、時事問題

c. コメディー、スポーツ、ドラマ、自己啓発的物語

d. 連続ホームドラマ、リアリティ番組、家族向け番組、ゴシップ番組、ワイドショー

5. ストレスを受けたとき、どうなりやすい？
a. 冷静でバランスがとれている
b. いらだち、焦り、怒りを感じる
c. 気分が変わりやすく、にぎやかになり、落ち着かない
d. やる気をなくす、落ち込む、不安になる

6. 一番つらいのは？
a. 自分の期待するレベルに達していないと感じるとき
b. 世の中の現状を考えるとき
c. 自分が否定されたように感じるとき
d. 友人や家族の中で孤立しているように感じるとき

7. 一番好きな働き方は？
a. 一人で。ただし、アドバイスしてくれるメンターや指導者がいる
b. チームのリーダーとして

c. 独立して。ただし、緊密なネットワークがある
d. チームの一員として

8. 「理想」の自分にとっての空き時間の使い方は？
a. 読書、突っ込んだ議論、熟考に時間を使う
b. 重要な関心事について学ぶ、政治的なイベントに参加する
c. 空き時間などというものはない！　ネットワークづくりや人との交流、仕事に励む
d. 家族や友人と過ごす

9. 自分を三つの単語で表現するとしたら？
a. 理想主義、内向的、洞察力
b. 猛烈、ひたむき、決然としている
c. 情熱的、意欲的、親しみやすい
d. 思いやり、愛情深い、誠実

10. 仕事が最もはかどる環境は？
a. 隔離された、静かで、自然あふれる場所

b. 会議室や集会スペース
c. 場所を問わない（通勤途中でも、コーヒーショップでも、寝室でもOK）
d. 自分のための専用スペース（自宅、オフィス、ラボ内で）

11. 自分のワークスタイルを言い表すとしたら？
a. ゆっくり、よく考えながら
b. 集中して、てきぱきと
c. 迅速であわただしく
d. 具体的で計画的

12. どんなことで世の中に貢献したい？
a. 知識を広めることで
b. 政治や社会活動で
c. ビジネスやリーダーシップで
d. 地元のコミュニティーで

13. 休暇旅行の計画の立て方は？

a. 旅先で読むための本や資料を選ぶ

b. 主要な観光スポットを盛り込んだプランをしっかりつくる

c. 人気のバー、ナイトクラブ、レストランをリストアップする

d. のんびり気ままに出かける

14. 対話が難航するときは？

a. 妥協点を探る

b. 最も客観的な真実のために戦う

c. 自分が正しいことを証明するために戦う

d. 対決を避ける

15. 身近な人がつらい思いをしているときは？

a. アドバイスや導きを与える

b. 守りたくなり、状況を好転させるように励ます

c. 一杯、飲みに行こうとか、散歩でもしようと誘う

d. 行って寄り添う

16. 拒絶されたときは？
a. これもまた人生だと思う
b. 乗り越えるべく与えられた試練だと思う
c. がっかりするが、やがて前進する
d. 挫折感に襲われる

17. イベントやパーティーに出席したときの過ごし方は？
a. ごく少数の人と有意義な会話を交わす
b. 集団を相手に話すことが多い
c. 気がつくと注目の的になっている
d. その場で何か困っていることがあれば、行って手伝う

18. 間違いを犯したときは？
a. 後ろめたさや恥ずかしさを感じる
b. みんなに話さずにいられない
c. 隠したいと思う

d. 助けてくれそうな人を探す

19. 大きな決断を下さなければならないときは?
a. 一人で熟考する
b. メンターや指導者に相談する
c. 賛否両論を比較検討する
d. 家族や友人に相談する

20. きみの日々の過ごし方に一番近いのは?
a. その時々で変化する
b. 集中して取り組み、無駄がない
c. これは、というチャンスに出合ったら、必ず生かす
d. シンプルに予定どおりに

答え合わせ

答えを集計し、a~dの中で一番多かったものがきみの「ヴァルナ」を表している。

a. ガイド
b. リーダー
c. クリエイター
d. メーカー

謝辞

古代から連綿と受け継がれてきた人生の知恵を、恐れ多くもこうして共有する機会を得たことに心から感謝している。僕一人ではとうていこの日を迎えられなかっただろう。聖典『バガヴァッド・ギーター』そのものが、多くの人々の協力で編纂され、保存され、共有され、復元されながら成立したように、この本はチームワークの結晶以外の何ものでもない。まずは、すぐれたエージェントを紹介してくれたダン・ショーベルにお礼を申し上げたい。今から3年以上も前、僕のエージェントを引き受けてくれたジェームズ・レヴィンはすばらしい人物であり、つねに自分のプロジェクトに深い信念をもっている。彼の指揮、戦略、友情のおかげで、本書完成までの旅はすこぶる楽しいものになった。トルーディー・グリーンには、果てしない優しさで徹夜の苦労もいとわず、本書のために献身し続けてくれたことを感謝している。持ち前のモンク・マインドと妥協知らずの完璧主義を示してくれたイーモン・ドラン、僕を信じ、完成までずっと寄り添ってくれたジョン・カープ、有意義で刺激的な話し合いを重ねてくれたヒラリー・リフティン、底なしの情熱とやればできる精神で仕事をこなしてくれたケリー・マドローン、徹底したスケジュール管理で僕に締め切りを守らせてくれたルーラ・ザーブリ、容赦のないファクト・チェックで貢献してくれたベン・カリン、古代の知恵を見事なイラストで表現してくれたクリスティー・ヤング、皆さん、どうもありがとう。オックスフォード大学ヒンドゥー研究センターと、とりわけショーナカ・リシ・ダス師には、本書に引用される情報の出典確認の際に大変お世話になった。世界的な科学者たちによる僧侶に関する研究について教えてくれたローリー・サントスにも感謝している。僕のビジョンを余すところなく実現してくれたサイモン&シュスター社の皆さんにもお礼を申し上げたい。ハーパーコリンズUK社のオリヴァー・マルコムとそのチームが本書に注いでくれた情熱と献身とハードワークにも感謝している。

僕が自信をもてずにいた頃、いち早く可能性に気づき励ましてくれたトマス・パワー、僕の情熱を信じ、アリアナ・ハフィントンに紹介してくれたエリン・シュック、オンラインメディア『ハフポスト』でのキャリア・スタートを支援してくれたダニー・シェイとダン・カッツにも、お礼を申し上げたい。カラ・プライスは、2016年、僕が本書のアイデアを初めて打ち明けて以来、発想を具体化していくためのパートナーを務め、アメリカ最大のサポーターになってくれた。モーニングショー『トゥデイ』の司会者サヴァンナ、ホダ、クレイグ、アル、カーソンの皆さん、僕に関心を寄せてくださってありがとう。エレン・デジェネレスには、僕の可能性を信じ、自身のトーク番組に招いてくれたことを心から感謝している。テレビ番組『レッド・テーブル・トーク』に呼んでくれた、司会者ジェイダ・ピンケット・スミス、ウィロー・スミス、エイドリアン・バンフィールド＝ノリスにもお礼を申し上げたい。

ここ数年、僕はすばらしい時間を過ごしてきた。僕のオンラインでの活動はオフラインで支えてくれる人々がいなければ実現しなかっただろう。ラダナート・スワミ師は、僕にとって、生きるほんとうの意味とは何かをつねに思い起こさせてくれる存在だ。ゴーランガ・ダス師は、僕が生まれ変わるきっかけとなったあの日から一部始終を見守ってくれている。メンターであるシュルティダルマ・ダス師は、本書がめざす徳性のすべてを、何があろうと最高レベルで体現している人だ。スタパ・ダス師は、話すことで満足していた僕に、書くことを強く勧め続けてくれた。ダライ・ラマ14世とティク・ナット・ハン師にも、いつの日か直接お会いして感謝の気持ちを伝えたい。僕をメンターとして受け入れてくれたすべての方々にもお礼を申し上げる。教えるというプロセスを通じて、想像を絶するほど多くのことを皆さんから学ばせていただいた。

聖典『ヴェーダ』と『バガヴァッド・ギーター』、そして、それらを世界中に広めることに尽力した先達たちの存在がなければ、本書は誕生しなかった。今日、世界に最も普及している翻訳版『バガヴァッド・ギーター』を生み出したシュリーラ・プラブパーダとエクナット・イーシュワランに感謝を捧げたい。アシュラムや世界各地で僕の先生になってくれた方々にもお礼を申し上げる。きっとお気づきではないだろうが、皆さんは、ほんとうに多くのものを僕に与えてくださった。

無私の奉仕を地で行く母、息子の意志を尊重してくれた父、クレイジーな兄の考えを支持し、何があろうと愛してくれる妹にも、感謝している。

そしてもちろん、読者のお一人お一人にお礼を申し上げたい。皆さんはすでにモンク・マインドをもち始めていることだろう。

「人生の意味を知りたければ、僧侶以上に頼りになる人がいるだろうか？　よりよい人生を求め、みずからのポテンシャルをフルに開花させたい人には、ジェイ・シェティの経験と知恵がきっと役に立つだろう」

——**エレン・デジェネレス（コメディアン、司会者）**

「ジェイ・シェティは稀有な才能の持ち主だ。時代を超えて世界中に受け継がれてきた知恵を、見事なまでの説得力で現代人の日常生活の隅々に応用させている。これまでにソーシャルメディア上で何百万人ものフォロワーと共有してきた知恵の断片が、ついに1冊にまとめられた。多くの人が本書を読んでマインドを開き、ハートを高揚させ、成功の定義を見直し、人生の深い意味を見出すことを願っている」

——**アリアナ・ハフィントン（『ハフィントン・ポスト』創設者、ベンチャー企業スライブ・グローバル社創設者・CEO、ニューヨーク・タイムズ・ベストセラー作家）**

「古の知恵を現代社会に即したかたちで分かりやすく伝える、それがジェイ・シェティのすごいところだ。本書は奥が深い。核心を突いているうえ、実践的でもある。この本をきっかけに、多くの人が新たな習慣、プラクティス、知恵を獲得し、真に望む生き方を実現するに違いない」

——**ウィル・スミス、ジェイダ・ピンケット・スミス夫妻（ともに俳優）**

「本書を手に、心地よい椅子に腰を下ろしたら、ジェイ・シェティとともに人生を変える旅に出よう。著者は温かく明快な語り口で、読者を喜びと生きがいのある人生へと導いてくれるだろう。ここに記された知恵の数々はすぐにでも実践可能なものばかりだ。読み終えたとき、大切な人にも勧めたくなるに違いない」

——**ロバート・ウォールディンガー医学博士（ハーバード大学医学部精神科教授、ハーバード成人発達研究ディレクター、禅僧）**

「古代の知恵と現代的実用性との融合。調和と成功をめざす旅に欠かせない1冊」

——**レイ・ダリオ（投資会社ブリッジウォーター・アソシエーツ創設者、共同チェアマン、共同CIO、ニューヨーク・タイムズ・ベストセラー作家）**

「ジェイ・シェティは、大学からアシュラムへ、金融の世界からエンターテイメントの世界へと、魅惑的な旅を続けてきた人だ。みずからの経験をもとに、気づきと明確な意図のある生き方を世界中の人々に熱く伝えている著者の姿勢が、僕は大好きだ。本書は、バランスのとれた人生を得るために何が必要かを、明快かつ力強く教えてくれる」

—— **ノバク・ジョコビッチ（プロ・テニスプレーヤー）**

「ジェイ・シェティは、読者の意識の焦点を自己像から自尊心へとシフトさせていく方法を段階的に丁寧に解説している。本書は、読者を社会的条件付けという催眠術から解き放ち、みずからが人生の作り手となれるように手助けしてくれるだろう」

—— **ディーパック・チョプラ（『富と成功をもたらす7つの法則』著者）**

著者・訳者紹介

ジェイ・シェティ（Jay Shetty）

『ニューヨーク・タイムズ』紙ベストセラーリスト第1位作家。受賞歴を有する講演家、ポッドキャスターでもある。元僧侶の経験を生かして世界中に知恵を拡散するべく活躍中。

2019年、広告業界誌『アドウィーク』により「若きインフルエンサー」に選出され、「スピリチュアル・フォースの輝き」として同誌の表紙を飾った。2017年には、メディアにおける絶大な影響力が認められ、ビジネス誌『フォーブス』が選ぶ「世界を変える30歳未満の30人」の1人に。手がけた動画シリーズの再生回数は80億回以上。ソーシャルメディアのフォロワー数は4000万人を超える。

ポッドキャスト番組『On Purpose（目的をもって）』は2019年の健康ウェルネス部門第1位を獲得した。Google、Microsoft、Netflix、メガバンクHSBCを始め、世界中の企業で基調演説を行ってきたほか、多くのクライアント向けに社内トレーニング・プログラムも開発している。自身が経営するオンライン・スクールでは、これまでに200万人以上がコーチング術を学んできた。自己啓発コミュニティー「ジーニアス・コーチング・コミュニティー」は毎週、健康ウェルネスの理論と実践に関するプログラムを提供、世界100カ国以上から数万人のメンバーが参加している。

浦谷計子（うらたに　かずこ）

翻訳家。立教大学文学部英米文学科卒業。外資系企業で秘書・翻訳業務に従事した後、海外居住経験を経てフリーランス翻訳者に。主な訳書に、イルセ・サン『思い出すと心がざわつく こわれた関係のなおし方』（ディスカヴァー・トゥエンティワン ）、アン・スワンソン『サイエンス・オブ・ヨガ』（高尾美穂監修、西東社、共訳）、ヴィディヤマラ・バーチ／クレア・アーヴィン『幸せになりたい女性のためのマインドフルネス』（佐渡充洋監訳、創元社）、ジャスミン・リー・コリ『母から受けた傷を癒す本』（さくら舎）、スコット・プラウス『判断力』（マグロウヒル・エデュケーション）、マーシャル・ゴールドスミス／ドン・ブラウン／ビル・ホーキンス『だからお客に嫌われる』（日本経済新聞出版社）、ギャリソン・ウィン『アンフェアにたたかえ！』（マグロウヒル・エデュケーション）、マーガレット・J・ウィートリー『「対話」がはじまるとき』（英治出版）、セネカ『人生の短さについて』（PHPエディターズ・グループ）、エムピー・ダンリービィー『幸せになれるお金の使いかた』（大竹のり子監修、ダイヤモンド社）などがある。全米ヨガアライアンス認定指導者資格（RYT200）保有。

索引

英数字

ア行

カ行

サ行

タ行

ナ行

ハ行

マ行

ヤ行

ラ行

ワ行

次なるステップ

ジーニアス・コーチング・コミュニティー

本書を読み終えた今、人生のあらゆる面をさらに向上させたいと感じている読者に、ジェイ・シェティの「ジーニアス・コーチング・コミュニティー」への参加をお勧めしたい。

同自己啓発コミュニティーには、現在、世界100カ国以上から数万人のメンバーが参加している。

毎週、ジェイ本人による瞑想指導とコーチングがライブで行われ、修行時代の経験や長年の研究に基づく戦略、手段、フレームワークが提供されている。それらの情報は、参加者がみずからのポテンシャルに気づき、内に秘めた最大の才能を発掘するために役立つ。

また、メンバーになると、ライブ・セッションだけでなくアーカイブにもアクセスできる。人間関係から、キャリア、精神的成長、健康、幸福に至るさまざまなテーマの録画セッションが豊富に用意されているので、ぜひ利用してほしい。

毎月、世界140カ所以上で開かれるミーティングでは、メンバーたちが直接顔を合わせ、志を同じくする者同士のつながりを楽しんでいる。

詳しくは公式サイトで。www.jayshetty.me/genius

ジェイ・シェティ・サーティフィケーション・スクール

個人の成長を助けるようなコーチングを行いたいという人には、科学的知見、常識、伝統的な僧侶の知恵をベースとしたコーチング術を学ぶジェイ・シェティ・サーティフィケーション・スクールをお勧めしたい。

同スクール認定のコーチング資格を取得して、ジェイとともに世界にインパクトを与えてはいかがだろうか。学習指導、スーパーバイザー付きピア・コーチング、対話型グループ・セッションなど多彩なカリキュラムでスキル、テクニック、戦略を学べば、さまざまな人に新たな視点を気づかせ、人としての成長を助けることができる。

さらには、コーチングを仕事として成功させる方法も学べるうえ、ジェイ・シェティ公認コーチの一員として国際的データベースにも登録される。

世界中どこからでもオンラインで、自分のペースで、自分の都合に合わせて学習が可能。世界各地で随時トレーニング・イベントも開催されているので、ジェイ・シェティ本人によるライブ・トレーニングを受けることもできる。

詳しくは公式サイトで。www.jayshettycoaching.com

注記

はじめに

16　自分のために木陰をつくろうなどとは思わずに木を植える：Wes Hendersonの著書 *Under Whose Shade: A Story of a Pioneer in the Swan River Valley of Manitoba*（Ontario, Canada: W. Henderson & Associates, 1986）の一節をNelson Hendersonが言い換えたもの。

17　ヨンゲイ・ミンゲール・リンポチェ：Daniel Goleman and Richard J. Davidson, *Altered Traits: Science Reveals How Meditation Changes Your Mind, Brain, and Body*（New York: Penguin Random House, 2017）.『心と体をゆたかにするマインドエクササイズの証明』ダニエル・ゴールマン、リチャード・J・デビッドソン著、藤田美菜子訳、パンローリング、2018年; Antoine Lutz, Lawrence L. Greischar, Nancy B. Rawlings, Matthieu Ricard, and Richard J. Davidson, "Long-Term Meditators Self-Induce High-Amplitude Gamma Synchronicity During Mental Practice," *Proceedings of the National Academy of Sciences* 101, no. 46（November 16, 2004）: 16369–16373, https://doi.org/10.1073/pnas.0407401101.

19　老化の兆候が少ないことが分かった：Goleman and Davidson, *Altered Traits*.『心と体をゆたかにするマインドエクササイズの証明』ダニエル・ゴールマン、リチャード・J・デビッドソン著、藤田美菜子訳、パンローリング、2018年。

19　仏教僧マチウ・リカールの脳をスキャンした研究者たち：Frankie Taggart, "This Buddhist Monk Is the World's Happiest Man," *Business Insider*, November 5, 2012. https://www.businessinsider.com/how-scientists-figured-out-who-the-worlds-happiest-man-is-2012-11; Daniel Goleman and Richard J. Davidson, *Altered Traits: Science Reveals How Meditation Changes Your Mind, Brain, and Body*（New York: Penguin Random House, 2017）.『心と体をゆたかにするマインドエクササイズの証明』ダニエル・ゴールマン、リチャード・J・デビッドソン著、藤田美菜子訳、パンローリング、2018年; Antoine Lutz, Lawrence L. Greischar, Nancy B. Rawlings, Matthieu Ricard, and Richard J. Davidson, "Long-Term Meditators Self-Induce High-Amplitude Gamma Synchronicity During Mental Practice," *Proceedings of the National Academy of Sciences*

101, no. 46 (November 16, 2004): 16369-16373, https://doi.org/10.1073/pnas.0407401101.

19 21人の僧侶の脳をスキャンした: Taggart, "This Buddhist Monk" and Lutz et al., "Long-Term Meditators."

19 寝入ってからでさえも: Fabio Ferrarelli, Richard Smith, Daniela Dentico, Brady A. Riedner, Corinna Zennig, Ruth M. Benca, Antoine Lutz, Richard J. Davidson, and Guilio Tononi, "Experienced Mindfulness Meditators Exhibit Higher Parietal-Occipital EEG Gamma Activity During NREM Sleep," *PLoS ONE* 8, no. 8 (August 28, 2013): e73417, https://doi.org/10.1371/journal.pone.0073417.

19 ベネディクト会修道士……デヴィッド・スタインドル=ラスト: David Steindl-Rast, *i am through you so i: Reflections at Age 90* (New York: Paulist Press, 2017), 87.

25 「インドから世界へ贈られた最も重要な贈り物」: And general background on Vedic times from *The Bhagavad Gita*, introduction and translation by Eknath Easwaran (Tomales, CA: Nilgiri Press, 2007), 13–18.

25 「わたし――いや、友人とわたし――は」: Ralph Waldo Emerson, *The Bhagavad Gita: Krishna's Counsel in Time of War*, translation, introduction, and afterword by Barbara Stoler Miller (New York: Bantam Dell, 1986), 147.

第1章　アイデンティティー

36 「わたしは自分が思っているような人間ではない」: Charles Horton Cooley, *Human Nature and the Social Order* (New York: Charles Scribner's Sons, 1902), 152.『社會と我――人間性と社會秩序』シー・エチ・クーレー著、納武津訳、日本評論社、1921年。

37 1998年以降に出演した映画は6作品: Daniel Day-Lewis filmography, IMDb, accessed November 8, 2019, https://www.imdb.com/name/nm0000358/?ref_=fn_al_nm_1.

38 「当時は頭がおかしくなっていた」: Chris Sullivan, "How Daniel Day-Lewis's Notorious Role Preparation Has Yielded Another Oscar Contender," *Independent*, February 1, 2008, https://www.independent.co.uk/arts-

entertainment/films/features/how-daniel-day-lewis-notoriously-rigorous-role-preparation-has-yielded-another-oscar-contender-76563.html.

46 聖者チャイタンニャの教え: Śrī Caitanya-caritāmṛta, Antya, 20.21.

46 実質的にあらゆる修行生活の基本: "Social and Institutional Purposes: Conquest of the Spiritual Forces of Evil," Encyclopaedia Britannica, accessed November 8, 2019, https://www.britannica.com/topic/monasticism/Social-and-institutional-purposes.

51 静けさを避けようとする: Timothy D. Wilson, David A. Reinhard, Erin C. Westgate, Daniel T. Gilbert, Nicole Ellerbeck, Cheryl Hahn, Casey L. Brown, and Adi Shaked, "Just Think: The Challenges of the Disengaged Mind," *Science* 345, no. 6192 (July 4, 2014): 75–77, doi: 10.1126/science.1250830.

54 33年間を睡眠に費やし: Gemma Curtis, "Your Life in Numbers," Creative Commons, accessed November 15, 2019, https://www.dreams.co.uk/sleep-matters-club/your-life-in-numbers-infographic/.

55 11年間もテレビとSNSに費やす: 同上。

59 『バガヴァッド・ギーター』が高次の価値観とするのは: Verse 16.1–5 from *The Bhagavad Gita*, introduction and translation by Eknath Easwaran (Tomales, CA: Nilgiri Press, 2007), 238–239.

63 マサチューセッツ州のある町の住民を対象にした20年にわたる調査: James H. Fowler and Nicholas A. Christakis, "Dynamic Spread of Happiness in a Large Social Network: Longitudinal Analysis over 20 Years in the Framingham Heart Study," *BMJ* 337, no. a2338 (December 5, 2008), doi: https://doi.org/10.1136/bmj.a2338.

第2章　ネガティビティ

70 「他人のしたこと、しなかったことを見るな。自分のしたこと、しなかったことを見よ」: Verse 4.50 from *The Dhammapada*, introduction and translation by Eknath Easwaran (Tomales, CA: Nilgiri Press, 2007), 118.

73 スタンフォード大学の心理学者は104人の被験者たちを: Emily M. Zitek, Alexander H. Jordan, Benoît Monin, and Frederick R. Leach, "Victim Entitlement to Behave Selfishly," *Journal of Personality and Social Psychology*

98, no. 2 (2010): 245–255, doi: 10.1037/a0017168.

74　1950年代に心理学者ソロモン・アッシュは: Eliot Aronson and Joshua Aronson, *The Social Animal*, 12th edition (New York: Worth Publishers, 2018).

75　人間は他者に合わせるように生まれついている: Zhenyu Wei, Zhiying Zhao, and Yong Zheng, "Neural Mechanisms Underlying Social Conformity," *Frontiers in Human Neuroscience* 7 (2013): 896, doi: 10.3389/fnhum.2013.00896.

75　気分がすっきりしたと答えたにもかかわらず: Brad J. Bushman, "Does Venting Anger Feed or Extinguish the Flame? Catharsis, Rumination, Distraction, Anger, and Aggressive Responding," *Personality and Social Psychology Bulletin* (June 1, 2002), doi: 10.1177/0146167202289002.

77　長期的なストレス: Robert M. Sapolsky, "Why Stress Is Bad for Your Brain," *Science* 273, no. 5276 (August 9, 1996): 749–750, doi: 10.1126/science.273.5276.749.

82　カトリック修道士のトマス・キーティング神父: Thomas Keating, *Invitation to Love 20th Anniversary Edition: The Way of Christian Contemplation* (London: Bloomsbury Continuum, 2012).

83　「手放せばわたしたちは自由になる」: Thich Nhat Hanh, *The Heart of the Buddha's Teaching: Transforming Suffering into Peace, Joy, and Liberation* (New York: Harmony, 1999).

86　「他人の口の中で歯を数えるな」: Arthur Jeon, *City Dharma: Keeping Your Cool in the Chaos* (New York: Crown Archetype, 2004), 120.

87　修道女クリスティーン・ヴラディミーロフのこんな言葉: Hannah Ward and Jennifer Wild, eds., *The Monastic Way: Ancient Wisdom for Contemporary Living: A Book of Daily Readings* (Grand Rapids, MI: Wm. B. Eerdmans, 2007), 183.

87　競争心は妬みの温床になる: William Buck, *Mahabharata* (Delhi: Motilal Banarsidass Publishers, 2004), 341.

94　「ふさわしいときに、真実を、熱心に、有益に、よい意図をもって語りなさい」: Thanissaro Bhikku, trans., "Vaca Sutta: A Statement," Access to Insight, accessed November 11, 2019, https://www.accesstoinsight.org/tipitaka/an/an05/an05.198.than.html.

95 頭にきたときの出来事を日記にしたため: Bridget Murray, "Writing to Heal: By Helping People Manage and Learn from Negative Experiences, Writing Strengthens Their Immune Systems as Well as Their Minds," *Monitor on Psychology* 33, no. 6 (June 2002): 54.

96 雑誌『ハーバード・ビジネス・レビュー』は: Susan David, "3 Ways to Better Understand Your Emotions," *Harvard Business Review*, November 10, 2016, https://hbr.org/2016/11/3-ways-to-better-understand-your-emotions.

98 ラダナート・スワミは僕の精神的指導者: Radhanath Swami, interview by Jay Shetty, *#FollowTheReader with Jay Shetty, HuffPost*, November 7, 2016, https://www.youtube.com/watch?v=JW1Am81L0wc.

100 『バガヴァッド・ギーター』はあらゆる生命の性質を「グナ」と呼び: Verse 14.5–9 from *The Bhagavad Gita*, introduction and translation by Eknath Easwaran (Tomales, CA: Nilgiri Press, 2007), 224–225.

102 ルーサー大学の研究結果: Loren L. Toussaint, Amy D. Owen, and Alyssa C. D. Cheadle, "Forgive to Live: Forgiveness, Health, and Longevity," *Journal of Behavioral Medicine* 35, no. 4 (August 2012): 375–386, doi: 10.1007/s10865-011-9362-4.

103 変容型の許し: Kathleen A. Lawler, Jarred W. Younger, Rachel L. Piferi, Rebecca L. Jobe, Kimberley A. Edmondson, and Warren H. Jones, "The Unique Effects of Forgiveness on Health: An Exploration of Pathways," *Journal of Behavioral Medicine* 28, no. 2 (April 2005): 157–167, doi: 10.1007/s10865-005-3665-2.

103 68組の夫婦に対して行ったインタビュー: Peggy A. Hannon, Eli J. Finkel, Madoka Kumashiro, and Caryl E. Rusbult, "The Soothing Effects of Forgiveness on Victims' and Perpetrators' Blood Pressure," *Personal Relationships* 19, no. 2 (June 2012): 279–289, doi: 10.1111/j.1475-6811.2011.01356.x.

109 「夫を憎んでいたので、わたしは仏教徒になりました」: Pema Chödrön, "Why I Became a Buddhist," *Sounds True*, February 14, 2008, https://www.youtube.com/watch?v=A4slnjvGjP4&t=117s; Pema Chödrön, "How to Let Go and Accept Change," interview by Oprah Winfrey, *SuperSoul Sunday*, Oprah Winfrey Network, October 15, 2014. https://www.youtube.com/

watch?v=SgJ1xfhJneA.

110 コメディアンのエレン・デジェネレスははっきり指摘する: Anne-Marie O'Neill, "Ellen De-Generes: 'Making People Feel Good Is All I Ever Wanted to Do,'" *Parade*, October 27, 2011, https://parade.com/133518/annemarieoneill/ellen-degeneres-2/.

第3章　恐怖

113 俳優トム・ハンクスはエール大学の卒業式に招かれてスピーチした際: "Tom Hanks Addresses the Yale Class of 2011," Yale University, May 22, 2011, https://www.youtube.com/watch?v=baIlinqoExQ.

118 世界有数の防犯コンサルタント: Gavin de Becker, *The Gift of Fear* (New York: Dell, 1998).『暴力を知らせる直感の力――悲劇を回避する15の知恵』ギャヴィン・ディー・ベッカー著、武者圭子訳、パンローリング、2017年。

118 「バイオスフィア2」: Tara Brach, "Nourishing Heartwood: Two Pathways to Cultivating Intimacy," *Psychology Today*, August 6, 2018, https://www.psychologytoday.com/us/blog/finding-true-refuge/201808/nourishing-heartwood.

119 ロッククライマーのアレックス・オノルド: *Free Solo*, directed by Jimmy Chin and Elizabeth Chai Vasarhelyi, Little Monster Films and Itinerant Films, 2018. 映画『フリーソロ』監督ジミー・チン、エリザベス・チャイ・ヴァサルヘリィ。

129 仏僧シャーンティデーヴァ : Śāntideva, *A Guide to the Bodhisattva Way of Life*, trans. Vesna A. Wallace and B. Alan Wallace (New York: Snow Lion, 1997).

137 深くゆっくり呼吸すると、迷走神経が活性化され: Christopher Bergland, "Diaphragmatic Breathing Exercises and Your Vagus Nerve," *Psychology Today*, May 16, 2017, https://www.psychologytoday.com/us/blog/the-athletes-way/201705/diaphragmatic-breathing-exercises-and-your-vagus-nerve.

141 「きみが逃げ出そうとするものほど」: Chuck Palahniuk, *Invisible Monsters Remix* (New York: W. W. Norton & Company, 2018).

142 メタンガスの最大の発生源: "Basic Information About Landfill Gas," Landfill Methane Outreach Program, accessed November 12, 2019, https://www.epa.gov/lmop/basic-information-about-landfill-gas.

第4章　意図

144　意識と心と意図が調和したとき：『リグ・ヴェーダ』の注釈を出典とするソースがいくつかある。

147　四つの動機：Bhaktivinoda Thakura, "The Nectarean Instructions of Lord Caitanya," *Hari kirtan*, June 12, 2010, https://kirtan.estranky.cz/clanky/philosophy---english/sri-sri-caitanya--siksamrta--the-nectarean-instructions-of-lord--caitanya.html.

149　アメリカのスピリチュアル・リーダーの一人：Tara Brach, "Absolute Cooperation with the Inevitable: Aligning with what is here is a way of practicing presence. It allows us to respond to our world with creativity and compassion," *HuffPost*, November 4, 2013, https://www.huffpost.com/entry/happiness-tips_b_4213151.

150　神秘主義者で詩人のカビールの作品：Kabir, "'Of the Musk Deer': 15th Century Hindi Poems," Zócalo Poets, accessed November 11, 2019, https://zocalopoets.com/2012/04/11/kabir-of-the-musk-deer-15th-century-hindi-poems/.

151　収入は幸福の必須条件にはならない：Daniel Kahneman and Angus Deaton, "High Income Improves Evaluation of Life But Not Emotional Well-Being," *PNAS* 107, no. 38 (September 21, 2010): 16489-16493, doi:10.1073/pnas.1011492107.

152　アメリカの成人の幸福度が下降の一途をたどっている：Jean M. Twenge, "The Evidence for Generation Me and Against Generation We," *Emerging Adulthood* 1, no. 1 (March 2, 2013): 11-16, doi: 10.1177/2167696812466548/.

152　2005年以降、アメリカ人の収入は増加傾向にある：Brigid Schulte, "Why the U.S. Rating on the World Happiness Report Is Lower Than It Should Be—And How to Change It," *The Washington Post*, May 11, 2015, https://www.washingtonpost.com/news/inspired-life/wp/2015/05/11/why-many-americans-are-unhappy-even-when-incomes-are-rising-and-how-we-can-change-that/.

153　「お金と家だけが財産ではない」：『アタルヴァ・ヴェーダ』を出典とするソースがい

くつかある。

154 心理学者ケリー・マクゴニガルは：Kelly McGonigal, *The Upside of Stress* (New York: Avery, 2016).『スタンフォードのストレスを力に変える教科書』ケリー・マクゴニガル著、神崎朗子訳、大和書房、2019年。

164 「エルサレムからエリコへ」と題する実験：John M. Darley and C. Daniel Batson, "From Jerusalem to Jericho: A Study of Situational and Dispositional Variables in Helping Behavior," *Journal of Personality and Social Psychology* 27, no. 1 (1973): 100–108, doi: 10.1037/h0034449.

165 「あなたのすることすべてが人生をつくっています」：Laurence Freeman, *Aspects of Love: On Retreat with Laurence Freeman* (Singapore: Medio Media/Arthur James, 1997).

171 「努力もせずに、ただうまくやりたいとだけ願う」：Benedicta Ward, ed., *The Desert Fathers: Sayings of the Early Christian Monks* (New York: Penguin Classics, 2003).

呼吸瞑想

180 「水から釣り上げられ砂の上に置かれた魚のように」：Verse 3.34 from *The Dhammapada*, introduction and translation by Eknath Easwaran (Tomales, CA: Nilgiri Press, 2007), 115.

181 「わたしたちの最奥にある生命の現れ」：*Rig Veda*, 1.66.1, and for discussion Abbot George Burke, "The Hindu Tradition of Breath Meditation," Breath Meditation, accessed November 8, 2019, https://breathmeditation.org/the-hindu-tradition-of-breath-meditation.

181 「アーナパーナサティ」：Thanissaro Bhikku, trans., "Anapanasati Sutta: Mindfulness of Breathing," Access to Insight, accessed November 8, 2019, https://www.accesstoinsight.org/tipitaka/mn/mn.118.than.html.

181 心臓血管系の健康改善、全体的なストレスレベルの低下、さらには、学力テストの成績向上まで：Tarun Sexana and Manjari Saxena, "The Effect of Various Breathing Exercises (Pranayama) in Patients with Bronchial Asthma of Mild to Moderate Severity," *International Journal of Yoga* 2, no. 1 (January-June 2009): 22–25, doi: 10.4103/0973-6131.53838; Roopa B. Ankad, Anita Herur,

Shailaja Patil, G. V. Shashikala, and Surekharani Chinagudi, “Effect of Short-Term Pranayama and Meditation on Cardiovascular Functions in Healthy Individuals,” *Heart Views* 12, no. 2 (April-June 2011): 58–62, doi: 10.4103/1995-705X.86016; Anant Narayan Sinha, Desh Deepak, and Vimal Singh Gusain, “Assessment of the Effects of Pranayama/Alternate Nostril Breathing on the Parasympathetic Nervous System in Young Adults,” *Journal of Clinical & Diagnostic Research* 7, no. 5 (May 2013): 821–823, doi: 10.7860/JCDR/2013/4750.2948; and Shreyashi Vaksh, Mukesh Pandey, and Rakesh Kumar, “Study of the Effect of Pranayama on Academic Performance of School Students of IX and XI Standard,” *Scholars Journal of Applied Medical Sciences* 4, no. 5D (2016): 1703–1705.

第5章　目的

188 おまえがダルマを守れば: *The Manusmriti*, Verse 8.15.

194 コミュニケーション心理学: Albert Mehrabian, *Nonverbal Communication* (London: Routledge, 1972).『非言語コミュニケーション』A・マレービアン著、西田司[ほか]訳、聖文社、1986年。

194 初めてタンザニアのジャングルに入ったのは: “About Jane,” the Jane Goodall Institute, accessed November 11, 2019, https://janegoodall.org/our-story/about-jane.

199 大多数の人間は若くして大成することはない: Rich Karlgaard, *Late Bloomers: The Power of Patience in a World Obsessed with Early Achievement* (New York: Currency, 2019).『早期の成功者より、遅咲きの成功者は最高の生き方を手に入れる――誰でも変わろうと考えた瞬間から人生に変化を起こせる』リッチ・カールガード著、大野晶子訳、辰巳出版、2020年。

200 アンドレ・アガシは、自伝の中で爆弾発言をして: Andre Agassi, *Open: An Autobiography* (New York: Vintage, 2010).

201 「自分の欠点や限界を信頼すれば」: Joan D. Chittister, *Scarred by Struggle, Transformed by Hope* (Grand Rapids, MI: Eerdmans, 2005).

211 病院内の複数の清掃チームを対象に: Amy Wrzesniewski, Justin M. Berg, and Jane E. Dutton, “Managing Yourself: Turn the Job You Have into the Job

You Want," *Harvard Business Review*, June 2010, https://hbr.org /2010/06/managing-yourself-turn-the-job-you-have-into-the-job-you-want; "Amy Wrzesniewski on Creating Meaning in Your Own Work," re:Work with Google, November 10, 2014, https://www.youtube.com/watch?v=C_igfnctYjA.

216 厳格な階級制度を課した: Sanjoy Chakravorty, *The Truth About Us: The Politics of Information from Manu to Modi* (Hachette India, 2019).

232 神話学者ジョーゼフ・キャンベルの場合: Robert Segal, "Joseph Campbell: American Author," Encyclopaedia Britannica, accessed November 11, 2019, https://www.britannica.com/biography/Joseph-Campbell-American-author; "Joseph Campbell: His Life and Contributions," Center for Story and Symbol, accessed November 11, 2019, https://folkstory.com/campbell/psychology_online_joseph_campbell.html; Joseph Campbell with Bill Moyers, *The Power of Myth* (New York: Anchor, 1991).『神話の力』ジョーゼフ・キャンベル、ビル・モイヤーズ著、飛田茂雄訳、早川書房、2010年。

236 ダルマはダルマを守る者を守る: *The Mahabharata*, Manusmriti Verse 8.15.

238 エマ・スレイド: Emma Slade, "My Path to Becoming a Buddhist," TEDx Talks, February 6, 2017, https://www.youtube.com/watch?v=QnJIjEAE41w; "Meet the British Banker Who Turned Buddhist Nun in Bhutan," *The Economic Times*, August 28, 2017, https://economictimes.indiatimes.com/news/international/world-news/meet-the-british-banker-who-turned-buddhist-nun-in-bhutan/being-taken-hostage/slideshow/60254680.cms; "Charity Work," Emma Slade, accessed November 11, 2019, https://www.emmaslade.com/charity-work.

239 「赤蓮や青蓮や白蓮は」: *The Dona Sutta*, Anguttara Nikaya Verse 4.36.

第6章　ルーティン

245 現代人の85%が平日は目覚まし時計がないと起きられない: Til Roenneberg, *Internal Time: Chronotypes, Social Jet Lag, and Why You're So Tired* (Cambridge, MA: Harvard University Press, 2012).『なぜ生物時計は、あなたの生き方まで操っているのか?』ティル・レネベルク著、渡会圭子訳、インターシ

フト、2014年。

246 「とんでもない間違いです」: Maria Popova, "10 Learnings from 10 Years of *Brain Pickings*," Brain Pickings, accessed November 11, 2019, https://www.brainpickings.org/2016/10/23/10-years-of-brain-pickings/.

246 10分以内には半数以上がメッセージをチェックしている: "Survey Insights: The Lifestyles of Mobile Consumers," RootMetrics, October 24, 2018, http://rootmetrics.com/en-US/content/rootmetrics-survey-results-are-in-mobile-consumer-lifestyles.

246 世界にわずか6車種しか存在しない: "Fastest Cars 0 to 60 Times," accessed November 11, 2019, https://www.zeroto60times.com/fastest-cars-0-60-mph-times/.

248 ティム・クックの起床時間は: Lev Grossman, "Runner-Up: Tim Cook, the Technologist," *TIME*, December 19, 2012, http://poy.time.com/2012/12/19/runner-up-tim-cook-the-technologist/; Michelle Obama, "Oprah Talks to Michelle Obama," interview by Oprah Winfrey, *O, The Oprah Magazine*, April 2009, https://www.oprah.com/omagazine/michelle-obamas-oprah-interview-o-magazine-cover-with-obama/all#ixzz5qYixltgS.

252 早寝は気分の改善につながる: Jacob A. Nota and Meredith E. Coles, "Duration and Timing of Sleep Are Associated with Repetitive Negative Thinking," *Cognitive Therapy and Research* 39, no. 2 (April 2015): 253–261, doi: 10.1007/s10608-014-9651-7.

252 HGHのなんと75%は: M. L. Moline, T. H. Monk, D. R. Wagner, C. P. Pollak, J. Kream, J. E. Fookson, E. D. Weitzman, and C. A. Czeisler, "Human Growth Hormone Release Is Decreased During Sleep in Temporal Isolation (Free-Running)," *Chronobiologia* 13, no. 1 (January-March 1986): 13–19.

253 オーレアリーは……寝る前に必ず三つのことをメモする: Ali Montag, "These Are Kevin O'Leary's Top 3 Productivity Hacks—and Anyone Can Use Them," CNBC, July 23, 2018, https://www.cnbc.com/2018/07/19/kevin-olearys-top-productivity-tips-that-anyone-can-use.html.

254 一つ決断するたびに、本来進むべき道からそれていく可能性がある: Christopher Sommer, "How One Decision Can Change Everything," interview by Brian

Rose, London Real, October 2, 2018, https://www.youtube.com/watch?v=jgJ3xHyOzsA.

256 「都会やその周辺に住んでいる人々は」: Hannah Ward and Jennifer Wild, eds., *The Monastic Way: Ancient Wisdom for Contemporary Living: A Book of Daily Readings* (Grand Rapids, MI: Wm. B. Eerdmans, 2007), 75–76.

259 何かが見えているのと、何かに気づいているのとは: Alan D. Castel, Michael Vendetti, and Keith J. Holyoak, "Fire Drill: Inattentional Blindness and Amnesia for the Location of Fire Extinguishers," *Attention, Perception, & Psychophysics* 74 (2012): 1391–1396, doi: 10.3758/s13414-012-0355-3.

260 今は亡きコービー・ブライアントは: Kobe Bryant, "Kobe Bryant: On How to Be Strategic & Obsessive to Find Your Purpose," interview by Jay Shetty, *On Purpose*, September 9, 2019, https://jayshetty.me/kobe-bryant-on-how-to-be-strategic-obsessive-to-find-your-purpose/.

264 「皿洗いは楽しくない」: Thich Nhat Hanh, *At Home in the World: Stories and Essential Teachings from a Monk's Life* (Berkeley, CA: Parallax Press, 2019).

266 「昨日は夢にすぎず」: Kālidāsa, *The Works of Kālidāsa*, trans. Arthur W. Ryder (CreateSpace, 2015).

273 マルチタスキングをこなせる人はたったの2%: Garth Sundem, "This Is Your Brain on Multitasking: Brains of Multitaskers Are Structurally Different Than Brains of Monotaskers," *Psychology Today*, February 24, 2012, https://www.psychologytoday.com/us/blog/brain-trust/201202/is-your-brain-multitasking.

273 集中力の低下を招き: Cal Newport, *Deep Work: Rules for Focused Success in a Distracted World* (New York: Grand Central Publishing, 2016).『大事なことに集中する——気が散るものだらけの世界で生産性を最大化する科学的方法』カル・ニューポート著、門田美鈴訳、ダイヤモンド社、2016年。

273 スタンフォード大学は、二つのタイプの学生を対象に調査を行った: Eyal Ophir, Clifford Nass, and Anthony D. Wagner, "Cognitive Control in Media Multitaskers," *PNAS* 106, no. 37 (September 15, 2009): 15583–15587, doi: 10.1073/pnas.0903620106.

276 ドーパミン回路……を過剰に刺激しながら: Robert H. Lustig, *The Hacking of the*

American Mind: The Science Behind the Corporate Takeover of Our Bodies and Brains (New York: Avery, 2017).

第7章　心《マインド》

283　人間は1日におよそ7万回も思考している: "How Many Thoughts Do We Have Per Minute?," Reference, accessed November 12, 2019, https://www.reference.com/world-view/many-thoughts-per-minute-cb7fcf22ebbf8466.

283　わずか3秒ほどしか現在に集中していられない: Ernst Pöppel, "Trust as Basic for the Concept of Causality: A Biological Speculation," presentation, accessed November 12, 2019, http://www.paralimes.ntu.edu.sg/NewsnEvents/Causality%20-%20Reality/Documents/Ernst%20Poppel.pdf.

284「脳は、今起きている外界の事象に反応することより」: Lisa Barrett, "Lisa Barrett on How Emotions Are Made," interview by Ginger Campbell, *Brain Science with Ginger Campbell, MD*, episode 135, July 31, 2017, https://brainsciencepodcast.com/bsp/2017/135-emotions-barrett.

284　人間の心は、……猿のようにせわしないもの: Piya Tan, "Samyutta Nikaya: The Connected Sayings of the Buddha, Translated with Notes in the Sutta Discovery Series," Buddhism Network, accessed January 22, 2020, http://buddhismnetwork.com/2016/12/28/samyutta-nikaya/.

285「治水者は水を引き」: Verse 6.80 from *The Dhammapada*, introduction and translation by Eknath Easwaran (Tomales, CA: Nilgiri Press, 2007), 126.

286「心は、それを克服した者にとっては最良の友」: Verse 6.6 from A. C. Bhaktivedanta Swami Prabhupada, *Bhagavad Gita As It Is* (The Bhaktivedanta Book Trust International, Inc.), https://apps.apple.com/us/app/bhagavad-gita-as-it-is/id1080562426.

286『オックスフォード英語大辞典』によれば、「敵」とは: *Paperback Oxford English Dictionary* (Oxford, UK: Oxford University Press, 2012).

286　間違った決断が重しのようにのしかかるのは単なる比喩ではない: Martin V. Day and D. Ramona Bobocel, "The Weight of a Guilty Conscience: Subjective Body Weight as an Embodiment of Guilt,"*PLoS ONE* 8, no. 7 (July 31, 2013), doi: 10.1371/journal.pone.0069546.

287 「○○○するべき自分」: Max. H. Bazerman, Ann E. Tenbrunsel, and Kimberly Wade-Benzoni, "Negotiating with Yourself and Losing: Making Decisions with Competing Internal Preferences," *Academy of Management Review* 23, no. 2 (April 1, 1998): 225–241, doi: 10.5465/amr.1998.533224.

287 思考の渦につねに振り回されている人間: *The Dhammapada*, introduction and translation by Eknath Easwaran (Tomales, CA: Nilgiri Press, 2007), 65–66.

291 5頭だての馬車のたとえ話: Katha Upanishad, Third Valli, 3–6, from *The Upanishads*, trans. Vernon Katz and Thomas Egenes (New York: Tarcher Perigee, 2015), 55–57.

293 少林寺の僧たち: Elliot Figueira, "How Shaolin Monks Develop Their Mental and Physical Mastery," BBN, accessed November 12, 2019, https://www.bbncommunity.com/how-shaolin-monks-develop-their-mental-and-physical-mastery/.

293 熱刺激装置を取り付けた: Daniel Goleman and Richard J. Davidson, *Altered Traits: Science Reveals How Meditation Changes Your Mind, Brain, and Body* (New York: Penguin Random House, 2017).『心と体をゆたかにするマインドエクササイズの証明』ダニエル・ゴールマン、リチャード・J・デビッドソン著、藤田美菜子訳、パンローリング、2018年。

298 ワシントンDCの地下鉄駅の外で通勤時間帯に路上パフォーマンス: Gene Weingarten, "Pearls Before Breakfast: Can One of the Nation's Great Musicians Cut Through the Fog of a D.C. Rush Hour? Let's Find Out," *The Washington Post*, April 8, 2007, https://www.washingtonpost.com/lifestyle/magazine/pearls-before-breakfast-can-one-of-the-nations-great-musicians-cut-through-the-fog-of-a-dc-rush-hour-lets-find-out/2014/09/23/8a6d46da-4331-11e4-b47c-f5889e061e5f_story.html.

302 被験者たちに何枚かの絵を見せた後、それと同じ物を探してもらった: Gary Lupyan and Daniel Swingley, "Self-Directed Speech Affects Visual Search Performance," *Quarterly Journal of Experimental Psychology* (June 1, 2012), doi: 10.1080/17470218.2011.647039.

302 「自分に話しかけると、思考が明確になり」: Linda Sapadin, "Talking to Yourself: A Sign of Sanity," *Psych Central*, October 2, 2018, https://psychcentral.com/

blog/talking-to-yourself-a-sign-of-sanity/.

308 「心の一番深いところにある考えや感情」を文章にする: James W. Pennebaker and Janel D. Seagal, “Forming a Story: The Health Benefits of Narrative,” *Journal of Clinical Psychology* 55, no. 10 (1999): 1243–1254.

308 作家のクリスタ・マクグレイは飛行機恐怖症だった: www.krystamacgray.com および2019年7月10日の本人インタビュー。

313 「現在にとどまるにはどうすればいいか」: Richard Rohr, “Living in the Now: Practicing Presence,” Center for Action and Contemplation, November 24, 2017, https://cac.org/practicing-presence-2017-11-24/.

314 「今ここに在れ《ビー・ヒア・ナウ》」: Ram Dass, *Be Here Now* (New York: Harmony, 1978).『ビー・ヒア・ナウ——心の扉をひらく本』ラム・ダス、ラマ・ファウンデーション著、上野圭一、吉福伸逸訳、エイプリル・ミュージック、1979年。

315 『バガヴァッド・ギーター』は……無執着と定義: Verses 2.48 and 12.12 from *The Bhagavad Gita*, introduction and translation by Eknath Easwaran (Tomales, CA: Nilgiri Press, 2007), 94, 208.

317 「無執着とは、何も所有しないことではなく」: イスラム教の最終預言者ムハンマドのいとこで義理の息子アリー・イブン・アビー・ターリブの言葉とされる。

322 通算423日間の断食: Bhavika Jain, “Jain Monk Completes 423 Days of Fasting,” *The Times of India*, November 1, 2015, http://timesofindia.indiatimes.com/articleshow/49616061.cms?utm_source=contentofinterest&utm_medium=text&utm_campaign=cppst.

322 「即身仏」: Krissy Howard, “The Japanese Monks Who Mummified Themselves While Still Alive,” *All That's Interesting*, October 25, 2016, https://allthatsinteresting.com/sokushinbutsu.

323 ロジャー・バニスターが……3分59秒4を記録: “Sir Roger Bannister: First Person to Run a Mile in Under Four Minutes Dies at 88,” BBC, March 4, 2018, https://www.bbc.com/sport/athletics/43273249.

328 「悲しみやネガティブなことばかりを考えていれば」: Matthieu Ricard, interview by Jay Shetty, *#FollowTheReader with Jay Shetty, HuffPost*, October 10, 2016, https://www.youtube.com/watch?v=_HZznrniwL8.

329 「真の知識を見分ける理性《ブッディ》」: Jayaram V, “The Seven Fundamental Teachings

of the Bhagavad-Gita," Hinduwebsite.com, accessed January 22, 2020, https://www.hinduwebsite.com/seventeachings.asp.

第8章　エゴ

330 永遠に自由である: Verse 2.71 from *The Bhagavad Gita*, introduction and translation by Eknath Easwaran (Tomales, CA: Nilgiri Press, 2007), 97.

331 真のエゴと偽りのエゴ: Verses 7.4 and 16.18 from *The Bhagavad Gita*, introduction and translation by Eknath Easwaran (Tomales, CA: Nilgiri Press, 2007), 152, 240.

331 「富を驕《おご》れば富を失い」:『サーマ・ヴェーダ』の注釈を出典とするソースがいくつかある。

332 「魂を堕落させる最大の原因」: Dennis Okholm, *Dangerous Passions, Deadly Sins: Learning from the Psychology of Ancient Monks* (Grand Rapids, MI: Brazos Press, 2014), 161.

336 「完璧なヨーギーは」: Verse 6.32 from A. C. Bhaktivedanta Swami Prabhupada, *Bhagavad Gita As It Is* (The Bhaktivedanta Book Trust International, Inc.), https://apps.apple.com/us/app/bhagavad-gita-as-it-is/id1080562426.

341 人気を集めたTEDトーク: Julia Galef, "Why You Think You're Right Even If You're Wrong," TEDx PSU, February 2016, https://www.ted.com/talks/julia_galef_why_you_think_you_re_right_even_if_you_re_wrong/transcript#t-68800.

342 Netflix共同創業者リード・ヘイスティングスは: Ken Auletta, "Outside the Box: Netflix and the Future of Television," *New Yorker*, January 26, 2014, https://www.newyorker.com/magazine/2014/02/03/outside-the-box-2; Paul R. La Monica, "Netflix Joins the Exclusive $100 Billion Club," CNN, January 23, 2018, https://money.cnn.com/2018/01/23/investing/netflix-100-billion-market-value/index.html.

343 南隠禅師は、あるとき: Osho, *A Bird on the Wing: Zen Anecdotes for Everyday Life* (India: Osho Media International, 2013).

344 「おまえも人間だということを忘れるな」: Mary Beard, *The Roman Triumph* (Cambridge, MA: Harvard University Press, 2009).

344 俳優ロバート・ダウニー・ジュニアがあるインタビューで披露した話: Robert Downey Jr., interview, The Cambridge Union, December 19, 2014, https://www.youtube.com/watch?v=Rmpysp5mWlg.

349 蛍のようなものだ: Srimad-Bhagavatam, The Summum Bonum, 14.9–10.

352 メアリー・ジョンソンは、息子ララミアン・バードを失った: Steve Hartman, "Love Thy Neighbor: Son's Killer Moves in Next Door," CBS News, June 8, 2011, https://www.cbsnews.com/news/love-thy-neighbor-sons-killer-moves-next-door/; "Woman Shows Incredible Mercy as Her Son's Killer Moves In Next Door," *Daily Mail*, June 8, 2011, https://www.dailymail.co.uk/news/article-2000704/Woman-shows-incredible-mercy-sons-killer-moves-door.html; "Mary Johnson and Oshea Israel," The Forgiveness Project, accessed November 12, 2019, https://www.theforgivenessproject.com/stories/mary-johnson-oshea-israel/.

356 「今日おまえが所有しているものは」: Kamlesh J. Wadher, *Nature's Science and Secrets of Success* (India: Educreation Publishing, 2016); Verse 2.14 from *The Bhagavad Gita*, introduction and translation by Eknath Easwaran (Tomales, CA: Nilgiri Press, 2007), 90.

359 「落ち込んで立ち直れないのは」: Thomas Moore, *Care of the Soul: A Guide for Cultivating Depth and Sacredness in Everyday Life* (New York: Harper Perennial, 1992), 197.『失われた心　生かされる心――あなた自身の再発見』トマス・ムーア著、南博監訳、経済界、1994年。

359 起業家サラ・ブレイクリーは: Sarah Lewis, *The Rise: Creativity, the Gift of Failure, and the Search for Mastery* (New York: Simon & Schuster, 2014), 111; "Spanx Startup Story," Fundable, accessed November 12, 2019, https://www.fundable.com/learn/startup-stories/spanx.

364 オリンピック競泳の金メダリスト、ジェシカ・ハーディは: "Goal Setting Activities of Olympic Athletes (And What They Can Teach the Rest of Us)," Develop Good Habits, September 30, 2019, https://www.developgoodhabits. com/goal-setting-activities/.

373 人権活動家カイラシュ・サティヤルティは: Rajesh Viswanathan, "Children Should Become Their Own Voices," *ParentCircle*, accessed November 12,

2019, https://www.parentcircle.com/article/children-should-become-their-own-voices/.

視覚化瞑想

376 小指の筋肉を収縮させる様子を視覚化した被験者: Vinoth K. Ranganathan, Vlodek Siemionow, Jing Z. Liu, Vinod Sahgal, and Guang H. Yue, "From Mental Power to Muscle Power—Gaining Strength by Using the Mind," *Neuropsychologia* 42, no. 7 (2004): 944–956, doi: 10.1016/j.neuropsychologia.2003.11.018.

第9章　感謝

385 感謝は真価の実感であり: "What Is Gratitude?" A Network for Grateful Living, accessed November 12, 2019, https://gratefulness.org/resource/what-is-gratitude/.

386 日記を使った研究では: Robert A. Emmons and Michael E. Mc-Cullough, "Counting Blessings Versus Burdens: An Experimental Investigation of Gratitude and Subjective Well-Being in Daily Life," *Journal of Personality and Social Psychology* 84, no. 2 (2003): 377–389, doi: 10.1037/0022-3514.84.2.377.

387 試しに、妬みと感謝を同時に感じて: Alex Korb, "The Grateful Brain: The Neuroscience of Giving Thanks," *Psychology Today*, November 20, 2012, https://www.psychologytoday.com/us/blog/prefrontal-nudity/201211/the-grateful-brain.

388 ベトナム戦争の退役軍人を対象とした研究では: Todd B. Kashdan, Gitendra Uswatte, and Terri Julian, "Gratitude and Hedonic and Eudaimonic Well-Being in Vietnam War Veterans," *Behaviour Research and Therapy* 44, no. 2 (February 2006): 177–199, doi: 10.1016/j.brat.2005.01.005.

388 「もし感謝が薬だったら」: Mikaela Conley, "Thankfulness Linked to Positive Changes in Brain and Body," ABC News, November 23, 2011, https://abcnews.go.com/Health/science-thankfulness/story?id=15008148.

389 「修行僧らよ、あなた方はこのように自己を鍛えなさい」: Samyutta Nikaya, Sutta

Pitaka, 20.21.

393 仏教学者で環境活動家でもあるジョアンナ・メイシーによれば: Joanna Macy, *World as Lover, World as Self: Courage for Global Justice and Ecological Renewal* (Berkeley, CA: Parallax Press, 2007), 78–83.

395 「貧しい心」: Roshi Joan Halifax, "Practicing Gratefulness by Roshi Joan Halifax," Upaya Institute and Zen Center, October 18, 2017, https://www.upaya.org/2017/10/practicing-gratefulness-by-roshi-joan-halifax/.

395 ブライアン・アクトンは: Bill Murphy Jr., "Facebook and Twitter Turned Him Down. Now He's Worth $4 Billion," *Inc.*, accessed November 13, 2019, https://www.inc.com/bill-murphy-jr/facebook-and-twitter-turned-him-down-now-hes-worth-4-billion.html; Brian Acton (@brianacton), Twitter POST, May 23, 2009, https://twitter.com/brianacton/status/1895942068; Brian Acton (@brianacton), Twitter POST, August 3, 2009, https://twitter.com/brianacton/status/3109544383.

397 「幸福のドアは」: "Helen Keller," Biography, accessed November 13, 2019, https://www.biography.com/activist/helen-keller; Helen Keller, *We Bereaved* (New York: L. Fulenwider, 1929).

397 「感謝とは『ありがとう』と言うことだ、と人は考えています」: Rob Sidon, "The Gospel of Gratitude According to Brother David Steindl-Rast," *Common Ground*, November 2017, 42–49, http://onlinedigitaleditions2.com/commonground/archive/web-11-2017/.

401 「自分自身にもっと優しくなりなさい」: Pema Chödrön, *Practicing Peace in Times of War* (Boston: Shambhala, 2007).

402 優しさが伝染するかどうかを調べた: James H. Fowler and Nicholas A. Christakis, "Cooperative Behavior Cascades in Human Social Networks," *Proceedings of the National Academy of Sciences* 107, no. 12 (March 23, 2010): 5334-5338, doi: 10.1073/pnas.0913149107.

403 シカゴの通勤電車の乗客を対象に、……実験が行われた: Nicholas Epley and Juliana Schroeder, "Mistakenly Seeking Solitude," *Journal of Experimental Psychology: General* 143, no. 5 (October 2014): 1980–1999, doi: 10.1037/a0037323.

408 ボランティア活動が抑うつ感情を軽減させ: Caroline E. Jenkinson, Andy P. Dickens, Kerry Jones, Jo Thompson-Coon, Rod S. Taylor, Morwenna Rogers, Clare L. Bambra, Iain Lang, and Suzanne H. Richards, "Is Volunteering a Public Health Intervention? A Systematic Review and Meta-Analysis of the Health and Survival of Volunteers," *BMC Public Health* 13, no. 773 (August 23, 2013), doi: 10.1186/1471-2458-13-773.

第10章 人間関係

413 人は誰もが探求に値する一つの世界である: Thich Nhat Hanh, *How to Love* (Berkeley, CA: Parallax Press, 2014).『愛する——ティク・ナット・ハンの本物の愛を育むレッスン』ティク・ナット・ハン著、シスター・チャイ・ニェム、西田佳奈子訳、河出書房新社、2017年。

414 長寿には……コミュニティー的な要素……がかかわっている: Dan Buettner, "Power 9: Reverse Engineering Longevity," Blue Zones, accessed November 13, 2019, https://www.bluezones.com/2016/11/power-9/.

424 イラク戦争当時、軍のリーダーシップに関する調査を行った: Michael D. Matthews, "The 3 C's of Trust: The Core Elements of Trust Are Competence, Character, and Caring," *Psychology Today*, May 3, 2016, https://www.psychologytoday.com/us/blog/head-strong/201605/the-3-c-s-trust.

427 「世界と友人になり、人類全体を一つの家族と見なす」: K. S. Baharati, *Encyclopaedia of Gandhian Thought* (India: Anmol Publications, 2006).

428 「あなたの人生に人々がやってくる」: Jean Dominique Martin, "People Come Into Your Life for a Reason, a Season, or a Lifetime," accessed November 14, 2019, http://youmeandspirit.blogspot.com/2009/08/ebb-and-flow.html.

431 夫婦が……膠着状態に陥ってしまう原因: John Gottman, "John Gottman on Trust and Betrayal," *Greater Good Magazine*, October 29, 2011, https://greatergood.berkeley.edu/article/item/john_gottman_on_trust_and_betrayal.

432 5回に1回は不正直: Bella M. DePaulo, Deborah A. Kashy, Susan E. Kirkendol, Melissa M. Wyer, and Jennifer A. Epstein, "Lying in Everyday Life," *Journal of Personality and Social Psychology* 70, no. 5 (June 1996): 979–995, doi: 10.1037/0022-3514.70.5.979.

432 「実物以上に」よく見せようとする: Bella M. DePaulo, *The Lies We Tell and the Clues We Miss: Professional Papers* (CreateSpace, 2009).

434 好感度の高い人を信頼するという傾向: Dawn Dorsey, "Rice Study Suggests People Are More Trusting of Attractive Strangers," Rice University, September 21, 2006, https://news.rice.edu/2006/09/21/rice-study-suggests-people-are-more-trusting-of-attractive-strangers/.

434 「魅力的な人には『美形ボーナス』があります」: Dawn Dorsey, "Rice Study Suggests People Are More Trusting of Attractive Strangers," *Rice News*, September 21, 2006, http://news.rice.edu/2006/09/21/rice-study-suggests-people-are-more-trusting-of-attractive-strangers/.

436 ドン・メイヤーは、選手一人ひとりに紙片を渡して: Don Meyer, "Fox-Hole Test," CoachMeyer.com, accessed November 13, 2019, https://www.coachmeyer.com/Information/Players_Corner/Fox%20Hole%20Test.pdf.

441 「意図をもって禁欲を選択する」: www.malamadrone.comおよび2019年9月7日の本人インタビュー。

442 「人間が一人でいることの二つの側面」: Paul Tillich, *The Eternal Now* (New York: Scribner, 1963).『ティリッヒ著作集　別巻1　説教集』パウル・ティリッヒ著、加藤常昭訳、白水社、1978年。

444 母親の影響力に関する初の大規模調査: Melissa A. Milke, Kei M. Nomaguchi, and Kathleen E. Denny, "Does the Amount of Time Mothers Spend with Children or Adolescents Matter?" *Journal of Marriage and Family* 77, no. 2 (April 2015): 355–372, doi: 10.1111/jomf.12170.

447 愛ある六つの贈り物: *Sri Upadesamrta: The Ambrosial Advice of Sri Rupa Goswami* (India: Gaudiya Vedanta Publications, 2003), https://archive.org/details/upadesamrta/page/n1.

453 ハーバード大学が行ったグラント研究: Joshua Wolf Shenk, "What Makes Us Happy? Is There a Formula—Some Mix of Love, Work, and Psychological Adaptation—for a Good Life?" *The Atlantic*, June 2009, https://www.theatlantic .com/magazine/archive/2009/06/what-makes-us-happy/307439/.

453 「わたしたちが恋に落ちるのは」: Thich Nhat Hanh, *How to Love* (Berkeley, CA: Parallax Press, 2014).『愛する——ティク・ナット・ハンの本物の愛を育む

レッスン』ティク・ナット・ハン著、シスター・チャイ・ニェム、西田佳奈子訳、河出書房新社、2017年。

455 音楽ユニット、マッシヴ・アタック: Massive Attack, "Teardrop," *Mezzanine*, Circa/Virgin, April 27, 1998; *Dan in Real Life*, directed by Peter Hedges, Touchstone Pictures, Focus Features, and Jon Shestack Productions, 2007.

458 「過去から引きずっている傷を癒さずにいると」: Iyanla Vanzant, "How to Heal the Wounds of Your Past," Oprah's Lifeclass, October 11, 2011, http://www.oprah.com/oprahs-lifeclass/iyanla-vanzant-how-to-heal-the-wounds-of-your-past.

460 心理学者アーサー・アーロンらの研究では: Arthur Aron, Christina C. Norman, Elaine N. Aron, Colin McKenna, and Richard E. Heyman, "Couples' Shared Participation in Novel and Arousing Activities and Experienced Relationship Quality," *Journal of Personality and Social Psychology* 78, no. 2 (2000): 273-284, doi: 10.1037／0022-3514.78.2.273.

463 執着と愛を混同しがち: Jetsunma Tenzin Palmo, "The Difference Between Genuine Love and Attachment," accessed November 13, 2019, https://www.youtube.com/watch?v=6kUoTS3Yo4g.

463 大学の新入生がどれだけ新生活に順応するかを調べた研究: Sanjay Srivastava, Maya Tamir, Kelly M. McGonigal, Oliver P. John, and James J. Gross, "The Social Costs of Emotional Suppression: A Prospective Study of the Transition to College," *Journal of Personality and Social Psychology* 96, no. 4 (August 22, 2014): 883-897, doi: 10.1037/a0014755.

第11章　奉仕

467 愚かな者は自分の利益のために働き: Verse 3.25 from *The Bhagavad Gita*, introduction and translation by Eknath Easwaran (Tomales, CA: Nilgiri Press, 2007), 107.

470 「わたしたちが旅の途中であることを教えてくれます」: Hannah Ward and Jennifer Wild, eds., *The Monastic Way: Ancient Wisdom for Contemporary Living: A Book of Daily Readings* (Grand Rapids, MI: Wm. B. Eerdmans, 2007), 183.

471 「僧侶は何かを得るために僧院に入ったと思うかもしれません」: Hannah Ward and Jennifer Wild, eds., *The Monastic Way: Ancient Wisdom for Contemporary Living: A Book of Daily Readings* (Grand Rapids, MI: Wm. B. Eerdmans, 2007), 190.

472 「これらの幸運な木々を見なさい」: Srimad-Bhagavatam, The Summum Bonum, 22.32.

472 16世紀の精神的指導者ルーパ・ゴースワミは: Verse 1.2.255 from Srila Rupa Gosvami, *Bhakti Rasamrta Sindhu (In Two Volumes): With the Commentary of Srila Jiva Gosvami and Visvanatha Cakravarti Thakura* (The Bhaktivedanta Book Trust, Inc, 2009).

474 「他者を憎むように生まれつく人間などいません」: Nelson Mandela, *Long Walk to Freedom: The Autobiography of Nelson Mandela* (Boston: Back Bay Books, 1995).『自由への長い道――ネルソン・マンデラ自伝』ネルソン・マンデラ著、東江一紀訳、日本放送出版協会、1996年。

474 「霊薬を携えての帰還」: Joseph Campbell, *The Hero with a Thousand Faces* (Novato, CA: New World Library, 2008).『千の顔をもつ英雄』ジョーゼフ・キャンベル著、倉田真木、斎藤静代、関根光宏訳、早川書房、2015年。

475 ショーン・コーンは英雄の旅を地で行く: Seane Corn, "Yoga, Meditation in Action," interview by Krista Tippett, *On Being*, September 11, 2008, https://onbeing.org/programs/seane-corn-yoga-meditation-in-action/.

475 「人のためになる」活動に打ち込んでいるときは: M. Teresa Granillo, Jennifer Crocker, James L. Abelson, Hannah E. Reas, and Christina M. Quach, "Compassionate and Self-Image Goals as Interpersonal Maintenance Factors in Clinical Depression and Anxiety," *Journal of Clinical Psychology* 74, no. 4 (September 12, 2017): 608–625, doi: 10.1002/jclp.22524.

475 他者を助ける人は、長生きしやすく: Stephen G. Post, "Altruism, Happiness, and Health: It's Good to Be Good," *International Journal of Behavioral Medicine* 12, no. 2 (June 2005): 66–77, doi: 10.1207/s15327558ijbm1202_4.

477 「与えることが正しいからという理由で」: Verse 17.20 from *The Bhagavad Gita*, introduction and translation by Eknath Easwaran (Tomales, CA: Nilgiri Press, 2007), 248.

481 インドのシンドゥタイ・サプカルは: “About Sindhutai Sapkal (Mai)/Mother of Orphans,” accessed November 13, 2019, https://www.sindhutaisapakal.org/about-Sindhutail-Sapkal.html.

482 カリフォルニア大学バークレー校による一連の実験: Paul K. Piff, Michael W. Krauss, Stéphane Côté, Bonnie Hayden Cheng, and Dacher Keltner, “Having Less, Giving More: The Influence of Social Class on Prosocial Behavior,” *Journal of Personality and Social Psychology* 99, no. 5 (November 2010): 771–784, doi: 10.1037/a0020092.

482 慈善事業への寄付行為に関する2011年の調査結果: Ken Stern, “Why the Rich Don't Give to Charity: The Wealthiest Americans Donate 1.3 Percent of Their Income; The Poorest, 3.2 Percent. What's Up with That?” *The Atlantic*, April 2013, https://www.theatlantic.com/magazine/archive/2013/04/why-the-rich-dont-give/309254/.

482 慈善的寄付の総額の70%以上は: Kate Rogers, “Poor, Middle Class and Rich: Who Gives and Who Doesn't?” FoxBusiness, April 24, 2013, https://www.foxbusiness.com/features/poor-middle-class-and-rich-who-gives-and-who-doesnt.

482 もたざる者ほど多くを差し出す: Daniel Goleman, *Focus: The Hidden Driver of Excellence* (New York: HarperCollins, 2013), 123.『フォーカス』ダニエル・ゴールマン著、土屋京子訳、日本経済新聞出版、2015年。

483 オプラ・ウィンフリーのような慈善家たちは: Kathleen Elkins, “From Poverty to a $3 Billion Fortune: The Incredible Rags-to-Riches Story of Oprah Winfrey,” *Business Insider*, May 28, 2015, https://www.businessinsider.com/rags-to-riches-story-of-oprah-winfrey-2015-5.

489 カイラシュ・サティヤルティは、……苦しみを引き受けてきた: Ryan Prior, “Kailash Satyarthi Plans to End Child Labor In His Lifetime,” CNN, March 13, 2019, https://www.cnn.com/2019/02/19/world/kailash-satyarthi-child-labor/index.html.

491 「何から何までする必要はありません」: Joanna Macy, *World as Lover, World as Self: Courage for Global Justice and Ecological Renewal* (Berkeley, CA: Parallax Press, 2007), 77.

チャンティング瞑想

494 チャンティングを行う理由と方法: Agni Purana 3.293 and Vayu Purana 59.141.

494 音の効用: "Tesla's Vibrational Medicine," Tesla's Medicine, accessed November 12, 2019, https://teslasmedicine.com/teslas-vibrational-medicine/; Jennifer Tarnacki, "This Is Your Brain on Drumming: The Neuroscience Behind the Beat," Medium, September 25, 2019, https://medium.com/indian-thoughts/this-is-your-brain-on-drumming-8ed6eaf314c4.

494 きみを励ましてくれる言葉なら形式を問わない: Rainer Maria Rilke, *Letters to a Young Poet* (New York: W. W. Norton & Company, 1993); "29 Inspiring Herb Brooks Quotes to Motivate You," Sponge Coach, September 13, 2017, http://www.spongecoach.com/inspiring-herb-brooks-quotes/; Jay-Z, "Dirt Off Your Shoulder," *The Black Album*, Roc-A-Fella and Def Jam, March 2, 2004; *Bad Boys II*, directed by Michael Bay, Don Simpson/Jerry Bruckheimer Films, 2003.

496 最も神聖視されるマントラに「オーム」がある: "Why Do We Chant Om?" Temples in India Info, accessed November 12, 2019, https://templesinindiainfo.com/why-do-we-chant-om/; "Om," Encyclopaedia Britannica, accessed November 12, 2019, https://www.britannica.com/topic/Om-Indian-religion.

496 迷走神経の活性化: Bangalore G. Kalyani, Ganesan Venkatasubramanian, Rashmi Arasappa, Naren P. Rao, Sunil V. Kalmady, Rishikesh V. Behere, Hariprasad Rao, Mandapati K. Vasudev, and Bangalore N. Gangadhar, "Neurohemodynamic Correlates of 'OM' Chanting: A Pilot Functional Magnetic Resonance Imaging Study," *International Journal of Yoga* 4, no. 1 (January–June 2011): 3–6, doi: 10.4103/0973-6131.78171; C. R. Conway, A. Kumar, W. Xiong, M. Bunker, S. T. Aronson, and A. J. Rush, "Chronic Vagus Nerve Stimulation Significantly Improves Quality of Life in Treatment Resistant Major Depression," *Journal of Clinical Psychiatry* 79, no. 5 (August 21, 2018), doi: 10.4088/JCP.18m12178.

498 オーム・タット・サット: Verse 17.23 from *The Bhagavad Gita*, introduction and translation by Eknath Easwaran (Tomales, CA: Nilgiri Press, 2007), 249.

まとめ

507　後悔の言葉: Grace Bluerock, "The 9 Most Common Regrets People Have at the End of Life," mindbodygreen, accessed on November 13, 2019, https://www.mindbodygreen.com/0-23024/the-9-most-common-regrets-people-have-at-the-end-of-life.html.

著者注

本書では、さまざまな宗教、文化、精神的指導者、科学者の知恵や知見を引用している。言葉や概念を引用するに当たっては、それぞれの原典を明らかにすべく最善を尽くし、判明した結果を反映させている。ただし、一部の言葉や概念には、複数の出典が存在するものや、出典が不明なもの、古い文献からの引用とされながら、その文献に該当箇所が見つからなかったものもある。その場合、リサーチャーの手を借りつつ、出典を調べられるだけ調べたうえで、有用と思われる情報を注記に記載した。

モンク思考

自分に集中する技術

2021年9月2日発行

著　者――ジェイ・シェティ
訳　者――浦谷計子
発行者――駒橋憲一
発行所――東洋経済新報社
〒103-8345　東京都中央区日本橋本石町 1-2-1
電話＝東洋経済コールセンター　03(6386)1040
https://toyokeizai.net/

翻訳協力……………トランネット（www.trannet.co.jp）
装　丁………………橋爪朋世
D T P………………アイランドコレクション
印　刷………………図書印刷
プロモーション担当……宮久保文子
編集担当……………九法　崇
Printed in Japan　　ISBN 978-4-492-04697-5